Betriebsführung im Gesundheitswesen

Andreas Frodl

Betriebsführung im Gesundheitswesen

Führungskompendium für
Gesundheitsberufe

Dr. Andreas Frodl
Erding, Deutschland

ISBN 978-3-8349-4299-9   ISBN 978-3-8349-4300-2 (eBook)
DOI 10.1007/ 978-3-8349-4300-2

Die Deutsche Nationalbibliothek verzeichnet diese Publikation in der Deutschen National-
bibliografie; detaillierte bibliografische Daten sind im Internet über http://dnb.d-nb.de ab-
rufbar.

Springer Gabler
© Springer Fachmedien Wiesbaden 2013

Gedruckt auf säurefreiem und chlorfrei gebleichtem Papier

Springer Gabler ist eine Marke von Springer DE. Springer DE ist Teil der Fachverlagsgruppe
Springer Science+Business Media
www.springer-gabler.de

Vorwort

„Behandle die Menschen so, als wären sie, was sie sein sollten,
und du hilfst ihnen zu werden, was sie sein können."

[Johann Wolfgang von Goethe, 1749-1832]

Führungsfunktionen sind in Gesundheitsbetrieben genauso häufig anzu-treffen, wie in Banken, Versicherungen, der Automobilindustrie oder im Lebensmittelhandel. Jeder niedergelassene Arzt führt das Personal in sei-ner Praxis, und in Krankenhäusern oder Pflegeeinrichtungen gibt es von der Stationsleitung bis hin zur Direktion zahlreiche Leitungsfunktionen mit Führungsverantwortung. Mitarbeiterführung ist im Gesundheitswesen ein besonders wichtiges Thema, denn ihre Ergebnisse wirken sich direkt am Patienten aus, und dieser benötigt ebenfalls in seiner oft hilflosen Situa-tion Halt, Orientierung und Lenkung. Umso wichtiger ist es, dass die Füh-rungskräfte in Gesundheitsbetrieben das Thema Betriebs- und Menschen-führung in ihrer Aus- und Weiterbildung erfahren, dass sie sich Führungs-qualifikationen aneignen und Führungserfahrung sammeln können.

Jedoch streift die klassische Ausbildung von Ärzten, Zahnmedizinern, Pflegekräften oder Praxispersonal die Betriebs- und Mitarbeiterführung thematisch, wenn überhaupt, nur am Rande. Nicht selten werden ihnen Führungsaufgaben übertragen, auf die sie völlig unvorbereitet sind. Hinzu kommt, dass die Leistung hervorragender medizinischer Spezialisten in vielen Fällen mit der Übertragung von Führungsfunktionen honoriert wird, sich diese aber in der für sie neuen, ungewohnten Führungsrolle überfordert fühlen. Manchmal gibt es auch gar keine Wahlmöglichkeit, eine Führungsfunktion abzulehnen, denn beispielsweise ist jede ärztliche Niederlassung in der Regel mit der Führung eines Praxisbetriebs verbun-den.

Das vorliegende Buch soll daher als Nachschlagewerk und Ausbildungs-hilfe einen Beitrag leisten, das Führungsverständnis im Gesundheitswesen zu verbessern. Anhand wichtiger Aspekte der Betriebs- und Menschenführung werden die Grundzüge einer Führungslehre für das Gesundheitswe-sen beschrieben. Dazu zählen die Bereiche der Führungsgrundlagen, der aufbau- und ablauforganisatorischen Aspekte der Führung, der Führungs-felder, sowie die speziellen Merkmale der Mitarbeiter- und Patientenfüh-rung in Gesundheitsbetrieben. Die Quellenangaben und Literaturhinweise wurden am Ende des Buches zusammengefasst, so dass zugunsten eines vereinfachten Lesens dadurch auf zahlreiche Fußnoten verzichtet werden konnte.

Die Führungslehre ist zugleich ein Angebot für die Praxis des betrieblichen Alltags im Gesundheitswesen: Sie stellt einen Baukasten dar, aus dem sich Ärzte, Zahnärzte, Heilpraktiker, Leitende ZMA oder MTA, Stations- oder Pflegeheimleiter, Mitarbeiter einer Klinikleitung, aber auch alle anderen Führungskräfte auf den verschiedenen Führungsebenen eines Gesund-heitsbetriebs jeweils geeignete Instrumente entnehmen und möglichst erfolgreich zum Einsatz bringen können. Mit über 100 Beispielen wurde versucht, die Relevanz des jeweils Dargestellten zu belegen.

Der vorliegende Buch fasst zudem zentrale Stellen der vom Autor 2011 im Verlag Springer Gabler begonnenen Reihe „Betriebswirtschaft für das Gesundheitswesen" zusammen. Die interessierten Leser seien für eine vertiefende Lektüre auf diese Reihe verwiesen.

Die Leserinnen mögen mir nachsehen, dass aufgrund der einfacheren Les-barkeit durchgängig maskuline Berufsbezeichnungen verwendet wurden.

Erding, im Juli 2012   Andreas Frodl

Inhaltsverzeichnis

Vorwort 5

Abkürzungsverzeichnis 13

1   Führungsgrundlagen 23

   1.1   Führungsbegriff 23

       1.1.1   Bedeutung von Leitungsfunktionen im
             Gesundheitswesen 23

       1.1.2   Definition der gesundheitsbetrieblichen Führung 27

   1.2   Führungsumwelt 33

       1.2.1   Gesundheitsbetriebliche Führungsumwelt 33

       1.2.2   Rechtliche Umwelt der Führungssituation 42

       1.2.3   Berücksichtigung der Mitbestimmung 46

   1.3   Führungspsychologie 50

       1.3.1   Rolle der Führungskraft im Gesundheitsbetrieb 50

       1.3.2   Abgrenzung zur Psychologie der
             gesundheitsbetrieblichen Organisation 54

       1.3.3   Einfluss von Betriebsklima und Teamgeist 59

   1.4   Führungstheorien 63

       1.4.1   Intrinsische und extrinsische Führungstheorien 63

       1.4.2   Situative und systemische Führungstheorien 66

       1.4.3   Motivationstheorien 70

       1.4.4   Theorien der Machtausübung 75

   1.5   Führungskompetenz 77

       1.5.1   Führungserfahrung 77

       1.5.2   Führungsqualifikationen 81

       1.5.3   Führungskommunikation 87

   1.6   Führungsethik 91

       1.6.1   Grundlagen der Führungsethik
             im Gesundheitswesen 91

1.6.2   Vorbildfunktion der Führungskraft 94
1.6.3   Coporate Social Responsibility 97
1.6.4   Verhaltenskodex und Vermeidung
        strafbarer Handlungen 101
1.6.5   Coporate Governance 108

2   Führungsorganisation 111

    2.1   Führungsebenen 111

          2.1.1   Gruppen–/ Praxisebene 111
          2.1.2   Abteilungs- / Stationsebene 116
          2.1.3   Hauptabteilungs-/ Bereichs- / Klinikebene 121
          2.1.4   Geschäftsführungs-/Vorstandsebene 123

    2.2   Führungsfunktionen 127

          2.2.1   Geschäftsführungtätigkeit 127
          2.2.2   Vorstandstätigkeit 131
          2.2.3   Allgemeine Leitungsfunktionen 137

    2.3   Führungsstile 146

          2.3.1   Eindimensionale Führungsstile 146
          2.3.2   Mehrdimensionale Führungsstile 152

    2.4   Führungstechniken und -instrumente 157

          2.4.1   Führung durch Arbeitsstrukturierung 157
          2.4.2   Führung durch Aufgabendelegation 160
          2.4.3   Führung nach dem Ausnahmeprinzip 162
          2.4.4   Führen durch Zielvereinbarung 164
          2.4.5   Führung durch Ergebnisorientierung 166

    2.5   Führungsausrichtung 168

          2.5.1   Risikoorientierte Führung 168
          2.5.2   Innovationsorientierte Führung 173
          2.5.3   Konfliktorientierte Führung 177
          2.5.4   Entwicklungsorientierte Führung 182

3   Führungsprozess 189

   3.1   Zielsetzung und Strategieentwicklung 189

      3.1.1   Erhebungsinstrumente und Analyseverfahren zur
              Ermittlung des Handlungsbedarfs 189
      3.1.2   Führung durch Vorgabe von Zielen 195
      3.1.3   Strategieentwicklung als Führungsaufgabe 197

   3.2   Alternativensuche und -bewertung 203

      3.2.1   Einsatz problemlösungsorientierter Suchtechniken 203
      3.2.2   Anwendung von Bewertungsverfahren 207

   3.3   Entscheidungsfindung 210

      3.3.1   Entscheidungssituationen im Gesundheitswesen 210
      3.3.2   Entscheidungsmodelle für den Gesundheitsbetrieb 214

   3.4   Umsetzung und Veränderung 216

      3.4.1   Führungskraft als Change Manager 216
      3.4.2   Führungsrolle im Business Reengineering 220

   3.5   Steuerung und Kontrolle 223

      3.5.1   Controlling im Gesundheitsbetrieb
              als Führungsaufgabe 223
      3.5.2   Steuerung des Gesundheitsbetriebs mit Kennzahlen ... 230
      3.5.3   Durchführung der betrieblichen Kontrolle und
              medizinischen Qualitätskontrolle 236

4   Führungsfelder 241

   4.1   Organisation 241

      4.1.1   Gestaltung der Aufbauorganisation 241
      4.1.2   Gestaltung der Ablauforganisation 247
      4.1.3   Festlegen der Behandlungs- und
              Hygieneorganisation 251

   4.2   Leistungserstellung 257

      4.2.1   Bewirtschaftung von medizinischem
              Verbrauchsmaterial 257
      4.2.2   Einsatz medizintechnischer Betriebsmittel 262

4.2.3   Organisation der Qualitätssicherung 267

4.3   Marketing 272

4.3.1   Festlegen von Marketingzielen und -strategien 272
4.3.2   Anwendung absatzwirtschaftlicher Instrumente 277

4.4   Finanzierung 282

4.4.1   Sicherung der gesundheitsbetrieblichen Liquidität 282
4.4.2   Treffen von Investitions- und
Finanzierungsentscheidungen 286

4.5   Informationswesen 291

4.5.1   Aufbau des internen Kosten- und
Erfolgsinformationswesens 291
4.5.2   Aufbau des externen Informationswesens 295
4.5.3   Gestaltung des Datenschutzes
im Rahmen des eHealth 298

5   Führungsfeld Personal 301

5.1   Planung und Regenerierung von Behandlungs-
und Pflegepersonal 301

5.1.1   Durchführung der Personalrekrutierung 304

5.2   Personalorganisation 308

5.2.1   Personaleinsatz und Gestaltung des
gesundheitsbetrieblichen Arbeitsumfelds 308
5.2.2   Führung in virtuellen Arbeitsformen 313

5.3   Personalentwicklung 319

5.3.1   Personalentwicklungsmaßnahmen
im Gesundheitswesen 319
5.3.2   Beurteilung der personellen Leistungen 322
5.3.3   Führen von Mitarbeitergesprächen 324
5.3.4   Planung der Aus- und Weiterbildung von
Behandlungs- und Pflegepersonal 327

5.4   Personalbetreuung 329

5.4.1   Verantwortung für Personaldaten und deren Schutz .. 329

5.4.2   Durchführung personaladministrativer Maßnahmen.. 331
5.4.3   Beobachtung der Personalfluktuation 333

6   Führungsfeld Patienten 337

6.1   Patientenbedürfnisse 337

6.1.1   Patientenführung und Managed Care 337
6.1.2   Berücksichtigung patientenspezifischer
        Erwartungshaltung 338
6.1.3   Erfüllung von Patientenzufriedenheit 341

6.2   Patientenkommunikation 343

6.2.1   Durchführung von Patientenbefragungen 343
6.2.2   Erreichen von Patientenadhärenz 344

6.3   Patientenbetreuung 347

6.3.1   Maßnahmen zur Patientenbindung 347
6.3.2   Management von Patientenbeschwerden 349

Glossar 353

Abbildungsverzeichnis 378

Tabellenverzeichnis 381

Literaturhinweise 387

Stichwortverzeichnis 407

Abkürzungsverzeichnis

AABG	Arzneimittelausgaben-Begrenzungsgesetz
ÄAppO	Approbationsordnung für Ärzte
ÄZQ	Ärztliches Zentrum für Qualität in der Medizin
AG	Aktiengesellschaft
AGIR	Arbeitsgemeinschaft für Interventionen in der Radiologie
AGKAMED	Arbeitsgemeinschaft Kardiologie und medizinischer Sachbedarf GmbH
AktG	Aktiengesetz
AMG	Arzneimittelgesetz
AQUA	Institut für angewandte Qualitätsförderung und Forschung im Gesundheitswesen GmbH
ArbSchG	Arbeitsschutzgesetz
ArbStättV	Arbeitsstättenverordnung
ArbZRG	Arbeitszeitrechtsgesetz
ArztHAusbV	Arzthelfer-Ausbildungsverordnung
ASiG	Arbeitssicherheitsgesetz
BÄK	Bundesärztekammer
BÄO	Bundesärzteordnung
BaFin	Bundesanstalt für Finanzdienstleistungsaufsicht

BAG	Bundesarbeitsgericht
BAuA	Bundesanstalt für Arbeitsschutz und Arbeitssicherheit
BCG	Boston Consulting Group
BDSG	Bundesdatenschutzgesetz
BetrVG	Betriebsverfassungsgesetz
BGB	Bürgerliches Gesetzbuch
BGH	Bundesgerichtshof
BGW	Berufsgenossenschaft für Gesundheitsdienst und Wohlfahrtspflege
BildscharbV	Bildschirmarbeitsverordnung
BMAS	Bundesministerium für Arbeit und Soziales
BMG	Bundesministerium für Gesundheit
BPflV	Bundespflegesatzverordnung
BtMG	Betäubungsmittelgesetz
BtMVV	Betäubungsmittel-Verschreibungsverordnung
BSC	Balanced Scorecard
BSHG	Bundessozialhilfegesetz
BWA	Betriebswirtschaftliche Auswertungen
CA	Chefarzt
ChemG	Chemikaliengesetz
CIRS	Critical Incident Reporting-System

CSR	Corporate Social Responsibility
DASA	Deutsche Arbeitsschutzausstellung
DCV	Deutscher Caritas Verband
DEGUM	Deutsche Gesellschaft für Ultraschall in der Medizin
DEKV	Deutscher Evangelischer Krankenhausverband
DGHM	Deutsche Gesellschaft für Hygiene und Mikrobiologie
DGK	Diakonischer Governance Kodex
DGKH	Deutsche Gesellschaft für Krankenhaushygiene e.v.
DGSV	Deutsche Gesellschaft für Sterilgutversorgung e.v.
DGTelemed	Deutsche Gesellschaft für Telemedizin
DIN	Deutsches Institut für Normung
DKG	Deutsche Krankenhausgesellschaft e.V.
DKI	Deutsches Krankenhaus Institut
DMP	Disease-Management-Programm
DPR	Deutscher Pflegerat
DRG	Diagnosis Related Groups
DRZE	Deutsches Referenzzentrum für Ethik in den Biowissenschaften
EFQM	European Foundation for Quality Management
eG	Eingetragene Genossenschaft

EPA	Europäisches Praxisassessment
EU	Europäische Union
FTE	Full Time Equivalents
GB	Grad der Behinderung
GBA	Gemeinsamer Bundesausschuss
GbR	Gesellschaft bürgerlichen Rechts
GefStoffV	Gefahrstoffverordnung
GewO	Gewerbeordnung
GG	Grundgesetz
ggsd	Gemeinnützige Gesellschaft für soziale Dienste mbH
GKV	Gesetzliche Krankenversicherung
GKV-WSG	GKV-Wettbewerbsstärkungsgesetz
GLG	Gesellschaft für Leben und Gesundheit mbH
GmbH	Gesellschaft mit beschränkter Haftung
GmbHG	Gesetz betreffend die Gesellschaften mit beschränkter Haftung
GMG	Gesetz zur Modernisierung der gesetzlichen Krankenversicherung
GO	Geschäftsordnung
GOÄ	Gebührenordnung für Ärzte
GOZ	Gebührenordnung für Zahnärzte

GSG	Gesundheitsstrukturgesetz
GuV	Gewinn- und Verlustrechnung
GVP	Geschäftsverteilungsplan
GWB	Gesetz gegen Wettbewerbsbeschränkungen

HebG	Hebammengesetz
HeimG	Heimgesetz
HeimPersV	Verordnung über personelle Anforderungen für Heime
HGB	Handelsgesetzbuch
HPG	Heilpraktikergesetz
HRM	Human Ressources Management
HWG	Heilmittelwerbegesetz

IBAF	Institut für berufliche Aus- und Fortbildung gGmbH
ICD	International Statistical Classification of Diseases and Related Health Problems
i.e.S.	im engeren Sinn
IFRS	International Financial Reporting Standards
IfSG	Infektionsschutzgesetz
INQA	Initiative Neue Qualität der Arbeit
IQPR	Institut für Qualitätssicherung in Prävention und Rehabilitation GmbH

ISO	International Organization for Standardization
IWAK	Institut für Wirtschaft, Arbeit und Kultur
JArbSchG	Jugendarbeitsschutzgesetz
KBV	Kassenärztliche Bundesvereinigung
KDA	Kuratorium Deutsche Altershilfe
KEK	Krankenhaus-Ethikkomitee
KFPV	Verordnung zum Fallpauschalensystem für Krankenhäuser
KG	Kommanditgesellschaft
KH	Krankenhaus
KHBV	Krankenhaus-Buchführungsverordnung
KHEntgG	Krankenhausentgeltgesetz
KHG	Krankenhausfinanzierungsgesetz
KIS	Krankenhausinformationssystem
KKVD	Katholischer Krankenhausverband Deutschland
KLR	Kosten- und Leistungsrechnung
KMU	Kleine und mittlere Unternehmen
KrPflG	Krankenpflegegesetz
KSchG	Kündigungsschutzgesetz
KTQ	Kooperation für Transparenz und Qualität im Gesundheitswesen

KV	Kassenärztliche Vereinigung
KZV	Kassenzahnärztliche Vereinigung
LAGA	Bund/Länder-Arbeitsgemeinschaft Abfall
LNA	Leitender Notarzt
LVR	Landschaftsverband Rheinland
MaRisk	Mindestanforderungen an das Risikomanagement
MFA	Medizinische Fachangestellte
MitbestG	Mitbestimmungsgesetz
MPBetreibV	Medizinproduktebetreiberverordnung
MPG	Medizinproduktegesetz
MPSV	Medizinprodukte-Sicherheitsplanverordnung
MuSchG	Mutterschutzgesetz
MTRA	Medizinisch-technische Radiologieassistent/-in
MVZ	Medizinisches Versorgungszentrum
OA	Oberarzt
OHG	Offene Handelsgesellschaft
OSSAD	Office Support Systems Analysis and Design
PartGG	Partnerschaftsgesellschaftsgesetz

PatBeteiligungsV	Patientenbeteiligungsverordnung
PDL	Pflegedienstleitung
PflegeBuchV	Pflege-Buchführungsverordnung
PflegeStatV	Pflege-Statistikverordnung
PKR	Prozesskostenrechnung
PKV	Private Krankenversicherung
PsychThG	Psychotherapeutengesetz
PT	Personentage
PublG	Publizitätsgesetz
PVS	Praxis-Verwaltungs-System
QEP	Qualität und Entwicklung in Praxen
REFA	REFA-Verband für Arbeitsgestaltung, Betriebsorganisation und Unternehmensentwicklung e. V. (1924 als Reichsausschuss für Arbeitszeitermittlung gegründet)
RKI	Robert-Koch-Institut
RLT	Raumlufttechnik
RöV	Röntgenverordnung
RVO	Reichsversicherungsordnung
SchwbG	Schwerbehindertengesetz
SGB	Sozialgesetzbuch

TFG	Transfusionsgesetz
TPG	Transplantationsgesetz
TQM	Total Quality Management
TRBA	Technischen Regeln für Biologische Arbeitsstoffe (Biologische Arbeitsstoffe im Gesundheitswesen und in der Wohlfahrtspflege)
TRGS	Technische Regeln für Gefahrstoffe
TzBfG	Teilzeit- und Befristungsgesetz
UWG	Gesetz gegen den unlauteren Wettbewerb
VÄndG	Vertragsarztrechtsänderungsgesetz
VgV	Vergabeverordnung
VwV	Verwaltungsvorschrift
VZK	Vollzeitkapazitäten
WCM	Working Capital Management
WkKV	Verordnung über die Wirtschaftsführung der kommunalen Krankenhäuser
WkPV	Verordnung über die Wirtschaftsführung der kommunalen Pflegeeinrichtungen
ZÄPrO	Approbationsordnung für Zahnärzte
ZHG	Zahnheilkundegesetz

ZMA   Zahnmedizinische Assistentin

ZMV   Zahnmedizinische Verwaltungshelferin

1 Führungsgrundlagen

1.1 Führungsbegriff

1.1.1 Bedeutung von Leitungsfunktionen im Gesundheitswesen

Führungskräfte im Gesundheitswesen sind mehr als in allen anderen Berufszweigen zunächst Experten ihrer jeweiligen Fachdisziplin. Bereits gängige Funktionsbezeichnungen wie „Pflegedienstleitung (PDL)", „Oberarzt" oder „Ersthelferin" deuten darauf hin, dass die Ausübung der Leitungsfunktion im Gesundheitswesen auch immer mit einer medizinischen und/oder pflegerischen Ausbildung bzw. Spezialisierung verbunden ist, wenn man von Managementfunktionen, beispielsweise in einer Klinikverwaltung, einmal absieht. Der Leiter einer technischen Entwicklungsabteilung hingegen muss nicht zwangsläufig Ingenieur sein, er könnte beispielsweise auch über eine Ausbildung als Physiker verfügen. Nicht wenige große Unternehmen werden von Geisteswissenschaftlern oder Juristen, statt von Betriebswirten geleitet. In der Banken- und Versicherungsbranche trifft man häufig auf Volkswirte in Leitungsfunktionen, wobei zu deren Expertise eher gesamtwirtschaftliche Zusammenhänge und nicht die Abläufe in einem einzelnen Betrieb zählen.

Im militärischen Bereich ist die Verknüpfung von gesundheitsfachlicher Expertise und Vorgesetztenfunktion hingegen sogar klar und eindeutig geregelt: Ein Stabsarzt im Range eines Hauptmanns kann als Arzt in einer Sanitätsstaffel tätig sein und gleichzeitig die Disziplinargewalt über die der Staffel bzw. Kompanie angehörigen Sanitätssoldaten ausüben.

Auch ohne diesen Verweis auf militärische Organisationen wird ersichtlich, dass sowohl im Klinik- als auch im Praxisalltag ein großer Teil der täglichen Aufgabenbewältigung von Führungskräften im Gesundheitswesen nicht nur aus der Arbeit am und mit dem Patienten besteht, sondern auch aus der Anleitung und Führung von Mitarbeitern. Mit einem Team, das sich aus Individuen mit unterschiedlichen Kompetenzen und Charak-

A.Frodl, *Betriebsführung im Gesundheitswesen*, DOI 10.1007/978-3-8349-4300-2_1,
© Springer Fachmedien Wiesbaden 2013

teren zusammensetzt, werden die täglich anfallenden medizinischen und pflegerischen Arbeiten bewältigt oder auch Arbeitsabläufe an sich ständig ändernde Anforderungen im Gesundheitsbetrieb angepasst. Diese vielfältigen Herausforderungen benötigen nicht nur eine fundierte medizinische Fachausbildung, sondern auch wirksame Führungswerkzeuge und die Entwicklung persönlicher Führungskompetenzen.

Die Gesamtzahl an Führungskräften im Gesundheitswesen ist nicht einheitlich erfasst. Betrachtet man alleine die Ärztestruktur, so stellt man fest, dass zu den 13.400 stationär Leitenden Ärzten 3.300 Privatärzte und 121.400 Vertragsärzte zu zählen sind, die ambulant und in der Regel in einer eigenen Praxis tätig sind, deren Leitung sie innehaben (siehe **Tabelle 1.1**). Doch auch die im ambulanten Bereich angestellten Ärzte oder auch die stationär Nichtleitenden Ärzte können in einer Vorgesetztenfunktion bspw. zu Medizinischen Fachangestellten (MFA), Auszubildenden etc. stehen. Ebenso die Ärzte, die in Behörden und Körperschaften tätig sind oder in anderen Bereichen, wie beispielsweise die Betriebsärzte. Entsprechende Leitungsstrukturen gibt es auch für Zahnärzte, Pflegekräfte und das übrige Personal von Gesundheitsbetrieben.

Legt man die vom *Statistischen Bundesamt* und dem *Robert-Koch-Institut (RKI)* für 2006 ermittelten 4,3 Millionen Beschäftigten im Gesundheitswesen einschließlich Gesundheitshandwerker, soziale Berufe, Gesundheitsfachberufe und andere Berufe im Gesundheitswesen zugrunde (2008 waren es nach Angaben des *Bundesministerium für Gesundheit, BMG,* bereits 4,6 Millionen Beschäftigte) sowie eine übliche Führungsspanne von in der Regel sieben bis zehn Mitarbeitern, so lässt sich eine Zahl zwischen 430.000 und 610.000 Führungskräfte für das gesamte Gesundheitswesen ermitteln, die je nach Anzahl der Hierarchieebenen in den einzelnen Gesundheitsbetrieben durchaus noch höher liegen dürfte.

Tabelle 1.1 Ärztestruktur 2010

Berufstätige Ärztinnen und Ärzte, davon	333.600
ambulant	141.500
Privatärzte	3.300

Vertragsärzte	121.400
Angestellte Ärzte	16.800
stationär	163.600
Leitende Ärzte	13.400
Nichtleitende Ärzte	150.200
Behörden oder Körperschaften	9.700
Andere Bereiche	18.800

Quelle: In Anlehnung an *Bundesärztekammer* (BÄK, 2011b), Struktur der Ärzteschaft 2010

Diese Zahlen veranschaulichen die Dimensionen bzw. Häufigkeiten von Führungsaufgaben und Leitungsfunktionen im Gesundheitswesen. Sie kommen in der Pflegedienstleitung, der Stationsleitung, der Heimleitung oder der Praxisleitung vor, aber auch in Projektleitungen oder in der Anleitung von Auszubildenden. Hierzu sind Führungskompetenzen, Führungserfahrung, Lösungswege für konkrete Führungssituationen, kollegialer Austausch und Trainingsmaßnahmen notwendig, um auf die Führungspositionen im Gesundheitswesen vorzubereiten. Dort steigt der Führungskräftebedarf, denn zum einen wird in der gesetzlichen Krankenversorgung gespart, was oft mit zu steuerndem Wandel, Kostenreduktion, Outsourcing und/oder Privatisierung einhergeht. Gleichzeitig steigt der Anteil der älteren Menschen in der Gesellschaft, und benachbarte Branchen wie Wellness, Fitness und gesunde Ernährung verzeichnen ebenfalls Steigerungsraten, was zu einem erhöhten Bedarf an Gesundheitsdienstleistungen führt. Der Betriebs- und Mitarbeiterführung im Gesundheitswesen kommt dabei steigende Bedeutung zu, denn sie muss zu wirtschaftlich erfolgreichen Ergebnissen führen und gleichzeitig eine hohe Qualität der Leistung am Patienten sicherstellen.

Die Bedeutung von Führungsproblemen im Gesundheitswesen ist daher mindestens ebenso groß, wie in jeder anderen Branche. Da gibt es beispielsweise Streit im Pflegepersonal, und es wird versucht durch Konfliktberatung Managementprobleme und Unstimmigkeiten zu beheben, die vorhandenen

Strukturen in der Pflege zu untersuchen und Verbesserungen vorzuschlagen. Um die Erneuerungsprozesse in Bezug auf Organisation und Management zielstrebig voranzutreiben, wird mitunter auch die Leitungsperson ausgewechselt. Nicht wenige Schwierigkeiten, in die ein Gesundheitsbetrieb geraten kann, haben ihre Ursachen in einer fehlerhaften Führung der Mitarbeiter, da Führungsprobleme oft negative Auswirkungen auf das Image des Gesundheitsbetriebs , das Betriebsklima, die Arbeitsmoral die Fluktuation und das Fehlzeitverhalten der Mitarbeiter haben. Überforderte Vorgesetzte, das Fehlen eines klaren, einheitlichen, für die Mitarbeiter nachvollziehbaren Führungsstils, persönlich und destruktiv wirkender Tadel, fehlende Anerkennung für gute Leistungen, das Ausbleiben regelmäßiger Feedbackgespräche, negative Menschenbilder, Misstrauen, Zurückhaltung wichtiger Informationen, nicht klar und uneindeutig formulierte Zielvereinbarungen und vieles anderes mehr tragen auch im Gesundheitswesen zu Führungsproblemen bei. Diese sind oft jedoch nicht nur verhaltens-, sondern auch organisationsbedingt und beispielsweise auf fehlende Aufgabenabgrenzungen und Stellenbeschreibungen zurückzuführen, was eine eindeutige Zuordnung von Aufgaben, Befugnissen und Verantwortungen behindert und eine straffe, konfliktfreie und wirkungsvolle Führung erschwert. Gerade das Gesundheitswesen erfordert jedoch auf Grund seiner patientenorientierten, komplexen Aufgaben den vollen Einsatz der dort arbeitenden Menschen. Dadurch bleibt häufig wenig Zeit, sich mit Führungsproblemen sowie Fragen der Mitarbeiterführung auseinander zu setzen.

Unter dem Stichwort „Ausbeutung junger Ärztinnen und Ärzte" lassen sich beispielsweise in einem Online-Forum des *Deutschen Ärzteblatts* (2011) zahlreiche Einträge finden, die auch offensichtliche Führungsprobleme thematisieren:

„Der Stationsarzt ist vollkommen isoliert. Er hat keine hinter ihm stehende Autorität, die seine legitime Forderung nach unverzüglicher Ausführung der Anordnung unterstützt."... „Stationsärzte sind in Weiterbildung, meist allein und bei Problemen keinen Ansprechpartner (OA oder CA: für so was habe ich keine Zeit / bin nicht zuständig). Es gibt jedoch immer noch Ausnahmen. Diese zeigen: wenn der Chef der Abteilung hinter seinen Ärzten steht und diese unterstützt, fällt das aufrührerische Gerüst der sozialistischen "ich-weiss-es-genauso-gut-Clique" in sich zusammen. D.H., in den allermeisten KH in D gibt es ein Führungsproblem."

„Der Assisstent steht alleine da. Nicht nur in der täglichen Stationsarbeit - auch in der Weiterbildung. CA steckt den Kopf in den Sand und wird seiner Weiterbildungs- und Fürsorgepflicht nicht gerecht. Und solange das sozialfaschistische Grundgerüst steht (Sie wollen eine Vertragsverlängerung ?!), rudern die Galeerensklaven fein weiter."

„Viele Kollegen haben aufgehoert anzuordnen. Sie bitten um Ausführung von Anordnungen (Contradictio in adjecto) und wird diesem bitte nicht nachgekommen, fuehrt man seine eigene Anordnung selbst aus. Auf Stationen, wo Aerzte anordnen, werden hingegen Anordnungen ausgefuehrt (Was auch sonst?). Dass dies die Minderheit ausmacht ist schwer zu glauben, repraesentiert aber angeblich die Wirklichkeit. Schade!"

„Was ich noch hinzufügen will: Die Arbeit im Team funktioniert in Schweden daher wesentlich besser, weil jeder seine Arbeit ernst nimmt und sein Tätigkeitsprofil kennt. Auch der Respekt vor den anderen Berufsgruppen ist da mehr vorhanden, und nicht zuletzt auch deswegen weil die spürbare Hierarchie flacher ist, trotz allem aber die Hierarchie nach den Tätigkeitsprofilen recht straff eingehalten wird, d.h. ein Arzt z.B. wird nie zum Blut abnehmen beordert."

1.1.2 Definition der gesundheitsbetrieblichen Führung

Zunächst ist festzuhalten, dass die Begriffe **Führung** und **Leitung** in der betriebswirtschaftlichen Terminologie teilweise synonym, teilweise aber auch differenzierend und damit nicht einheitlich verwendet werden. Beispielsweise wird Führung auch als Oberbegriff für Leitung gebraucht oder aber Leitung wird im funktionalen Sinne zur Bezeichnung sachbezogener Funktionen eingesetzt.

Mit einem Urteil des *Bundesarbeitsgerichts BAG* (2001) in Zusammenhang mit einer Eingruppierungsentscheidung liegt sogar eine Klarstellung in der Rechtsprechung vor: „Danach beinhaltet der Begriff der Führung primär personenbezogene, der der Leitung primär tätigkeits- und daher mehr sachbezogene Funktionen. Letzterem entspricht die Verwendung des Begriffs "Leitung" - wenn nicht als Synonym von "Führung" verstanden - im deutschen Managementschrifttum, in dem der Begriff der Leitung vielfach im funktionalen Sinne zur Bezeichnung sachbezogener Funktionen herangezogen wird. "

In der gesundheitsbetrieblichen Praxis haben sich diese Unterscheidungsfeinheiten jedoch eher nicht durchgesetzt, sodass davon ausgegangen werden kann, dass im Gesundheitswesen beide Begriffe überwiegend synonym verwendet werden.

Die klassische Trennung von *Unternehmens*führung und *Personal*führung hingegen beruht im Wesentlichen auf unterschiedlichen Aufgabenstellungen, die, stark vereinfacht dargestellt, einerseits die Leitung eines Unternehmens im Gesundheitswesen beinhalten und andererseits den Umgang mit dem Personal zum Gegenstand haben. In der Führungspraxis sind jedoch die Führung einer Gesundheitseinrichtung und deren Erfolg eng mit der Führung der Mitarbeiter und der Patienten verbunden. Umgekehrt wirken sich die Arbeit aller Führungskräfte und der Umgang mit ihrem Personal stark auf den betrieblichen Erfolg und damit die Unternehmensführung aus. Bei einer Arztpraxis geschieht dies sogar in Personalunion, denn der Praxisleiter ist häufig gleichzeitig der direkte Vorgesetzte seiner Mitarbeiter.

Der in der betriebswirtschaftlichen Literatur ebenfalls häufig anzutreffende Unterscheidung zwischen *Unternehmensführung* und *Betriebsleitung* liegt die Vorstellung zugrunde, dass zu einem Unternehmen etwa im Sinne eines Konzerns eine gewisse Zahl mehr oder weniger eigenständige Tochterunternehmen oder eben Betriebe gehören können und Aufgaben einer Konzernlenkung eben andere, als die einer Betriebsleitung seien. Da jedoch im Gesundheitswesen die weitaus größere Zahl der Einrichtungen deutlich kleinere Strukturen aufweist, wird im Folgenden die **Betriebsführung** in den Vordergrund gestellt. Sie besteht hauptsächlich aus der Steuerung und Lenkung von Gesundheitsbetrieben unterschiedlicher Größenordnung oder Teilen davon. Dabei geht es um die Gestaltung des Gesundheitsbetriebs, seiner Organisation und seiner Abläufe, aber auch um die Realisierung seiner Ziele unter Nutzung der ihm zur Verfügung stehenden Ressourcen.

Unter der Betriebsführung ist sowohl die Führung durch die Leitung eines Gesundheitsbetriebs (institutionale Führung) zu verstehen, als auch die unterschiedlichen Führungstätigkeiten und Führungsprozesse (funktionale Führung). Von der Gestaltung von Rahmenbedingungen und Führungsstrukturen (indirekte Führung) unterscheidet sich die Führung durch persönlichen Kontakt (direkte Führung). Während sich die langfristig ausgerichtete Führung des Gesundheitsbetriebs als strategische Führung bezeichnen lässt, stellt die Abwicklung des Tagesgeschäfts eher die operative Führung dar (siehe **Tabelle 1.2**).

Tabelle 1.2   Betriebsführungsbegriff im Gesundheitswesen

Begriffsarten	Erläuterung	Beispiele
Institutionale Führung	Führung durch die Leitung eines Gesundheitsbetriebs	Arzt als Praxisleiter, Ärztliche Direktion einer Klinik, Heimleitung, Stationsleitung, PDL etc.
Funktionale Führung	Führungstätigkeiten und Führungsprozess im Gesundheitsbetrieb	Planen, Bewerten, Entscheiden, Kontrollieren, Koordinieren etc.
Direkte Führung	Mitarbeiterführung durch persönlichen Kontakt	Mitarbeitergespräch, Konsultationen, Konfliktmanagement, Weisungen, Patientengespräche etc.
Indirekte Führung	Gestaltung von Rahmenbedingungen und Führungsstrukturen	Gehaltssystem, Betriebsvereinbarungen, Urlaubsregelungen, Steuerungsdaten, Kennzahlensysteme etc.
Strategische Führung	Langfristig ausgerichtete Betriebsführung	Entwicklung von Marketingstrategien für den Gesundheitsbetrieb, Praxisleitbild etc.

Begriffsarten	Erläuterung	Beispiele
Operative Füh-rung	Abwicklung des Tagesge-schäfts	Führen von Mitarbeitergesprä-chen, Erstellen von Schichtplä-nen, Leitung v. Patientenvisiten, Belegung von Operationssälen, Patiententerminierung in einer Zahnarztpraxis etc.

Die Betriebsführung im Gesundheitswesen orientiert sich an verschiedenen Faktoren, die ihren jeweiligen Ansatz und ihre konkrete Ausgestaltung wesentlich beeinflussen (siehe **Abbildung 1.1**):

Abbildung 1.1   Einflussfaktoren der Betriebsführung

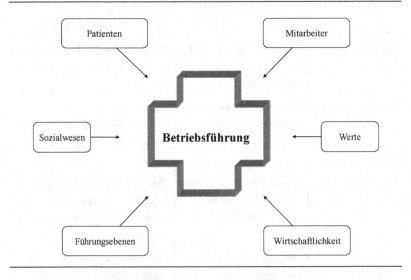

■ Patienten: Sie stehen als „Kunden" im Mittelpunkt eines Gesundheits-betriebs und die Betriebsführung muss daher so gestaltet sein, dass sie ihren individuellen Wünschen und Bedürfnissen nach Heilung und Zuwendung bestmöglich Rechnung trägt.

■ Mitarbeiter: Die Betriebsführung muss berücksichtigen, dass wie in kaum einem anderen Dienstleistungsbereich die Mitarbeiter im Gesundheitswesen einen wesentlichen Teil der Leistungsfähigkeit ausmachen, da sie das entscheidende Potenzial für die Bewältigung der hohen Anforderungen in der heutigen und zukünftigen medizinischen und pflegerischen Arbeitswelt darstellen.

■ Werte: Eine wertorientierte Betriebsführung muss nicht nur die Interessen der Eigentümer eines Gesundheitsbetriebs im Auge haben, sondern gerade im Gesundheitswesen auch die Verwirklichung von Humanität und patientenorientierter Ethik.

■ Umwelt: Nachhaltigkeit und Umweltschutz sind auch für das Gesundheitswesen von wachsender Bedeutung, worauf ökologisch orientierte Zielsetzungen der Betriebsführung Rücksicht nehmen müssen.

■ Sozialwesen: Gesundheitsbetriebe stehen in einem sozialen Kontext und erfüllen im Gesundheitswesen einen gesellschaftlichen Auftrag, der für die Betriebsführung Leitmaximen vorgibt.

■ Wirtschaftlichkeit: Die Betriebsführung muss für ein erfolgreiches betriebswirtschaftliches Handeln sorgen, denn dies eine wesentliche Voraussetzung, um eine bestmögliche Versorgung durch den einzelnen Gesundheitsbetrieb und durch das Gesundheitswesen insgesamt dauerhaft sicherzustellen.

■ Führungsebenen: Die einzelnen Führungsebenen sind von grundlegender Bedeutung für die Betriebsführung, da sie als strukturelle Merkmale der Aufbauorganisation alle Stufen der gesamten betrieblichen Organisationsstruktur widerspiegeln.

Eine erfolgreiche Führung im Gesundheitswesen hängt wesentlich von der Motivation der Mitarbeiter und deren Arbeitsqualität ab. Ein wesentliches Ziel der Mitarbeiterführung ist es daher, durch die Erweckung von Teamgeist und der Schaffung eines guten Arbeitsklimas die Arbeitsqualität zu optimieren.

Die **Mitarbeiterführung** im Gesundheitswesen beinhaltet einen Prozess der steuernden Einflussnahme auf ihr Verhalten zum Zweck der Erreichung bestimmter Ziele. Dazu zählen alle Aktivitäten, die im Umgang mit ihnen verwirklicht werden, um sie im Sinne der Aufgabenerfüllung zu beeinflussen: Die positive Beeinflussung des Leistungsverhaltens der Mitarbeiter zur Erfüllung der wirtschaftlichen Ziele, sowie die Förderung ihrer persönlichen, sozialen Ziele zur Herbeiführung von Arbeitszufriedenheit. Der optimale Einsatz der Führungsinstrumente ist dann gewährleistet, wenn eine Identifikation der Zielsetzung eines Gesundheitsbetriebes mit den persönlichen Wünschen der Mitarbeiter herbeigeführt werden kann.

Mit dem Begriff *Mitarbeiterführung* soll zudem zum Ausdruck gebracht werden, dass es sich eben nicht nur um „Personal" (Personalführung) handelt, sondern um Menschen die *mit* am Erfolg der jeweiligen Gesundheitseinrichtung und an der Gesundung bzw. Gesunderhaltung der ihnen anvertrauten Patienten *arbeiten*. Auch der in diesem Zusammenhang heutzutage häufig verwendete Begriff des *Human Ressources Management (HRM)* assoziiert eher den Vergleich der Mitarbeiter mit anderen betrieblichen Ressourcen, wie Roh-, Hilfs- und Betriebsstoffen.

Mit **Leadership** wird häufig der Versuch einer Unterscheidung zwischen Managern und „Leadern" in Verbindung gebracht, die zusätzlich zum Planen, Organisieren und Kontrollieren von Abläufen in der Lage sind, mit Wandel, Kreativität und Innovation zu motivieren und zu inspirieren. Leadership steht somit für eine auf Charisma und Visionen beruhende, mitreißende Führerschaft, die Sinnerfüllung und Nutzenstiftung vermittelt. Im Gesundheitswesen werden jedoch beide Führungstypen benötigt, die einerseits ordnende, bisweilen auch verwaltende Funktionen übernehmen und andererseits ihre Mitarbeiter auf neue Richtungen einschwören können.

Der Begriff der **Patientenführung** beinhaltet die steuernde Einflussnahme auf das Verhalten der Patienten mit dem Zweck der Zielerreichung einer Gesundung bzw. Gesunderhaltung, aber auch das Angebot von Orientierung, Hilfestellung und Zuwendung. Dabei geht es in erster Linie darum, sich in den Patienten hineinzuversetzen und sich in seine Persönlichkeit einzufühlen, um letztendlich eine möglichst vertrauensvolle Beziehung aufbauen zu können, die die Überzeugung von medizinisch notwendigen Maßnahmen erleichtert. Im Zentrum der Patientenführung steht daher die Patientenkommunikation mit ihren verbalen und nonverbalen Möglichkeiten, um den Patienten verstehen zu können und sich ihm gegenüber verständlich zu machen. Dazu gehören auch schwierige Aufgaben, wie der Umgang mit Konflikten oder auch das Überbringen negativer Botschaften.

Patientenführung bedeutet aber auch, gemeinsam Behandlungsziele festzulegen, notwendiges medizinisches Grundwissen für eine Behandlung zu vermitteln und auch die individuelle Vorsorge zu aktivieren. Die Funktion einer Führungskraft im Gesundheitswesen als Wegweiser in Gesundheitsfragen erfordert Zeit, Zuwendung und gut aufbereitete Informationsmaterialien, erhöht andererseits aber auch die Therapietreue und die Zufriedenheit der Patienten.

1.2 Führungsumwelt

1.2.1 Gesundheitsbetriebliche Führungsumwelt

Auch und gerade im Gesundheitswesen sind die Ressourcen begrenzt und erfordern einen ökonomischen Umgang mit den knappen Mitteln: Medizinisches Personal, finanzielle Ressourcen oder Behandlungseinrichtungen stehen in jeder medizinischen Einrichtung nicht in beliebiger Menge zur Verfügung. Es gilt sie so einzusetzen, dass sie den größtmöglichen Nutzen stiften.

Die für die Führung eines Gesundheitsbetriebs zur Verfügung stehenden **Einsatzfaktoren**, die unmittel- oder mittelbar zum Erstellungsprozess von Gesundheitsleistungen beitragen, wie beispielsweise

■ die menschliche Arbeitsleistung am Patienten,

■ der Einsatz von medizintechnischen und sonstigen Betriebsmitteln,

■ die Verwendung von medikamentösen, medizinischen, pharmazeutischen Heilmitteln und sonstigen Stoffen,

werden durch führungsspezifische *dispositive* Faktoren (Leitung, Planung, Organisation Kontrolle usw.) oder weitere Faktoren, die beispielsweise als

■ Leistungen von Dritten,

■ immateriellen Leistungen (Rechte, Informationen usw.),

■ Zusatzleistungen

in den medizinischen oder pflegerischen Leistungserstellungsprozess eingehen, ergänzt.

Führungsaktivitäten im Gesundheitswesen vollziehen sich überwiegend in Gesundheitsbetrieben. Der **Gesundheitsbetrieb** lässt sich als in sich geschlossene Leistungseinheit zur Erstellung von Behandlungs- oder Pflegeleistungen an Patienten oder Pflegebedürftigen ansehen, die dazu eine Kombination von Behandlungseinrichtungen, medizinischen Produkten und Arbeitskräften einsetzt. Zum Einsatz können auch Betriebsmittel, Stoffe und sonstige Ressourcen gelangen, die nur mittelbar zur Erstellung der Behandlungs- oder Pflegeleistungen beitragen (siehe **Tabelle 1.3**).

Arztpraxen, Zahnarztpraxen, Pflegeeinrichtungen, heilpraktische Einrichtungen, Krankenhäuser etc. lassen sich somit eindeutig als Gesundheitsbetriebe identifizieren. Sonstige Einrichtungen des Gesundheitswesens wie Krankenkassen, kassenärztliche Vereinigungen oder pharmazeutische Unternehmen zählen hingegen nicht dazu. Als Grenzfälle können beispielsweise Apotheken angesehen werden, da sie eher in der Arzneimitteldistribution anzusiedeln sind und selten Leistungen direkt am Patienten erbringen. Eine Krankenhausapotheke kann hingegen durch die Herstellung individueller medizinischer Produkte genauso wie eine orthopädische Werkstatt direkt in einen Krankenhausbetrieb integriert sein. Das gilt beispielsweise auch für ein in einer Zahnarztpraxis befindliches Dentallabor.

Als Beispiel für eine Auflistung von Gesundheitsbetrieben kann der Geltungsbereich der *Vollzugshilfe zur Entsorgung von Abfällen aus Einrichtungen des Gesundheitsdienstes* der *Bund/Länder-Arbeitsgemeinschaft Abfall, LAGA* (2012) angesehen werden, in der unter anderem folgende Einrichtungen genannt sind:

- Krankenhäuser einschließlich entsprechender Einrichtungen in Justizvollzugsanstalten und Sonderkrankenhäuser,

- Dialysestationen und -zentren außerhalb von Krankenhäusern und Arztpraxen einschließlich der Heimdialyseplätze,

- Vorsorge- und Rehabilitationseinrichtungen, Sanatorien und Kurheime,

- Pflege- und Krankenheime bzw. -stationen, einschließlich Gemeinde- und Krankenpflegestationen,

■ Einrichtungen für das ambulante Operieren,

■ Arztpraxen und Zahnarztpraxen,

■ Praxen der Heilpraktiker und physikalischen Therapie.

Tabelle 1.3   Typologie von Gesundheitsbetrieben

Merkmale	Betriebsarten	Beispiele
Größe	Kleinbetriebe, Großbetriebe	Arztpraxis, Polyklinik
Rechtsform	Betriebe in öffentlicher Rechtsform, als Personen- oder Kapitalgesellschaft	Landkreisklinik als Eigenbetrieb, Gemeinschaftspraxis, Klinikum AG
Leistungs-umfang	Betriebe mit ambulanter Versorgung, Betriebe mit stationärer Versorgung	Tagesklinik, Tagespflege, Krankenhaus mit verschiedenen Abteilungen bzw. Stationen
Leistungsart	Betriebe für medizinische Grundversorgung, Vollversorgung	Hausarztpraxis, Pflegedienst, stationäre Pflegeeinrichtung
Spezialisie-rungsgrad	Betriebe für allgemeine Behandlungsleistungen; Betriebe für spezielle Behandlungsleistungen	Allgemeinarztpraxis, HNO-Praxis, Kieferorthopädische Praxis, Augenklinik
Einsatz-faktoren	Arbeitsintensive Betriebe, anlagenintensive Betriebe	Pflegeeinrichtung, Diagnosezentrum, Röntgenpraxis

Die einzelnen Betriebsarten oder -typologien sind nicht immer eindeutig voneinander abgrenzbar: Häufig bieten beispielsweise Spezialkliniken ambulante und stationäre Behandlungsleistungen gleichzeitig an, und ein städtisches Klinikum der Vollversorgung wird in der Regel sowohl arbeits- als auch anlagenintensiv betrieben.

Ein Blick auf die **Anzahl** der Gesundheitsbetriebe macht deutlich, welche
Bedeutung sie für die betriebliche Landschaft Deutschlands haben (siehe
Tabelle 1.4).

Tabelle 1.4   Anzahl ausgewählter Gesundheitsbetriebe in Deutschland im Jahre 2007

Betriebe	Anzahl	Mitarbeiter
Krankenhäuser	2.087	1.075.000
Vorsorge- oder Rehabilitationseinrichtun-gen	1.239	159.000
Arztpraxen	125.745	662.000
Zahnarztpraxen	46.178	336.000
Pflegedienste ambulant	11.529	236.162
Pflegeeinrichtungen stationär	11.029	573.545

Quelle: Statistisches Bundesamt (2009)

Zählt man die statistisch kaum erfassten und daher in Tabelle 1.4 nicht
aufgeführten Betriebe von Beschäftigungs- und Arbeitstherapeuten, Heb-
ammen/Geburtshelfern, Heilpraktikern Masseuren, Medizinische Bademeistern, Krankengymnasten, Psychotherapeuten etc. hinzu, kommt man
auf über 200.000 Einrichtungen.

> Seit 1982 werden beispielsweise im *Universitätsklinikum Aachen* (2009)
> jährlich rund 48.000 Patienten stationär und ca. 111.000 Patienten ambu-
> lant behandelt. Zu dem Großbetrieb mit rund 5.500 Beschäftigten gehö-
> ren 43 einzelne Kliniken, Theoretische und Klinisch-Theoretische Institu-
> te, Forschungseinrichtungen, Hörsäle, Schulen für Fachberufe des
> Gesundheitswesens und Versorgungsbetriebe wie Apotheke, Küche,
> Wäscherei, Zentralsterilisation, Archiv und Lager.

Führungsfunktionen gibt es heute nicht nur in Groß- oder Universitätskliniken, die nach dem Vorbild der Poliklinik in ganz Europa entstanden und ursprünglich als Krankenhausabteilung zur ambulanten Behandlung von Patienten und zur Unterrichtung von Medizinstudenten konzipiert waren, sondern beispielsweise auch in **Gemeinschaftspraxen** , die einen wirtschaftlichen und organisatorischen Zusammenschluss und damit eine wirtschaftliche Einheit von Ärzten in gemeinsamen Praxisräumen darstellen, **Praxisgemeinschaften** als rechtlich selbstständige Arztpraxen in gemeinsam betriebenen Räumen, oder **Medizinischen Versorgungszentren (MVZ)**, einer Reaktivierung des Konzepts der Polikliniken und die Möglichkeit des Zusammenschlusses von zur kassenärztlichen Versorgung zugelassenen Ärzten und anderen Leistungserbringer im Gesundheitswesen unter einem Dach.

In jüngerer Zeit versucht man auch durch Zentralisation und Zusammenfassung ehemals eigenständiger Einrichtungen zu Großbetrieben die Effektivität zu steigern und Synergieeffekte zu nutzen. So werden gerade im kommunalen oder staatlichen Bereich ehemals eigenständige Kliniken und Krankenhäuser zu größeren Organisationseinheiten zusammengeschlossen, was nicht selten eine besondere Herausforderung für die Führungsaufgaben in diesen Einrichtungen darstellt.

Das *Klinikum der Ludwig-Maximilians-Universität München* mit dem Campus Großhadern und dem Campus Innenstadt ist seit dem 1. Oktober 1999 ein organisatorisch, finanzwirtschaftlich und verwaltungstechnisch selbstständiger Teil der Ludwig-Maximilians-Universität. Durch diesen Zusammenschluss hat es sich zu einem der größten Krankenhäuser in Deutschland und Europa entwickelt. Es ist mit seinen über 2.200 Betten ein Krankenhaus der maximalen Versorgungsstufe mit 45 Kliniken, Instituten und Abteilungen aus allen medizinischen Fachbereichen.

Der **Gesamtumsatz** aller Gesundheitsbetriebe lässt sich am ehesten anhand der Gesundheitsausgaben aller Ausgabenträger (öffentliche Haushalte, private Haushalte, gesetzliche und private Kranken- und Pflegeversicherung usw.) ermessen, die nach Angaben des *Statistischen Bundesamtes* (2011) im Jahre 2009 über 278 Milliarden Euro betragen haben.

Die *politischen* Rahmenbedingungen der gesundheitsbetrieblichen Führung stehen häufig in der Diskussion. Auf die Führung des Gesundheitsbetriebs wirken sich unmittelbar Gesetze und Verordnungen aus, die nach oft langwierigen Verhandlungen mit Ärzte- und Apothekerverbänden, Verbänden der Pharmaindustrie Krankenkassenverbänden, Krankenhausträgern und vielen anderen mehr hauptsächlich in der Zuständigkeit des *Bundesministeriums für Gesundheit* erlassen werden. Auf allen Führungsebenen des Gesundheitswesens sind die Führungskräfte damit beschäftigt, die zahlreichen Reformversuche umzusetzen, die sich insbesondere ergeben aus der Diskussion um

- die Modelle der Bürgerversicherung und der Gesundheitsprämie,

- die Überprüfung der Dualität von *Privater Krankenversicherung (PKV)* einerseits und *Gesetzlicher Krankenversicherung (GKV)*, sowie der Familienmitversicherung andererseits,

- die individuelle Bewertung der *PKV*, ab einer Beitragsbemessungsgrenze Risiken nach Krankheitsgeschichte, Alter, Geschlecht etc. pro Versicherungsnehmer festzulegen,

- die Überprüfung von Transferleistungen von der gesetzlichen Krankenversicherung zu anderen sozialen Sicherungssystemen,

- die Kosten nicht mehr wie bislang auf alle gesetzlich Versicherten und die Arbeitgeber paritätisch zu verteilen,

- die Senkung der Lohnnebenkosten durch Senkung der Krankenkassenbeiträge.

So wurden beispielsweise durch das *Gesundheitsstrukturgesetz (GSG)* eine Reihe von Steuerungsinstrumenten installiert, um letztendlich Anreize zu schaffen, sich am Ziel einer Ausgaben- und Mengenbegrenzung zu orientieren, um zwischen dem gesundheitspolitischem Globalziel der Kostendämpfung und den individuellen Handlungsrationalitäten bei der Erbringung, Finanzierung und Inanspruchnahme von medizinischen Leistungen eine Ausgleich zu schaffen:

- Verlust der Bestandsgarantie für die Krankenkassen aufgrund freier Kassenwahl und Individualisierung des Beitragssatzes.

■ Einführung von Pauschalen bzw. Individualbudgets bei der Vergütung der Leistungserbringer.

■ Handlungsmöglichkeiten der Krankenkassen zur Einführung von Selbstbehalten und Beitragsrückerstattungen.

■ Privatisierung von Krankenbehandlungskosten (beispielsweise durch Ausgliederung des Zahnersatzes für alle unter 18-Jährigen aus der Erstattungspflicht der Krankenkassen).

■ Möglichkeit, Verträge mit einzelnen Gruppen von Ärzten - und nicht mehr ausschließlich mit der *Kassenärztlichen Vereinigung (KV)* als regionaler ärztlicher Monopolvertretung - abzuschließen bzw. auch Verträge mit einzelnen Krankenhäusern zu kündigen.

Die sich daraus ergebenden Probleme für die Mitgestaltung der politischen Vorgaben und für die Führung von Gesundheitsbetrieben werden durch Interessenvertretungen der Führungskräfte auf verschiedenen Ebenen artikuliert:

Auszüge aus den *Gesundheitspolitischen Leitsätzen der Ärzteschaft* (BÄK, 2009), zugleich *Ulmer Papier, Beschluss des 111. Deutschen Ärztetages 2008*: "Die Krankheiten der Patienten sind zum Geschäftsgegenstand geworden und Ärztinnen und Ärzte sowie Angehörige der anderen Gesundheitsberufe zu Gliedern einer Wertschöpfungskette. Dabei ist der merkantile Gewinn und nicht etwa die Genesung der Erkrankten das eigentliche Ziel der Wertschöpfung. Durch die Zentralisierung medizinischer Entscheidungsprozesse bei staatlichen und substaatlichen Institutionen einerseits und die Ausrufung des Preiswettbewerbs unter den Leistungserbringern andererseits ist ein überbordendes Vorschriften- und Kontrollsystem entstanden, das Zeit in der Patientenversorgung kostet und den Druck zur Rationierung bis ins Unerträgliche erhöht. Im Mittelpunkt eines funktionierenden Gesundheitswesens muss wieder der kranke Mensch stehen und nicht mehr der Geschäftsgegenstand Diagnose. Nur dann besteht die Chance, auch unter den Bedingungen einer verschärften Mittelknappheit, gute Patientenversorgung und ärztliche Berufszufriedenheit herzustellen. Dann werden Ärztinnen und Ärzte sowohl ihre Kompetenz, als auch Empathie und Zuwendung für Patientinnen und Patienten noch umfangreicher einbringen können."

Zu den *strukturellen* Rahmenbedingungen der gesundheitsbetrieblichen
Führung zählt insbesondere das **Gesundheitssystem**, welches die Beziehungen im Gesundheitswesen zwischen dem Staat mit Bund, Ländern,
Kommunen, den einzelnen Krankenkassen, den Privatversicherungen, den
Unfall-, Pflege- und Rentenversicherungen, den kassenärztlichen und kassenzahnärztlichen Vereinigungen, den Arbeitgeber- und nehmerverbän-
den, den versicherten Patienten, ihren Verbänden und ihre Selbsthilfeorga-
nisationen, sonstigen im Gesundheitswesen tätigen Interessenverbänden,
den Leistungserbringern, also Ärzte, Pflegepersonal, Apotheker usw., und
anderen eingebundenen Gruppierungen regelt. Während der Staat nur
einen Teil der Versorgungsleistungen mit der Aufsicht über die ärztliche
Selbstverwaltung und die Versicherungseinrichtungen, den kommunalen
Krankenhäusern, den Hochschulkliniken oder den Gesundheitsbehörden
erbringt, überwiegen im Privatsektor die freiberuflich geführte Arztpraxen,
Zahnarztpraxen, Apotheken, heilpraktischen und sonstigen ambulanten
Praxen, sowie private und/oder gemeinnützige Pflegeheime, Krankenhäuser, Kliniken und sonstige stationäre Einrichtungen.

Bei der Finanzierung aller erbrachten Gesundheitsleistungen beträgt der
Anteil der Versicherten in der *PKV* knapp 10%, weitere 2,5% sind anderweitig versichert oder ohne Krankenversicherungsschutz, und der überwiegende Teil wird allerdings neben Selbstbeteiligungen, Zuzahlungen
von Patienten, Zuschüssen bzw. Kostenbeteiligungen durch den Staat oder
durch gemeinnützige Organisationen hauptsächlich durch die *GKV* erbracht, die sich aus den Versicherungsbeiträgen der Arbeitnehmer und
Arbeitgeber finanziert.

Die *medizinischen* Rahmenbedingungen der gesundheitsbetrieblichen Führung bestehen zum einen aus dem Gesundheitszustand und den gesundheitlichen Risiken der Bevölkerung, woraus sich letztendlich auch strategische Entscheidungen für das medizinische Leistungsangebot ableiten lassen.

So wurden nach Angaben des *Statistischen Bundesamtes* (2009) beispielsweise 2007 mit 2,6 Millionen Fällen 15 % aller Patienten und Patientinnen stationärer Krankenhausaufenthalte aufgrund von Krankheiten des
Kreislaufsystems behandelt, darunter 1,4 Millionen Männer und 1,2 Millionen Frauen. Die zweithäufigste Einzeldiagnose nach *ICD-10* war die

Herzinsuffizienz (I50) mit 335.000 Fällen, die zu den Krankheiten des Kreislaufsystems gehört, gefolgt von psychischen und Verhaltensstörungen durch Alkohol (F10) mit 317.000 Fällen und Angina pectoris (I20) mit 285.000 Fällen. Im Durchschnitt waren die behandelten Männer 52 Jahre alt, die Frauen 54 Jahre. Die durchschnittliche Verweildauer lag bei 8,4 Tagen. Mit durchschnittlich 21,6 Tagen wiesen Patienten und Patientinnen, die wegen psychischer und Verhaltensstörungen vollstationär behandelt wurden (F00-F99), die längste Verweildauer auf. Mit durchschnittlich 3,7 Tagen verweilten Patienten und Patientinnen, die wegen Krankheiten des Auges und der Augenanhangsgebilde vollstationär behandelt wurden, am kürzesten. Zieht man die Fallzahl gesunder Neugeborener ab, so sank die altersstandardisierte Fallzahl von 2000 bis 2007 kontinuierlich um 5,3% auf 19 222 Fälle je 100 000 Einwohner.

Zu den medizinischen Rahmenbedingungen zählen ferner die Unterstützungsmöglichkeiten bei der medizinischen Leistungserbringung und damit die Entwicklungen in der **Medizintechnik**. Als die wichtigsten zukunftsrelevanten medizintechnischen Schlüsseltechnologien werden in einer Studie zur Medizintechnik des *Bundesministerium für Bildung und Forschung (2011)* Nanotechnologie, Zell- und Biotechnologie, Informationstechnologie, neue Materialien, Mikrosystemtechnik (Chip-Systeme, molekulare Bildgebung, Hochdurchsatz-Systeme und Vor-Ort-Diagnostik) sowie optische Technologien genannt. Generelle Trends bei der Weiterentwicklung der relevanten Schlüsseltechnologien sind die Miniaturisierung mit der verstärkten Nutzung der Mikrosystemtechnik, der Nanotechnologie und der optischen Technologien, die Digitalisierung und damit die zunehmende Bedeutung der Informations- und Kommunikationstechnologie als herausragende Basistechnologie für nahezu alle Bereiche der Medizintechnik, sowie die Molekularisierung mit ihren Fortschritten für die biomolekularen Primärfunktionen, insbesondere bei der Biotechnologie, aber auch in der Zell- und Gewebetechnik (tissue engineering).

Die besonderen Herausforderungen für die Führungsfunktionen in Gesundheitsbetrieben ergeben sich dabei aus der notwendigen Integration der vielfältigen Aspekte der Entwicklungen in der Medizintechnik, durch regelmäßige Informationen über aktualisierte medizinische Perspektiven und Entwicklungsansätze und das Fortschreiben von medizinischen Prozessdokumentationen, der Innovationsentwicklung, indem darauf zu achten ist, stärker bedarfsinduzierte Innovationsentwicklungen anzustoßen, um nicht in erster Linie technologiegetriebenen nachkommen zu müssen, sowie der Interdisziplinarität und damit der Förderung des Miteinanders der Fachärzte und der medizinischen Disziplinen, da interdisziplinäre Kommunikation zunehmend als kritischer Erfolgsfaktor für medizinische Innovationsprozesse anzusehen ist.

Im Bereich der *ökologischen* Rahmenbedingungen haben die Führungskräfte im Gesundheitswesen eine besondere Verantwortung, da sie Aufgaben im Rahmen der Gesundheitsvorsorge und Gesundheitsprophylaxe wahrnehmen. Bemühen sie sich nicht, die Belastungen der Umwelt bei der medizinischen Versorgung so gering wie möglich zu halten, konterkarieren sie ihre Aufgaben im Rahmen der Vorsorge und Heilung. Ein nicht unbeträchtliches Problempotenzial stellen umweltrelevante Stoffe und Arbeitsabläufe in einem Gesundheitsbetrieb dar. Es sind dabei nicht nur umweltrechtliche Vorgaben einzuhalten, sondern auch wirtschaftliche Gesichtspunkte zu berücksichtigen. Die Entsorgung von oft als Sondermüll zu deklarierenden Abfällen aus Krankenhäusern oder Arztpraxen, der Energieverbrauch durch Klima-, Heizungs- und Lüftungsanlagen oder Gebühren für steigende Frischwasser- und Abwassermengen belasten die ökonomische Situation einzelner Betriebe zusätzlich. Hauptaufgaben der Führungskräfte im Gesundheitswesen in einem betrieblichen Umweltmanagement sind daher Risiken von Stör- und Unfällen zu reduzieren, Einsparpotenziale zu realisieren, die Mitarbeitermotivation zu verbessern und eventuelle Haftungsrisiken zu vermindern.

1.2.2   Rechtliche Umwelt der Führungssituation

Die rechtlichen Rahmenbedingungen für die *Betriebsführung i.e.S.* im Gesundheitswesen gehen zunächst vom allgemeinen **Wirtschaftsrecht** aus (siehe **Tabelle 1.5**).

Das **Wirtschaftsverfassungsrecht** ist geprägt durch wesentliche im *Grundgesetz (GG)* verankerte Grundrechte, wie beispielsweise die wirtschaftliche und betriebliche Freizügigkeit in Artikel 11 oder das Recht auf freie Berufsausübung in Artikel 12, die die Grundlage für die Führung eines Gesundheitsbetriebs bilden. Auch die fundamentalen Ordnungsprinzipien (Rechtsstaatsprinzip etc.) und die Organisationsordnung (Gesetzgebungszuständigkeit des Bundes für das Wirtschaftsrecht, Verwaltungskompetenzen der Länder etc.) des Grundgesetzes wirken sich mittelbar auf die rechtlichen Rahmenbedingungen der gesundheitsbetrieblichen Führung aus.

Zum **Wirtschaftsverwaltungsrecht** zählt beispielsweise die Organisation der Selbstverwaltung im Gesundheitswesen (Ärzte-/Zahnärztekammern und –verbände, Kassenärztliche und Kassenzahnärztliche Vereinigungen etc.) und damit alle Rechtsnormen, die staatliche Einheiten zur Einwirkung auf Gesundheitsbetriebe berechtigen oder verpflichten und diese Kontrolle etc. organisieren.

Bei der Betriebsführung im Gesundheitswesen ist ferner das **Wirtschaftsprivatrecht** zu berücksichtigen, denn es regelt den Güter- und Leistungstausch auf dem Markt zwischen den Gesundheitsbetrieben, deren Lieferanten und Patienten. So enthält das **Bürgerliche Recht** im *Bürgerlichen Gesetzbuch (BGB)* auch zahlreiche Vorgaben für die Führung des Gesundheitsbetriebs, umfasst das **Handelsrecht** die kaufmännischen Angelegenheiten der Betriebsführung, regelt das **Gesellschaftsrecht** das für die Betriebsführung maßgebliche Innen- und Außenverhältnis von gesellschaftlich organisierten Gesundheitsbetrieben, sorgt das **Wettbewerbsrecht** für die Verhinderung von Wettbewerbsbeeinträchtigungen aufgrund von Kartellbildung, Preisbindung, den Gesundheitsmarkt beherrschende Positionen, diskriminierendes Verhalten, Schutz von Mitbewerbern oder Patienten vor unfairen Geschäftspraktiken und beeinflusst das **Steuerrecht** wesentlich betriebliche Entscheidungen durch die Festsetzung und Erhebung der Steuern des Gesundheitsbetriebes.

Tabelle 1.5   Wirtschaftsrechtliche Grundlagen der Betriebsführung i.e.S.

Rechtsgebiet	Rechtsarten
Wirtschaftsverfassungsrecht	Wirtschaftliche Grundrechte
	Ordnungsprinzipien
	Organisationsordnung

Rechtsgebiet	Rechtsarten
Wirtschaftsverwaltungsrecht	Staatliche Wirtschaftsverwaltung
	Selbstverwaltung
	Recht öffentlicher Unternehmen
	Wirtschaftsaufsicht
	Subventionsrecht
	Gewerberecht
	Vergaberecht
Wirtschaftsprivatrecht	Bürgerliches Recht
	Handelsrecht
	Gesellschaftsrecht
	Wettbewerbsrecht
	Steuerrecht

Für die Betriebsführung im Gesundheitswesen gewinnt auch das **Europäische Wirtschaftsrecht** zunehmend an Bedeutung, insbesondere die europaweiten Regelungen für Forschung und Technologie, Monopole und Subventionen, europäisches Niederlassungs- und Dienstleistungsrecht, Wettbewerbsregeln, sowie Steuerrecht.

Zur rechtlichen Umwelt der Führungssituation zählen natürlich auch die zahlreichen spezifischen rechtlichen Grundlagen des Gesundheitswesens, wie beispielsweise das

■ Arzneimittel- und Medizinprodukterecht: *Arzneimittelgesetz (AMG), Medizinproduktegesetz (MPG), Medizinproduktegesetz-Betreiberverordnung (MPBetreibV)* etc.,

■ Berufsrecht: *Hebammengesetz (HebG), Heilpraktikergesetz (HPG), (Muster-) Berufsordnung für Ärzte (M-BOÄ), Psychotherapeutengesetz (PsychThG), Approbationsordnung für Ärzte (ÄAppO), Zahnheilkundegesetz (ZHG),*

Bundesärzteordnung (BÄO), Approbationsordnung für Zahnärzte (ZÄPrO)
etc.,

■ Gebührenrecht: *Gebührenordnung für Ärzte (GOÄ), Gebührenordnung für Zahnärzte (GOZ), Bundespflegesatzverordnung (BPflV)* etc.,

■ Werberecht: *Heilmittelwerbegesetz (HWG)* etc.,

■ Krankenhausrecht: *Krankenhausfinanzierungsgesetz (KHG), Krankenhausentgeltgesetz (KHEntgG), Verordnung zum Fallpauschalensystem für Krankenhäuser (KFPV)* etc.,

■ Krankenpflegrecht: *Krankenpflegegesetz (KrPflG)* etc.,

■ Patientenrecht: *Patientenbeteiligungsverordnung (PatBeteiligungsV)* etc.,

■ Pflegerecht: *Sozialgesetzbuch (SGB)- Elftes Buch (XI) –Soziale Pflegeversicherung, Pflege-Weiterentwicklungsgesetz, Pflege-Buchführungsverordnung (PflegeBuchV), Pflege-Statistikverordnung (PflegeStatV)* etc.,

■ Privatversicherungsrecht (PKV): *Versicherungsaufsichtsgesetz (VAG) – Private Krankenversicherung* etc.,

■ Recht der gesetzlichen Krankenversicherung: *Sozialgesetzbuch (SGB)- Fünftes Buch (V) – Gesetzliche Krankenversicherung, Vertragsarztrechtsänderungsgesetz (VÄndG), Arzneimittelausgaben-Begrenzungsgesetz (AABG), Gesetz zur Verbesserung der Wirtschaftlichkeit in der Arzneimittelversorgung, GKV-Wettbewerbsstärkungsgesetz (GKV-WSG), GKV-Modernisierungsgesetz (GMG)* etc.,

■ Allgemeine Gesundheitsrecht: *Reichsversicherungsordnung (RVO), Röntgenverordnung (RöV), Transplantationsgesetz (TPG), Transfusionsgesetz (TFG), Infektionsschutzgesetz (IfSG)* etc. und vieles anderes mehr.

Diese Rechtsgebiete stellen die speziellen Rahmenbedingungen für die Führung eines Gesundheitsbetriebs dar und betreffen insbesondere die betriebliche Organisation, die Betriebsangehörigen, die betriebliche Leistungserstellung, die Gebühren - und damit die Situation der Einnahmenerzielung - sowie die Patienten. Darüber hinaus konkretisieren spezielle Rechtsgebiete wie beispielsweise das Biomedizin- und Fortpflanzungsrecht die spezifische Leistungserstellung des Gesundheitsbetriebes.

Am Beispiel der medizinischen Hygiene wird ferner besonders deutlich, dass die Führung eines Gesundheitsbetriebs auch Rechtsnormen auf unterschiedlichen Ebenen berücksichtigen muss: So gibt es auf *Bundesebene* beispielsweise als allgemeine Grundlage das *Infektionsschutzgesetz (IfSG)*, welches zum Beispiel in *Nordrhein-Westfalen* durch die Krankenhaushygieneverordnung ergänzt wird. Von den *Berufsgenossenschaften* gibt es die *BGA 250*, und *Technische Einrichtungen* haben zu diesem Thema *DIN-Normen* zu Wasserleitungen, RLT-Anlagen, Sterilisation, *VDI-Vorschriften* zu RLT-Anlagen, *DVGW-Arbeitsblätter* zu Legionellen in Wassersystemen und vieles andere mehr veröffentlicht. Auf der Ebene von *Fachgesellschaften* gibt es darüber hinaus die *RKI-Richtlinie für Krankenhaushygiene und Infektionsprävention*, sowie Leitlinien von *DGKH, DGSV*.

Die rechtlichen Grundlagen für die *Mitarbeiterführung* im Gesundheitswesen werden insbesondere durch das **Arbeitsrecht** gelegt, welches das Arbeitsverhältnis zwischen Arbeitgeber und Arbeitnehmer beispielsweise durch das *Arbeitszeitrechtsgesetz (ArbZRG)*, das *Kündigungsschutzgesetz (KündSchG)*, das *Mitbestimmungsgesetz (MitbestG)*, oder aber auch durch Ausbildungsverordnungen regelt. Zu Gesetzen, die darüber hinaus von den Führungskräften im Gesundheitswesen im Rahmen der Arbeitsorganisation zu berücksichtigen sind, zählen beispielsweise das *Arbeitsschutzgesetz (ArbSchG)*, das *Bundesdatenschutzgesetz (BDSG)*, die *Arbeitsstättenverordnung (ArbStättV)* oder die *Gefahrstoffverordnung (GefStoffV)*.

1.2.3 Berücksichtigung der Mitbestimmung

Das **Mitbestimmungsrecht** ist ein Rechtsgebiet, das sich unmittelbar auf die Betriebsführung im Gesundheitswesen auswirkt und daher von allen Führungskräften zu berücksichtigen ist.

Bezogen auf den einzelnen Arbeitsplatz umfasst es beispielsweise die Regelungen des *Betriebsverfassungsgesetzes (BetrVG)*, welches die Informations-, Beratungs-, Widerspruchs- und Mitbestimmungsrechte von Betriebsräten im Gesundheitswesen regelt und die vertrauensvolle Zusammenarbeit zwischen der Betriebsführung einer Gesundheitseinrichtung und dem jeweiligen Betriebsrat vorschreibt (siehe **Tabelle 1.6**).

Tabelle 1.6 Inhalte des *Betriebsverfassungsgesetzes (BetrVG)*

Teil	Abschnitt		§§
1	Allgemeine Vorschriften		1 bis 6
2	Betriebsrat, Betriebsversammlung, Gesamt- und Konzernbetriebsrat		7 bis 59a
	1	Zusammensetzung und Wahl des Betriebsrats	7 bis 20
	2	Amtszeit des Betriebsrats	21 bis 25
	3	Geschäftsführung des Betriebsrats	26 bis 41
	4	Betriebsversammlung	42 bis 46
	5	Gesamtbetriebsrat	47 bis 53
	6	Konzernbetriebsrat	54 bis 59a
3	Jugend- und Auszubildendenvertretung		60 bis 73b
	1	Betriebliche Jugend- und Auszubildendenvertretung	60 bis 71
	2	Gesamt-Jugend- und Auszubildendenvertretung	72 bis 73
	3	Konzern-Jugend- und Auszubildendenvertretung	73a bis 73b
4	Mitwirkung und Mitbestimmung der Arbeitnehmer		74 bis 113
	1	Allgemeines	74 bis 80
	2	Mitwirkungs- und Beschwerderecht des Arbeitnehmers	81 bis 86a
	3	Soziale Angelegenheiten	87 bis 89
	4	Gestaltung von Arbeitsplatz, Arbeitsablauf und Arbeitsumgebung	90 bis 91

Teil	Abschnitt		§§
5	Personelle Angelegenheiten		92 bis 105
	Allgemeine personelle Angelegenheiten		92 bis 95
	Berufsbildung		96 bis 98
	Personelle Einzelmaßnahmen		99 bis 105
6	Wirtschaftliche Angelegenheiten		106 bis 113
	Unterrichtung in wirtschaftlichen Angelegenheiten		106 bis 110
	Betriebsänderungen		111 bis 113
5	Besondere Vorschriften für einzelne Betriebsarten		114 bis 118
	1	Seeschifffahrt	114 bis 116
	2	Luftfahrt	117
	3	Tendenzbetriebe und Religionsgemeinschaften	118
6	Straf- und Bußgeldvorschriften		119 bis 121
7	Änderung von Gesetzen		122 bis 124
8	Übergangs- und Schlussvorschriften		125 bis 132

Die Informationsrechte des Betriebsrats erstrecken sich beispielsweise auf wichtige Themenbereiche des Gesundheitswesens, wie

- Arbeitsabläufe,

- Arbeits- und Unfallschutz,

- Kündigungen,

- Versetzungen,

- Leiharbeiter,

- soziale Angelegenheiten

- Arbeitsplatzgestaltung,

- bauliche Veränderungen,

- medizintechnische Anlagen,

- Personalplanung

- Einstellungen,

- Eingruppierungen.

In Gesundheitseinrichtungen in öffentlicher Trägerschaft ist die betriebliche Mitbestimmung in *Personalvertretungsgesetzen* und im Bereich kirchlicher Einrichtungen in *Mitarbeitervertretungsgesetzen* geregelt. Zwischen der Betriebsführung und dem Betriebsrat geschlossene **Betriebsvereinbarungen** (im öffentlichen Bereich: **Dienstvereinbarungen**) beinhalten verbindliche betriebliche Regelungen und wirken unmittelbar auf alle Arbeitnehmer der Gesundheitseinrichtung. Über die Aufsichtsräte, an denen Arbeitnehmer im Gesundheitswesen durch ihre gewählten Vertreter und den dort vertretenen Gewerkschaften beteiligt sind, besteht auch die Mitbestimmungsmöglichkeit bei unternehmerischen Entscheidungen in Gesundheitseinrichtungen mit der Rechtsform von Kapitalgesellschaften.

1.3   Führungspsychologie

1.3.1   Rolle der Führungskraft im Gesundheitsbetrieb

In der Führungstheorie wird häufig zwischen der Leitungsfunktion und der Führungsfunktion unterschieden: Die **Leitungsfunktion** in einem Gesundheitsbetrieb ergibt sich aus der hierarchischen Position der Führungskraft in der Aufbauorganisation und damit aus dem Vorgesetztenverhältnis, dessen Rechte und Pflichten mit dieser aufbauorganisatorischen Stelle verknüpft sind. Typische Leitungsfunktionen sind somit die Stelle eines Chefarztes in einem Krankenhaus oder einer Ersthelferin in einer Arztpraxis. Die eigentliche **Führungsfunktion** ergibt sich erst, wenn die gezielte Beeinflussung auf die Geführten mit dem Zweck einer Zielerreichung erfolgt und wenn diese auch durch beabsichtigte Verhaltensänderungen die Führungsrolle anerkennen und akzeptieren.

Das bedeutet für die Führungskraft im Gesundheitswesen, dass sie echte Führungserfolge nur dann erzielt, wenn ihre Führungsrolle auch Anerkennung und Akzeptanz bei den ihr unterstellten Mitarbeitern, bzw. bei den Patienten findet. Es reicht somit nicht aus, die Führungsrolle übertragen zu bekommen, sondern sie muss auch mit Führungskompetenz, der Anwendung geeigneter Führungsstile und Vorbildfunktionen ausgefüllt werden. Die Leitung von Organisationsbereichen im Gesundheitswesen ausschließlich mit Sanktionsmitteln und Disziplinarbefugnissen reicht dazu nicht aus.

Hinzukommt, dass sich die Führungsfunktion mit zunehmender Führungsverantwortung ändert: Während beispielsweise in der stationären und ambulanten Pflege die Leitende Pflegefachkraft für den organisatorischen Rahmen, für eine bewohnerorientierte Pflege und Betreuung, für Evaluationsinstrumente zur Ermittlung und Verbesserung der Qualität der Dienstleistung Pflege und Betreuung und für die Führung der Mitarbeiter auf Teamebene und darüber hinaus sorgen muss, hat die Heimleitung den gesundheitspolitischen Entwicklungen Rechnung zu tragen und die Wirtschaftlichkeit der zu erbringenden Dienstleistung für die gesamte Einrichtung im Blick zu behalten. Je höher die Führungsebene im Gesundheitswe-

sen ist, desto mehr wird die jeweilige Führungsrolle von Managementaufgaben, wie strategischer Betriebsplanung, Grundsatzentscheidungen,
Rahmenkonzeptionen und der Schaffung von Systemstrukturen dominiert.
So unterscheidet sich die Führungsrolle der ärztlichen Direktion eines
Krankenhauses von der eines in einer dortigen Station beschäftigten Ober-
arztes zumindest im Hinblick auf die Art der Führungsaufgaben, wobei
sich hinsichtlich der Führungsfunktion in der direkten Mitarbeiterführung
allerdings keine Unterschiede ergeben. Ein Zahnarzt als Praxisinhaber und
–leiter hat hingegen eine umfassendere Führungsrolle, da er im Hinblick
auf seinen Praxisbetrieb in der Regel alle betriebswichtigen Entscheidungen selbst treffen muss.

Im Gesundheitswesen gibt es ferner eine Besonderheit, die die Rolle ihrer
Führungskräfte von anderen Branchen unterscheidet: Neben ihrer Führungsfunktion haben sie alle eine weitere Funktion beispielsweise als Pflegekraft, Arzt, Zahnmedizinische Verwaltungshelferin, Röntgenassistentin,
Kinderkrankenschwester oder Zahnarzt für ihre Patienten inne. Weder das
Eine, noch das Andere darf vernachlässigt werden, so dass die besondere
Herausforderung darin besteht, sowohl die Rolle als Führungskraft, als
auch die patientenorientierte medizinisch, pflegerische Rolle möglichst
vollständig und gleichzeitig auszufüllen.

Besonders eindrucksvoll wird dieses zuwendungsorientierte Rollenbild
bereits in den 50er Jahren in der bekannten, wenn auch nicht unumstritte-
nen Sichtweise der Pflegetheoretikerin *Hildegard Peplau* (1909-1999) beschrieben, die nach *Sills* (1995) für den Pflegebedürftigen und die Pflegekraft unterschiedliche Rollen definiert, in denen sie in einer gelungenen
Pflegesituation durch den wechselseitigen Austausch lernen und reifen.
Die Pflegekraft soll dabei verschiedene durch den Pflegebedürftigen oder
die Gesellschaft zugewiesene Rollen erfüllen, eine Reihe von Erwartungen
und Pflichten enthalten. Zum einen ist ihre pflegende Funktion gefordert,
als Lernen und Interaktion mit dem Gepflegten, andererseits soll sie ihm
das Erlernen neuer Verhaltensweisen ermöglichen, was in den Ansätzen
eher einer Führungsfunktion gleicht (siehe **Tabelle 1.7**).

Tabelle 1.7   Vereinfachtes Schema der Rollenphasen in Anlehnung
an *Peplau*

Phase	Rollenbeschreibung
Orientierung	Einweisungsphase: Pflegeperson und Pflegebedürftiger begegnen sich zunächst als „Fremde".
Interaktion	Behandlungsphase: Pflegeperson als unterstützende Person und lehrende Person, die Behandlungsmaßnahmen durchführt, den Pflegebedürftigen anleitet und ggf. zu Aktivitäten animiert.
Auslieferung	Rehabilitationsphase: Pflegeperson als Mutter-, Vater- oder Geschwisterersatz, in deren „Obhut" sich der Pflegebedürftige begibt.
Ablösung	Entlassungsphase: Beratende Rolle des pflegefachlichen Experten, der dem Entlassenen in der Nachbehandlung und Vorbeugung zur Seite steht.

Zu diesen „dualen" Rollen als Führungskräfte einerseits und medizinische bzw. pflegerische Fachkräfte andererseits, kommen nicht selten weitere Nebenfunktionen hinzu, beispielsweise als Beauftragte für Hygiene, Qualitätsmanagement, Datenschutz, Gleichstellung, Umweltschutz etc., durch die die Rollenerwartungen zusätzlich erweitert werden.

Die *Bundesärztekammer* (2007) definiert die Führungsrolle von Ärzten folgendermaßen: „In der gegenwärtigen Umbruchsituation des deutschen Gesundheitswesens wird leitenden Ärzten in Kliniken, Praxen und Medizinischen Versorgungszentren eine Quadratur des Kreises abverlangt: Den Erwartungen an eine hochwertige Gesundheitsversorgung, Wirtschaftlichkeit und Unternehmenserfolg stehen begrenzte finanzielle und personelle Ressourcen, stetig steigende Anforderungen an die Leistungserbringer, eine zunehmende Arbeitsbelastung und Stresssymptomatik bei den Mitarbeitern, erschwerte Arbeitsorganisation und -bedingungen und Konflikte mit der kaufmännischen Geschäftsführung oder Vertragspartnern gegenüber. Chef- und Oberärzte sowie Praxisinhaber sind zunehmend mit Führungs- und Managementaufgaben in einem sich ständig wandelnden Umfeld bzw. mit der als widersprüchlich empfundenen Frage „Chefarzt – Arzt oder Manager?" konfrontiert. Für viele ärztliche Kollegen scheinen professionelles ärztliches Selbstverständnis und die neuen Anforderungen in unversöhnlichem Gegensatz zueinander zu stehen. Im Mittelpunkt der ärztlichen Tätigkeit steht die Behandlung der Patienten. Dies ist der Arbeitsschwerpunkt, auf den sich die Ärztinnen und Ärzte heute wie früher konzentrieren wollen. Die strikte Patientenorientierung und die professionelle Kompetenz zur Durchführung der klinischen Kernprozesse des Heilens und Linderns von Krankheiten sind für die ärztliche Führungsrolle konstitutiv. Leitgedanke des vorliegenden Curriculums ist es deshalb, das dem Wohle der Patienten verpflichtete berufliche Selbstverständnis des Arztes zukunftsfähig zu machen. Um der ärztlichen Führungsverantwortung auch weiterhin gerecht werden zu können, muss und sollte der Arzt nicht zum Manager oder Kaufmann werden. Unter den gewandelten Rahmenbedingungen ist es jedoch erforderlich, ein Grundverständnis von ökonomisch-unternehmerischen Prozessen und von Organisationswandel zu erwerben sowie Aufgeschlossenheit gegenüber Managementmethoden mitzubringen. Es geht also um die Herstellung einer Balance, wie ökonomische und organisatorische Bedingungen selbstbestimmt und zum Nutzen der Patienten eingesetzt werden können. Dies gilt für Ärzte in Leitungspositionen in besonderem Maße." ... „Unter schwieriger werdenden Rahmenbedingungen stellt es prinzipiell die Aufgabe der Führungskräfte einer Einrichtung dar, das Arbeitsklima durch Schaffung von Vertrauen und Beteiligung der Mitarbeiter so zu gestalten, dass die Leistungsbereitschaft und Motivation auf einem hohen Niveau bleiben und sich die Mitarbeiter für ihre Einrichtung engagieren. Darüber hinaus sollte es spezieller Gegenstand der ärztlichen Führungskultur bzw. des Selbstverständnisses ärztlicher Führungskräfte sein, persönliche Verantwortung für die ärztliche Weiterbildung zu übernehmen."

1.3.2   Abgrenzung zur Psychologie der gesundheitsbetrieblichen Organisation

Auf die Führung von Mitarbeitern und Patienten sind medizinische und pflegerische Fachkräfte häufig nur unzureichend vorbereitet. Oft wird ihnen die Führungsaufgabe übertragen, ohne dass sie sich vorher in der Führungsrolle hätten üben und in dieser Erfahrung hätten sammeln können. Da die Mitarbeiter- und Patientenführung komplexe Vorgänge umfassen, ist eine Vorbereitung darauf durch Seminare, Schulungs- und Trainingsmaßnahmen ebenfalls nur bedingt möglich.

K. Lukascyk (1960) hat bekanntermaßen darauf hingewiesen, dass im übertragenen Sinne die Persönlichkeitsstruktur der Führungskraft im Gesundheitswesen mit ihren Begabungen Fähigkeiten und Erfahrungen, die Persönlichkeiten der geführten Mitarbeiter und Patienten, ihre Einstellungen, Erwartungen und Bedürfnisse, die zu führenden Mitarbeiter- und Patientengruppen mit ihrem Beziehungsgeflecht und ihren Gruppennormen, sowie die Situation, in der sich Führungskraft und Gruppe befinden, ihr Ziel und die sonstige Umwelt im Gesundheitswesen, als wesentliche Variablen führungsbezogener Interaktionen anzusehen sind (siehe **Abbildung 1.2**).

Abbildung 1.2   Führungssituation im Gesundheitswesen

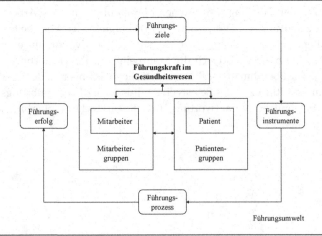

Führungsumwelt

Für die Führungskraft im Gesundheitswesen ist es somit wichtig zu wissen, dass für die zielgerichtete Einwirkung auf das Arbeitsverhalten ihrer Mitarbeiter nicht nur deren Arbeitsproduktivität im Vordergrund steht, sondern dass einerseits die eigenen sozialen Einstellungen dabei eine bedeutende Rolle spielen und andererseits auch die menschlichen Beziehungen, in deren Rahmen sich das Arbeitsverhalten vollzieht. Je überzeugender, glaubhafter, authentischer und vorbildlicher das Führungsverhalten der Führungskraft auf die Geführten wirkt, desto eher werden die Mitarbeiter oder Patienten bereit sein, in deren Führungsfähigkeit, Steuerungsmaßnahmen und Zielsetzungen zu vertrauen.

Insofern muss die Führungskraft die organisatorischen Rahmenbedingungen in einem Gesundheitsbetrieb berücksichtigen, insbesondere die Organisationskultur, die Strukturen, Kommunikationswege und Rituale. Zu ihren Aufgaben gehört es, diese zu kennen, zu berücksichtigen und für die eigenen Führungszwecke zu nutzen, aber sie auch im Sinne der Betriebsführung immer wieder kritisch zu hinterfragen, um auf diese Weise einen Beitrag für die Weiterentwicklung der gesundheitsbetrieblichen Organisation zu leisten.

Dabei darf jedoch nicht die Vorgehensweise der Organisationsplanung vorherrschen, indem die Führungskraft im Gesundheitswesen ihre organisatorischen Vorstellungen durch Anweisungen „diktiert". Der Ablauf eines Organisationsentwicklungsprozesses beginnt jedoch in der Regel mit einem von den Mitarbeitern des Gesundheitsbetriebs oder von Patienten empfundenen Problem, welches zu einem Veränderungsbedürfnis führt. In dieser Vorphase ist das Problem jedoch noch unscharf beschrieben, gehen die Meinungen über Art und Ausmaß des Problems und die Lösungsmöglichkeiten nicht selten auseinander. Es ist daher wichtig, dass in dieser Phase die Führungskraft in einer Moderatorenrolle versucht, die unterschiedlichen Wahrnehmungen und Vorstellungen zu strukturieren. Ihre Aufgabe ist es in dieser Situation somit nicht, inhaltliche Empfehlungen gegenüber den Mitarbeitern auszusprechen, weil nur sie vermeintlich weiß, wo es langgeht. Die Führungskraft hat vielmehr dafür zu sorgen, dass der Weg zu einer Problemlösung und die dabei erforderliche Kommunikation im Pflege-, Stations- oder Praxisteam zustande kommen.

Bei der Rolle eines Moderators in einem Organisationsentwicklungsprozess sollte die Führungskraft im Gesundheitswesen darauf achten, dass sie eigene Meinungen, Ziele und Werte zurückstellt und weder Meinungsäußerungen noch Verhaltensweisen bewertet, da es zunächst kein „richtig" oder „falsch" gibt. Vielmehr erscheint es in einer ersten Phase wichtig, keine behauptende, sondern eine fragende Haltung einzunehmen, denn durch Fragen werden die Beteiligten füreinander und für das Thema geöffnet und aktiviert. Dadurch, dass sich die Führungskraft ihrer eigenen Stärken und Schwächen, ihrer eigenen Einstellung zu Menschen und Themen bewusst ist und die Verantwortung dafür übernimmt, hilft sie auch den Mitarbeitern oder Patienten möglichst selbstverantwortlich zu reagieren. Sie kann ihnen deren eigenes Verhalten bewusst machen, so dass Störungen und Konflikte bearbeitet werden können. Dabei geht es darum, auf moralische Appelle zu verzichten, sondern vielmehr die Äußerungen der Mitarbeiter, Patienten oder Heimbewohner als Signale aufzufassen. Dazu sind die problemrelevanten Daten zu sammeln und aufzubereiten, um das empfundene Problem für die Arztpraxis, die Station oder den Pflegebereich möglichst zu objektivieren. Bei der anschließenden Umsetzung von strukturellen, materiellen oder personellen Veränderungen in der Organisation des Gesundheitsbetriebs kann es notwendig sein, von der Moderatorenrolle abzuweichen. Wichtig ist es jedoch in jedem Fall, die eingeleiteten Maßnahmen fortlaufend zu überprüfen und wenn nötig durch ergänzende Aktivitäten in ihrer Wirkung abzusichern.

Im Hinblick auf die gesundheitsbetriebliche Organisation, in der eine Führungskraft im Gesundheitswesen agiert, ist es ferner wichtig, dass die Führungsrolle möglichst klar abgegrenzt ist. Dazu gehört es zu definieren, welche Aufgaben, Kompetenzen, Verantwortlichkeiten etc. der Leitungsstelle zugeordnet sind, um Überschneidungen, Kompetenzgerangel oder auch ein „Führungsvakuum" zu vermeiden. Um dies zu erreichen, sind einer Leitungsstelle, die mit einer Führungskraft besetzt ist, immaterielle und materielle **Stellenelemente** zuzuordnen (siehe **Tabelle 1.8**).

Tabelle 1.8 Organisatorische Abgrenzung der Führungsrolle durch Stellenelemente

Art	Elemente		Beispiele
Immaterielle Stellen- elemente	Aufgaben		Verpflichtung zur Vornahme bestimmter, der Leitungsstelle zugewiesener Verrichtungen.
	Befugnisse	Entscheidungs- befugnis	Beinhaltet das Recht, bestimm- te Entscheidungen treffen zu können.
		Anordnungs- befugnis	Begründet das Vorgesetzten- Untergebenen-Verhältnis und somit beispielsweise das Recht, Weisungen erteilen zu dürfen.
		Verpflichtungs- befugnis	Umfasst das Recht, den Gesundheitsbetrieb als Füh- rungskraft rechtskräftig nach außen vertreten zu können.
		Verfügungs- befugnis	Begründet das Recht auf Verfü- gung über Sachen und Werte des Betriebs.
		Informations- befugnis	Beinhaltet den Anspruch auf den Bezug bestimmter Informa- tionen, die für die Führungs- funktion benötigt werden.
	Verantwortung		Möglichkeit, für die Folgen eigener oder fremder Handlun- gen als Führungskraft Rechen- schaft ablegen zu müssen.

Art	Elemente		Beispiele
Materielle Stellen- elemente	Aufgabenträger		Eine Führungskraft allein, es sein denn, mehrere Führungs- kräfte sind einer Leitungsstelle zugeordnet (beispielsweise „Führungsteam").
	Stellenbeschreibung		Führungsqualifikationen: Kenntnisse, Fähigkeiten, Fertig- keiten, Erfahrungen, erforderli- che Kapazitäten.
	Sachmittel	Basissachmittel	Werden üblicherweise zur Aufgabenerledigung benötigt.
		Entlastende Sachmittel	Entlasten bei der Aufgabenerle- digung, ohne jedoch davon zu befreien.
		Automatische Sachmittel	Befreien von der Aufgabenerle- digung, ohne jedoch deswegen Kontrollfunktionen und Verant- wortung abzugeben.

Zu den *immateriellen* Stellenelementen zählen: Aufgaben, Befugnisse (Entscheidung, Anordnung, Verpflichtung, Verfügung, Information), Verantwortung. Bei den Aufgaben handelt es sich um die Verpflichtung zur Vor-
nahme bestimmter, der Stelle zugewiesener Verrichtungen, wie beispielsweise die jährliche Personalbeurteilung. Die Entscheidungsbefugnis beinhaltet das Recht, bestimmte Entscheidungen treffen zu können, ohne etwa
den Chefarzt rückfragen zu müssen. Die Anordnungsbefugnis begründet
das Vorgesetzten-Untergebenen-Verhältnis und somit beispielsweise das
Recht einer Ersthelferin, der Auszubildenden Weisungen erteilen zu dürfen. Die Verpflichtungsbefugnis umfasst das Recht, als Führungskraft den
Gesundheitsbetrieb rechtskräftig nach außen vertreten zu können (auch:
Unterschriftsvollmacht). Die Verfügungsbefugnis begründet das Recht auf

Verfügung über Sachen und Werte des Gesundheitsbetriebs. Die Informationsbefugnis beinhaltet den Anspruch auf den Bezug bestimmter Informationen.

Die *materiellen* Stellenelemente umfassen die der Leitungsstelle jeweils zugeordneten Mitarbeiter und die Sachmittel. Der Aufgabenträger einer Leitungsstelle ist im Gesundheitsbetrieb in der Regel eine Führungskraft allein, es sein denn, mehrere Führungskräfte sind beispielsweise einer Stelle zugeordnet (kollektives „Führungsteam"). Zur Erfüllung von Aufgaben der Leitungsstelle benötigen die Führungskräfte bestimmte Führungsqualifikationen, die in der Stellenbeschreibung dokumentiert sind. Darin sind insbesondere die Kenntnisse, Fähigkeiten und Fertigkeiten, Erfahrungen und erforderlichen Kapazitäten für die Ausübung der Führungsfunktion festzuhalten. Zu den zuzuordnenden Sachmitteln zählen Basissachmittel, die üblicherweise zur Aufgabenerledigung benötigt werden (beispielsweise Besprechungsräume, Mobiliar etc.), entlastende Sachmittel, die die Führungskräfte bei der Aufgabenerledigung entlasten, ohne sie jedoch davon zu befreien (beispielsweise Terminplaner) sowie automatische Sachmittel, die sie von der Aufgabenerledigung befreien, ohne jedoch deswegen Kontrollfunktionen und Verantwortung abzugeben (beispielsweise *Krankenhausinformationssysteme (KIS)*, *Praxis-Verwaltungs-Systeme (PVS)*, *Heim-Software* etc.).

1.3.3 Einfluss von Betriebsklima und Teamgeist

Zahlreiche Forschungsergebnisse der Organisationspsychologie weisen darauf hin, dass Lohn, Arbeitszeit, Arbeitsplatzgestaltung usw. nicht allein ausschlaggebend für die Arbeitsattraktivität im Gesundheitswesen sind. Grundlegende Einflüsse ergeben sich vielmehr aus den zwischenmenschlichen Beziehungen

■ der jeweiligen Führungskraft zu einzelnen Mitarbeitern bzw. Mitarbeitergruppen,

■ der Mitarbeiter untereinander,

■ sowie der Mitarbeiter zu Patienten.

Im Zuge der *Förderinitiative "Versorgungsforschung"* der *Bundesärztekammer* (Gothe, 2007) wurde beispielsweise vom *IGES – Institut für Gesundheits- und Sozialforschung GmbH*, Berlin, der Einfluss untersucht, den die Veränderung von Arbeitsbedingungen und professionellem Selbstverständnis von Ärzten auf die gesundheitliche Versorgung der Patienten und die Attraktivität des Arztberufes ausübt. Unter dem Begriff „Physician Factor" wurden dabei diejenigen Faktoren zusammengefasst, die von zentraler Bedeutung für die Arbeits- und Berufszufriedenheit von Ärzten sind. Dabei wurden 9 Einflussfaktoren identifiziert, unter anderem soziodemokratische und psychosoziale Aspekte, sowie die Arzt-Patient-Beziehung.

Trägt die Führungskraft dazu bei, diese Beziehungen durch Hilfsbereitschaft, Verständnis und Toleranz zu prägen, so kann sich daraus ein positives **Betriebsklima** entwickeln. Es handelt sich dabei um die von den Mitarbeitern individuell empfundene Qualität der Zusammenarbeit, die für deren Motivation von wesentlicher Bedeutung ist. Die Mitarbeiter richten bewusst oder unbewusst ihr Arbeits- und Sozialverhalten an der Art und Weise des Zusammenwirkens aus, passen sich an oder widersetzen sich. Ebenso wie ein *negatives* Betriebsklima Phänomene wie Unlust, erhöhte Krankenstände oder gar Mobbing hervorbringen kann, trägt ein *positives* Betriebklima zu Arbeitsfreude, erhöhter Motivation und damit zu besseren Arbeitsergebnisse im Behandlungs- und Pflegebereich eines Gesundheitsbetriebs bei.

Herrschen zwischen den Mitarbeitern des Gesundheitsbetriebs Neid, Missgunst und Misstrauen, anstatt Kameradschaft, Verständnis, Vertrauen und Hilfsbereitschaft, so wirkt sich ein solchermaßen gestörtes Arbeitsklima auch hemmend auf den Arbeitsprozess aus. Fühlt sich eine Pflegekraft durch die Pflegeleitung falsch beurteilt und ungerecht behandelt, ist sie der Meinung, dass man ihren Problemen verständnislos gegenübersteht, dann überträgt sich das in der Regel auch auf ihr Arbeitsverhalten und die Führungskraft wird nicht mehr mit ihrem vollen Arbeitseinsatz, der in starkem Maße vom Arbeitswillen abhängt, rechnen können.

Das Problem der Schaffung optimaler Arbeitsbedingungen durch die Führungskraft im Gesundheitswesen lässt sich somit nicht allein dadurch lösen, indem sie sich um eine optimale Gestaltung der äußeren Arbeitsbedingungen, also um die Gestaltung des Arbeitsablaufes, des Arbeitsplatzes und um die Regelung der Arbeitszeit und der Arbeitspausen bemüht. Dies trägt zwar in erster Linie zu einer Verbesserung des **Arbeitsklimas** bei, das die spezielle Situation am jeweiligen Arbeitsplatz bezeichnet und unmittelbar auf den einzelnen Mitarbeiter wirkt. Es ist für den Einzelnen dadurch auch leichter veränder- und beeinflussbar. Wichtiger sind jedoch Anerkennung und Sinnvermittlung durch die Führungskräfte im Gesundheitswesen.

Teamgeist bedeutet in diesem Zusammenhang, dass sich alle Mitarbeiter des Gesundheitsbetriebs einer Gruppe angehörig fühlen, in der sie eine bestimmte Rolle wahrnehmen, die von allen anderen Gruppenmitgliedern akzeptiert wird. Diese Gruppe stellt das Team dar, sei es auf Dauer als Pflege-, Praxis-, Behandlungsteam oder auf Zeit als OP-Team oder Arbeitsgruppe. Die Führungskraft ist Teil dieses Gruppengefüges. Idealerweise identifizieren sich die Gruppenmitglieder mit ihrer Arbeit, mit den Aufgaben ihres Teams und darüber letztendlich mit ihrer Führungskraft.

Für den Leistungswillen der Mitarbeiter, für ihre Bereitschaft, die volle Leistungsfähigkeit für den Gesundheitsbetrieb einzusetzen, ist ein gutes Verhältnis untereinander und zu den Führungskräften mindestens ebenso wichtig, wie die äußeren Bedingungen. Dabei ist nicht nur die Vermeidung von Konflikten von wesentlicher Bedeutung, sondern vielmehr der richtige Umgang mit ihnen, so dass sie nicht mehr zu Eskalation und Wertschöpfungsverlusten im Gesundheitswesen führen. Diese **Betriebskultur** (Coporate Identity) spiegelt den Umgang, das Auftreten und Benehmen der Mitarbeiter und Führungskräfte eines Gesundheitsbetriebs untereinander sowie gegenüber den Patienten wider und wirkt stark auf das Betriebsklima. Dieses positive Gesamtbild wirkt auch nach außen auf den Patientenkreis. Der Patient sieht in den Führungskräften und Mitarbeitern eines Gesundheitsbetriebs nicht nur Ansprechpartner, sondern vielmehr Bezugspersonen, auf deren gute und zuverlässige Arbeit er mehr als in irgendeinem anderen Dienstleistungsbereich angewiesen ist. Nicht zuletzt aufgrund seiner Erfahrungen mit ihnen gewinnt er seinen Gesamteindruck von dem Gesundheitsbetrieb und gibt diesen in Multiplikatorfunktion an Andere weiter.

Die Betriebskultur ist sicherlich zum Teil auch ein zufälliges Ergebnis der
Interaktion der Mitarbeiter und entzieht sich insofern gezielten Veränderungen durch die Führungskräfte. Auch kann eine kritische Situation, in
der sich ein Gesundheitsbetrieb befindet, dazu beitragen, seine bisherigen
Werte und Normen in Frage zu stellen, überkommene Regeln durch neue
zu ersetzen und dadurch einen reibungslosen Arbeitsalltag mit produkti-
vem Betriebsklima herzustellen. Prinzipiell erscheint die Betriebskultur
jedoch durch die Führungskräfte durchaus beeinflussbar zu sein, mit den
gewünschten Resultaten innerhalb eines gewissen Rahmens veränderbar
und durch gezielte Interventionen nach den Vorstellungen der Leitung
verbesserungsfähig, wobei immer auch unerwünschte Nebenfolgen der
Einflussnahme nicht gänzlich auszuschließen sind.

Die Führungskraft muss somit berücksichtigen, dass die Mitarbeiter im
Gesundheitswesen eine Vielzahl individueller und situationsspezifischer
Ziele verfolgen, die sich zu einem komplexen Zielssystem zusammenset-
zen, so dass es auf das Zusammenspiel zahlreicher Faktoren bei der angestrebten Erreichung eines positiven Betriebsklimas und einer vertrauens-
vollen Betriebskultur ankommt:

- Vermeidung von starren hierarchischen Strukturen,
- Klarheit der Aufgaben,
- Vermeidung von autoritärem Führungsverhalten,
- Beachtung der sozialen Beziehungen am Arbeitsplatz,
- Vermeidung eines Klima des Misstrauens,
- Eigenverantwortung der Mitarbeiter,
- Vermeidung von schlecht kommunizierten Top-Down-
  Entscheidungen,
- Beachtung der Bedürfnisse der einzelnen Mitarbeiter,
- Vermeidung der ausschließlichen Ausübung von Organisations-, Pla-
  nungs- und Kontrollfunktionen durch Führungskräfte,
- Sorgen für Akzeptanz, Wohlbefinden und Identität,
- Individualisierung der Arbeitsgestaltung zur Leistungssteigerung,
- Ausübung sozialer Moderatorfunktion von Führungskräften.

Somit liegt es auch in der Verantwortung der Führungskraft im Gesundheitswesen, zu einem positiven Betriebs- und Arbeitsklima, zu Teamgeist und einer positiven Betriebskultur beizutragen. Steigende Fehlzeiten, erhöhte Fluktuationszahlen etc. wären ansonsten die Folge von Defiziten in diesem Bereich.

Die Initiative *Neue Qualität der Arbeit INQA (2011)* zeichnet in Kooperation mit dem *Great Place to Work® Institut Deutschland,* dem *Bundesministerium für Arbeit und Soziales (BMAS)* sowie der *Berufsgenossenschaft für Gesundheitsdienst und Wohlfahrtspflege (BGW)* regelmäßig die Gewinner des Preises "Beste Arbeitgeber im Gesundheitswesen" aus, bei der es um die Qualität und die Mitarbeiterorientierung von Krankenhäusern sowie Pflege- und Betreuungseinrichtungen als Arbeitgeber geht. Ausgezeichnet werden die Unternehmen, die von ihren Beschäftigten in zentralen Arbeitsplatzthemen wie Führung, Zusammenarbeit, berufliche Entwicklung und Anerkennung besonders gut bewertet werden. Dazu werden rund 25.000 Mitarbeiter zur Qualität der Arbeitsplatzkultur in ihrer Einrichtung befragt und die Maßnahmen und Konzepte der Gesundheitseinrichtungen im Bereich der Personalarbeit überprüft.

1.4   Führungstheorien

1.4.1   Intrinsische und extrinsische Führungstheorien

Intrinsische Führungstheorien gehen davon aus, dass der Führungserfolg von Führungskräften im Gesundheitswesen auf ihrer Persönlichkeit, ihrer Qualifikation, ihrem Engagement und ihren Eigenschaften beruhen. So sind nach *G. Schanz* (2000) im übertragenen Sinne beispielsweise Motivationsfähigkeit, Fachkompetenz und Auftreten persönliche Eigenschaften, die häufig genannt werden, wenn es darum geht, erfolgreiche Führungskräfte von weniger erfolgreichen zu unterscheiden oder überhaupt zu identifizieren, wer sich als Führungskraft im besonderen Maße eignet.

In diesem Zusammenhang ist das allseits bekannte Bild vom „Gott in Weiß", dass die „Vergötterung" eines Arztes durch seine Patienten und damit deren maximale Anerkennung beschreibt, auch führungstheoretisch zu hinterfragen. In der Regel bezieht sich diese Anerkennung auf die medizinischen Leistungen und die Patientenführung. Gerade von manchen Koryphäen der Medizin ist jedoch bekannt, dass ihre Mitarbeiterführung mitunter nicht gleichermaßen erfolgreich und eher durch autokratische Führungsstile, herrschaftliches Auftreten und Machtdemonstrationen geprägt war. Gerade im Gesundheitswesen muss im Rahmen intrinsischer Führungstheorien somit zwischen einem **Charisma** und damit einem auf überzeugenden, motivationssteigernden Persönlichkeitseigenschaften basierenden Führungsverhalten in Bezug auf die Patientenführung einerseits und die Mitarbeiterführung andererseits unterschieden werden: Ein charismatischer Mediziner ist nicht zwangsläufig auch als Vorgesetzter in Leitungsfunktionen erfolgreich, was gleichermaßen auch umgekehrt gilt.

Das bedeutet für das Gesundheitswesen, dass ihre Führungskräfte möglichst über Persönlichkeitseigenschaften verfügen müssen, die sowohl bei Patienten, Heimbewohnern und Pflegebedürftigen, als auch bei den Mitarbeitern zu einem Führungserfolg führen. Wie stark die medizinische Fachkompetenz einerseits und die Vorgesetzteneignung andererseits ausgeprägt sein müssen, hängt von der jeweiligen Leitungsfunktion, der Führungssituation und der aufbauorganisatorischen Position im jeweiligen Gesundheitsbetrieb ab. Letztendlich wird sich nicht eindeutig bestimmen lassen, in welchem prozentualen Verhältnis sie zueinander stehen oder wann sie etwa genau gleichgewichtig austariert sein müssen. In der Regel nehmen jedoch die unmittelbare Patientennähe und die Häufigkeit des Patientenkontakts mit dem Aufstieg in den Hierarchieebenen eines Gesundheitsbetriebs ab, was allerdings auch für die Nähe und die Kontakthäufigkeit zu den Mitarbeitern auf den unteren Arbeitsebenen gilt. Dies kann auch im Gesundheitswesen zu der Problematik führen, dass sich die Mitarbeiterführung der Führungskräfte auf den oberen Führungsebenen im Grund genommen nur noch auf die ihnen unmittelbar unterstellten Führungskräfte und damit auf nur wenige Mitarbeiter bezieht.

Jedoch strahlen starke, charismatische Persönlichkeitsmerkmale einer Führungskraft häufig bis auf die unteren Hierarchieebenen eines Gesundheitsbetriebs aus und erreichen letztendlich dadurch auch direkt oder indirekt die Patienten.

Der *intrinsische* Ansatz kann jedoch nicht nur für die Führungskraft als Grundlage ihres Verhaltens herangezogen werden, sondern auch für die Mitarbeiter, wenn man annimmt, dass sie auch geführt werden *wollen*. Ihre Bereitschaft, sich führen zu lassen, ist gerade im Gesundheitswesen von grundlegender Bedeutung, denn medizinische Behandlungen am Patienten erfordern in der Regel gemeinsame, aufeinander abgestimmte Handlungen von mehreren Beteiligten, die es zu koordinieren gilt. Diese Koordinationsfunktion kann als wichtige Führungsaufgabe im Gesundheitswesen angesehen werden, die in Bezug auf einen konkreten Heilungsprozess oder notwendigen medizinischen Eingriff dem Streben des einzelnen Mitarbeiters nach individueller Selbstbestimmung nur wenig Raum lässt, ja mitunter auch keinen Spielraum lassen darf, wenn es beispielsweise um kurzfristig zu treffende Entscheidungen über Leben und Tod geht.

Das eigentliche Führungsverhalten steht an der Grenze zu den *extrinsischen* Führungstheorien, die weniger die Persönlichkeit der Führungskraft, als vielmehr die Art und Weise des Umgangs mit den Geführten, die sich daraus ergebenden Interaktionen sowie die Einflussfaktoren der Führung in den Mittelpunkt stellen. Während sich das Führungsverhalten an den Aufgaben, den Patienten, den Mitarbeitern und deren Einbeziehung ausrichten kann und insbesondere bei Letzteren in der Regel durch den sich daraus ergebenden Führungsstil manifestiert wird, bezieht sich der Austausch im Rahmen der Führung sowohl auf einzelne Mitarbeiter und Patienten, als auch auf ganze Patienten- und Mitarbeitergruppen. Die Interaktionen zwischen Ihnen und der Führungskraft beeinflussen sich gegenseitig, wobei auch noch die jeweilige Führungssituation zu berücksichtigen ist, so dass im Rahmen des extrinsischen Ansatzes in erster Linie von den Wechselwirkungen zwischen diesen zahlreichen „Führungsfaktoren" ausgegangen wird (siehe **Abbildung 1.3**).

Abbildung 1.3   Intrinsische und extrinsische Führungstheorien im
Gesundheitswesen.

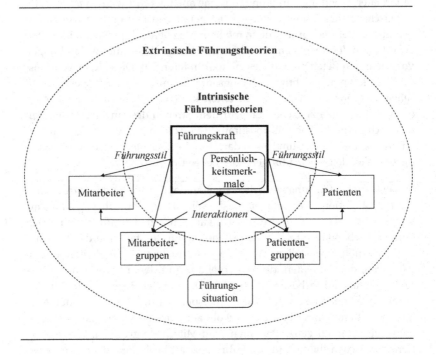

1.4.2   Situative und systemische Führungstheorien

Zum *extrinsischen* Führungsansatz zählen auch die *situativen* Führungstheorien, die weniger die Persönlichkeit der Führungskraft, als vielmehr die Führungssituation und deren Einflussfaktoren auf die Führung in den Mittelpunkt stellen.

Man kann dabei zwischen *grundlegenden* Einflussfaktoren unterscheiden, die die Führungssituation dauerhaft und nachhaltig kennzeichnen, sowie

Einflussfaktoren, die sich in der jeweiligen, konkreten Situation speziell ergeben können (siehe **Tabelle 1.9**).

Tabelle 1.9 Einflussfaktoren der Führungssituation

Faktorenart	Beispiele
Grundlegende Einflussfaktoren	Hierarchieposition im Gesundheitsbetrieb, Arbeitsklima, Aufgabenverteilung, personalwirtschaftliche Rahmenbedingungen, Führungskultur
Individuelle Einflussfaktoren	Verborgene oder offen ausgetragene Konflikte, Gesprächssituation in einem Mitarbeitergespräch, vorliegende Patientenbeschwerden, persönliche Situation des Geführten

Situative Führungstheorien verstehen Führung somit mehrdimensional und versuchen weniger die Führungskraft, als vielmehr den Geführten und das zu sehen, was alles auf ihn einwirkt, um letztendlich daraus Rückschlüsse für ein erfolgreiches Führungsverhalten ziehen zu können. Patienten, deren Angehörige, Schichtdienste, Konflikte mit Kolleginnen und Kollegen, persönliche Lebensumstände und vieles mehr wirken auf die Mitarbeiter im Gesundheitswesen ein, und der sie führende Vorgesetzte ist aus dieser Sichtweise ebenfalls nur ein weiterer Einflussfaktor. Nach diesem Ansatz stellt sich der Führungserfolg insbesondere dann ein, wenn möglichst situativ geführt, das heißt mit einem auf die jeweilige Führungssituation angemessenen Führungsverhalten reagiert wird. Das erfordert von der Führungskraft nicht nur eine große Flexibilität, sondern auch die Beherrschung unterschiedlicher Führungsstile, die es je nach Führungssituation anzuwenden gilt.

Eine der bekanntesten Theorien ist in diesem Zusammenhang das Konstrukt von *P. Hersey* und *K. Blanchard,* das zwischen einem aufgabenorientierten und einem beziehungsorientierten Führungsstil unterscheidet, wobei der aufgabenbezogene Führungsstil durch klare Anweisungen und Ergebniserwartungen gekennzeichnet ist und der beziehungsorientierte durch Lob, enge Kontakte und bestmögliche Unterstützung. Der jeweils anzuwendende situative Führungsstil bewegt sich zwischen diesen beiden extremen Ausprägungen und orientiert sich zudem an der unterschiedlichen sachlichen und psychologischen Reife der Mitarbeiter, die bei einem hohe Reifegrad Verantwortung anstreben und darauf bedacht sind, ihr medizinisches und pflegerisches Fachwissen weiterzuentwickeln, sowie Engagement und Motivation zu zeigen. Der Führungserfolg ist dann gegeben, wenn die Mitarbeiter die Führungskraft anerkennen, sich kooperationsbereit zeigen und ihre Aufgaben erledigen, wobei sie bei unterschiedlichen Aufgaben auch unterschiedliche Reifegrade an den Tag legen können (siehe **Tabelle 1.10**).

Tabelle 1.10   Situatives Führungsverhalten nach *Hersey/Blanchard* (1982)

Reifegrad der Mitarbeiter	Aufgabenorientierung	Beziehungsorientierung	Führungsverhalten	Beispiel
niedrig	hoch	niedrig	„telling"	Klare Anweisung an eine Auszubildende bei der Gerätesterilisation, ggf. durch Vormachen
gering bis mäßig	hoch	hoch	„selling"	Überzeugung von Pflegepersonal über die Notwendigkeit der Händedesinfektion
mäßig bis hoch	niedrig	hoch	„participating"	Beteiligung an der Neustrukturierung eines Pflegeprozesses
hoch	niedrig	niedrig	„delegating"	Übertragung der Hygieneneverantwortung

Systemische Führungstheorien gehen davon aus, dass die Führungskraft nur *ein* Einflussfaktor ist, der auf die Geführten einwirkt, dass seine direkten Einwirkungsmöglichkeiten daher eher begrenzt erscheinen und dass die Orientierung an einer Vielzahl vernetzter Subsysteme vielmehr einen wesentlich größeren Einfluss auf die Geführten hat. Führung ist somit ganzheitlich zu sehen, verursacht zahlreiche Wechselwirkungen und steht im Kontext mit der aus Gesundheitsbetrieb, Gesundheitsmarkt, Patienten, Kollegen, Gesellschaft und vielen weiteren Elementen bestehenden Umwelt der Mitarbeiter. Die Führungskraft ist dabei nicht mehr „Macher", sondern eher „Förderer" von Selbstorganisations-, Kommunikations- und Kooperationsprozessen. Der Gesundheitsbetrieb ist dabei als soziales System anzusehen, in dem täglich eine Vielzahl von Handlungen, Wirkungen und Folgewirkungen vielfältige Rückkopplungen und sich selbst verstärkende Mechanismen erzeugen.

D. Pinnow entwickelte an der *Akademie für Führungskräfte der Wirtschaft GmbH* (2011), Überlingen, den Systemischen Führungsansatz. Danach bedeutet systemisches Führen „Führen mit dem Gespür für Wirkungszusammenhänge und der Gewissheit, dass nichts ist wie es scheint. Nur wer sich selbst lesen und verstehen kann, weiß, wie er mit anderen in Beziehung treten kann. Nur so wird Führung effektiv." ... „Der systemische Ansatz zeigt Zusammenhänge auf, hinterfragt Abhängigkeiten und lässt Beziehungen nutzbar werden."

H.-J. Rahn (2008) entwickelte auf der Basis der *Kybernetik* den systemorientierten Führungsansatz konsequent weiter, indem er wichtigen Elementen eines Führungssystems kybernetische Funktionen zuordnete (siehe **Tabelle 1.11**)

Tabelle 1.11   Kybernetisches Führungssystem nach *Rahn*

Systembestandteil	Zuordnung	Funktion
Regler	Führungskraft	Beeinflusst Geführten
Stellgrößen	Führungsstile und -modelle	Eingesetzte Führungsinstrumente

Systembestandteil	Zuordnung	Funktion
Einflussgröße	Führungssituation	Ist durch Führungskraft zu beachten
Führungsgröße	Führungsziele	Sind durch Führungskraft zu beachten
Regelstrecke	Geführter	Wird durch Führungskraft beeinflusst
Regelgröße	Führungserfolg	Ist durch Führungskraft anzustreben

Im Gesundheitswesen ist der systemische Führungsansatz sicherlich als nicht unproblematisch anzusehen, da sich die Umsetzung im Alltag als schwierig gestalten dürfte und die Sichtweise und Denkinstrumente der Systemtheorie sich aufgrund des kausales Denkens und gelernter Wahrnehmungsmuster in der Schulmedizin und Pflege ohnehin erst seit jüngerer Zeit durchsetzen. Doch genauso wie beispielsweise vielfältige Wechselwirkungen beim Medikamenteneinsatz zu beachten sind, ist auch die Mitarbeiterführung in vernetzten Zusammenhängen zu sehen, deren Berücksichtigung aufgrund ihrer Komplexität für die jeweilige Führungskraft im Gesundheitswesen keine leichte Herausforderung darstellt.

1.4.3 Motivationstheorien

Führung wird in der betrieblichen Praxis des Gesundheitswesens oft gleichgesetzt mit Motivation und somit wird das Motivieren der Mitarbeiter in der Regel als wesentliche Führungsaufgabe angesehen.

Der große Teil der Motivationstheorien geht allerdings davon aus, dass das menschliche Verhalten zunächst von *eigenen* Antrieben geprägt ist. **Motivation** ist danach ganz allgemein der Oberbegriff für jene Vorgänge, die in der Umgangssprache mit Streben, Wollen, Begehren, Drang usw. umschrieben und somit auch als Ursache für das Verhalten der Mitarbeiter im Gesundheitswesen angesehen werden können.

Als Antwort auf die grundlegenden Fragen, wie und was die Mitarbeiter in Gesundheitsbetrieben zur Arbeitsleistung antreibt oder „motiviert", können die hinreichend bekannten **Motivationstheorien** dienen (siehe **Abbildung 1.4**):

Bedürfnishierarchie von *A. Maslow* (1908-1979): Nach dieser Theorie sucht der Mensch zunächst seine Primärbedürfnisse (physiologische Bedürfnisse wie Essen, Trinken, Schlafen etc.) zu befriedigen und wendet sich danach den Sekundärbedürfnissen zu, wobei er in folgender Reihenfolge zunächst Sicherheitsbedürfnisse, auf der nächsten Stufe soziale Bedürfnisse, danach Wertschätzung und schließlich auf der höchsten Stufe seine Selbstverwirklichung zu erreichen versucht.

Zweifaktorentheorie der Arbeitszufriedenheit von *F. Herzberg* (1923-2000): Sie geht davon aus, dass es einerseits so genannte Motivatoren gibt, wie beispielsweise Leistung, Anerkennung, Verantwortung etc., die sich auf den Arbeitsinhalt beziehen und die Arbeitszufriedenheit erzeugen und andererseits so genannte Hygienefaktoren (Rand- und Folgebedingungen der Arbeit, beispielsweise Entlohnung, Führungsstil, Arbeitsbedingungen etc.), die Unzufriedenheit vermeiden.

X-Y-Theorie nach *D. McGregor* (1906-1964): Nach ihr gibt es zwei Arten von Mitarbeitern, die entweder antriebslos, träge sind und Anweisungen, Belohnung, Bestrafung und einen eher autoritären Führungsstil erwarten (X-Theorie) oder sie sind fleißig, interessiert, übernehmen aktiv Verantwortung, haben Freude an ihrer Tätigkeit im Gesundheitswesen und erwarten ein eher kooperatives Führungsverhalten (Y-Theorie).

Anreiz-Beitrags-Theorie von *J. March* (geb. 1928) und *H. Simon* (1916-2001): Sie geht davon aus, dass die Mitarbeiter vom Gesundheitsbetrieb Anreize empfangen, die nicht nur monetärer Natur sein müssen, und dass sie dafür gewisse Beiträge (beispielsweise Arbeitsleistung) erbringen.

Abbildung 1.4   Beispiele für Motivationstheorien

Bedürfnishierarchie
nach *Abraham Maslow*
(1908-1979)
Primärbedürfnisse:
physiologische Bedürfnisse
wie Essen, Trinken, Schlafen etc.
Sekundärbedürfnisse:
Sicherheitsbedürfnisse, soziale Bedürfnisse,
Wertschätzung, Selbstverwirklichung

Zweifaktorentheorie der Arbeitszufriedenheit
nach *Frederick Herzberg*
(1923-2000)
Motivatoren im Gesundheitswesen erzeugen
Arbeitszufriedenheit:
Leistung, Anerkennung, Verantwortung etc.;
Hygienefaktoren vermeiden
Unzufriedenheit:
Entlohnung, Führungsstil,
Arbeitsbedingungen etc.

X-Y-Theorie
nach *Douglas McGregor*
(1906-1964)
Mitarbeiter sind entweder antriebslos, träge und
erwarten Anweisungen, Belohnung, Bestrafung
(X-Theorie) oder sie sind fleißig, interessiert
und haben Freude an ihrer Tätigkeit im
Gesundheitswesen (Y-Theorie).

Anreiz-Beitrags-Theorie
nach *James March* (geb. 1928) und
Herbert Simon (1916-2001)
Mitarbeiter empfangen im Gesundheitswesen
Anreize, die nicht nur monetärer Natur sein
müssen, und erbringen dafür gewisse Beiträge
(beispielsweise Arbeitsleistung).

Auf der Grundlage dieser Theorien unterscheidet die neuere Motivationsforschung nach *J. Barbuto* und *R. Scholl* zwischen *intrinsischer* Motivation, die durch die Freude an einer Aufgabe, an der damit verbunden Herausforderung oder durch Selbstverwirklichung gekennzeichnet ist, und *extrinsischer* Motivation, bei der die Erwartung von Vorteilen und die Vermeidung von Nachteilen im Vordergrund steht (siehe **Tabelle 1.12**).

Tabelle 1.12   Motivationsquellen nach *Barbuto/Scholl* (1998)

Motivations-quelle	Motivationsart	Originalbe-zeichnung	Beschreibung
Intrinsische Motivation	Interne Prozess-motivation	intrinsic process	Mitarbeiter bewältigen eine Aufgabe um ihrer selbst Willen.
	Internes Selbst-verständnis	internal self concept	Verhalten und Werte der Mitarbeiter orientieren sich an eigenen Standards und Maßstäben.
Extrinsische Motivation	Instrumentelle Motivation	instrumental motivation	Verhalten ist im Wesentli-chen geleitet von der Aus-sicht auf konkrete Vorteile oder Belohnungen durch die Führungskraft.
	Externes Selbst-verständnis	external self concept	Quelle des Selbstverständ-nisses und die Idealvorstel-lung kommen überwiegend aus der Rolle und den Erwartungen des Umfeldes im Gesundheitswesen.
	Internalisierung von Zielen	goal internalization	Mitarbeiter machen sich die Ziele des Gesundheitsbe-triebs zu Eigen.

Somit ist das Heilen und anderen Menschen damit zu helfen sicherlich als eine der wesentlichen intrinsischen Motivationsquellen im Gesundheits-wesen anzusehen, während die Führungskräfte im Gesundheitswesen nach dieser Theorie hauptsächlich die extrinsischen Motivationsquellen durch Belohnungen, Erwartungsgestaltungen und gesundheitsbetriebli-chen Zielsetzungen verstärken können.

Aufbauend auf die motivationstheoretischen Erkenntnisse versucht man üblicherweise durch ein System von Anreizen das Leistungspotenzial der Mitarbeiter zu aktivieren. Man unterscheidet dabei in der Regel zwischen *materiellen* und *immateriellen* Anreizen.

Beispielsweise ergibt sich die Gelegenheit zur Motivation durch *Sachleistungen* häufig und muss nicht kostspielig sein. Wichtig ist dabei die Geste und nicht der Sachwert. Dazu zählen auch der Blumenstrauß, der Betriebsausflug oder die Weihnachtsfeier. Der Bereich der *monetären* Anreize ist unter den Anreizmöglichkeiten als wohl bedeutsamster Bereich anzusehen. Dazu zählt zunächst das Gehalt, welches sich im Gesundheitswesen in der Regel nach den geltenden Tarifverträgen richtet. Die Überstundenvergütung ist tariflich ebenfalls geregelt, bietet aber die Gelegenheit zu großzügigeren Vergütungsregelungen. Darüber hinaus gibt es die Möglichkeit neben den gesetzlich und tarifvertraglich vorgeschriebenen Sozialleistungen freiwillige Sozialleistungen zu gewähren. Dazu zählen die Gewährung von Urlaubsgeldern, Geburts- und Heiratsbeihilfen etc.

Ein erfolgsorientiertes *Prämiensystem*, welches sich beispielsweise nach Ergebnisvorgaben, Patientenzahlen oder dem Arbeitsaufkommen richtet, bietet ebenfalls materielle Motivationsanreize. Diese vorher in der Höhe festgelegten Prämienzahlungen werden dann geleistet, wenn eine bestimmte, ebenfalls vorher festgelegte Zielgröße erreicht oder übertroffen wird. Das Prämiensystem sollte dabei je nach Übertreffungsweite der vorher festgelegten Werte gestaffelt und so ausgestaltet sein, dass der durch das Prämiensystem erzielte Ergebniszuwachs nicht durch überhöhte Zahlungen an die Mitarbeiter kompensiert wird. Auch sollte auf die Nachhaltigkeit des Erfolgs geachtet werden, wobei qualitative Aspekte der Patientenversorgung in jedem Fall ebenfalls einbezogen werden müssen, um eine Fehlleitung zu verhindern. *Immaterielle* Anreize bieten ebenfalls ein breites Einsatzspektrum für motivationsfördernde Einzelmaßnahmen. Dazu zählen beispielsweise Ansätze für Mitwirkungsmöglichkeiten, Arbeitsumfeldgestaltungen, Möglichkeiten zu einer langfristige Urlaubsplanung, Vermeidung von Überstunden, ansprechende Sozialräume und vieles andere mehr. Aus dem Bereich motivationsfördernder *Ausbildungs- bzw. Aufstiegsanreize* sind die Möglichkeiten zu Beförderungen einzelner Mitarbeiter auf höherwertige Stellen zu

nennen oder die Teilnahmemöglichkeit an Fort- und Weiterbildungsmaßnahmen, deren Kosten der Gesundheitsbetrieb übernimmt.

1.4.4 Theorien der Machtausübung

Führung beruht auf **Macht** und damit auf der Möglichkeit zur Einwirkung
auf Andere. Sie spielt in allen Führungssituationen eine wesentliche Rolle
und kommt in unterschiedlichen Ausprägungsformen vor, die sich letztendlich alle in der Beeinflussung des Verhaltens, Denkens und Handelns
der Mitarbeiter niederschlagen.

Bereits in den 60er Jahren haben bekanntermaßen *J. French* (1960) und *B.
Raven* verschiedene Kriterien zusammengetragen, auf denen Machtausübung beruht:

■ Zwang: Erzeugung von Gehorsam durch Androhung oder tatsächliche
Ausübung von Sanktionen.

■ Legitimation: Berechtigung zur Machtausübung durch allerseits akzep-
tierte Position und Aufgabenstellung der Führungskraft in der Organisationsstruktur.

■ Belohnung: Möglichkeit, Aufmerksamkeit, Lob, aber auch materielle
oder finanzielle Zuwendungen gewähren zu können.

■ Identifikation: Beruht häufig auf dem Charisma der Führungskraft und
dem Erzeugen von Emotionen und Verbundenheitsgefühlen.

■ Wissen: Qualifikations- und Informationsvorsprung aufgrund von
Kenntnissen und Erfahrungen, über die die Mitarbeiter nicht in glei-
chem Umfang verfügen.

Darüber hinaus kann Macht im organisationstheoretischen Sinne auch auf
der Verfügung über begrenzt vorhandene Ressourcen, Netzwerke, bestimmte Technologien, die Steuerung von Entscheidungsprozessen oder
auch den Umgang mit Unsicherheiten beruhen.

Im täglichen Umgang mit Macht liegt auch die Gefahr des Missbrauchs
nahe, wobei nicht von ihr an sich die Gefahr ausgeht, sondern von der
Führungskraft, die sie ausübt. Die Erniedrigung von Anderen, Besserwis-

serei, Überlegenheitsbeweise, Meinungsunterdrückung sind letztendlich oft Ausdruck von Unsicherheiten, die sich durch Machtdemonstrationen überspielen lassen. Bekannte Phänomene sind in diesem Zusammenhang

- das gutsherrenartige Auftreten von Führungskräften,

- die fehlende Einbindung oder das regelrechte Übergehen von unterstellten Mitarbeitern und Führungskräften bei deren Verantwortungsbereich betreffenden Entscheidungen,

- die offensichtliche Bevorzugung von genehmen Mitarbeitern („Lieblinge"),

- die Herabwürdigung und Relativierung des Wissens und der Leistungen Anderer,

- die demonstrative Nutzung mit der Position verbundener Annehmlichkeiten (Machtinsignien),

- das Verlieren der Bodenhaftung und des Verständnisses für die Probleme unterstellter Bereiche und anderes mehr.

In Organisationen, Unternehmen und damit auch in Einrichtungen des Gesundheitswesens gibt es durch Aufgabenbeschreibungen von Führungskräften, Zuständigkeitsregelungen, Beschwerdemöglichkeiten zumindest grundsätzlich die Möglichkeit, Machtausübung zu kontrollieren. Die Betriebsführung wird letztendlich nur von Aufsichtsorganen und Eigentümern kontrolliert, die in der Regel auch anderweitige Interessen verfolgen. Insofern liegt es überwiegend an den Mitarbeitern und den Führungskräften in den mittleren Führungsebenen, Machtmissbrauch festzustellen und aufzuzeigen. Als drastische Maßnahme und in letzter Konsequenz können sie sich dagegen wehren, indem sie die betreffende Organisationseinheit oder gar die Gesundheitseinrichtung selbst verlassen.

Die *konstruktive* Ausübung von Macht wird im gesundheitsbetrieblichen Alltag hingegen kaum wahrgenommen, was daran liegt, dass es beim konsensorientierten, vorantreibenden, gemeinschaftsfördernden Einsatz für die Gesundheitseinrichtung im Idealfall keine Besiegte, Opfer oder offene Demütigungen gibt. Stattdessen findet Machtausübung als Überzeugungsarbeit nahezu unbemerkt in Form von Gesprächen, Zielvereinbarungen, Diskussionen und dem Eingehen von Kompromissen statt.

Machtbewusstsein bedeutet in diesem Zusammenhang somit nicht die Eindruck schindende, „brutalstmögliche" Durchsetzung von Interessen, sondern sich in erster Linie Klarheit über die Möglichkeiten zu verschaffen, die man als Führungskraft zur Gestaltung unter gleichzeitiger Vermeidung von Konflikten hat.

Insofern ist nicht nur den Führungskräften im Gesundheitswesen zu empfehlen, ihre in der Regel durch ihre Position und Aufgabenstellung in der Organisationsstruktur legitimierte Macht dahingehend zu nutzen, durch vertrauens- und respektvollem Umgang miteinander die richtigen Grundlagen zu schaffen, die Weichen bestmöglich zu stellen und das Engagement ihrer Mitarbeiter durch Einbindung, Fordern und Fördern in die geeignete Richtung zu steuern.

1.5 Führungskompetenz

1.5.1 Führungserfahrung

Die Frage, welche Qualifikationen eine erfolgreiche Führungskraft aufweisen sollte, bezieht sich häufig zunächst auf das Thema **Führungserfahrung,** die üblicherweise in mehr oder weniger großem Umfang erwartet wird. Darunter wird in der Regel zunächst der Zeitraum verstanden, den eine Führungskraft in Führungsfunktionen verbracht hat.

Führungserfahrung im Gesundheitswesen wird in einschlägigen Stellenanzeigen oftmals folgendermaßen gefordert: „Kreative Heimleitung (m/w) mit Führungserfahrung. Für unser charmantes Haus mit ... Pflegeplätzen und einer sehr guten Auslastung suchen wir zum ... oder später eine ‚Kreative Heimleitung (m/w) mit Führungserfahrung'." ... „Sie sind eine erfahrene Führungskraft die Lust hat, an der Umsetzung eines interessanten, konzeptionellen Ansatzes mitzuwirken und das Haus nach außen wirkungsvoll zu vertreten."

„Pflegedienstleitung / inkl. Mitglied Geschäftsleitung. Wir suchen für unsere Kundin, ... eine Pflegedienstleitung inkl. Mitglied in der Geschäftsleitung." ... „dipl. Pflegefachmann HF, DN II, AKP, PsychKP mit Führungserfahrung und Betriebshintergrund." ... „Wir suchen eine reife Persönlichkeit die folgendes mitbringen sollte: Führungserfahrung im

> Bereich Pflege und Betreuung, Abgeschlossene Ausbildung mit HF Ab-
> schluss, Führungsausbildung erwünscht, oder Bereitschaft die Füh-
> rungserfahrung auch mit einer theoretischen Ausbildung im Bereich
> Führung zu vertiefen, Situationsanalyse in Arbeitsabläufen, Schwer-
> punkte erkennen und umsetzen, Ungenutztes Potenzial aufbauen und
> neuen Produkten Form geben, Das Unternehmen weiter führen und
> entwickeln. Selbstverständlich sind Sie eine flexible Persönlichkeit mit
> einem Flair für Humor und haben Freude an einer Zusammenarbeit in
> einem familiären Betrieb."

An den Beispielen wird deutlich, dass der Begriff der Führungserfahrung
alleine zu ungenau ist, da die Erfahrungsinhalte nicht definiert sind. So wird
man beispielsweise einem ehemaligen Vorstandsassistenten einer Kranken-
hausleitung, der anschließend die Führung einer Tochter-GmbH übertragen
bekommt und diese dann drei Jahre lang leitet, weniger Erfahrung in der
direkten Mitarbeiterführung attestieren können, als einer Pflegeverantwortli-
chen, die ein Team von zehn Pflegekräften über viele Jahre leitet.

Der Begriff der Führungserfahrung ist somit unmittelbar mit der Art und
Weise der konkreten Führungstätigkeiten im Rahmen der Betriebs-, Patienten-
und Mitarbeiterführung im Gesundheitswesen verknüpft (siehe **Tabelle 1.13**).

Tabelle 1.13   Beispiele für Determinanten von Führungserfahrung

Determinanten	Mögliche Ausprägungen
Anzahl von Führungsfunktionen	wenige, mehrere
Zeitliche Dauer von Führungsfunktionen insgesamt	wenige, mehrere, viele Jahre
Zeitliche Dauer einzelner Führungsfunktionen	jeweils nur kurze Zeit, jeweils mehrere Jahre
Unterschiedlichkeit der Aufgabengebiete	alle Führungsfunktionen in einem Aufgabengebiet, Führungsfunktionen in unterschiedlichen Aufgabengebieten
Umfang der Führungsverantwortung	Budgetverantwortung, Behandlungs-/Pflegeentscheidungen, Kompetenz für

Determinanten	Mögliche Ausprägungen
	strategische Grundsatzentscheidungen, Investitionsentscheidungen
Unterschiedlichkeit der Führungsfunktionen	fachlicher Vorgesetzter, Disziplinarvorgesetzter, Sprecher
Anzahl direkt unterstellter Mitarbeiter	geringe, große Führungsspanne
Homogenität der Mitarbeiter	gleichartige, unterschiedliche Qualifikationen, gleiche, unterschiedliche Herkunft, Nationalitäten
Anzahl direkt betreuter Patienten	tägliche Patientenführung, gelegentlicher Patientenkontakt
Anzahl regelmäßig geführter Mitarbeitergespräche	jährliche Gesprächsführung mit allen Mitarbeitern, gelegentliche Gesprächsführung, viele, wenige Mitarbeitergespräche (<50, 100-200, >200)

So kann beispielsweise die zeitliche Dauer von Führungsfunktionen als Summenzahl eine beeindruckende Führungserfahrung von insgesamt vielen Jahren dokumentieren, jedoch die Häufigkeit der Wechsel auf Schwierigkeiten in den einzelnen Leitungstätigkeiten hinweisen. Auch die Unterschiedlichkeit von Führungsfunktionen, die Führungsspanne oder der Umfang der jeweiligen Führungsverantwortung beschreiben die Führungserfahrung genauer. So nimmt beispielsweise die Führungsverantwortung üblicherweise im Laufe der Berufsjahre zu und das Gegenteil könnte ebenfalls auf problematische Erfahrungen hindeuten.

Der Erwerb von Führungserfahrung bevor eine Führungskraft erstmalig eine Leitungsfunktion übernimmt, gestaltet sich im Gesundheitswesen üblicherweise schwierig. Die zeitliche Übertragung von Führungsfunktionen auf Probe ist allerdings nicht nur wichtig, um zu sehen, ob die potenzielle Führungskraft auch ihren zukünftigen Aufgaben gewachsen ist, sondern auch für den Betreffenden selbst, ob ihm diese Funktion überhaupt liegt. Nicht selten stellen „Neulinge" nach kurzer Zeit fest, dass ihnen der Umgang mit Widerständen, Konflikten und personellen Querelen gar nicht behagt. Der Weg zurück zum „normalen" Mitarbeiter bleibt ihnen in solch einem Fall in der Regel allerdings versperrt, weil sie sich einerseits nicht selber eingestehen wollen, im Grunde genommen für diese Funktion nicht geeignet zu sein und andererseits müssten sich ihre Vorgesetzten, die sie zu Führungskräften ernannt haben, ebenfalls eingestehen, mit dieser Personalentscheidung einen Fehler begangen zu haben. Beides führt dazu, dass eigentlich nicht geeignete Führungskräfte über lange Zeit in dieser Funktion bleiben und letztendlich die Mitarbeiter diesen Zustand, der selbst wiederum als Führungsfehler der dafür Verantwortlichen angesehen werden kann, aushalten müssen.

Umso wichtiger ist es, jungen Nachwuchsführungskräften die Möglichkeit zu geben, praktische Führungserfahrung zu sammeln, bevor sie sich für diese Tätigkeit entscheiden. Da das Gesundheitswesen im Gegensatz zu Bundeswehr, Polizei etc. nicht über vergleichbare Führungsakademien verfügt, in deren Lehrgänge üblicherweise auch Führungspraxis integriert ist, müssen anderweitige Alternativen genutzt werden. Die ausschließlich theoretische Vermittlung von Führungswissen, auch wenn sie durch Rollenspiele etc. ergänzt wird, kann keine praktische Führungserfahrung vollständig ersetzten.

Im Gesundheitswesen stehen hierfür in erster Linie die Möglichkeiten von Urlaubs- und Abwesenheitsvertretungen zur Verfügung, sowie stellvertretende Leitungsfunktionen. Auch ist die beiderseitige Vereinbarung von „Führung auf Probe" zum Sammeln von Führungserfahrung und eine spätere endgültige Entscheidung möglich.

Der Einsatz von Führungskräften im Gesundheitswesen ohne jegliche Führungserfahrung birgt somit ein nicht zu unterschätzendes Risiko, da sich in diesem Fall „Learning by doing" an „lebenden" Objekten, den Mitarbeitern und Patienten vollzieht. Es daher ist zu vermuten, dass nicht wenige Führungsprobleme in Gesundheitsbetrieben auch auf fehlende Führungserfahrung zurückzuführen sind.

Eher selten erfährt die Öffentlichkeit von Führungsproblemen im Gesundheitswesen, wie in dem folgenden anonymisiert und auszugsweise wiedergegebenen Zeitungsartikel: „Führungsprobleme und Streit im Pflegepersonal: Eine Konfliktberatung soll im Alters- und Pflegeheim ... Managementprobleme und Unstimmigkeiten beim Pflegepersonal beheben helfen." ... „Unter der Leitung von ... soll die Konfliktberatung die vorhandenen Strukturen in der Pflege untersuchen und Verbesserungen vorschlagen, teilte der Stadtrat am Freitag mit. Um die Erneuerungsprozesse in Bezug auf Organisation und Management zielstrebig voranzutreiben, wechselt zudem die Leitung. Der bisherige Leiter hatte die Kündigung eingereicht."

1.5.2 Führungsqualifikationen

Neben der Führungserfahrung zählen die **Führungsqualifikationen** zu den wichtigsten Grundlagen, die eine erfolgreiche Führungsarbeit im Gesundheitswesen ausmachen. Sie stellen die Gesamtheit von Fähigkeiten, Fertigkeiten, Kenntnissen und Eigenschaften dar, die eine Führungskraft aufweisen sollte, um positive Ergebnisse im Rahmen ihrer Führungsaufgaben zu erzielen. Der Begriff der **Führungskompetenz** beschreibt darüber hinausgehend eher persönlichen Eigenschaften, die Fähigkeit zu Transfer- und Adaptionsleistungen, um diese Qualifikationen richtig anzuwenden.

Führungsqualifikationen werden häufig beispielsweise durch Weiterbildungseinrichtungen des Gesundheitswesens und je nach Führungsaufgabe mit unterschiedlichen Schwerpunktsetzungen vermittelt (siehe **Tabelle 1.14**).

So bietet das *Institut für berufliche Aus- und Fortbildung IBAF gGmbH* (2009) als Bildungsinstitut im Sozial- und Gesundheitsbereich der Diakonie in Norddeutschland beispielsweise unter anderem Führungsqualifizierungen in folgenden Bereichen des Sozial- und Gesundheitswesens an:

- Konfliktmanagement

- Professionelle Personalauswahl durch strukturierte Interviews

- Selbst- und Mitarbeiterführung

- Persönliche Arbeitsstrategie und Effektivitätsmanagement

- Potenziale der Mitarbeiter im Arbeitsalltag erkennen und nutzen

- Feedback-Center

- Selbstcoaching

- Soziale Dienstleistungen erfolgreich verkaufen

- Erfolgreiches Verhandeln

- Jahresgespräch mit Zielvereinbarung

- Der Erfolgsfaktor: Überzeugende Kommunikation und Gesprächs-führung

- Projektmanagement

- Teamentwicklung als Führungsaufgabe

- Kreative Methoden für den Führungsalltag

- Erfolg mit Mediation

- Büromanagement

- Moderation und Kreativitätstechnik

- Rhetorik

- Öffentlichkeitsarbeit

- Kollegiale Beratung für Führungskräfte

Tabelle 1.14   Führungsqualifikationen Heimleitung

Qualifikationsbereiche	Qualifikationsschwerpunkte
Soziale Führungsqualifikationen	– Führungsethik – Kommunikation – Changemanagement – Personalführung – Konfliktmanagement – Moderation, Präsentation und Rhetorik – Kollegiale Beratung und Coaching – Teamentwicklung – Rollenkompetenz – Führen u. Leiten in sozialen Dienstleistungsunter-nehmen – Strategisches Management

Qualifikationsbereiche	Qualifikationsschwerpunkte
Ökonomische Qualifikationen	– Allgemeine Betriebswirtschaftslehre – Spezielle Betriebswirtschaftslehre – Controlling – Sozial- und Gesundheitsökonomie – Marketing und Öffentlichkeitsarbeit – Finanzierung und – Investition
Organisatorische Qualifikationen	– Organisation und Netzwerkarbeit – Qualitätsmanagement – Einbeziehung von Angehörigen und Ehrenamtlichen – Personalmanagement – Beschwerdemanagement – Schnittstellenmanagement
Strukturelle Qualifikationen	– Angewandte Pflegewissenschaft – Allgemeines Recht – Sozialrecht – Betriebsbezogenes Recht – Arbeitsrecht – Sozialpolitik – Gerontologie

Quelle: In Anlehnung an den Modulnetzplan der Weiterbildung zur Heimleitung der *Gemeinnützigen Gesellschaft für soziale Dienste* (2011)

Die Führungsqualifikationen gehen zunächst von allgemeinen Stellenanforderungen an eine Führungsposition aus. Die einzelnen Anforderungsarten lassen sich nach *Scholz* (2012) unterschiedlich klassifizieren (siehe **Abbildung 1.5**). Je nach verwendetem Schema können einzelne Anforderungsarten sein:

■ geistige Fähigkeiten (Schulausbildung, Fachkenntnisse, Abstraktionsvermögen, Flexibilität),

■ körperliche Fähigkeiten (Kraft, Geschicklichkeit, manuelle Fertigkeiten, Sportlichkeit),

■ Verantwortung (Verantwortungsbewusstsein, Sorgfalt, eigenverantwortliches Handeln),

■ geistige Arbeitsbelastung (Stressbewältigung, Arbeitsbewältigung, Schwerpunktsetzung),

■ körperliche Arbeitsbelastung (Ausdauer, Anstrengungsbereitschaft, Einsatzwille),

■ persönliche Eigenschaften (Führungsfähigkeit, Überzeugungsvermögen, Durchsetzungsfähigkeit, soziale Kompetenz (kann zuhören, nimmt sich Zeit für Gespräche, zeigt Verständnis, geht auf andere zu, bringt anderen Vertrauen entgegen, nimmt Rücksicht auf die Gefühle anderer, überschätzt sich selber nicht), Umgangsformen).

Auch körperliche Fähigkeiten, wie Geschicklichkeit und manuelle Fertigkeiten können bei Führungskräften im Gesundheitswesen etwa dann gefragt sein, wenn sie beispielsweise im Rahmen einer Ausbildung Tätigkeiten vormachen müssen.

Abbildung 1.5 Allgemeine Merkmale von Arbeitsplatzanforderungen nach *Scholz* (2012)

Genfer Schema	REFA Schema	Beispiele
Können	Kenntnisse	Ausbildung, Erfahrung
	Geschicklichkeit	Handfertigkeit, Gewandheit
Verantwortung		Eigene Arbeit, Arbeit anderer, Sicherheit
Belastung	Psychische Belastung	Aufmerksamkeit Denktätigkeit
	Physiologische Belastung	dynamische, statische, einseitige Arbeit
Umgebungseinflüsse		Klima, Lärm, Staub, Hitze
		Nässe, Schmutz, Dämpfe
		Ansteckungsgefahr, Unfallgefahr

Ausgehend von diesen allgemeinen Anforderungen, ergeben sich spezielle Qualifikationsnotwendigkeiten, wie sie beispielsweise die *Bundesärztekammer BÄK* (2007) in ihrem *Curriculum Ärztliche Führung* definiert hat:

■ Fachkompetenz: Organisations-, prozess-, aufgaben- und arbeitsplatzspezifische professionelle Fertigkeiten und Kenntnisse sowie die Fähigkeit, organisatorisches Wissen sinnorientiert einzuordnen und zu bewerten, Probleme zu identifizieren und Lösungen zu generieren.

■ Methodenkompetenz: Situationsübergreifend und flexibel einzusetzende kognitive Fähigkeiten, z.B. zur Problemstrukturierung oder zur Entscheidungsfindung.

■ Konzeptionelle Kompetenz: Wissensbestände aus unterschiedlichen Kontexten miteinander in Bezug setzen, analysieren und bewerten und daraus (neue) Erkenntnisse, Vorgehensweisen und Lösungsstrategien entwickeln und Entscheidungen fällen.

■ Sozialkompetenz: Kommunikativ, kooperativ und selbstorganisiert in sozialen Interaktionen handeln und erfolgreich Ziele und Pläne realisieren oder entwickeln.

■ Selbstkompetenz: Sich selbst einschätzen und Bedingungen schaffen, um sich im Rahmen der Arbeit zu entwickeln, die Offenheit für Veränderungen, das Interesse aktiv zu gestalten und mitzuwirken und die Eigeninitiative, sich Situationen und Möglichkeiten dafür zu schaffen.

Zur Qualifikation für die Stations-, Gruppen- und Wohnbereichsleitung in der Altenpflege sieht das *Deutsche Rote Kreuz, Landesverband Hessen e.V.* (2012), am RotkreuzCampus, Kronberg, folgende Unterrichtsschwerpunkte vor:

■ Pflegewissenschaft und Pflegeforschung: Pflegewissenschaft auf nationaler und internationaler Ebene, Theorieentwicklung und theoretische Konzepte, Pflegewissenschaftliche Konzepte in Anwendung und Umsetzung, Pflegeforschung.

■ Kommunikation, Anleitung und Beratung: Beziehungen gestalten, Kommunikation und Konfliktbewältigung; Information, Anleitung, Schulung und Beratung.

- Gesundheitswissenschaft, Prävention und Rehabilitation: Einführung und Überblick in die nationale und internationale Gesundheitspolitik; Prävention und Gesundheitsförderung; Gesundheit, Krankheit und Behinderung; Rehabilitation.

- Wirtschaftliche und rechtliche Grundlagen: Anteil des Gesundheitswesens an der Volkswirtschaft, Struktur und Gliederung des Gesundheitswesens, Gesundheitswesen und demografische Entwicklung, Gesundheitliche Versorgungsleistungen, Wirtschaften im Gesundheitswesen, Markt und Wettbewerb im Gesundheitswesen, Einführung in die Betriebswirtschaftslehre, Vergütungsformen im Gesundheitswesen, Anwendung der gesetzlichen Vorgaben.

- Führungsrolle und -aufgaben: Führungsrolle - Führungskompetenzen - Führungsstile, Führungsaufgaben und -instrumente, Organisation und Organisationsmodelle.

- Prozesssteuerung, Qualität und Instrumente des wirtschaftlichen Handelns: Prozessorientierung, Qualitätsmanagement, Beschwerdemanagement, Risikomanagement, Grundlagen des Rechnungswesens.

- Rechts- und Organisationsrahmen für die Personalführung: Gesetzliche Vorgaben für die Personalführung, Rechtliche Rahmenbedingungen im Pflegebereich für Führungskräfte, Betriebliche Vorgaben und Konzepte, Förderung der Zusammenarbeit.

In Zusammenhang mit Führungskompetenzen wird häufig auch die Fähigkeit zur **Moderation** genannt, womit die steuernde, lenkende Gesprächsführung in Besprechungen gemeint ist, aber auch das Eingreifen und Mäßigen beispielsweise in Konfliktgesprächen. Die Führungskraft muss dazu in der Lage sein, die unterschiedlichen Wahrnehmungen und Vorstellungen zu strukturieren. Ihre Aufgabe ist es in erster Linie somit nicht, inhaltliche Empfehlungen auszusprechen, weil nur sie vermeintlich die beste Lösung weiß, sondern vielmehr dafür zu sorgen, dass der Weg zu einer Problemlösung und die dabei erforderliche Kommunikation zustande kommen. Wichtige Eigenschaften sind dabei:

- Eigene Meinungen, Ziel und Werte zurückzustellen: Weder Meinungsäußerungen noch Verhaltensweisen bewerten; es gibt kein „richtig" oder „falsch" während einer Moderation.

■ Fragende Haltung einzunehmen: Keine behauptende Haltung; durch Fragen werden die Beteiligten füreinander und für das Thema geöffnet und aktiviert.

■ Sich seiner eigenen Stärken und Schwächen bewusst zu sein: Über die eigene Einstellung zu Menschen und Themen bewusst werden und die Verantwortung dafür zu übernehmen; dadurch den anderen Teilnehmern helfen, möglichst selbstverantwortlich zu reagieren.

■ Äußerungen der Beteiligten als Signale aufzufassen: Teilnehmern ihr eigenes Verhalten bewusst machen, so dass Störungen und Konflikte bearbeitet werden können; auf moralische Appelle verzichten.

■ Rechtfertigungen für Handlungen und Aussagen zu vermeiden: Vielmehr die Schwierigkeiten klären, die hinter Angriffen und Provokationen stecken.

1.5.3   Führungskommunikation

Auf den ersten Blick mag es merkwürdig erscheinen, das Thema **Führungskommunikation** in Zusammenhang mit der Führungskompetenz zu erwähnen, angeblich ist es doch recht einfach, mit den Mitarbeitern zu reden. Doch die Kommunikation von Führungskräften umfasst mehr als nur den Austausch von Worten, denn beispielsweise auch die „Nichtkommunikation", die Tatsache, dass ein Vorgesetzter höchst selten seine Mitarbeiter aufsucht, sich nicht blicken lässt und sich keine Zeit für sie nimmt, wird als Zeichen verstanden. Auch ist rhetorische Begabung oder die Selbsteinschätzung, sich für einen guten Redner zu halten, nicht unbedingt mit guter Führungskommunikation gleichzusetzen.

Hinzu kommt, dass gerade im Gesundheitswesen unterschiedliche „Kommunikationsgruppierungen" aufeinander treffen, etwa der medizinische und der pflegerische Bereich, oder etwa überwiegend von Frauen oder Männern dominierte Gruppierungen, was sich auf die Art und Weise der Kommunikation auswirkt. So überwiegt zum Beispiel in den Betriebsführungen von Gesundheitseinrichtungen und in der Ärzteschaft eher der männliche Anteil, während in den pflegenden und assistierenden Berufen in der Regel der weibliche Anteil höher ausfällt.

Nach Angaben des *Bundesministeriums für Gesundheit* (2010) betrug beispielsweise im Jahre 2008 der weibliche Anteil an der berufstätigen Ärzteschaft 41,5 % (insgesamt 319.697 Ärztinnen und Ärzte) und an der berufstätigen Zahnärzteschaft 40,1 % (insgesamt 66.318 Zahnärztinnen und Zahnärzte. Von den sonstigen in Gesundheitsdienstberufen tätigen Personen (Heilpraktiker/innen, Masseure/Masseurinnen, med. Bademeister/innen und Krankengymnasten/- gymnastinnen, Krankenschwestern/-pfleger, Hebammen/Entbindungshelfer, Helfer/innen in der Krankenpflege, Diätassistenten/-assistentinnen, Ernährungsfachleute, Sprechstundenhelfer/innen, Med.-techn. Assistenten/Assistentinnen und verw. Berufe, Pharmazeutisch-technische Assistenten/-innen, anderweitig nicht genannte therapeutische Berufe) waren nach dem Ergebnis des Mikrozensus 2008 insgesamt 1.708.000 weiblich und 275.000 männlich.

Ohne beispielsweise auf die Unterschiede in der weiblichen und männlichen Kommunikation und die damit verbundene Flut an Untersuchungen und Veröffentlichungen an dieser Stelle eingehen zu können, bleibt festzuhalten, dass es zur Kompetenz von Führungskräften zählt, sich auf derartige unterschiedliche „Kommunikationswelten" einzustellen.

Grundlage für die Kommunikation zwischen Führungskraft und Mitarbeiter ist das bekannte **Kommunikationsmodell**, bei dem Beide als Sender bzw. Empfänger die jeweiligen Botschaften „ver-" und „entschlüsseln" (Kodieren/Dekodieren), wozu auch gerade bei der Face-to-Face-Kommunikation nonverbale Zeichen und Inhalte beitragen (siehe **Abbildung 1.6**).

Abbildung 1.6 Kommunikationsmodell zwischen Führungskraft und Mitarbeiter

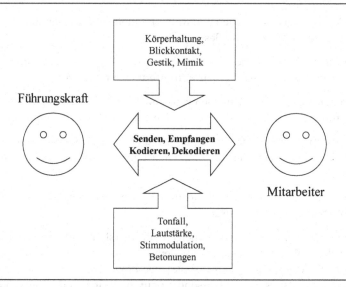

Lümmelt eine Führungskraft während eines Gesprächs mit einem Mitarbeiter lässig im Sessel herum, so kann dies durchaus als Zeichen fehlender Wertschätzung und mangelndem Respekt missverstanden werden. Vor der Brust verschränkte Arme, abschweifender Blick und gelangweilte Mimik eines Mitarbeiters deuten hingegen daraufhin, dass die beabsichtigte Botschaft diesen nicht in der gewünschten Form erreicht.

Zu den kommunikativen Fähigkeiten von Führungskräften im Gesundheitswesen gehören jedoch nicht nur die verbale und nonverbale Vermittlung und Entschlüsselung von Botschaften, sondern auch das **Zuhören** und das Stellen der jeweils richtigen Fragen. Dazu zählen:

■ Zuwendung: Interesse zeigen durch zugewandte Körperhaltung und Blickkontakt.

■ Fragen: Informationen erhalten durch offene Fragen und Redefluss des Mitarbeiters.

■ Rückmeldung: Unmittelbares verbales und nonverbales Feedback geben, sofern es die Stimmung und die Aufnahmefähigkeit des Mitarbeiters zulassen.

■ Bekräftigungen: Vertrauen und Mut zur Offenheit erzeugen durch Verständnis, Nicken und Bestätigung.

■ Einsicht: Auswirkungen, Konsequenzen und Folgen des Verhaltens aufzeigen und Vorschläge zur Verbesserung entwickeln.

■ Problembewusstsein: Zulassen von Emotionen und Akzeptanz von Gefühlen, um den Mitarbeiter zu zeigen, dass er Ernst genommen wird.

■ Konkretisierung: Konkrete Situationen und Verhaltensweisen ansprechen, denn Generalisierungen sind meist nicht zutreffend und angreifbar.

■ Zusammenfassungen: Durch richtiges Wiedergeben zeigen, dass die Botschaft verstanden wurde.

Insbesondere bei Unsicherheiten neigen Führungskräfte in der Kommunikation dazu, ihre Machtposition zu demonstrieren. So werden beispielsweise nicht selten ungelegene Diskussionen etwa über Themen unterbunden, bei denen sie sich nicht besonders gut auskennen, oder sie nehmen das Thema nicht ernst, machen sich darüber lustig und geben vielleicht sogar den Mitarbeiter der Lächerlichkeit preis. Dabei handelt es sich allerdings um keine Demonstration von Durchsetzungsfähigkeit, sondern letztendlich um leichtfertig vergebene, nicht genutzte Chancen und, im Grunde genommen, um einen daraus resultierenden Vermögensschaden für die Gesundheitseinrichtung, den die jeweilige Führungskraft zu verantworten hat.

Führungskräfte sollten sich – auch wenn es schwer fällt – mit derartig „unbequemen" Mitarbeitern und ihren in den meisten Fällen berechtigten Anliegen auseinandersetzen, denn Mitläufer, Konformisten, Karrieristen, verändern auch im Gesundheitswesen eher selten etwas, sondern Diejenigen, die sich trauen, Dinge kritisch zu hinterfragen.

Häufig sind sich Führungskräfte dieser Fehler durchaus bewusst, und gerade bei Verabschiedungen ist häufig zu beobachten, dass sie in ihren Abschiedsreden von ihren Mitarbeitern eine Art „Generalabsolution" erbitten, was aber ihr zurückliegendes Verhalten im Nachhinein auch nicht gerade besser macht.

1.6 Führungsethik

1.6.1 Grundlagen der Führungsethik im Gesundheitswesen

Die **Ethik** im Gesundheitswesen betrifft alle in ihm tätigen Einrichtungen und Menschen. Sie befasst sich mit den sittlichen Normen und Werten, die sich Ärzte, Patienten, Pflegekräfte, Institutionen und Organisationen, letztendlich die gesamte Gesellschaft in Gesundheitsfragen setzen. Im Zentrum stehen dabei die Unantastbarkeit der Menschenwürde und der Lebensschutz, die Patientenautonomie, das allgemeine Wohlergehen des Menschen, sowie das Verbot, ihm zu schaden.

Die Ethik im Gesundheitswesen befasst sich somit nicht nur mit dem Schutz vor kriminellen Missbrauch ärztlichen Wissens und Ehrgeizes, sondern muss sich insbesondere den Herausforderungen durch die neuen Entwicklungen in der Medizin stellen und den Fragen nach dem Umgang mit knappen Ressourcen im Gesundheitswesen.

Sie wird beeinflusst durch eine Pluralität von unterschiedlichen Weltanschauungen und Herangehensweisen, die auf individuellen Sozialisationen, verschiedenen Werten, Grundwerten und Motiven beruhen. Sie findet daher mitunter unterschiedliche Antworten auf Fragen wie beispielsweise, wann das menschliche Leben beginnt, auf die moralischen Probleme der Stammzellenforschung, der Schwangerschaftsunterbrechung, der Organtransplantation, der Menschen- und Tierversuche oder etwa auch, ob erst der Herz- oder bereits der Hirntod das Ende des Lebens bedeuten.

Mit den ethischen Fragen im Gesundheitswesen befassen sich zahlreiche Ethikkommissionen, die auf Bundes- und Landesebene eingerichtet worden und überwiegend in beratender Funktion tätig sind.

So befasst sich das *Zentrum für Medizinische Ethik e.V.* an der *Ruhr-Universität Bochum* mit Forschung, Lehre, Publikation und Dokumentation in der angewandten und biomedizinischen Ethik. Die *Zentrale Kommission zur Wahrung ethischer Grundsätze in der Medizin und ihren Grenzgebieten (Zentrale Ethikkommission)*, Berlin, der *Bundesärztekammer* hat zur Aufgabe, Stellungnahmen zu ethischen Fragen abzugeben, die durch den Fortschritt und die technologische Entwicklung in der Medizin und ihren Grenzgebieten aufgeworfen werden oder die unter ethischen Gesichtspunkten im Hinblick auf die Pflichten bei der ärztlichen Berufsausübung von grundsätzlicher Bedeutung sind. Das *Deutsche Referenzzentrum für Ethik in den Biowissenschaften (DRZE)* ist für die Erarbeitung der Grundlagen, Normen und Kriterien der ethischen Urteilsbildung in den Biowissenschaften zuständig und wird als zentrale wissenschaftliche Einrichtung der *Universität Bonn* geführt. Es wurde als nationales Dokumentations- und Informationszentrum gegründet, um die wissenschaftlichen Grundlagen für eine qualifizierte bioethische Diskussion im deutschen, europäischen und internationalen Rahmen zu schaffen. Dazu stellt es die wissenschaftlichen Informationen bereit, die für eine qualifizierte Meinungs- und Urteilsbildung im Bereich der Ethik in den Biowissenschaften und der Medizin erforderlich sind. Der *Deutsche Ethikrat*, Berlin, hat zur Aufgabe, die ethischen, gesellschaftlichen, naturwissenschaftlichen, medizinischen und rechtlichen Fragen sowie die voraussichtlichen Folgen für Individuum und Gesellschaft, die sich im Zusammenhang mit der Forschung und den Entwicklungen insbesondere auf dem Gebiet der Lebenswissenschaften und ihrer Anwendung auf den Menschen ergeben, zu verfolgen.

Die durch die Führungskraft im Gesundheitswesen zu behandelnden ethischen Fragen beziehen sich zum einen auf die betriebliche Ethik im Sinne einer Unternehmens- und Wirtschaftsethik und zum anderen auf die konkreten Problemstellungen, die sich in Zusammenhang mit der Aufgabenwahrnehmung im Gesundheitswesen ergeben.

Die Ethik der allgemeinen Betriebsführung fragt nach den moralischen Wertvorstellungen, nach Gewinnstreben und moralischen Idealen. Aus Sicht der Betriebsführung sind diese Überlegungen nicht unwichtig, da ein Gesundheitsbetrieb Gefahr läuft, seine Anerkennung durch die Gesellschaft, zu verlieren, wenn er keine allgemeinen moralischen Wertvorstellungen im Bereich von Solidarität, Humanität und Verantwortung berücksichtigt. Die Auswirkungen seines Handelns auf Mensch und Umwelt wird hierbei nicht nur anhand seines Beitrags für das Gesundheitswesen, sondern auch an Maßstäben sozialer Gerechtigkeit und Nachhaltigkeit gemessen. Sie werden zum einen durch das verantwortliche Handeln des gesamten Gesundheitsbetriebs beeinflusst und zum anderen durch die Individualethik seiner Führungskräfte und Mitarbeiter.

Die Konzentration rationellen Handelns der Führungskräfte im Gesundheitswesen auf ökonomische Ausprägungen, mit vorhandenen Mitteln einen maximalen Nutzen oder ein bestimmtes Ziel mit minimalem Aufwand zu erreichen, birgt die Gefahr, bestimmte Wertebereiche wie Humanität, Solidarität, Gerechtigkeit etc. zu vernachlässigen. Auch die alleinige Ausrichtung auf den Markt als Vorgabe für das Handeln der Führungskräfte bietet nicht immer die Möglichkeit, einer ausreichenden Berücksichtigung gesellschaftlicher Werte und sozialer Normen. Negative Auswirkungen derart bestimmter Handlungen auf andere Lebensbereiche wie die Umwelt oder gesellschaftliche Strukturen würden bei einer Vorrangigkeit ökonomischer Ziele vor ethischen Zielen durch Führungskräfte im Gesundheitswesen nahezu unberücksichtigt bleiben.

Die konkreten ethischen Problemstellungen, die sich in Zusammenhang mit der Aufgabenwahrnehmung von Führungskräften im Gesundheitswesen ergeben, sind häufig Gegenstand betrieblicher Ethikkomitees, sofern sie in den jeweiligen Gesundheitsbetrieben eingerichtet sind. So beraten nicht nur Führungskräfte in **Krankenhaus-Ethikkomitees (KEK)** ethische Probleme aus dem klinischen Alltag, bei der medizinischen Behandlung, Pflege und Versorgung von Patienten. Sie werden von der Leitung des Krankenhauses berufen und setzen sich üblicherweise aus den dort arbeitenden Berufsgruppen zusammen. Ihre Aufgabe ist es, Beratung zur Unterstützung bei moralischen Konflikten auf Anforderung der Beteiligten Mitglieder des Behandlungsteams, Patienten und ihre Angehörigen, wobei die uneingeschränkte Verantwortung und Entscheidungskompetenz bei dem Behandlungsteam und damit auch der jeweiligen Führungskraft verbleibt. Für ethische Fragestellungen, die in der Praxis häufig auftreten, wie der ethische Umgang mit Schwerstkranken und Sterbenden, der Umgang mit Patientenverfügungen, die Regelung des Verzichts auf Herz-Kreislauf-Wiederbelebung, werden häufig durch das *KEK* spezielle Leitlinien entwickelt.

Die *Akademie für Ethik in der Medizin AEM e. V.* (2012), Göttingen, ist eine interdisziplinäre und interprofessionelle medizinethische Fachgesellschaft mit Ärzten, Pflegekräften, Philosophen, Theologen, Juristen sowie Angehörige weiterer Professionen als Mitgliedern. Sie betreibt u. a. die Informations- und Dokumentationsstelle *Ethik in der Medizin (IDEM)* sowie das Internetportal *Ethikberatung im Krankenhaus* für klinische Ethik-Komitees, Konsiliar- und Liaisondienste in Krankenhäusern und Einrichtungen der stationären Altenhilfe. Dort bietet sie u. a. auch zahlreiche ethische Leitlinien verschiedener Einrichtungen an, wie etwa zur Entscheidungsfindung bezüglich der Anlage einer Magensonde, zur Frage der Therapiezieländerung bei schwerstkranken Patienten, zur Therapiebegrenzung auf Intensivstationen oder zum Umgang mit Patientenverfügungen.

Gerade Führungskräfte im Gesundheitswesen müssen oft schwierige Entscheidungen mit weit reichenden Konsequenzen treffen. Ethisches Führungsverhalten bedeutet in diesem Zusammenhang immer eine reflektierte Betrachtung, ausführliche Erörterung und Abwägung. Zu diesem Prozess gehören Vertrauen, Transparenz und Offenheit, sowie Partizipation durch Einbeziehung der Mitarbeiter, um ihre Meinung zu hinterfragen und sie zu einer Stellungnahme zu animieren. Letztendlich stellt ethische Reflektion im Führungsverhalten jedoch die Übernahme von Verantwortung auch für schwerwiegende Entscheidungen dar und nicht das Erzielen verwässerter Konsensentscheidungen.

1.6.2 Vorbildfunktion der Führungskraft

Jede Führungskraft und somit auch das leitende Personal im Gesundheitswesen, steht im Arbeitsalltag unter „Beobachtung". Ob sie wollen oder nicht, wird ihr Verhalten und damit das, was sie tun oder lassen, von ihrem Arbeitsumfeld, den Mitarbeitern und Patienten registriert. Insofern muss eine Führungskraft in ihrer **Vorbildfunktion** damit rechnen, das ihr Verhalten bewusst oder unbewusst nachgeahmt wird und sich andere damit oder sogar mit ihrer Person identifizieren, zumal wenn sie gerade, wie Umfragen häufig belegen, im medizinischen Bereich ein hohes gesellschaftliches Ansehen genießt.

Grundlagen für dieses Phänomen sind zum einen die allseits bekannten Theorien von *S. Freud* (1856-1939), der darin einen psychodynamischen Prozess sah, mit dem Ziel, einer Angleichung des eigenen Ich zu dem zum Vorbild genommenen Ich, um letztendlich Idealen oder dem Erfolg des Vorbildes durch Nacheifern möglichst nahe zu kommen, oder die ebenso bekannten Rollenmodelle von *R. Merton* (1968), die als Muster für spezifische Rollen beispielsweise im Gesundheitsbetrieb oder für die generelle Lebensweise nachgeahmt werden. Nicht minder bekannte Theorien, wie beispielsweise die von *A. Bandura* (1963), gehen davon aus, dass die Orientierung an einem Vorbild oder Rollenmodell zum Auslösen, Hemmen oder auch Enthemmen bereits vorhandener Verhaltensmuster sowie zum Erwerb neuer Verhaltensweisen führen kann. Nach *A. Tausch* (1998) gelten insbesondere die Vorbilder als attraktiv, die hohes Ansehen genießen, erfolgreich sind und zu denen eine gute Beziehung besteht.

Für die Führungskraft im Gesundheitswesen bedeutet dies zum einen, sich der Verantwortung als Vorbild und dem möglichen Nacheiferns des eigenen Verhaltens durch Andere bewusst zu sein und andererseits, die Vorbildfunktion aber auch gezielt für positive Verhaltensbeeinflussungen bei Mitarbeitern und Patienten nutzen zu können.

> Beispielsweise setzt *H. Mück* (2011) in seiner Praxis für Psychosomatische Medizin u. Psychotherapie, Köln, die Vorbildfunktion gezielt für therapeutische Zwecke ein: „Ein rauchender Arzt wird seine Patienten kaum motivieren können, mit dem Rauchen aufzuhören. Ich bemühe mich daher, von mir propagierte gesundheitliche Verhaltensweisen auch selbst zu leben (Nichtraucher!). Insbesondere bei Verhaltenstherapien scheue ich mich nicht, gemeinsam mit meinen Patienten Sport zu treiben."

Von großer Bedeutung ist die Vorbildfunktion insbesondere bei der Mitarbeiterführung im Gesundheitswesen, da sich positives Verhalten verstärken kann, wenn die Führungskräfte als Vorbild voran gehen. Sie sind in der Regel auf ihre Unterstützung, Kooperation und das Mitwirken Aller angewiesen, denn ein gewünschtes Verhalten lässt sich nicht immer erzwingen. Somit ist die Vorbildfunktion ein wichtiger Erfolgsfaktor, der bestimmt, ob Mitarbeiter langfristig ihr Verhalten in einem Gesundheitsbetrieb ändern.

Allerdings stellt sich die Frage, wie das konkrete Vorbild einer Führungskraft im Gesundheitswesen ausgestaltet sein muss, damit die gewünschten
übergeordneten Ziele mit der Belegschaft erreicht werden und sich durch
ein funktionierendes Vorbildverhalten auch eine höhere Motivation, bessere Arbeitsmoral sowie ein besseres Arbeitsklima ergeben. Kann man den
Erfolg einer Vorbildfunktion gegebenenfalls sogar wirtschaftlich messen
und zwar durch höhere Qualität und Produktivität, sowie vor allem auch
durch geringere krankheitsbedingten Ausfälle?

Insbesondere die letzte Frage ist in der gesundheitsbetrieblichen Praxis sicherlich schwierig zu beantworten, da die Anteile einer Vorbildfunktion am
gesamten Führungserfolg nur schwer exakt quantifizierbar sein dürften.
Generell lässt sich jedoch sagen, dass es durchweg positiv bewertet wird,
wenn Vorgesetzte beispielsweise an Maßnahmen, Angeboten und Veranstaltungen teilnehmen, die auch allen Mitarbeitern angeboten werden.

Die *Leitlinien zur Personalführung* der *Fachhochschule Bielefeld* (2011) umfassen beispielsweise folgende Empfehlungen zur Umsetzung der Vorbildfunktion:

- „Leistungsbereitschaft und Initiative unter Beweis stellen

- Vorbildliches Verhalten praktizieren

- Authentisch, glaubwürdig und berechenbar sein

- Gerecht und fair handeln

- Zusagen und Vereinbarungen einhalten

- Eigene Teamfähigkeit unter Beweis stellen

- Ansprüche an die Mitarbeiter innen und Mitarbeiter auch gegen
  sich selbst gelten lassen

- Offenheit gegenüber Veränderungen zeigen (Flexibilität)

- Soziale Verantwortung übernehmen und Sensibilität bei persönlichen Problemen zeigen und ggf. Hilfestellung anbieten

- Rückhalt bieten und die Interessen der Mitarbeiterinnen und Mitarbeiter gegenüber Dritten vertreten

- Regeln und Normen der Organisationskultur einhalten und beachten

- Sich mit der eigenen ‚Einrichtung' (Änderg. d. Verfassers) und deren Aufgaben identifizieren

- Verantwortung für die Arbeitsatmosphäre tragen."

Orientierung über Werte und Prinzipien im Gesundheitswesen geben auch Leitbilder, mit Hilfe derer sich der einzelne Mitarbeiter, aber auch die Führungskraft selbst in ihrer Vorbildfunktion zurechtfinden kann. Das **Leitbild** gibt als dokumentierter Handlungsrahmen Selbstverständnis, Grundprinzipen und gemeinsame Ziele einer Einrichtung im Gesundheitswesen wieder. Insofern hat es nicht nur eine Außenwirkung, um zu zeigen, für was der betreffende Gesundheitsbetrieb steht und wie er sich und seine Aufgaben in der Gesellschaft sieht, sondern es wirkt vor allen Dingen auch nach innen und bildet die Basis für die Organisationskultur, sowie den Handlungsrahmen für alle medizinischen und pflegenden Aufgaben.

Gerade die Führungskräfte tragen wesentlich dazu bei, dass Leitbilder ihre Funktion erfüllen. Wenn sie selbst Elemente des Leitbildes offen ablehnen, sich nicht daran halten oder das Leitbild als unrealistisches Idealbild kritisieren, besteht die Gefahr, dass ihr in dieser Hinsicht negatives Vorbild wünschenswerte Veränderungen in einem Gesundheitsbetrieb behindert oder gar zunichtemacht.

1.6.3 Coporate Social Responsibility

Corporate Social Responsibility (CSR) stellt im umfassenden Sinne soziale Verantwortlichkeit dar und ist ein Beispiel für die Einhaltung moralischer Kriterien, die durch soziale Einzelengagements, Nachhaltigkeitsberichte, Umweltschutzbeiträge etc. über die eigentliche medizinische oder pflegerische Versorgung hinaus eine verantwortungsethische Sichtweise wiedergibt. Sie beschreibt die Gesellschaftsverantwortung im Gesundheitswesen in Form freiwilliger Beiträge zu einer nachhaltigen Entwicklung, die umfassender sind, als die gesetzlichen Mindestanforderungen (siehe **Tabelle 1.15**).

Tabelle 1.15 Merkmale der Corporate Social Responsibility.

Merkmale	Erläuterung
Freiwilligkeit	CSR steht für Aktivitäten im Gesundheitswesen, die über gesetzliche und tarifvertragliche Regelungen hinausgehen und die auf sog. freiwilligen „Selbstverpflichtungen" basieren.
Nachhaltiges bzw. verantwortliches Handeln	CSR bedeutet nachhaltiges bzw. verantwortliches Handeln im Gesundheitswesen in den Bereichen Ökologie, Soziales und Ökonomie. Entsprechende Aktivitäten ziehen gleichzeitig positive Effekte für die Gesellschaft und den Gesundheitsbetrieb nach sich und sind somit Ergebnis der Suche nach Win-Win-Situationen für Beide.
Einforderung durch Eigentümer und Umfeld im Gesundheitswesen	CSR-Strategien werden häufig eingefordert und kritisch begleitet. Hierzu gehören Mitarbeiter und ihre Vertretungen, Patienten, Zulieferer, Nichtregierungsorganisationen, gemeinnützige Organisationen im lokalen Umfeld, Medien sowie Aktionäre, Investoren und Kreditgeber.

Quelle: In Anlehnung an *Feuchte* (2009).

CSR bedeutet allerdings beispielsweise nicht, dass im Gesundheitswesen keine Gewinne erzielt werden dürfen. Vielmehr ist auch die ökonomische Verantwortung in der Form einzubeziehen, dass zumindest kostendeckend gewirtschaftet werden muss und ein ökonomischer Erfolg nicht zu Lasten beispielsweise von Patienten-, Pflege- oder Betreuungsleistungen gehen darf. Im rechtlichen Bereich ist darauf zu achten, dass illegale Tätigkeiten vermieden und die gesetzlichen Bestimmungen befolgt werden. Im ethischen Sinne ist fair über das gesetzlich geforderte Mindestmaß und über die gesellschaftlichen Erwartungen hinaus zu handeln und gesellschaftliches, ökologisches Engagement aufzuzeigen. Am Beispiel des bekannten CSR-Modells von *A. Carol* und *M. Schwartz* werden die verschiedenen Kategorien deutlich, in denen CSR im Gesundheitswesen angesiedelt werden kann (siehe **Abbildung 1.6**)

Abbildung 1.7   CSR-Modell nach *Caroll / Schwartz*.

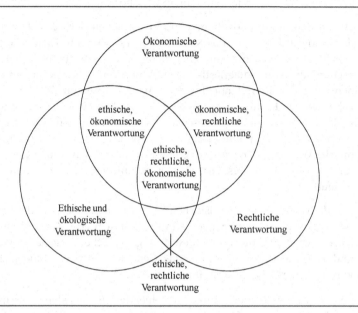

Quelle: In Anlehnung an *Müller* (2009).

Mögliche Beispiele für CSR im Gesundheitswesen sind die Einhaltung von Arbeits- und Umweltstandards, Spenden, Sponsoring, der Verzicht auf Leiharbeitskräfte aus dem Niedriglohnsektor ohne Mindestlöhne, Vermeidung des Bezugs von Artikeln aus Kinderarbeit, nachhaltige Umweltschutzaktivitäten, Maßnahmen zur Senkung des Material- und Energiebedarfs, Aktivitäten zur Vermeidung von Abfällen und Emissionen, oder das Freistellen von Mitarbeitern für soziale oder ökologische Tätigkeiten.

Die Führungsaufgabe besteht in erster Linie darin, CSR als gemeinnützige Aktivitäten, die über die ohnehin gesellschaftlich angesehenen Aufgaben im Gesundheitswesen hinaus gehen, in einen Gesundheitsbetrieb zu integrieren und die Mitarbeiter zu ihrem Engagement in diesem Bereich zu animieren.

Das *St. Marien-Krankenhaus Siegen gem. GmbH* (2011) versteht unter CSR beispielsweise folgende Definition und Maßnahmen:

„Die Fähigkeit zu Innovationen und Investitionen sind die entscheidenden Erfolgsfaktoren für das Krankenhaus der Zukunft. Diese Fähigkeit betrifft primär den medizinischen Bereich, der sich durch die schnelle Weiterentwicklung diagnostischer und therapeutischer Verfahren in einem tief greifenden Wandel befindet. Aber auch außerhalb der Kernaufgabe steht ein Krankenhaus vor einer Vielzahl von Herausforderungen - sozialer und ökologischer Beschaffenheit im Sinne eines umfassenden Ansatzes einer Corporate Social Responsibility. Umweltschutz und damit die Wahrung der Schöpfung in Zeiten des Klimawandels gewinnen für eine verantwortungsbewusste Unternehmensführung zunehmend an Bedeutung.

Auf der Grundlage des christlichen Selbstverständnisses will die St. Marien-Krankenhaus Siegen gem. GmbH als integriertes Gesundheitsunternehmen dem Auftrag zur Bewahrung der Schöpfung nachkommen und Verantwortung für kommende Generationen übernehmen. Daher wird mit Energie und Rohstoffen sparsam umgegangen."

Häufig wird CSR jedoch nur mit fehlenden finanziellen Mitteln im Gesundheitswesen in Verbindung gebracht, so dass sich Unternehmen ihrerseits für die Gesellschaft engagieren, in dem sie mit Spenden für Einrichtungen des Gesundheitswesens helfen.

Aus Sicht der Betriebsführung eines Krankenhauses oder eines Pflegeheims ist es daher wichtig, dabei eine aktive Rolle zu spielen und darauf zu achten, dass Spendenzusagen und Versprechen nachvollziehbar sind und das angekündigte Engagement auch tatsächlich erfolgt. Nur so kann daraus eine „Win-Win-Situation" entstehen, die nicht einerseits in eine Jagd auf Sponsoren ausartet und andererseits, die spendenden Unternehmen durch die Aufmerksamkeit der Medien an Ansehen gewinnen und einen höheren Bekanntheitsgrad erzielen, ohne sich jedoch im versprochenen Umfang zu engagieren. Erst eine vertrauensvolle Partnerschaft mit gemeinsamen Interessen an einer Zusammenarbeit bei über einen längeren Zeitraum und langfristig geplanten und ausgeführten Projekten, erzielt einen gemeinnützigen, gesellschaftlichen Erfolg.

Das *CSR-Kompetenzzentrum* der *Caritas* (2011) beispielsweise berät und begleitet Einrichtungen der Caritas bei Fragen rund um das Thema CSR und Unternehmensansprache. Es führt eine CSR-Beratung, die strategische Begleitung und Unterstützung bei der Konzeptentwicklung zur Kontaktaufnahme, -pflege und Zusammenarbeit mit Unternehmen, sowie bei der Entwicklung einer eigenen CSR-Strategie durch.

Auch das *Diakonische Werk der Evangelischen Kirche in Deutschland (Diakonie) e. V.* (2011), Stuttgart, greift mit einem durch das *Bundesministerium für Gesundheit* geförderten Projekt „Unternehmen aktiv in der Pflege" das Thema CSR im Bereich Altenpflege auf: „Kernziel des Projektes ist es, einen aktiven Austausch zwischen Verantwortlichen der Pflegewirtschaft sowie Vertreterinnen und Vertretern der Wirtschaft zu initiieren. Im Rahmen von vier bundesweit durchgeführten Veranstaltungen sollen die Auswirkungen und Herausforderungen, die der demografische Wandel aus der Sicht von Unternehmen und der Pflegewirtschaft mit sich bringt, thematisiert werden. Neben Informationen und Dialogangeboten rund um das Thema Beruf und Pflege sollen die Veranstaltungen auch zu Kooperationen, beispielsweise in Form von Volunteering-Maßnahmen, zwischen der Wirtschaft und Pflegeeinrichtungen anregen. Weitere Fragestellungen und Zielsetzungen, die innerhalb des Projektes thematisiert werden."

1.6.4 Verhaltenskodex und Vermeidung strafbarer Handlungen

Nicht nur im Gesundheitswesen stellt die Vermeidung von Korruption, Untreue, Geldwäsche und betrügerischer Handlungen eine Herausforderung für Führungskräfte dar. Häufig wird versucht, durch einen **Verhaltenskodex** und entsprechende Kontrolleinrichtungen strafbare Handlungen zu vermeiden.

Im Gegensatz zu Regelungen ist ein Verhaltenskodex als freiwillige Selbstverpflichtung anzusehen, bestimmte Handlungen zu unterlassen oder gewünschten Verhaltensweisen zu folgen, um Veruntreuung, Betrug oder andere strafbare Handlungen im Gesundheitswesen zu vermeiden.

Dass Korruption und Untreue durchaus ein ernstzunehmendes Thema im Gesundheitswesen sind, zeigen die folgenden, beispielhaft und auszugsweise wiedergegebenen Berichterstattungen im *Deutschen Ärzteblatt* und in den *Financial Times Deutschland*:

„Durch manipulierte Rezepte, nicht vorgenommene Behandlungen oder die unerlaubte Zusammenarbeit zwischen Ärzten und Hörgeräteakustikern entstehen dem Gesundheitswesen jährlich Schäden in Milliardenhöhe." ... „Insgesamt entstehen Schätzungen zufolge dem Gesundheitswesen durch kriminelles Verhalten jährlich Schäden zwischen sechs und 20 Milliarden Euro."

(Quelle: *afp*, 2011).

„Kliniken und Ärzte werfen sich in der Diskussion um Prämien für Krankenhauseinweisungen gegenseitig Korruption vor." ... „Die umstrittene Praxis der Fangprämien für überwiesene Patienten ist in der Branche schon seit Längerem bekannt. Der nun öffentlich ausgetragene Konflikt geht auf die Einführung von Fallpauschalen zurück, nach denen Kliniken von den Krankenkassen nicht mehr nach Dauer oder Art der Behandlung bezahlt werden, sondern feste Pauschalen für jeden Patienten erhalten. Dadurch hat sich der Wettbewerb der Krankenhäuser um Patienten deutlich verschärft." ... „In der Branche ist von Beträgen zwischen 50 und 1000 Euro pro Patienten die Rede."

(Quelle: *Carlin*, 2011).

„Die ... Staatsanwaltschaft ist einem Korruptionsskandal im Gesundheitswesen auf der Spur. Nach ersten Erkenntnissen soll das ... Klinikum dabei über viele Jahre hinweg von zwei Tätern massiv geschädigt worden sein." ... „Das gesamte Auftragsvolumen bewegte sich dabei im zweistelligen Millionenbereich. Nach ihren eigenen Geständnissen trafen die beiden Männer Ende der neunziger Jahre eine Unrechtsvereinbarung. Danach schrieb der Unternehmer ... stets um 15 Prozent überhöhte Rechnungen an die ...kliniken." Der andere Täter (Anmerk. D. Verfassers) „...zeichnete die Rechnungen ab - das Geld wurde überwiesen."... „Durch die korrupten Machenschaften soll dem ... Klinikum allein im Zeitraum von 2002 bis 2008 ein Schaden von fast 400.000 Euro entstanden sein. Die Ermittler vermuten jedoch, dass der tatsächliche Schaden noch weit höher ist und die Millionengrenze übersteigt. Die strafrechtlichen Vorwürfe lauten auf Bestechung, Bestechlichkeit, Untreue und Betrug." ... „Straferschwerend könnte sich erweisen, dass der Abteilungsleiter des Klinikums hoheitliche Aufgaben wahrnahm und als Amtsträger gehandelt hat."

(Quelle: *Gärtner*, 2011).

Es obliegt der Betriebsführung eines Gesundheitsbetriebs, welche Maßnahmen zu ergreifen sind, um bereits im Ansatz Korruption und Betrug zu verhindern. Ein Verhaltenskodex hierzu kann beispielsweise folgende Punkte umfassen:

- Einhaltung von Gesetzen und Vorschriften,

- Mithilfe bei Präventionsmaßnahmen zur Vermeidung strafbarer Handlungen,

- Unterstützung bei der Aufklärung verdächtiger Vorgänge,

- Aufgabenwahrnehmung mit größtmöglicher Sorgfalt und Integrität,

- Vermeidung von Interessenskonflikten,

- Offenlegung unvermeidbarer Interessenskonflikte,

- Respektierung der Rechte Anderer,

- Unterlassung von Handlungen, die Anderen Schaden zufügen könnten,

- Einhaltung von Funktionstrennung und Vier-Augen-Prinzip,

- Unparteiische und gerechte Aufgabenerfüllung,

- Nichtbeteiligung an rechtlich zweifelhaften Vorhaben,

- Ablehnung jeglicher Form von Betrug, Korruption und strafbarem Verhalten,

- Transparente und für andere nachvollziehbare Arbeitsweise, die Verschleierung von strafbaren Handlungen verhindert.

Die Betriebsführung eines Gesundheitsbetriebs kann darüber hinaus aktive Sicherungsmaßnahmen ergreifen, um strafbare Handlungen möglichst zu verhindern. Die Einhaltung gesetzlicher und freiwilliger Regulatorien, Richtlinien und Standards im Gesundheitswesen und deren Überwachung wird auch als **Compliance** bzw. Health-Care-Compliance bezeichnet. Dabei geht es beispielsweise um eine korruptionsfreie Zusammenarbeit und die Fragen, was bei wichtigen Themen wie Medizinprodukte, Honorarvereinbarungen, Beraterverträge, Weiterbildungen oder Arbeitsessen erlaubt ist.

Zur Abhilfe können beispielsweise Dienstanweisungen für Beschaffungsbereiche erlassen werden, Regelungen zur Videoüberwachung, Grundsätze für gestaffelte Zuständigkeiten, das Vieraugenprinzip sowie das Prinzip der Funktionstrennung bei Privat- und Kassenliquidationen, Beschaffungen und vergleichbaren Vorgängen. Es lassen sich risikoorientierte Kontrollpläne erstellen, auf deren Grundlage systematische und regelmäßige Untersuchungen von Geschäftsvorfällen vorgenommen werden können. Auch kann die Zuverlässigkeit neu einzustellender Mitarbeiter durch Führungszeugnisse und Einsichtnahme in die Originale der für die Einstellung maßgeblichen Dokumente sichergestellt werden. Die Mitarbeiter sind regelmäßig über die bestehenden Pflichten zu unterrichten. Hierzu gehört auch die Information über strafbare Handlungen, die zu einer Gefährdung des Vermögens eines Gesundheitsbetriebs führen können. Die Überwachung der Annahme von Belohnungen, Geschenke, Provisionen oder sonstige Vergünstigungen mit Bezug auf die Tätigkeit der Mitarbeiter im Gesundheitswesen, die Genehmigung von Ausnahmen sowie das Setzen von Wertgrenzen hierzu sind ebenfalls Aufgaben der Führungskräfte. Auch kann die Einrichtung eines Hinweisgebersystems in anonymer Form (schriftlich oder mündlich) beim Verdacht strafbarer Handlungen zu deren Vermeidung beitragen. Die Führungskräfte haben dabei darauf zu achten, dass die Identität von Mitteilenden, die sich offenbart haben, nicht weitergegeben wird.

Zum Thema Bestechung und Korruption hat die *Bundesärztekammer (2011a)* in Zusammenhang mit Prämienzahlungen für die Einweisung von Patienten eine gemeinsame Presseerklärung von *BÄK, Kassenärztlicher Bundesvereinigung (KBV)* und *Deutscher Krankenhausgesellschaft (DKG)* veröffentlicht, die auch Hinweise zur Vermeidung enthält: „Ärzte und Krankenhäuser sind sich einig, dass für Bestechung und Korruption kein Platz sein darf im Gesundheitswesen. Das berechtigte Vertrauen der Patienten in eines der besten Gesundheitswesen der Welt darf nicht weiter erschüttert werden." ... „Nicht akzeptabel ist, wenn Leistung und Gegenleistung unverhältnismäßig sind oder eine Vergütung für die Zuweisung von Patienten beinhalten. Wir sprechen uns für die freie Arzt- und Krankenhauswahl aus ohne unzulässige monetäre Anreize.

Krankenhäuser, die Zuweisungsvergütungen anbieten oder bezahlen und niedergelassene Ärzte, die solche Vergütungen fordern oder vereinnahmen, handeln in absolut nicht akzeptabler Weise und verstoßen gegen gesetzliche und berufsrechtliche Bestimmungen. Die Verbände stimmen überein, solchen Verstößen mit allen zur Verfügung stehenden Mitteln nachzugehen und sie ahnden zu lassen." ... „Wir empfehlen daher unseren Landesorganisationen – Landesärztekammern, Kassenärztlichen Vereinigungen und Landeskrankenhausgesellschaften – die Einrichtung paritätisch besetzter Clearingstellen, in denen alle Beteiligten problematisch empfundene Vertragsangebote zur verbesserten Zusammenarbeit von Ärzten und Krankenhäusern objektiv auf ihre rechtliche Zulässigkeit überprüfen lassen können. BÄK, DKG und KBV werden in einem gemeinsamen Schreiben an ihre Mitglieder die rechtlichen Rahmenbedingungen der vertraglichen Zusammenarbeit darlegen."'"

Verhaltenskodizes im Gesundheitswesen dienen jedoch nicht nur zur Vermeidung strafbarer Handlungen, sondern tragen auch zu einem positiven Führungsverhalten, einem verbesserten Umgang miteinander und zu einem serviceorientierten Verhalten gegenüber den Patienten bei. Auch Umweltschutz- und Qualitätsbewusstsein lassen sich dadurch unterstützen. Ein derartiger Verhaltenskodex lässt sich beispielsweise durch eine Dienst- oder Betriebsvereinbarung als Regelwerk für alle Berufsgruppen eines Gesundheitsbetriebs zugrunde legen, wobei sich die Betriebsführung explizit zu dessen Einhaltung verpflichten kann. Im Sinne einer positiven Vorbildfunktion sollten die Führungskräfte die Kodexinhalte auch aktiv vorleben, wenn sie dieses Verhalten auch von ihren Mitarbeitern erwarten (siehe **Tabelle 1.16**).

Tabelle 1.16   Verhaltenskodex für medizinische Einrichtungen.

Kodexbereiche	Inhaltsbeispiele
Patienten-orientierung	Kunden- und serviceorientierte Begleitung der Patienten und deren Angehörigen während des gesamten Behandlungs- und Versorgungsprozesses; Teilnahme an Trainingsangeboten zur Optimierung der Patienten- und Kundenorientierung; Patienten das bereitgestellte Informationsmaterial aushändigen und erläutern; persönlicher Kontakt während unvermeidbarer Wartezeiten für den Patienten und Angebot von Überbrückungsmöglichkeiten; Patientenvisiten dem Patienten zugewandt und in einer ihm verständlichen Sprache durchführen; mit jedem Patient ein ärztliches und pflegerisches Entlassungsgespräch führen; dem Patienten am Tage der Entlassung zumindest einen Kurzbrief aushändigen; die Patientensicherheit gefährdende und eigenverursachte oder festgestellte Fehler melden; bei Anfragen, Beschwerden und Kritik von Patienten sich als zuständig fühlen und nach Möglichkeit Abhilfe schaffen oder kompetente Hilfe organisieren; als Führungskraft alle Mitarbeiter über Trainingsangebote in Kenntnis setzen und insbesondere diejenigen zu Trainingsangeboten animieren, bei denen das kundenorientierte Verhalten Verbesserungspotenzial aufweist.
Mitarbeiterführung und Umgang miteinander	Dienstleistungsgedanken aktiv leben; kundenorientiertes Verhalten; Kollegen mit Respekt und Ehrlichkeit behandeln; ihre Erfahrungen, Leistungen und ihre Persönlichkeit wertschätzen; höfliche Umgangsformen; sich selbständig über Neuerungen informieren; regelmäßigen Teilnahme an Fortbildungsveranstaltungen; glaubwürdig, respektvoll und fair gegenüber allen Mitarbeitern sein und die Teamarbeit fördern; als Führungskraft mit eigenem Verhalten ein gutes Vorbild sein; als Führungskraft mit den direkt unterstellten Mitarbeitern mindestens ein strukturiertes „Mitarbeiterjahresgespräch" führen, das auch der Beurteilung der Mitarbeiter dient; ehrliches und transparentes Führen der Mitarbeiterjahresgespräche; darauf achten, dass sowohl

Kodexbereiche	Inhaltsbeispiele
	eine Selbst- als auch eine Fremdreflexion bei den Gesprächen stattfindet; als Führungskraft alle wichtigen Informationen, die für die Mitarbeiter bestimmt sind, transparent weitergeben; als Führungskraft regelmäßig Führungstrainingsmaßnahmen besuchen, um die Führungskompetenzen weiter zu entwickeln.
Organisationsentwicklung	Die internen Qualitätsanforderungen zu Zertifizierungen im Arbeitsbereich aktiv unterstützen; Verbesserungsmaßnahmen, die aus Ergebnissen der Befragungen von Patienten, Angehörigen, zuweisenden Ärzten und Mitarbeitern resultieren, aktiv unterstützen; betriebliches Vorschlagswesen für Verbesserungen im Arbeitsumfeld nutzen; Arbeitsumfeld differenziert betrachten und Verbesserungsvorschläge einreichen; bestehende Standards, Richt- und Leitlinien einhalten und nur in begründeten Ausnahmefällen davon abweichen; als Führungskraft unterstellte Mitarbeiter regelmäßig zu den Themen Arbeitsschutz, Brandschutz und Gefahrenabwehr sowie Hygiene und Datenschutz unterweisen; konstruktive Zusammenarbeit mit allen Ärzten, Krankenkassen und Pflegeeinrichtungen.
Umweltschutz	Ökologisches Handeln; Abfälle nach Möglichkeit vermeiden; unvermeidbaren Abfall trennen, um eine Wiederverwertung zu ermöglichen; mit Arbeitsmaterialien jeder Art sparsam umgehen; bewusster und schonender Umgang mit natürlichen Ressourcen; energiesparendes Verhalten.

Quelle: In Anlehnung an den Verhaltenskodex der *GLG Gesellschaft für Leben und Gesundheit mbH* (2009), dem Träger medizinischer Einrichtungen der Landkreise Barnim, Uckermark und der Stadt Eberswalde.

1.6.5   Coporate Governance

Die Grundsätze der Betriebsführung im Gesundheitswesen, die allgemein auch als **Coporate Governance** bezeichnet werden, umfassen alle Vorschriften und Werte nach denen Gesundheitsbetriebe verantwortungsbewusst geführt und überwacht werden. Für Betriebe im Gesundheitswesen, die sich in öffentlich-rechtlicher Trägerschaft befinden, haben sich die vergleichbaren Begriffe *Non-Profit Governance* oder auch *Public Corporate Governance* herausgebildet. Ihnen allen gemein ist das Ziel, dass die Aufsichtsorgane im Gesundheitswesen das Vorhandensein und die Anwendung der für die Betriebsführung notwendigen Instrumente überwachen und für eine klare Regelung der Zuständigkeiten sorgen müssen. Als unverzichtbare Instrumente gelten dabei beispielsweise die Organisation, die Rechnungslegung und Buchhaltung, sowie, gerade im medizinischen Bereich, die Qualitätssicherung. Aufgrund zahlreicher in diesem Zusammenhang erlassener Gesetzesnovellen und der aktuellen Rechtsprechung ist erkennbar, dass gerade an die Implementierung interner Kontrollmechanismen, wie auch an die Schaffung einer klaren Struktur zur Verhinderung von Rechtsverstößen, nicht nur im Gesundheitswesen zunehmend höhere Maßstäbe gesetzt werden.

Das *Deutsche Krankenhaus Institut DKI* (2011) bietet beispielsweise für Vorstände, Geschäftsleitungen, Aufsichtsräte und leitende Mitarbeiter aus Krankenhäusern, Rehabilitationskliniken, Alten- und Pflegeheimen sowie von deren Trägerinstitutionen Seminare zum Thema „Compliance und Corporate Governance im Gesundheitswesen" an, die folgendes zum Inhalt haben:

- „Rechtliche Grundlagen

- Gremienhaftung nach Haushaltsgrundsätzegesetz, OWiG, AktG

- Rechtsprechung zur Haftung von Compliance-Beauftragten

- Datenschutz und Compliance (Möglichkeiten der internen Kontrolle nach dem Beschäftigtendatenschutzgesetz)

- Bedeutung von Corporate Governance, Verhaltenskodices

- Risikofelder: Wettbewerbs-, Kartell- und Vergaberecht

- Muster für innerbetriebliche Regelungen

- Aufbau und Strukturen einer Compliance-Organisation"

Eine vom Bundesministerium für Justiz im September 2001 eingesetzte Regierungskommission hat am 26. Februar 2002 den *Deutschen Corporate Governance Kodex* verabschiedet, der in der aktuellen Form (Stand: 26.05.2010) wesentliche gesetzliche Vorschriften zur Leitung und Überwachung deutscher börsennotierter Gesellschaften (Unternehmensführung) umfasst und international und national anerkannte Standards guter und verantwortungsvoller Unternehmensführung zu den Bereichen Aktionäre und Hauptversammlung, Zusammenwirken von Vorstand und Aufsichtsrat, Vorstand, Aufsichtsrat, Transparenz, sowie Rechnungslegung und Abschlussprüfung enthält.

Für das Gesundheitswesen und weitere soziale Bereiche haben verschiedene Einrichtungen und Verbände das Corporate Governance System auf sich übertragen und beispielsweise den *Diakonischen Governance Kodex (DGK)* zur Optimierung der Leitung und Überwachung diakonischer Einrichtungen entwickelt (siehe **Tabelle 1.17**).

Tabelle 1.17   Inhalte des *Diakonischen Governance Kodex (DGK)*.

Zusammenwirken der Organe der Einrichtung sowie der Einrichtung mit der Kirche		
Mitgliederversammlung		
Zusammenwirken von Vorstand und Aufsichtsgremium		
Vorstand		
	Aufgaben und Verantwortung	
	Vergütung des Vorstandes	
	Interessenkonflikte	
Aufsichtsgremium		
	Zusammensetzung	
	Aufgaben	
	Aufgaben und Befugnisse des/der Vorsitzenden des Aufsichtsgremiums	
	Bildung von Ausschüssen	
	Vergütung	
	Interessenkonflikte	
Zusammenarbeit mit dem Spitzenverband		
Abschlussprüfung		

Quelle: In Anlehnung an *Diakonisches Werk der Evangelischen Kirche* in Deutschland (2005).

2 Führungsorganisation

2.1 Führungsebenen

2.1.1 Gruppen-/Praxisebene

Führungsebenen sind wesentliche Strukturelemente von Aufbauorganisationen im Gesundheitswesen. Sie bilden jeweils eine Stufe der Organisationsstruktur eines Gesundheitsbetriebs ab und sind mit unterschiedlichen Aufgaben, Befugnissen und Verantwortlichkeiten ausgestattet (siehe **Tabelle 2.1**).

Tabelle 2.1   Beispiele für Führungsbefugnisse.

Befugnisse	Erläuterungen
Entscheidungsbefugnis	Beinhaltet das Recht, bestimmte Entscheidungen treffen zu können, ohne etwa den Chefarzt bzw. bei der obersten Führungsebene rückfragen zu müssen.
Anordnungsbefugnis	Begründet das Vorgesetzten-Untergebenen-Verhältnis und somit beispielsweise das Recht, Mitarbeitern Weisungen erteilen zu dürfen.
Verpflichtungsbefugnis	Umfasst das Recht, einen Gesundheitsbetrieb rechtskräftig nach außen vertreten zu können (bspw. Unterschriftsvollmacht).
Verfügungsbefugnis	Begründet das Recht auf Verfügung über Sachen und Werte eines Gesundheitsbetriebs.

Die unterste Führungsebene im Gesundheitswesen ist in der Regel die Gruppen-, Stabsstellen- oder Teamleitung. Es handelt sich dabei idealerweise um eine Führungsspanne von 4-7 Mitarbeitern, die direkt der jewei-

A.Frodl, *Betriebsführung im Gesundheitswesen*, DOI 10.1007/978-3-8349-4300-2_2,
© Springer Fachmedien Wiesbaden 2013

ligen Führungskraft unterstellt sind. Ihre Größe ist von verschiedenen Merkmalen abhängig, wie Komplexität der Aufgaben, Qualifikation der Mitarbeiter, Umfang und Art des Sachmitteleinsatzes, aber auch etwa der Art des angewendeten Führungsstils. Nach Erfahrungswerten ist davon auszugehen, dass maximal 10 Mitarbeiter optimal direkt von einem Vorgesetzten betreut werden können.

Die **Gruppe,** das **Team** bzw. die **Stabsstelle** besteht aus einer Anzahl von Mitarbeitern, die im Gesundheitswesen eine gemeinsame Aufgabe funktions- und arbeitsteilig durchführen. Sie ist häufig durch ein erhöhtes Maß an Koordination und Selbstbestimmung gekennzeichnet. In ihr stehen die einzelnen Stellen nicht nebeneinander, sondern werden anhand bestimmter Kriterien geordnet und zusammengefasst.

> Beispiele für Organisationseinheiten, die üblicherweise in Größe einer Gruppe auftreten, sind die Patientenaufnahme, das Histologische Labor oder der Zentrale Schreibdienst.

Arzt- und Zahnarztpraxen, Praxen von Beschäftigungs- und Arbeitstherapeuten, Hebammen/Geburtshelfern, Heilpraktikern, Masseuren, Medizinischen Bademeistern, Krankengymnasten, Psychotherapeuten etc. zählen in der Regel aufgrund ihrer geringen Größe ebenfalls zu dieser Führungsebene, wobei die Praxisleitung nicht selten auch die einzige Führungskraft darstellt.

> Aufgrund der geringen Größe von Praxen ist auch die interne Bildung von Organisationseinheiten auf Gruppenebene eher selten. Ein Beispiel wäre die Bildung einer Gruppe Verwaltung und einer Gruppe Behandlungsassistenz mit jeweils einer Leitung.

Je nach Strukturierung eines Praxisteams oder einer Gruppe können jedoch auch mehrere ihrer Angehörigen unterschiedliche fach- oder auch ausbildungsbezogene Führungsaufgaben übernehmen (siehe **Abbildung 2.1**).

Abbildung 2.1 Führungsstrukturen am Beispiel einer Zahnarztpraxis.

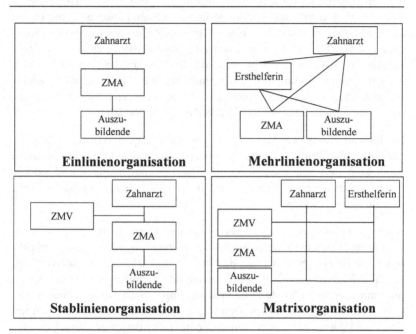

In größeren Einrichtungen des Gesundheitswesens werden auf dieser untersten Führungsebene die Vorgaben, Ziele und Pläne der vorgelagerten Ebenen in konkrete Maßnahmen umgesetzt und es erfolgt die operative Steuerung der Arbeitsprozesse. In der Managementliteratur wird diese Führungsebene daher häufig auch als Operative Ebene oder **Lower Management** bezeichnet.

Die Führungskräfte sind auf dieser Ebene Vorgesetzte von Mitarbeitern, die in erster Linie mit ausführenden Tätigkeiten und unmittelbarem Patientenkontakt betraut sind. Sie sind für Qualität und Effizienz der medizinischen und pflegerischen Leistungserstellung ihrer Gruppe verantwortlich und setzen die die Entscheidungen höherer Führungsebenen um, indem sie selbst oder ihre Mitarbeiter die erforderlichen Leistungen erstellen. Dadurch entsteht häufig ein doppelter Erwartungsdruck, da Zielvorgaben zu erfüllen sind, andererseits ihre Mitarbeiter aber auch eigene Vorstellungen und Ansprüche durchsetzen möchten. Diese „Sandwich"-Position zeichnet sich durch tendenziell steigende Qualifikationsanforderungen aus, da im Gesundheitswesen eine zunehmende Dezentralisation von Aufgaben, Kompetenzen und Verantwortungsübernahme durch den einzelnen Mitarbeiter zu verzeichnen ist, was von der Führungskraft einen höheren Koordinationsaufwand, stärkeres teamorientiertes Arbeiten, offene Kommunikation sowie die Beherrschung und den verstärkten Einsatz informations- und kommunikationstechnischer Hilfsmittel verlangt.

Die Führungskräfte auf dieser Ebene verfügen daher in der Regel mindestens über eine erfolgreich abgeschlossene Berufsausbildung im Gesundheitswesen und eine mehrjährige Berufserfahrung, häufiger sind jedoch bereits auf dieser Stufe auch weiterführende Berufsexamina oder Studienabschlüsse anzutreffen.

Auch die Leitung von Projektgruppen in Einrichtungen des Gesundheitswesens ist in der Regel auf dieser Führungsebene angesiedelt. Der **Projektleiter** konzipiert üblicherweise das Projekt und trägt die Verantwortung für die erfolgreiche Durchführung hinsichtlich Terminen, Kosten und Qualitätsanforderungen. Er stellt die Projektgruppe zusammen, gegenüber der er im Rahmen der Projektaufgaben weisungsberechtigt ist, informiert über den Projektfortschritt durch Statusberichte, führt Berichterstattung gegenüber dem Lenkungsausschuss zu den Meilensteinen durch und informiert außerplanmäßig und unverzüglich, sobald erkennbar ist, dass genehmigte Ressourcen nicht eingehalten werden können oder sich wesentliche inhaltliche oder terminliche Abweichungen vom geplanten Projektverlauf abzeichnen.

Die Mitarbeiter seiner Projektgruppe beraten und unterstützen ihn und erledigen die ihnen übertragenen Aufgaben sach- und termingerecht. Dafür sind sie in ausreichendem Maße von Aufgaben in ihren Fachabteilungen freizustellen.

Die *LVR-Klinik Langenfeld* des *Landschaftsverbandes Rheinland* (2011) beschreibt die Aufgaben eines Projektleiters folgendermaßen:

„Eine Projektarbeit beginnt mit einem schriftlichen Projektauftrag der Krankenhausbetriebsleitung, die auch einen Projektleiter benennt. Dieser ist für die Zusammenstellung der Projektgruppe und für die Durchführung des Projekts verantwortlich. Der Projektfortschritt wird regelmäßig über den Qualitätsmanagementbeauftragten und den Projektleiter an die Krankenhausbetriebsleitung rückgemeldet. Ein systematisches Projektcontrolling wird über eine Meilensteinplanung und Zwischenberichte gewährleistet."

Neben der *formellen*, nach aufbauorganisatorischen Aspekten von der Betriebsführung gebildeten Arbeitsgruppe, gibt es in jeder Gesundheitseinrichtung *informelle* Gruppen, die sich spontan, aufgrund von Interaktionen, Gemeinsamkeiten oder Zugehörigkeitsgefühlen bilden. Für die Führungskraft ist es wichtig zu wissen, wie diese Gruppenbildungen die Zusammenarbeit, die Kommunikation oder auch Konfliktbildungen beeinflussen und welches Gruppenmitglied dabei welche Rolle einnimmt (siehe **Tabelle 2.2**).

Tabelle 2.2   Rollenbeispiele in Gruppen.

Rolle	Rollenbeschreibung
Informeller Leiter	Wird neben dem Gruppenleiter aufgrund von Einfluss, Beliebtheit, fachlicher Autorität, Tüchtigkeit etc. von den anderen Gruppenmitgliedern anerkannt und setzt sich möglicherweise auch für das Gruppenleben und die Gruppenziele ein
Kümmerer	In der Regel einsatzfreudige Gruppenmitglieder, die oft auch über ihr eigentliches Aufgabengebiet hinaus, Probleme erkennen und zu deren Abstellung beitragen
Außenseiter	Schwaches Gruppenmitglied mit niedrigem Gruppenrang, aufgrund von Ungeliebtheit, Selbstausgrenzung, welches oft auch für Fehler verantwortlich gemacht wird
Drückeberger	Häufig leistungsschwache Personen, die aufgrund von Bequemlichkeitsmotiven und Antriebsschwächen durch ihr Verhalten der Gruppe insgesamt schaden oder als Verweigerer aus ihrer Leistungsreserve zu locken und anzuspornen sind

Rolle	Rollenbeschreibung
Clown	Kann die Gruppe aufgrund übertriebener Späße und Ausgelassenheit von ihrer Leistung abhalten, aber als ausgleichender, fröhlicher Typ auch zur Gruppenerhaltung beitragen
Intrigant	Tritt hinterlistig auf, setzt rücksichtslos seine eigenen Interessen auf Kosten anderer Gruppenmitglieder durch und betreibt unter Umständen zur Erreichung seiner Ziele Mobbing

Im Vergleich zur Führung von einzelnen Mitarbeitern wird die Führung von Gruppen im Allgemeinen als schwieriger und komplexer angesehen, da von der Führungskraft Merkmale wie Gruppengröße, -aufgaben und -normen, personelle Zusammensetzung, Qualifikationen, Motivation der einzelnen Gruppenmitglieder und viele andere mehr zu berücksichtigen sind. Gruppendynamische Entwicklungen, Autorität, Macht, das soziale Zusammenleben innerhalb der Gruppe, Beziehungen und Kontakte beeinflussen die Wahrnehmung der Beteiligten wechselseitig. Auch spielt es eine Rolle, wie sich die Gruppe nach außen definiert, wie sie wahrgenommen wird und welchen Beitrag die Führungskraft hierzu leisten vermag.

2.1.2   Abteilungs- / Stationsebene

Die nächsthöhere, über der Gruppen- bzw. Praxisleitung liegende Führungsebene ist in der Regel die Abteilungs- bzw. Stationsebene.

Eine **Abteilung** umfasst in der Regel mehrere Gruppen, die aufgrund einer aufgabenorientierten, personenorientierten oder sachmittelorientierten Zuordnung zu einer Organisationseinheit auf einer höheren Hierarchieebene zusammengefasst werden. Die Leitungsspanne umfasst in der Regel 40 Mitarbeiter und mehr. Häufig erfolgt die Bildung auch nach

■ Fachabteilungen: Ambulanz, Chirurgie, Innere Medizin, Radiologie, Gynäkologie, Labor etc.,

■ Berufsgruppen: Verwaltung, Ärzte, Pflegekräfte etc.,

■ Funktionen: Untersuchung und Behandlung, Pflege, Verwaltung, Soziale Dienste, Ver- und Entsorgung, Forschung und Lehre, sonstige Bereiche (siehe **Abbildung 2.2**)

Abbildung 2.2 Abteilungsebene des *MVZ Leverkusen*.

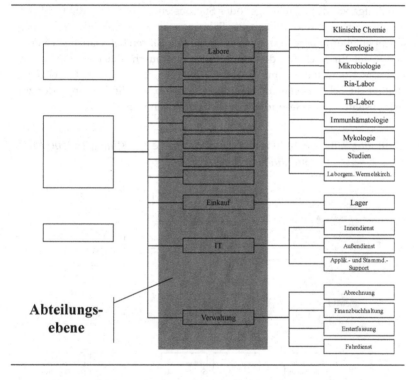

Quelle: In Anlehnung an das Organigramm des *MVZ Leverkusen* (2010).

Allerdings sind diese Abteilungsstrukturen im Gesundheitswesen nicht einheitlich. Während größere Stationen häufig in mehrere Teams oder Gruppen unterteilt sind, können kleinere Stationen auch auf der Gruppenebene als Team organisiert sein. Ebenso kann die Abteilungsebene auch über der Klinikebene angesiedelt sein, was letztendlich nur eine Frage der jeweils verwendeten Nomenklatur darstellt.

Beispielsweise sind im *Klinikum Nürnberg* (2011) auf der Ebene der Fachabteilungen die einzelnen Kliniken angesiedelt. Gleichzeitig gibt es aber auch kleinere Organisationseinheiten für Arbeitssicherheit, Betriebsärztlicher Dienst, Innenrevision etc., die als Zentralabteilungen bezeichnet werden.

Die Aufgaben des Abteilungs- oder Stationsleiters umfassen die fachliche, organisatorische und personelle Führung seiner Abteilung. Er ist den Gruppenleitern übergeordnet, die er direkt zu führen hat. Daneben ist er in der Regel für auch für den Informationsaustausch, die Kommunikation und die Koordination mit anderen Abteilungen zuständig. Gleichzeitig stellt er die Schnittstelle zur Hauptabteilungs- bzw. Klinikleitung oder zur Betriebsleitung des Gesundheitsbetriebs dar (siehe **Abbildung 2.3**).

Abbildung 2.3   Abteilungs- und Stationsebene der *Klinik für Neurologie* am *Klinikum Nürnberg Süd.*

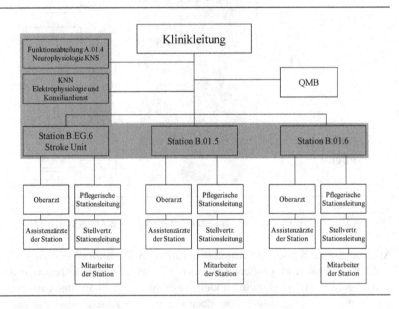

Quelle: In Anlehnung an das Organigramm *Klinik für Neurologie* am *Klinikum Nürnberg Süd* (2011).

Die mittlere Führungsebene der Abteilungs- oder Stationsleiter wird in der Managementliteratur häufig auch als **Middle-Management** bzw. Taktische Ebene bezeichnet. Sie stellt das Bindeglied zwischen der Leitung eines Gesundheitsbetriebs und der Operativen Ebene dar und trifft in erster Linie Umsetzungsentscheidungen zur Zielerreichung. Die mittlere Führungsebene berücksichtigt die Grundsatzentscheidungen der Betriebsleitung, indem sie die Strategien genauer formuliert, Entscheidungen für ihre Stationen oder Abteilungen trifft und diese über verschiedenste Aktivitäten oder durch verändertes Verhalten der Mitarbeiter umsetzt. Auch auf dieser Führungsebene sind im Tagesgeschäft Einzelmaßnahmen erforderlich und je nach Verantwortungsbereich vielfältige Entscheidungen zu treffen. Der direkte Patienten- und Mitarbeiterkontakt ist auf dieser Führungsebene deutlich weniger intensiv, als auf der Ebene der Gruppenleitungen.

Die Abteilungs- bzw. Stationsleitung obliegt in der Regel Oberärzten, Stationsärzten, Stationsleitern Kranken-/Alten-/Kinderkrankenpflege, Pflegedienstleitungen von Sozialstationen oder Absolventen anderer Fachrichtungen mit Hochschulstudium oder vergleichbaren Berufsexamina (siehe **Tabelle 2.3**).

Tabelle 2.3   Berufsbeispiele der Führungsebene Abteilung/Station der *Bundesagentur für Arbeit*.

Berufsbezeichnung	Beschreibung
Stationsärzte	„...Leiten selbstständig eine Station in einem Krankenhaus und sind dort für die medizinische Versorgung der Patienten verantwortlich." ... „Für die Tätigkeit als Stationsarzt bzw. Stationsärztin benötigt man die ärztliche Approbation oder die Erteilung der Erlaubnis zur Ausübung des ärztlichen Berufes gemäß Bundesärzteordnung, eine abgeschlossene Weiterbildung zum Facharzt bzw. zur Fachärztin gemäß Weiterbildungsordnung der zuständigen Landesärztekammer sowie die Anerkennung als Facharzt/-ärztin durch die zuständige Landesärztekammer. Darüber hinaus müssen sich Stationsärzte und -ärztinnen regelmäßig in ihrem Fachgebiet weiterbilden."

Berufsbezeichnung	Beschreibung
Stationsleiter/innen in der Kranken-, Alten- und Kinderkrankenpflege	„...Leiten und organisieren eine Pflegestation oder Funktionseinheit. Sie koordinieren pflegerische und therapeutische Maßnahmen und sind neben der Ausführung ärztlicher Verordnungen für wirtschaftliche sowie personalwirtschaftliche Aufgaben verantwortlich. Vorwiegend arbeiten Stationsleiter/innen in der Kranken-, Alten- und Kinderkrankenpflege in Krankenhäusern und anderen Einrichtungen des Gesundheitswesens, z.B. in Allgemeinkrankenhäusern, Fach- und Rehabilitationskliniken. Auch im Sozialwesen sind sie beschäftigt, beispielsweise in Altenheimen oder bei ambulanten sozialen Diensten." ... „Stationsleiter/in in der Kranken-, Alten- und Kinderkrankenpflege ist eine landesrechtlich geregelte Weiterbildung an staatlich anerkannten Weiterbildungsstätten des Gesundheits- und Sozialwesens. Die Weiterbildung dauert ca. 1 bis 2 Jahre und wird in der Regel in Block- oder Teilzeitform, gelegentlich auch in Vollzeitform angeboten."
Pflegedienstleiter/innen von Sozialstationen	„...Entwickeln Pflegekonzepte für die Station, führen das Pflegepersonal und nehmen Aufgaben im Personalmanagement sowie in der Budgetplanung und -überwachung wahr. Pflegedienstleiter/innen von Sozialstationen arbeiten im Sozialwesen, z.B. bei ambulanten sozialen Diensten." ... „Um diese Tätigkeit ausüben zu können, wird üblicherweise eine Weiterbildung im Pflegebereich bzw. im Gesundheitswesen oder ein entsprechendes Hochschulstudium gefordert."

Quelle: In Anlehnung an *Bundesagentur für Arbeit* (2011).

Je nach Betriebsgröße im Gesundheitswesen können im mittleren Management auch mehrere Hierarchieebenen angeordnet sein, so dass beispielsweise zwischen Abteilungsleiter- und Hauptabteilungs – oder Bereichsleiterfunktionen unterschieden wird.

2.1.3   Hauptabteilungs-/ Bereichs- / Klinikebene

Während die Klinikebene eine häufig anzutreffende Führungsebene darstellt, sind in großen Einrichtungen des Gesundheitswesens bisweilen auch
Hauptabteilungs- oder Bereichsleitungen eingerichtet. Sie sind daher eher
auch schon dem **Top-Management** zuzuordnen und stellen das Bindeglied
zwischen der Leitung eines Gesundheitsbetriebs und dem Mittleren Management, der sogenannten Taktischen Ebene dar (siehe **Abbildung 2.4**).

Abbildung 2.4   Klinikebene des *Gemeinschaftsklinikums Kemperhof*
                     Koblenz - St. Elisabeth Mayen gGmbH, Betriebsstandort
                     Klinikum Kemperhof Koblenz.

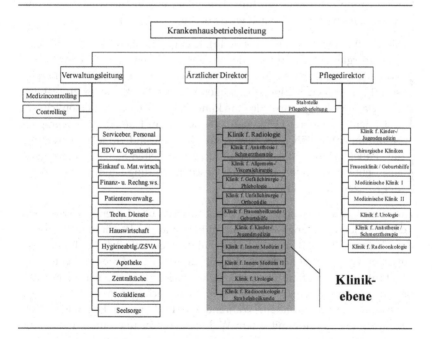

Quelle: In Anlehnung an das Organigramm des *Gemeinschaftsklinikums*
Kemperhof Koblenz - St. Elisabeth Mayen gGmbH, Betriebsstandort
Klinikum Kemperhof Koblenz (2010).

Kliniken werden in der Regel von Chefärzten geleitet, die eine umfassende Verantwortung für ihren überwiegend medizinisch abgegrenzten Bereich tragen. Dazu zählen neben der medizinischen Verantwortung üblicherweise auch eine disziplinarische Verantwortung für das Personal ihres Bereichs, sowie häufig auch die Ergebnisverantwortung für die ökonomische Ertragslage.

Am Beispiel einer anonymisierten Stellenausschreibung für eine Tätigkeit als *Chefarzt (m/w) Gefäßchirurgie* werden die Anforderungen und Aufgaben dieser Führungsebene deutlich:

„Zu Ihren Aufgaben gehören neben Ihrer operativen Tätigkeit die Sicherung einer hohen Behandlungsqualität. Eine weitere Aufgabe beinhaltet die Leitung des Gefäßzentrums. Die gefäßchirurgische Ausbildung der Mitarbeiter und PJ-Studenten wird von Ihnen erwartet.

Sie verfügen über herausragende Erfahrungen in allen Gebieten der Gefäßchirurgie und erfüllen die Voraussetzungen zur Erteilung der Weiterbildungsermächtigung Gefäßchirurgie. Wir erwarten die Bereitschaft die Gefäßchirurgie auszubauen und am Markt weiter zu etablieren. Darüber hinaus sind Sie eine klinisch herausragende Persönlichkeit mit interdisziplinärer Denkweise, kooperativem Handeln, ausgeprägter Kommunikationsfähigkeit sowie Sinn für eine individuelle Betreuung der Patienten. Als Führungspersönlichkeit arbeiten Sie ziel- und ergebnisorientiert und unterstützen die Geschäftsführung bei der Umsetzung der Konzern- und Klinikziele."

Auf dieser Führungsebene sind beispielsweise auch Leitende Ärzte oder Leitende Oberärzte angesiedelt, die mitunter auch als ständige Vertreter des Chefarztes bestellt sind und diesen in der Gesamtheit seiner Führungsaufgaben vertreten. Häufig sind die Führungskräfte auf dieser Ebene auch mit **Prokura** oder **Handlungsvollmacht** ausgestattet, die sie zu Rechtshandlungen für ihren Gesundheitsbetrieb ermächtigen oder mit Vertretungsbefugnissen ausstatten. Während die Prokura im Handelsregister eingetragen sein muss, mit ihrem Widerruf erlischt und eine umfassende Vollmacht darstellt, die zu nahezu allen Arten von Geschäften und Rechtshandlungen im Gesundheitsbetrieb ermächtigt, ist die Handlungsvollmacht auf gewöhnliche, übliche Geschäfte im Gesundheitswesen beschränkt und wird auch nicht im Handelsregister eingetragen.

2.1.4   Geschäftsführungs-/Vorstandsebene

Über dem Mittleren Management liegt die Führungsebene des **Top Managements**. Auf dieser normativen, strategischen Ebene im Gesundheitswesen werden die geschäftspolitischen Entscheidungen gefällt und die übergeordneten Ziele, Werte, Normen und Strategien für eine Gesundheitseinrichtung festgelegt.

Diese höchste Führungsebene erstreckt sich über die Leitung eher kleiner Betriebe, wie einer Arzt- oder Zahnarztpraxis, bis hin zur Vorstandsebene eines Großklinikums (siehe **Abbildung 2.5**).

Abbildung 2.5   Beispiele für die höchste Führungsebene im Gesundheitswesen.

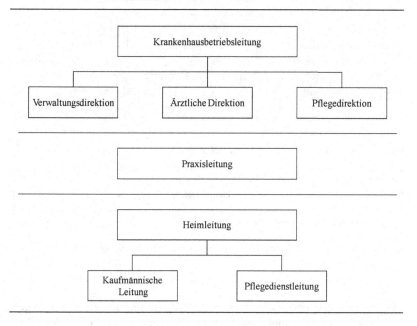

So setzt sich beispielsweise die Führungsebene der *Charité - Universitätsmedizin Berlin* aus verschiedenen Gremien und Funktionen, wie Aufsichts- und Fakultätsrat, Medizinsenat, Vorstandsvorsitzenden, Ärztlicher Direktor, Klinikdirektor, Dekan, Klinikumsleitung, Fakultätsleitung etc. zusammen, die unterschiedliche Kontroll- und Geschäftsführungs- bzw. Leitungsfunktionen ausüben und unterhalb derer die verschiedenen Charité-Centren und Geschäftsbereiche angesiedelt sind (siehe **Abbildung 2.6**).

Abbildung 2.6　　Oberste Führungsebene der *Charité - Universitätsmedizin Berlin.*

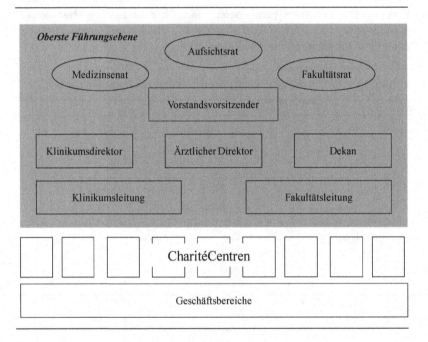

Quelle: In Anlehnung an das Organigramm der *Charité – Universitätsmedizin Berlin* (2011).

Oberste Führungsebenen im Gesundheitswesen setzen sich in der Regel aus einer Person oder mehreren Personen zusammen, aus kollegialen Führungsgremien, einer Geschäftsführung oder einem Vorstand. Sie beschäftigen sich hauptsächlich mit den Zielsetzungen eines Gesundheitsbetriebs, mit der Entwicklung und Umsetzung von Strategien und damit mit Entscheidungen über Sachverhalte, die die strukturelle und langfristige Entwicklung der Gesundheitseinrichtung bestimmen. Wichtige Betätigungsfelder hierbei sind:

■ Entscheidung über bedeutsame Einzelvorhaben,

■ Klärung von Grundsatzfragen,

■ Verabschiedung von internen Leitlinien,

■ Fusionen mit anderen Gesundheitseinrichtungen,

■ Besetzung interner Führungspositionen,

■ mögliche Rechtsformwechsel,

■ Prüfung des Outsourcings von bislang selbst erstellten medizinischen und pflegerischen Leistungen,

■ Koordination großer Teilbereiche des Gesundheitsbetriebs,

■ Planung von Neuorganisationen.

Bei großen Gesundheitseinrichtungen in kommunaler oder anderweitiger öffentlicher Trägerschaft ist mitunter zu beobachten, dass bei der Besetzung von Geschäftsführungs- oder Vorstandspositionen eine Lösung gewählt wird, die außerhalb des Personaltableaus der betreffenden Einrichtung liegt. Dagegen ist sicherlich nichts einzuwenden, so lange Führungsqualifikationen und fachliche Qualifikationen bei der Personalentscheidung hinreichend berücksichtigt werden. Eine Stellenbesetzung nach anderweitigen Erwägungen jedoch birgt die Gefahr des Scheiterns, was in der Regel zu erheblichen internen Problemen und einem nachhaltigen Vertrauensverlust bei den Patienten sowie im Umfeld führen kann.

Es dauert in der Regel sehr lange, bis die Entwicklungen ein Handeln erforderlich machen oder eine grundsätzlich loyale Belegschaft dies einfordert. Nur selten geben Aufsichtsgremien einen Fehlgriff zu und ziehen oft erst spät die nötigen Konsequenzen, was zu entsprechenden Pressemeldungen führen kann:

„Das erst zum Jahresbeginn fusionierte ... hat mit seinem ersten gemeinsamen Geschäftsführer einen Fehlstart erlebt. .... Dieser hatte schon nach

wenigen Monaten keine Perspektive mehr gesehen. ‚Eine weitere Zusammenarbeit war nicht mehr möglich', hielt ... die Gründe im Vagen.
‚Zwischen Herrn .... und den Mitarbeitern hat es Diskrepanzen gegeben.'
Welcher Art die Schwierigkeiten waren, wird wohl der Verhandlungs-
termin ... erhellen. Am ... wird dort ... über die Kündigungsschutzklage
... verhandelt, nachdem der Gütetermin ... scheiterte."

Gerade im Gesundheitswesen, in dem es besonders auf Vertrauen und
Verlässlichkeit bei den Patienten, den Mitarbeitern und in der Bevölkerung
ankommt, ist es daher ratsam, auf der obersten Führungsebene nicht nur
auf extern wirksame Repräsentations- und Netzwerkfähigkeiten zu achten,
sondern auch auf die intern notwendige hinreichende Führungserfahrung,
auf Fachkenntnisse und eine sachgerechte Ausbildung. So würde man
beispielsweise sicherlich keinem Betriebswirt ein medizinisches Direktorat
übertragen oder ebenso wäre auch ein Verwaltungsjurist für die Beurteilung betriebswirtschaftlicher Fragestellungen in einer kaufmännischen
Geschäftsleitung einer Gesundheitseinrichtung nur bedingt geeignet.

Zu den Anforderungen an eine Heimleitung gibt beispielsweise das
Sächsische Staatsministerium für Soziales in einer Verwaltungsvorschrift
(VwV) *zur Verordnung über personelle Anforderungen für Heime (Heim-
PersV)* folgende Erläuterungen und Hinweise:

„Heimleitung gemäß § 2 Abs. 1 HeimPersV bedeutet nicht eigenhändige
Wahrnehmung aller Aufgaben. Die Einschaltung weiterer Fachkräfte
wird in größeren Heimen bei der Erfüllung von Leitungsaufgaben un-
umgänglich sein. Hier muss der Leiter neben den in § 2 Abs. 1 Heim-
PersV genannten Qualifikationen die Fähigkeit besitzen, sich dieser
Kräfte so zu bedienen, dass ein ordnungsgemäßer und sachgerechter Betrieb gewährleistet ist." ... „Zur persönlichen Eignung gehören insbesondere psychologisches und sozialpädagogisches Geschick im Umgang
mit den Bewohnern, Angehörigen, Betreuern und dem Personal." ...
„Von einer fachlichen Eignung gemäß § 2 Abs. 2 Nr. 1 HeimPersV ist
grundsätzlich auszugehen, wenn eine Ausbildung mit staatlich aner-
kanntem Abschluss in den genannten Ausbildungsbereichen nachge-
wiesen werden kann. Der Begriff der „Fachkraft" ist im Sinne des § 6
HeimPersV zu verstehen. Die fachliche Eignung wird auch durch einen
Fachhochschul- oder Hochschulausbildungsabschluss in den in § 2 Abs.

2 Nr. 1 HeimPersV genannten Fachbereichen erfüllt." ... „Eine für die Leitung eines Heimes qualifizierte Tätigkeit gemäß § 2 Abs. 2 Nr. 2 HeimPersV ist in der Regel anzunehmen bei Tätigkeiten als

a) stellvertretende Heimleitung,

b) Pflegedienstleitung,

c) Wohn- und Pflegegruppenleitung,

d) Leitung im Sozialdienst der Alten- oder Behindertenhilfe,

e) Leitung in teilstationären Pflegeeinrichtungen,

f) Leitung in sonstigen Bereichen, zum Beispiel in der Verwaltung oder Beschäftigungstherapie."

2.2 Führungsfunktionen

2.2.1 Geschäftsführungstätigkeit

Eine herausragende Führungsfunktion im Gesundheitswesen ist in der Regel die Tätigkeit als **Geschäftsführer** eines Gesundheitsbetriebs. Die Führungskraft muss dabei nicht zwangsläufig selbst Gesellschafter der Gesundheitseinrichtung sein. Dies ist in der Regel nur bei der Gesellschaft bürgerlichen Rechts (GbR), der Offenen Handelsgesellschaft (OHG) und der Kommanditgesellschaft (KG) im Zuge der Selbstorganschaft der Fall. Bei der Gesellschaft mit beschränkter Haftung (GmbH), einem Verein, einer Genossenschaft (eG) oder der Aktiengesellschaft (AG) ist er als Fremdgeschäftsführer Leitender Angestellter und wird von den Eigentümern der Gesundheitseinrichtung mit der Geschäftsführung beauftragt. Dazu erhält er üblicherweise die Befugnis, im Innenverhältnis organisatorisch zu handeln und den Mitarbeitern des Gesundheitsbetriebs Weisungen zu erteilen, sowie ihn nach außen hin wirksam zu vertreten, so dass beispielsweise Patienten, Lieferanten, Krankenkassen etc. gegenüber rechtlich verbindliche Verträge entstehen.

Er kann die Geschäfte auch auf der Grundlage eines zeitlich befristeten, üblicherweise fünf Jahre laufenden und Leistungsziele beinhaltenden Werkvertrages leiten, was ihm Freiräume bei der inhaltlichen und zeitlichen Gestaltung seiner Arbeit ermöglicht. Der Vertrag kann verlängert, aber auch vorzeitig gekündigt werden, wofür in der Regel Kompensationszahlungen vereinbart werden.

Seine wichtigste Aufgabe besteht darin, die Gesundheitseinrichtung im medizinischen, kaufmännischen, medizin-technischen und sozialen Bereich so aufzustellen, dass ein effizienter und erfolgreicher Betriebsablauf gewährleistet ist. Die laufende Geschäftsführung ist seine Hauptaufgabe. Damit verbunden ist auch die treuhänderische Wahrnehmung der Vermögensinteressen der Eigentümer. Allein oder mit weiteren Geschäftsführern hat er den Gesundheitsbetrieb gerichtlich und außergerichtlich im Außenverhältnis zu vertreten, wobei er üblicherweise über unbeschränkte Vertretungsmacht verfügt, grundsätzlich und gerade im Innenverhältnis aber an die Weisungen der Eigentümer gebunden ist (siehe **Tabelle 2.4**).

Tabelle 2.4   Beispiele für Geschäftsführeraufgaben im Gesundheitswesen nach dem *GmbH-Gesetz (GmbHG)*.

Aufgabe	Fund-stelle	Beschreibung
Vertretung der Gesellschaft	§§ 35, 37	Gerichtliche und außergerichtliche Vertretung von Gesundheitsbetrieben in der Rechtsform einer GmbH; Einhaltung von Beschränkungen der Vertretungsbefugnis.

Aufgabe	Fund-stelle	Beschreibung
Eintragungen in das Handels-register	§ 39	Anmeldung jeder Änderung in den Personen sowie die Beendigung der Vertretungsbefugnis zur Eintragung; Beifügung der Urkunden über die Bestellung oder über die Beendigung der Vertretungsbefugnis in Urschrift oder öffentlich beglaubigter Abschrift; Versicherung, dass keine Umstände vorliegen, die der Bestellung entgegenstehen; unbeschränkte Auskunftspflicht gegenüber dem Gericht.
Gesellschafter-liste	§ 40	Unverzüglich nach Wirksamwerden jeder Veränderung in den Personen der Gesellschafter des Gesundheitsbetriebs oder des Umfangs ihrer Beteiligung ist eine von der Geschäftsführung unterschriebene Liste der Gesellschafter zum Handelsregister einzureichen, aus welcher Name, Vorname, Geburtsdatum und Wohnort der letzteren sowie die Nennbeträge und die laufenden Nummern der von einem jeden derselben übernommenen Geschäftsanteile zu entnehmen sind.
Buchführungs-pflicht	§ 41	Verpflichtung, für die ordnungsmäßige Buchführung des Gesundheitsbetriebs zu sorgen.
Jahresabschluss und Lagebericht	§ 42a	Jahresabschluss und Lagebericht des Gesundheitsbetriebs sind unverzüglich nach der Aufstellung Gesellschaftern, Abschlussprüfern, Aufsichtsrat zum Zwecke der Feststellung des Jahresabschlusses vorzulegen.
Haftung	§ 43	In den Angelegenheiten des Gesundheitsbetriebs ist die Sorgfalt eines ordentlichen Geschäftsmannes anzuwenden; Obliegenheitsverletzungen führen zur Haftung für den entstandenen Schaden.

Aufgabe	Fund- stelle	Beschreibung
Gesellschafter- versammlung	§ 49	Einberufung der Versammlung der Gesellschafter des Gesundheitsbetriebs in bestimmten Fällen, ferner, wenn es im Interesse der Gesellschaft erforderlich erscheint und unverzüglich, wenn aus der Jahresbilanz oder aus einer im Laufe des Geschäftsjahres aufgestellten Bilanz sich ergibt, dass die Hälfte des Stammkapitals verloren ist.
Auskunft und Einsichtnahme	§ 51a	Den Gesellschafter des Gesundheitsbetriebs ist auf Verlangen unverzüglich Auskunft über die Angelegenheiten der Gesellschaft zu geben und die Einsicht der Bücher und Schriften zu gestatten.

Die Aufgaben werden durch die Satzung, dem Anstellungsvertrag oder Beschlüsse der Eigentümer präzisiert, woraus sich auch eine Schadensersatzpflicht bei Verstößen dagegen und für den Gesundheitsbetrieb daraus entstandenen Nachteilen ergeben kann. So hat der GmbH-Geschäftsführer beispielsweise nicht die Kompetenz, die Gesellschaftssatzung zu ändern, die Gesellschaft aufzulösen oder sie in eine andere Rechtsform umzuwandeln oder auf das Auskunfts- und Weisungsrecht zu verzichten.

Zu den weiteren allgemeinen Aufgaben zählen beispielsweise

■ Beobachtung des Gesundheitsmarktes und der Konkurrenz,

■ Steuerung mit Controllinginstrumenten und Kennzahlen,

■ rechtzeitige Bestellung eines Abschlussprüfers, soweit erforderlich,

■ Offenlegung des Jahresabschlusses,

■ Abgabe der Jahressteuererklärungen,

■ Prüfung und Durchführung der Gesellschafterbeschlüsse,

■ Durchführung von Kreditgeschäften zur Finanzierung des Gesundheitsbetriebs,

- Durchführung der Liquiditätsplanung,

- Überwachung des täglichen Geschäftsverkehrs,

- Geltendmachung von Ansprüchen gegen Dritte, Patienten und Lieferanten,

- Beachtung von relevanten Gesetzesänderungen,

- Abgabe der regelmäßigen Lohnsteuer-/ Umsatzsteuervoranmeldungen.

So ist beispielsweise die Lohnsteuer für den Geschäftsführer wirtschaftlich fremdes Geld. Er darf es daher nicht sach- und zweckwidrig für den Gesundheitsbetrieb selbst verwenden. Auch sind die bei der Gesundheitseinrichtung beschäftigten Arbeitnehmer bei dem Krankenversicherungsträger anzumelden und die einbehaltenen Beiträge zur Krankenversicherung, zur Rentenversicherung und zur Arbeitslosenversicherung bestimmungsgemäß abzuführen.

Eine wesentliche Aufgabe besteht für den Geschäftsführer eines Gesundheitsbetriebs vor allem auch darin, konsequent zu handeln, wenn sich eine finanzielle Krise der Gesundheitseinrichtung beispielsweise durch einen nachhaltigen Rückgang der Patientenzahlen, eine deutliche Verringerung des Umsatzes aus Privat- und Kassenliquidation oder ein zunehmendes Ausbleiben seit langem fälliger Patientenforderungen abzeichnet. Bei einer Zahlungsunfähigkeit ist die Geschäftsführung dazu verpflichtet, spätestens 3 Wochen nach Eintritt die Eröffnung des Insolvenzverfahrens zu beantragen, was sinngemäß auch für die Überschuldung gilt, bei der die Verbindlichkeiten das Vermögen übersteigen.

2.2.2   Vorstandstätigkeit

Als **Vorstand** wird das Geschäftsführungsorgan einer Gesundheitseinrichtung in Form einer Aktiengesellschaft (AG), von Anstalten und Körperschaften des öffentlichen Rechts, eines Vereins oder einer eingetragenen Genossenschaft (eG) bezeichnet. Er verfügt in der Regel über umfassende Leitungs- und Vertretungsmacht, die sich auf sämtliche gerichtlichen und außergerichtlichen Handlungen bezieht, und die auch das bewusste Eingehen geschäftlicher Risiken mit der Gefahr von Fehleinschätzungen einschließt, bei deren Beurteilung allerdings nicht gegen die in der Gesundheitsbranche anerkannten Erfahrungsgrundsätze und Erkenntnisse verstoßen werden darf.

Die Aufgaben eines Vorstands im Gesundheitswesen richten sich beispielsweise im Falle von Aktiengesellschaften nach dem Aktienrecht (siehe **Tabelle 2.5**).

Tabelle 2.5   Beispiele für Vorstandsaufgaben im Gesundheitswesen nach dem *Aktiengesetz (AktG)*.

Aufgabe	Fund-stelle	Beschreibung
Leitung	§ 76	Leitung des Gesundheitsbetriebs in Rechtsform einer Akteingesellschaft unter eigener Verantwortung
Vertretung	§ 78	Gerichtliche und außergerichtliche Vertretung der Gesundheitseinrichtung
Eintragungen in das Handelsregister	§ 81	Anmeldung jeder Änderung des Vorstands oder der Vertretungsbefugnis zur Eintragung; Beifügung der Urkunden über die Änderung in Urschrift oder öffentlich beglaubigter Abschrift; Versicherung, dass keine Umstände vorliegen, die der Bestellung entgegenstehen; unbeschränkte Auskunftpflicht gegenüber dem Gericht
Maßnahmenvorbereitung und Durchführung	§ 83	Vorbereitung von Maßnahmen, die in die Zuständigkeit der Hauptversammlung fallen; Ausführung der von der Hauptversammlung im Rahmen ihrer Zuständigkeit beschlossenen Maßnahmen
Wettbewerbsverbot	§ 88	Ohne Einwilligung des Aufsichtsrats dürfen weder ein Handelsgewerbe betrieben noch im Geschäftszweig der Gesundheitseinrichtung für eigene oder fremde Rechnung Geschäfte gemacht werden

Aufgabe	Fund-stelle	Beschreibung
Berichterstattung	§ 90	Berichterstattung an den Aufsichtsrat mindestens einmal jährlich über die beabsichtigte Geschäftspolitik und andere grundsätzliche Fragen der gesundheitsbetrieblichen Planung, in der Jahresabschlussbehandlung über die Rentabilität der Einrichtung, regelmäßig, mindestens vierteljährlich über den Gang der Geschäfte, Umsatz und die Lage der Einrichtung, und so rechtzeitig, dass dem Aufsichtsrat vor Vornahme der Geschäfte eine Stellungnahme möglich ist, über Geschäfte, die für die Rentabilität oder Liquidität des Gesundheitsbetriebs von erheblicher Bedeutung sein können
Führung der Handelsbücher	§ 91	Dafür sorgen, dass die erforderlichen Handelsbücher geführt werden
Frühwarnsystem	§ 91	Geeignete Maßnahmen treffen, insbesondere ein Überwachungssystem einrichten, damit den Fortbestand der Gesundheitseinrichtung gefährdende Entwicklungen früh erkannt werden
Verlust, Zahlungsunfähigkeit	§ 92	Unverzügliche Einberufung der Hauptversammlung und anzeigen, wenn bei Aufstellung der Jahresbilanz, Zwischenbilanz oder bei pflichtmäßigem Ermessen anzunehmen ist, dass ein Verlust in Höhe der Hälfte des Grundkapitals besteht; Verbot von Zahlungen, wenn die Zahlungsunfähigkeit eingetreten ist

Aufgabe	Fund- stelle	Beschreibung
Sorgfaltspflicht	§ 93	Sorgfalt eines ordentlichen und gewissenhaften Geschäftsleiters anwenden; über vertrauliche Angaben und Geheimnisse, insbesondere Betriebs- oder Geschäftsgeheimnisse, die den Vorstandsmitgliedern durch ihre Tätigkeit im Vorstand bekanntgeworden sind, Stillschweigen bewahren

Der Vorstand leitet die Gesundheitseinrichtung weitgehend weisungsunabhängig und wird nur durch die Vorgaben der Hauptversammlung, des Aufsichtsrats (in öffentlichen Einrichtungen häufig auch Verwaltungsrat) etc. beschränkt. Gegenüber dem Aufsichtsrat ist er Rechenschaft schuldig. Der Vorstand kann für höchstens fünf Jahre bestellt werden, mit der Option einer Wiederbestellung. Als Mitglied eines Vertretungsorgans hat er nach überwiegender Rechtsprechung keine Arbeitnehmereigenschaft, auch wenn ein Arbeitsvertrag mit dem Gesundheitsbetrieb bestehen sollte. Zum Organmitglied mit Vertretungsmacht wird er durch den Aufsichtsrat bestellt, und sein Anstellungsverhältnis basiert in der Regel auf einem Dienstvertrag.

Die Delegation von Kompetenzen (beispielsweise auf Prokuristen, Handlungsbevollmächtigte etc. des Gesundheitsbetriebs) ist grundsätzlich möglich, wobei insbesondere folgende Aufgaben nicht ohne weiteres delegierbar sind

- Einberufung und Durchführung der Hauptversammlung,

- Aufstellung und Unterzeichnung des Jahresabschlusses und Lageberichts,

- Einreichung eines Insolvenzantrags.

Größere Gesundheitseinrichtungen ernennen einen Vorstandsvorsitzenden oder Sprecher des Vorstands und teilen die einzelnen Aufgaben gemäß einem **Geschäftsverteilungsplan** (GVP) auf einzelne Vorstandsmitglieder auf. Ein GVP enthält typischerweise

- die Namen der einzelnen Vorstandsmitglieder,

■ ihre Zuständigkeiten in der Gesundheitseinrichtung,

■ die Zuordnung der einzelnen Organisationseinheiten,

■ sowie die Stellvertretungsregelung.

Darüber kann er weitere Informationen über die Aufbauorganisation eines Gesundheitsbetriebs enthalten (siehe **Tabelle 2.6**).

Tabelle 2.6   Beispielstruktur einer Übersicht über Vorstandszuständigkeiten in einem GVP.

	Vorsitzender	Stellvertr. Vorsitzender	Vorstands- mitglied	Vorstands- mitglied
Apotheke			Z	V
Klinische Centren 1-3		Z		V
Klinische Centren 4-6		V	Z	
Klinische Centren 7-9			V	Z
Einkauf / Disposition		Z	V	
Liegenschafts- management		Z	V	
Finanzen	Z	V		
Qualitätsmanagement	V	Z		
Controlling		Z	V	
IT			V	Z
Personal	Z	V		
Revision	Z	V		
Kassenverhandlungen			Z	V
Forschung			V	Z
Studienangelegenheiten			V	Z

	Vorsitzender	Stellvertr. Vorsitzender	Vorstands- mitglied	Vorstands- mitglied
Unternehmens- kommunikation	Z	V		
Unternehmens- entwicklung	Z	V		

Z=Zuständig V=Vertretung

Die Arbeit des Vorstands ist häufig in einer eigenen **Geschäftsordnung** (GO) geregelt. Sie enthält beispielsweise Ablaufanweisungen für die Vorstandssitzungen, wann sie stattfinden, wie Vorlagen behandelt werden und die Art und Weise der Protokollführung.

> So enthält die *Geschäftsordnung des Vorstandes des Universitätsklinikums Essen* (2001) beispielsweise Regelungen über
>
> ■ die Mitglieder des Vorstands,
>
> ■ die Vertretung der Vorstandsmitglieder,
>
> ■ ihre Aufgaben und Zuständigkeiten,
>
> ■ die Vorstandssitzungen,
>
> ■ die Protokollführung,
>
> ■ die Beschlussfähigkeit,
>
> ■ Abstimmungen im Umlaufverfahren, sowie
>
> ■ Eilentscheidungen.

Die Vorstandsarbeit wird in der Regel auch durch die **Satzung** konkretisiert, die beispielsweise durch Gemeindeordnungen und Eigenbetriebsgesetze für öffentliche Betriebe im Gesundheitswesen vorgeschrieben sind. Sie regeln beispielsweise die Rechtsverhältnisse des betreffenden Gesundheitsbetriebs, sein Stammkapital, seine Vertretung oder die Kompetenzen und Aufgaben der Betriebsleitung.

Der *Gemeinderat der Stadt Ulm* hat in seiner *Betriebssatzung für das Alten-
und Pflegeheim Wiblingen* (2011) in § 8 beispielsweise folgenderweise die
Aufgaben der Betriebsleitung beschrieben:

„(3) Der Betriebsleitung obliegt insbesondere die laufende Betriebsführung und die Entscheidung in allen ihr übertragenen Angelegenheiten
des Betriebs .... Zur laufenden Betriebsführung gehören die Bewirtschaftung der im Erfolgsplan veranschlagten Aufwendungen und Erträge, alle sonstigen Maßnahmen, die zur Aufrechterhaltung und Wirtschaftlichkeit des Betriebs notwendig sind, alle personalwirtschaftlichen und
personalrechtlichen Maßnahmen bei Arbeitern, Aushilfsbediensteten,
Auszubildenden, Volontären und Praktikanten sowie Freigebigkeitsleis-
tungen bis zu 5.000 € im Einzelfall.

(4) Die Betriebsleitung vertritt den Eigenbetrieb. Ist der Betriebsleiter
verhindert, übt sein Stellvertreter dessen Befugnisse aus.

(5) Die Betriebsleitung hat den Oberbürgermeister und den Betriebsaus-
schuss vierteljährlich zum Quartalsende über die Entwicklung der Erträge und Aufwendungen sowie über die Abwicklung des Vermögens-
plans schriftlich zu unterrichten. Über wichtige Angelegenheiten hat sie
ihn unverzüglich zu unterrichten.

(6) Die Betriebsleitung hat dem Fachbeamten für das Finanzwesen der
Stadt alle Maßnahmen mitzuteilen, welche die Finanzwirtschaft der
Stadt berühren. Sie hat ihm insbesondere den Entwurf des Wirtschafts-
plans mit Finanzplanung, des Jahresabschlusses und des Lageberichts
sowie die Berichte nach Absatz 5 rechtzeitig zuzuleiten."

2.2.3   Allgemeine Leitungsfunktionen

Allgemeine Leitungsaufgaben sind für Führungskräfte im Gesundheitswesen nicht einheitlich geregelt. Nur wenige Gesetze beinhalten direkt Beschreibungen von Leitungsfunktionen und Anforderungen an die Leitung
von Einrichtungen im Gesundheitswesen.

Das *Heimgesetz (HeimG)* regelt beispielsweise in § 11 Abs. 1 die Aufgaben
der Heimleitung, wonach ein Heim nur betrieben werden darf, „...wenn
der Träger und die Leitung

1. die Würde sowie die Interessen und Bedürfnisse der Bewohnerinnen und Bewohner vor Beeinträchtigungen schützen,

2. die Selbständigkeit, die Selbstbestimmung und die Selbstverantwortung der Bewohnerinnen und Bewohner wahren und fördern, insbesondere bei behinderten Menschen die sozialpädagogische Betreuung und heilpädagogische Förderung sowie bei Pflegebedürftigen eine humane und aktivierende Pflege unter Achtung der Menschenwürde gewährleisten,

3. eine angemessene Qualität der Betreuung der Bewohnerinnen und Bewohner, auch soweit sie pflegebedürftig sind, in dem Heim selbst oder in angemessener anderer Weise einschließlich der Pflege nach dem allgemein anerkannten Stand medizinisch-pflegerischer Erkenntnisse sowie die ärztliche und gesundheitliche Betreuung sichern,

4. die Eingliederung behinderter Menschen fördern,

5. den Bewohnerinnen und Bewohnern eine nach Art und Umfang ihrer Betreuungsbedürftigkeit angemessene Lebensgestaltung ermöglichen und die erforderlichen Hilfen gewähren,

6. die hauswirtschaftliche Versorgung sowie eine angemessene Qualität des Wohnens erbringen,

7. sicherstellen, dass für pflegebedürftige Bewohnerinnen und Bewohner Pflegeplanungen aufgestellt und deren Umsetzung aufgezeichnet werden,

8. gewährleisten, dass in Einrichtungen der Behindertenhilfe für die Bewohnerinnen und Bewohner Förderund Hilfepläne aufgestellt und deren Umsetzung aufgezeichnet werden,

9. einen ausreichenden Schutz der Bewohnerinnen und Bewohner vor Infektionen gewährleisten und sicherstellen, dass von den Beschäftigten die für ihren Aufgabenbereich einschlägigen Anforderungen der Hygiene eingehalten werden, und

10. sicherstellen, dass die Arzneimittel bewohnerbezogen und ordnungsgemäß aufbewahrt und die in der Pflege tätigen Mitarbeiterinnen und Mitarbeiter mindestens einmal im Jahr über den sachgerechten Umgang mit Arzneimitteln beraten werden."

In der Regel wirken die Führungskräfte im Gesundheitswesen gegenüber den Mitarbeitern an der Umsetzung der **Arbeitgeberpflichten** mit. So umfasst beispielsweise die **Fürsorgepflicht** des Gesundheitsbetriebs, für die die Führungskräfte Sorge tragen müssen, unter anderem die Ausstattung der Arbeitsplätze nach den Vorgaben der *Arbeitsstättenverordnung (ArbStVo)*, die korrekte Behandlung der Mitarbeiter sowie die Geheimhaltung ihm anvertrauter und bekannt gewordener persönlicher Daten.

Ferner sind sie in der Regel an der Umsetzung des **Arbeitsschutzrechts** mit beteiligt. Es erstreckt sich auf allgemeine Vorschriften, die für alle Mitarbeiter des Gesundheitsbetriebs gelten, wie beispielsweise das Arbeitszeitrecht, sowie auf Sonderregelungen für einzelne Mitarbeitergruppen: Jugendarbeitsschutzrecht, Mutterschutzrecht, Schwerbehindertenschutzrecht usw.

Das **Arbeitszeitrecht** ist zwar kein Arbeitsschutzrecht im engeren Sinne, ist aber von den Führungskräften zu berücksichtigen, um die Mitarbeiter im Gesundheitswesen vor ausufernden Arbeitszeiten zu bewahren. So enthält das *Arbeitszeitrechtsgesetz (ArbZRG)* Regelungen über die werktägliche Arbeitszeit, Verlängerungsmöglichkeiten, Ruhepausen, Ausnahmeregelungen, etwa bei ärztlichen Notdiensten an Wochenenden, erforderlichen Zeitausgleich und vieles andere mehr.

Rechtsgrundlage des **Jugendarbeitsschutzrechts** ist das *Jugendarbeitsschutzgesetz (JArbSchG)*. Es betrifft in erster Linie die in der Regel noch jugendlichen Auszubildenden in Gesundheitsbetrieben. Es regelt das Mindestalter für ein Beschäftigungsverhältnis im Gesundheitsbetrieb, sowie die höchstzulässigen täglichen und wöchentlichen Arbeitszeiten. Ferner umfasst es beispielsweise von den Führungskräften zu berücksichtigende Regelungen über die Teilnahme am Berufsschulunterricht, der Freistellung für die Teilnahme an Prüfungen und der Einhaltung von Ruhepausen.

Das **Mutterschutzrecht** basiert im Wesentlichen auf dem *Mutterschutzgesetz (MuSchG)*. Zur Inanspruchnahme des Schutzes hat die werdende Mutter den Gesundheitsbetrieb über die Schwangerschaft zu unterrichten. Es enthält von den Führungskräften zu berücksichtigende Beschäftigungsverbote in der Zeit vor und nach der Niederkunft sowie im Falle der Gefährdung von Leben oder Gesundheit von Mutter oder Kind. Werdende Mütter dürfen nur dann stehend beschäftigt werden (bspw. bei der Stuhlassistenz in der Zahnarztpraxis), wenn Sitzgelegenheiten zum Ausruhen zur Verfügung stehen. Stillende Mütter haben Anspruch auf Stillzeiten, die auch nicht auf Ruhepausen angerechnet werden dürfen oder vor- oder nachzuarbeiten sind.

Rechtsgrundlage für das **Schwerbehindertenschutzrecht** ist das ehemalige *Schwerbehindertengesetz (SchwbG)*, dessen Inhalte in das *Sozialgesetzbuch (SGB)* eingestellt wurden. Da in Einzelbereichen von Gesundheitsbetrieben durchaus auch Schwerbehinderte beschäftigt werden können bzw. in großen Gesundheitsbetrieben zur Vermeidung von Ausgleichsabgaben beschäftigt werden müssen, gilt es, unter Mitwirkung der Führungskräfte ihre Tätigkeit so zu gestalten, dass sie ihre Fähigkeiten und Fertigkeiten möglichst voll verwerten und weiterentwickeln können. Die Räume des Gesundheitsbetriebs, Arbeitsplätze und Gerätschaften sind im jeweiligen Fall so einzurichten, dass Schwerbehinderte dort beschäftigt werden können. Ferner sind nötige Arbeitshilfen anzubringen.

Der allgemeine **Kündigungsschutz** gilt nach dem *Kündigungsschutzgesetz (KündSchG)* erst in Gesundheitsbetrieben mit einer größeren Mitarbeiterzahl. Im Rahmen des allgemeinen Kündigungsschutzes ist von den Führungskräften zu berücksichtigen, dass ordentliche, fristgemäße Kündigungen dann rechtsunwirksam sind, wenn sie sozial ungerechtfertigt erscheinen. Dies ist der Fall, wenn sie nicht in der Person oder dem Verhalten der Mitarbeiter begründet sind bzw. nicht durch dringende betriebliche Erfordernisse des Gesundheitsbetriebs einer Weiterbeschäftigung entgegenstehen. Eine Kündigung aufgrund dringender betrieblicher Erfordernisse kann nur erfolgen, wenn bei Weiterbeschäftigung der Fortbestand des Gesundheitsbetriebs beispielsweise aus wirtschaftlichen Gründen gefährdet würde.

Einige Personengruppen genießen im Gesundheitswesen Kündigungsschutz durch besondere Kündigungsvorschriften. So ist nach dem *Mutterschutzgesetz (MuSchG)* die Kündigung während der Schwangerschaft und nach der Entbindung unzulässig, wenn beispielsweise der jeweiligen Führungskraft zum Zeitpunkt der Kündigung die Schwangerschaft oder Entbindung bekannt war oder unmittelbar nach Zugang der Kündigung mitgeteilt wurde. Die Kündigung von im Gesundheitsbetrieb beschäftigten Schwerbehinderten bedarf der Zustimmung der jeweiligen Hauptfürsorgestelle.

Der **Mitarbeiterdatenschutz** ist der Schutz des Rechts auf informationelle Selbstbestimmung der Mitarbeiter, was ebenfalls von den Führungskräften zu berücksichtigen ist. Da der Gesundheitsbetrieb dem Mitarbeiter wirtschaftlich und strukturell überlegen ist, die konkrete Ausgestaltung des Arbeitsvertrags bestimmt und die Arbeitsbedingungen festlegt, versucht der Mitarbeiterdatenschutz einen Ausgleich zwischen den unterschiedlichen Interessen der Fremdbestimmung durch den Gesundheitsbetrieb und der Selbstbestimmung des Mitarbeiters zu finden, durch Regelungen, welche Eingriffe des Gesundheitsbetriebs in das Persönlichkeitsrecht des Mitarbeiters zulässig sind. Auf der Grundlage von Gesetzen (bspw. *Bundesdatenschutzgesetz, BDSG*) und Grundsatzurteilen des Bundesarbeitsgerichts werden in der Regel aufgrund von Betriebsvereinbarungen beispielsweise die Nutzung von E-Mail- und Internetdiensten im Gesundheitsbetrieb, der Einsatz von Anzeigen auf Telefonanlagen oder die Themen Thema Videoüberwachung am Arbeitsplatz, Mithören von dienstlichen Telefongesprächen oder der Datenschutz bei Leistungs- und Verhaltenskontrollen geregelt.

Die Videoüberwachung im Gesundheitswesen stellt einen erheblichen Eingriff in die Persönlichkeitsrechte der Mitarbeiter dar. Deshalb ist sie nur in besonderen Ausnahmefällen zulässig, etwa zur Überwachung der Intensivversorgung von Patienten oder aufgrund eines besonderen Sicherheitsbedürfnisses im Eingangsbereich, Außenbereich oder in Sicherheitsbereichen von Gesundheitsbetrieben. In diesen Fällen ist auf die Videoüberwachung hinzuweisen. Sie fällt im Übrigen unter die Mitbestimmung des Betriebsrats, genauso, wie beispielsweise die Einführung und Anwendung von technischen Einrichtungen in Zusammenhang mit dem Einsatz von *Heimsoftware, Praxisverwaltungssystemen (PVS)* oder *Krankenhausinformationssystemen (KIS)*, die dazu bestimmt sind, das Verhalten oder die Leistung der Arbeitnehmer zu überwachen.

Die dargestellten arbeitsrechtlichen Grundlagen für die Aufgaben und Tätigkeiten von Führungskräften im Gesundheitswesen sind nochmals in **Tabelle 2.7** zusammengefasst.

Tabelle 2.7   Beispiele arbeitsrechtlicher Grundlagen für die Aufgaben und Tätigkeiten von Führungskräften im Gesundheitswesen.

Gegenstand	Regelung	Quelle
Arbeitszeitrecht	Regelt die werktägliche Arbeitszeit, Ruhepausen, Beschäftigung an Sonn- und Feiertagen, Überstunden.	ArbZRG
Mutterschutzrecht	Regelt Beschäftigungsverbote, Sitzgelegenheiten zum Ausruhen, Stillzeiten, Verbot von Mehrarbeit (Überstunden) sowie Sonntagsarbeit.	MuSchG
Schwerbehindertenschutzrecht	Erfasst werden Mitarbeiter mit einem Grad der Behinderung (GB) von wenigstens 50 %: Beschäftigungspflicht bzw. Ausgleichsabgabe, zusätzliche bezahlte Urlaubstage, Anbringung von Arbeitshilfen.	SchwbG
Kündigungsschutzrecht	Kündigung kann mündlich oder schriftlich erfolgen. – Ordentliche Kündigung: Unter Einhaltung von Kündigungsfristen, ohne Angabe des Grundes. – Außerordentlichen Kündigung: Vorzeitige Lösung des Arbeitsverhältnisses ohne Einhaltung der sonst geltenden Kündigungsfrist, wenn besondere Umstände dies rechtfertigen; Kündigungsgrund muss unverzüglich schriftlich mitgeteilt werden. – Fristlose Kündigung: Wenn Tatsachen vorliegen, die eine Fortsetzung des Arbeitsverhältnisses dem Kündigenden nicht zumutbar erscheinen. – Änderungskündigung: Teile des Arbeitsvertrages sollen verändert werden. – Allgemeiner Kündigungsschutz: Ordentliche, fristgemäße Kündigungen sind rechtsunwirksam, wenn sie sozial ungerechtfertigt sind. – Kündigung aufgrund dringender betrieblicher Erfordernisse: Kann nur erfolgen, wenn bei Wei-	BGB, KündSchG

Gegenstand	Regelung	Quelle
	terbeschäftigung der Fortbestand des Gesundheitsbetriebes beispielsweise aus wirtschaftlichen Gründen gefährdet würde. – Befristetes Arbeitsverhältnis: Endet mit Ablauf dieses Zeitraums, ohne dass es einer Kündigung bedarf. – Aufhebungsvertrag: In dem Aufhebungsvertrag kann ein beliebiger Zeitpunkt für die Beendigung des Arbeitsverhältnisses festgelegt werden.	
Mitarbeiter-datenschutz-recht	Auf der Grundlage von Gesetzen und Grundsatzurteilen des Bundesarbeitsgerichts werden in der Regel aufgrund von Betriebsvereinbarungen beispielsweise die Nutzung von E-Mail- und Internetdiensten im Gesundheitsbetrieb, der Einsatz von Anzeigen auf Telefonanlagen oder die Themen Thema Videoüberwachung am Arbeitsplatz, Mithören von dienstlichen Telefongesprächen oder der Datenschutz bei Leistungs- und Verhaltenskontrollen geregelt.	BDSG

Leitende Angestellte im Gesundheitswesen unterscheiden sich von Führungskräften als Angestellte in Leitungsfunktionen beispielsweise durch die Übertragung wesentlicher Arbeitgeberbefugnisse (Handlungsvollmacht, Prokura etc.) und eine übertarifliche Entlohnung. Ihre besondere rechtliche Stellung im Arbeitsrecht wird zum Beispiel durch das *Betriebsverfassungsgesetz (BetrVG)* begründet und konkretisiert.

Nach § 5 des *BetrVG* sind Leitende Angestellte folgendermaßen definiert:

(3) ..."Leitender Angestellter ist, wer nach Arbeitsvertrag und Stellung im Unternehmen oder im Betrieb

1. zur selbständigen Einstellung und Entlassung von im Betrieb oder in der Betriebsabteilung beschäftigten Arbeitnehmern berechtigt ist oder

2. Generalvollmacht oder Prokura hat und die Prokura auch im Verhältnis zum Arbeitgeber nicht unbedeutend ist oder

3. regelmäßig sonstige Aufgaben wahrnimmt, die für den Bestand und die Entwicklung des Unternehmens oder eines Betriebs von Bedeutung sind und deren Erfüllung besondere Erfahrungen und Kenntnisse voraussetzt, wenn er dabei entweder die Entscheidungen im Wesentlichen frei von Weisungen trifft oder sie maßgeblich beeinflusst; dies kann auch bei Vorgaben insbesondere aufgrund von Rechtsvorschriften, Plänen oder Richtlinien sowie bei Zusammenarbeit mit anderen leitenden Angestellten gegeben sein." ...

„(4) Leitender Angestellter nach Absatz 3 Nr. 3 ist im Zweifel, wer

1. aus Anlass der letzten Wahl des Betriebsrats, des Sprecherausschusses oder von Aufsichtsratsmitgliedern der Arbeitnehmer oder durch rechtskräftige gerichtliche Entscheidung den leitenden Angestellten zugeordnet worden ist oder

2. einer Leitungsebene angehört, auf der in dem Unternehmen überwiegend leitende Angestellte vertreten sind, oder

3. ein regelmäßiges Jahresarbeitsentgelt erhält, das für leitende Angestellte in dem Unternehmen üblich ist, oder,

4. falls auch bei der Anwendung der Nummer 3 noch Zweifel bleiben, ein regelmäßiges Jahresarbeitsentgelt erhält, das das Dreifache der Bezugsgröße nach § 18 des Vierten Buches Sozialgesetzbuch überschreitet."

Leitungsfunktionen im Gesundheitswesen mit besonderen Führungsaufgaben sind beispielsweise auch der Leitende Oberarzt, häufig als Vertreter eines Chefarztes, oder auch der Leitende Notarzt (LNA), der als medizinischer Einsatzleiter bei Großschadensereignissen alle medizinischen Maßnahmen koordiniert. Seine Führungsfähigkeit ist insbesondere unter extremen, außergewöhnlichen Bedingungen, bei einer größeren Anzahl Verletzter, speziellen Einsatzlagen, Großschadenslagen in medizinischen und sozialen Einrichtungen oder chemischen, biologischen, nuklearen, radiologischen und explosiven Gefahrenlagen und Unfällen (CBNRE) gefragt. Entsprechend umfangreich gestalten sich die Anforderungen an diese Leitungsfunktion (siehe **Tabelle 2.8**)

Tabelle 2.8   LNA-Qualifikationsinhalte.

Qualifikations-bereich	Qualifikationsinhalte
Medizinische Fortbildung	Sichtungskategorien, Sichtungsprobleme
	Einsatztaktik bei besonderen Einsatzlagen , z.B. Amok, Terror
	Sichtung und medizinische Erstversorgung -
	Sichtung und medizinische Gesamtversorgung -
Einsatztaktik und Rechtsgrundlagen	Konzepte für LNA-Gruppen
	Gesetzliche Grundlagen und Struktur des Katastrophenschutzes
	Schnelleinsatzgruppen (SEG) - Aufgaben und Konzepte
	Gesetzliche Grundlagen des Rettungsdienstes, Mitwirkung der Hilfsorganisation und Dritter
	Aufbau und Struktur einer Einsatzleitung Rettungsdienst
	Gesetzliche Grundlagen und Aufgaben der Feuerwehr, Zuständigkeiten in einer gemeinsamen Einsatzleitung
	Kooperation bei besonderen Lagen, Erwartungen an den LNA
	Gesetzliche Grundlagen und Aufgaben der Polizei, Zuständigkeiten in einer gemeinsamen Einsatzleitung
	Kooperation bei besonderen Lagen, Erwartungen an den LNA
	Grundlagen der Führungslehre
	Aufbau und Struktur einer gemeinsamen Einsatzleitung, Stellung, Kompetenzen, Einordnung und Aufgaben des LNA

Qualifikations-bereich	Qualifikationsinhalte
	Gefährdung an Einsatzstellen
	Lagebeurteilung (medizinisch)
	Lagebewältigung (medizinisch)
	Erfahrungsberichte LNA-Einsatz
	Medizinische Dokumentation durch den LNA
Technische Fortbildung	Technische Rettungsmittel
	Gefahrenabwehr, Schutzmöglichkeiten -
	Kommunikationskonzepte, Kommunikationsmittel, Kommunikationswege
	Funkübung, Kommunikation mit der Einsatzleitung

Quelle: In Anlehnung an die *Empfehlungen der Bundesärztekammer (2012) zur Qualifikation Leitender Notarzt.*

2.3 Führungsstile

2.3.1 Eindimensionale Führungsstile

Ebenso wie das Führungspersonal in anderen Branchen, prägen Führungskräfte im Gesundheitswesen durch ihr Verhalten bewusst oder unbewusst ihren eigenen **Führungsstil**. Er stellt die Art und Weise des Umgangs mit den Mitarbeitern dar und bringt durch wiederkehrende Verhaltensmuster in gewisser Weise auch die innerer Haltung und Einstellung der Führungskraft, ihren Charakter, ihre Denkweise, aber auch ihren Anstand und ihr Benehmen zum Ausdruck. Der wahrgenommene Führungsstil ist zudem abhängig von der Sichtweise der jeweiligen Mitarbeiter und ihrer persönlichen Empfindung. Er wird ferner durch sich ändernde Aufgaben, Ressourcen und Strukturen geprägt, sowie durch Erfolgskriterien, die ebenfalls Anpassungen unterliegen.

Je nachdem, ob die Führungskraft mehr mit den Mitteln der Autorität, des Drucks und Zwangs oder mehr mit den Mitteln der Überzeugung, der Kooperation und Partizipation am Führungsprozess vorgeht, wendet sie einen unterschiedlichen Führungsstil an.

Zur Einordnung und Beschreibung unterschiedlicher Führungsstile gibt es zahlreiche Analysen und Vorschläge. Wesentliche Klassifikationen und Beschreibungen sind beispielsweise auf die bekannten Arbeiten von *M. Weber* (1864-1920), *K. Lewin* (1890-1947) oder *C. Lattmann* (1912-1995) zurückzuführen und beschreiben jeweils eine überwiegende und durchgängige Ausprägungsart (siehe **Tabelle 2.9**)

Tabelle 2.9   Eindimensionale Führungsstile.

Führungsstil	Autor	Beschreibung
autokratisch, patriarchalisch, traditionell	Weber	Beruht auf geltenden Traditionen und Anerkennung von Machtlegitimationen, unumschränkte Alleinherrschaft, Mitarbeiter werden an Entscheidungen nicht beteiligt, es herrschen klare Verhältnisse der Über- und Unterordnung, unbedingter Gehorsam und Disziplin
autoritär, hierarchisch, despotisch	Lewin, Lattmann	Führungskraft entscheidet und kontrolliert, die Mitarbeiter führen aus; der Vorgesetzte trifft sämtliche Entscheidungen und gibt sie in Form von unwiderruflichen Anweisungen oder Befehlen weiter; er erteilt die Weisungen aufgrund der mit seiner Stellung verbundenen Macht und erzwingt deren Befolgung durch die Anordnung von Sanktionen; die Führungskraft ist in seiner Beziehung zu den Mitarbeitern eher distanziert und kühl, erklärt alles bis ins Detail, hat für Probleme häufig passende Lösungen, tadelt einzelne Mitarbeiter, duldet selbst aber keine Kritik und besitzt häufig ein ausgeprägtes Überlegenheitsgefühl; es herrscht eine starre hierarchische

Führungsstil	Autor	Beschreibung
		Ordnung; der persönliche Freiheitsbereich der Mitarbeiter ist gering; Ausführungsanweisungen, enge Kontrolle sowie soziale Distanz zwischen Vorgesetzten und Mitarbeitern
charismatisch	Weber	Beruht auf Ausstrahlung einer Person und der durch sie geschaffenen Ordnung, Persönlichkeit der Führungskraft steht an erster Stelle; alleine Ausstrahlung und Charisma zählen und sind Grundlage für Entscheidungen; ruft meist absolute Loyalität der Mitarbeiter hervor, Diskussionen und Befehle sind nebensächlich
bürokratisch	Weber	Beruht auf der Legalität von Gesetzen, Regeln, Zuständigkeiten; Funktion ist nicht an eine Person gebunden, sondern auf Zeit verliehen und übertragbar; Führungsanspruch leitet sich aus Richtlinien, Stellenbeschreibungen, Dienstanweisungen ab
kooperativ, partnerschaftlich, partizipativ, demokratisch	Lewin, Lattmann	Gespräche und Abstimmung zwischen Führungskraft und Mitarbeiter stehen im Vordergrund; geht von einer Mitwirkung der Mitarbeiter an den Entscheidungen des Vorgesetzten aus, die soweit gehen kann, dass der Führende nur den Entscheidungsrahmen absteckt; die Führungskraft fördert die Mitarbeiter und ihre Leistungsbereitschaft, lässt Kreativität zu und gibt wichtige Informationen weiter; persönlicher Freiheitsbereich der Mitarbeiter wächst und die Übernahme von Verantwortung wird auf sie verlagert; kennzeichnend für den kooperativen Führungsstil sind Kollegialität, Delegation, Partizipation sowie ein Verhältnis gegenseitiger Achtung und Anerkennung zwischen Vorgesetzten und Mitarbeitern

Führungsstil	Autor	Beschreibung
Laisser-faire, Selbstverwaltung	Lewin, Lattmann	Mitarbeiter werden weitestgehend sich selbst überlassen und haben größtmögliche Freiheit; die Führungskraft zeigt geringe Anteilnahme an den Erwartungen, Bedürfnissen und Problemen der Mitarbeiter, die möglichst angepasst sein und keine unbequemen Fragen stellen sollen; Entscheidungen und Kontrollen liegen bei ihnen selbst oder einer Gruppe von Mitarbeitern

Bei der Frage nach dem optimalen Führungsstil im Gesundheitswesen, wird die Antwort tendenziell zu einem eher kooperativen Führungsverhalten neigen. Dennoch ist sie auch von dem vielfältigen Beziehungsgefüge abhängig, und von der großen Anzahl von Anforderungen und Erwartungen mit denen die Führungskraft konfrontiert ist. Einerseits werden von ihr Ergebnisse erwartet, andererseits gibt es häufig auch bei den Mitarbeitern keine einheitlichen Vorstellungen, wie viel Konsensfähigkeit, Kooperationsbereitschaft oder Integrationsfähigkeit sie von ihrem Vorgesetzten erwarten, zumal auch die Führungsstile selber Entwicklungsströmungen und Trends unterliegen.

Der autoritäre, der kooperative und der Laisser-faire-Führungsstil als wesentliche, eindimensionale Grundtypen von Führungsstilen, weisen bei näherer Betrachtung einige Vor- und Nachteile im Hinblick auf ihre Anwendungsmöglichkeit im Gesundheitswesen auf (siehe **Tabelle 2.10**).

Tabelle 2.10   Vor- und Nachteile einiger Grundtypen von Führungsstilen.

Führungsstil-Grundtyp	Vorteile	Nachteile
autoritär	Verantwortung ist klar geregelt, schnelle Handlungsfähigkeit bei medizinischen Krisenfällen gegeben; in kritischen, lebensbedrohlichen Situationen können schnelle Entscheidungen getroffen werden; straffe Führung bei unübersichtlichen Lagen möglich; Übersichtlichkeit der Kompetenzen und gute Kontrollmöglichkeiten; unklare Zuständigkeiten werden vermieden; klare Anweisungen vermeiden Unsicherheiten und Verzögerungen	angespanntes Arbeitsklima, dass sich auch auf den Umgang mit den Patienten überträgt; Mitarbeiter verhalten sich eher passiv, angepasst und unselbständig; Lösungen werden oft kritiklos übernommen; eigene Kreativität und Lösungsvorschläge werden unterdrückt; Gefahr von Auflehnung und Trotzreaktionen; Mitarbeiter werden demotiviert und sehen keine Notwendigkeit, sich eigene Gedanken zu machen und selbst initiativ zu werden; Fähigkeiten der Mitarbeiter werden nicht erkannt; da die Führungskraft alles selbst entscheidet, steigt bspw. die Gefahr von Überforderung und Behandlungsfehlern
kooperativ	Zusammengehörigkeitsgefühl der Mitarbeiter wird gestärkt; Gefahr möglicher Konflikte wird verringert; Reduzierung des Risikos von einsamen Fehlentscheidungen; Arbeitsklima verbessert sich; persönliche Entfal-	Gefahr, unklarer Entscheidungen; wenn schnelle Handlungsfähigkeit bei medizinischen Krisenfällen erforderlich ist, kann Konsensfindung zu lange dauern; Durchsetzungsfähigkeit leidet; man-

Führungsstil-Grundtyp	Vorteile	Nachteile
	tung, Kreativität und aktive Mitarbeit werden gefördert; Motivation wird gefördert, weil Ideen und Vorschläge ernst genommen werden	gelnde Disziplin; notwendige Entscheidungen werden aufgeschoben
Laissez-faire	kreative medizinische Lösungen und Behandlungsalternativen werden nicht abgeschmettert; selbstbestimmtes Handeln mit großen Spielräumen kann motivierend wirken; Mitarbeiter können ihre persönlichen Stärken einbringen	Gefahr von Desorientierung und Richtungslosigkeit; einheitliche Behandlungsstrategien und Patientenkonzepte sind schwierig umsetzbar; Rivalitäten und Streitereien zwischen den Mitarbeitern führen zur Bildung informeller Gruppen; Mitarbeiter verlieren Interesse an gemeinsamen Arbeiten und Erfolgen; keine Rückmeldung durch die Führungskraft; Außenseiter werden möglicherweise benachteiligt

Der Grundtypus eines möglicherweise als zeitgemäß angesehenen Laissez-faire-Führungsstils führt im Gesundheitswesen somit nicht zwangsläufig zu einer hohen Arbeitszufriedenheit oder hervorragenden Arbeitsresultaten. Als antiquiert geltende autoritäre Stilelemente bedeuten auch nicht unbedingt, dass sich die Mitarbeiter dadurch demotiviert fühlen müssen. Auch muss die Führungskraft ihren eigenen Stil finden, der ihrer Persönlichkeit entspricht, um für ein gutes Arbeitsklima zu sorgen, die Mitarbeiter zu aktivieren, gemeinsam mit ihnen die gesetzten Ziele zu erreichen und dabei ihre Wünsche, Bedürfnisse, und Kompetenzen zu berücksichtigen.

Da der *kooperative* Führungsstil im Vergleich zum *autoritären* Führungsstil eine Reihe von überwiegenden Vorteilen aufweist, sollte daher im Gesundheitswesen vorzugsweise auf der Praktizierung eines *kooperativen* Führungsverhaltens aufgebaut werden. Es ist aber auch durchaus denkbar, dass bei einzelnen Mitarbeitern vorhandene Bedürfnisse nach Orientierungsmöglichkeiten und Leitung am besten durch eher *autoritäre* Elemente Rechnung getragen wird. In der Praxis hat sich daher häufig ein mehrdimensionaler Führungsstil mit einer situationsbezogenen Führung bewährt, in der die jeweils notwendigen Stilelemente angewendet werden.

2.3.2   Mehrdimensionale Führungsstile

Mehrdimensionale Führungsstile stellen nicht nur ein hauptsächliches Orientierungsmerkmal in den Vordergrund, sondern beziehen zwei oder mehrere Ausprägungsrichtungen in das Führungsverhalten mit ein.

Eines der bekanntesten Modelle ist in diesem Zusammenhang das von *R. Tannenbaum* (1958) und *W. H. Schmidt* bereits in den 50er Jahren entwickelte **Führungskontinuum**, das anhand des Merkmals der Entscheidungsbeteiligung den autoritären und den kooperativen, demokratischen Führungsstil gegenüberstellt und dazwischen Abstufungen einführt, die als Führungsstile in Abhängigkeit von der Führungskraft, den Mitarbeitern und der jeweiligen Führungssituation ausgewählt werden (siehe **Abbildung 2.7**).

Abbildung 2.7 Führungskontinuum und Verhaltensgitter als Beispiele mehrdimensionaler Führungsstile.

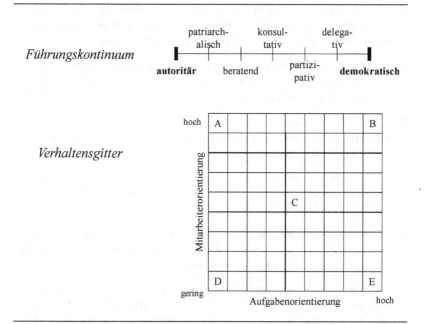

Bei diesen Abstufungen entscheidet die Führungskraft nach *J. Steyrer* (1996) allein und ordnet an (autoritär), ordnet an und begründet ihre Entscheidung (patriarchalisch), schlägt Ideen vor, gestattet Fragen und entscheidet (beratend), entscheidet vorläufig, holt Meinungen ein und entscheidet dann endgültig (konsultativ), zeigt das Problem auf, lässt Lösungen vorschlagen und entscheidet (partizipativ), zeigt das Problem auf, legt den Entscheidungsspielraum fest und lässt die Mitarbeiter entscheiden (delegativ) oder lässt entscheiden und koordiniert nur (demokratisch).

Ein weiterer mehrdimensionaler Ansatz ist das 1964 von *R. Blake* und *J. Mouton* entwickelte **Verhaltensgitter**, welches nach *G. Schreyögg* (2009) anhand der Merkmale Aufgabenorientierung bzw. Sachrationalität einerseits und Mitarbeiterorientierung bzw. Sozioemotionalität andererseits in einer Art neunstufigen Matrix darstellen lässt, aus der sich verschiedene Muster des Führungsverhaltens ableiten lassen (siehe **Abbildung 2.7**):

- ■ A: Zwischenmenschlichen Beziehungen und positive Arbeitsatmosphäre in der Gesundheitseinrichtung stehen absolut im Vordergrund, was sich negativ auf die Aufgabenerfüllung auswirken kann.

- ■ B: Erfolgversprechendes Führungsverhalten, da sowohl die konsequente Zielerreichung als auch die kooperative Einbeziehung der Mitarbeiter maximierend verfolgt werden.

- ■ C: Ziele werden halbwegs erreicht, unter Einbeziehung der Mitarbeiterwünsche, wobei es in beiderlei Hinsicht Verbesserungspotenziale gibt.

- ■ D: Mit dem Laisser-Faire-Führungsstil vergleichbar, da weder auf die Mitarbeiterinteressen eingegangen, noch die Aufgabenerfüllung von der Führungskraft verfolgt wird.

- ■ E: Die Aufgabenerfüllung steht absolut im Vordergrund, was sich negativ auf die Arbeitsatmosphäre in der Gesundheitseinrichtung und die Mitarbeitermotivation auswirken kann.

Auf der Grundlage *situativer* Führungstheorien erscheint unter den mehrdimensionalen Führungsstilen der *Situative Führungsstil* als besonders Erfolg versprechend. Nach diesem Ansatz stellt sich der Führungserfolg insbesondere dann ein, wenn möglichst situativ geführt, das heißt mit einem auf die jeweilige Führungssituation angemessenen Führungsverhalten reagiert wird. Das erfordert von der Führungskraft im Gesundheitswesen nicht nur eine große Flexibilität, sondern auch die Beherrschung unterschiedlicher Führungsstile, die es je nach Führungssituation anzuwenden gilt (siehe **Abbildung 2.8**).

Abbildung 2.8   Situativer Führungsstil.

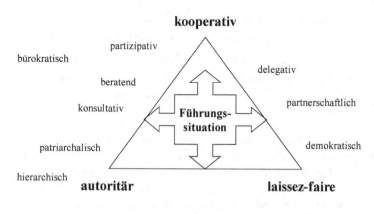

Auch der *gruppenbezogene* Führungsstil von *H.-J. Rahn* (2010) ist im weitesten Sinne situativ bedingt und richtet sich nach der zu führenden Gruppe bzw. ihren einzelnen Mitgliedern. Je nach dem gezeigten Verhalten sind unterschiedliche Führungsstile einsetzbar (siehe **Tabelle 2.11**).

Tabelle 2.11   Gruppenbezogener Führungsstil nach *Rahn*.

Gruppen- und Einzelverhalten bzw. -situation	Führungsstil	Beschreibung
Leistungsstarke	Fördern	Übertragung von Kompetenzen und Verantwortung
Leistungsschwache, Drückeberger	Ansporn	Gezieltes Aktivieren der Leistungsreserven und Setzen klar definierter Ziele

Gruppen- und Einzelver- halten bzw. -situation	Führungsstil	Beschreibung
Neue Mitarbeiter, Außen- seiter	Integration	Heranführen und Einbeziehung in die Gruppe durch Anbieten von Hilfe
Schüchterne	Ermutigung	Verständnis, Ermunterung, Anteil- nahme und positive Haltung
Intriganten, Querulanten, Ehrgeizlinge	Bremsen	Autorität und Hinsteuern auf die Leistungsziele

Zusammenfassend bleibt festzuhalten, dass es auch für das Gesundheits-wesen nicht den „idealen" Führungsstil mit Erfolgsgarantie gibt, zumal Führungserfolge sich nicht eindeutig messbar einem bestimmten Stil zu-ordnen lassen. Dazu sind sie von zu vielen Einflussfaktoren auf die jewei-lige Führungssituation und von zahlreichen Verhaltensweisen der Füh-rungskräfte, Patienten und Mitarbeiter im Gesundheitswesen abhängig.

Auf der Grundlage der klassischen Führungsstile haben sich zudem prag-matische Konzepte, wie das *transaktionale* und *transformationale* Führen entwickelt, welche stärker auf dem Austauschverhältnis zwischen Füh-rungskraft und Mitarbeitern beruhen, und gleichzeitig versuchen, den Sinn und die Bedeutung der gemeinsamen Ziele und Ideale zu vermitteln. Be-sonders wichtig ist dabei die Vermittlung von Vertrauen und Wertschät-zung, die die Basis für Motivation, Sinnhaftigkeit, positive Einstellung und Identifikation der Mitarbeiter mit ihrer Tätigkeit und ihrer Einrichtung im Gesundheitswesen darstellen.

Auch unter Führungskräften im Gesundheitswesen ist häufig die Annahme anzutreffen, dass Derjenige, der über die Führungsfunktion verfügt, als Einziger auch den Überblick hat und die richtigen Lösungen kennt. Ebenso werden oft die Vorbildfunktion und der Respekt gerade gegenüber geringer qualifizierten Mitarbeitern mit ihrer individuellen Berufs- und Lebenserfah-rung unterschätzt. In diesen Fällen wird vergessen, dass der Führungserfolg nicht in erster Linie der eigenen Karriere dienen, sondern bestmöglich zum Erfolg der jeweiligen Gesundheitseinrichtung beitragen soll.

Ein Führungsstil, bei dem Durchsetzungsfähigkeit im Vordergrund steht, wird häufig von Eigentümern, Aufsichtsräten etc. als positiv erachtet. Allerdings wird mit den damit verbundenen Ansagen durch die Führungskräfte oft nur das Gehör der Mitarbeiter erreicht, nicht das Herz und auch nicht der Verstand, was bestenfalls zu vordergründigen, kurzlebigen Erfolgen führt. Konsensfähigkeit gilt hingegen häufig als schwach und wird nicht selten mit Führungslosigkeit gleichgesetzt. Gerade im Hinblick auf die Patientenzufriedenheit und einen bestmöglichen Heilungs- oder Pflegeerfolg ist die Fähigkeit zur Kooperation jedoch von elementarer Bedeutung, und zwar nicht nur das kooperative Verhältnis zwischen den Führungskräften und ihren Mitarbeitern, sondern auch das der Mitarbeiter und der Führungskräfte jeweils untereinander.

2.4 Führungstechniken und - instrumente

2.4.1 Führung durch Arbeitsstrukturierung

Zu den **Führungstechniken** werden verschiedene Verfahrensweisen, Maßnahmen und Instrumente gezählt, die im Gesundheitswesen zur Bewältigung der Führungsaufgaben und zur Verwirklichung der vorgegebenen Ziele eingesetzt werden. Häufig werden sie auch als Führungs- oder Managementprinzipien bezeichnet.

Sie bauen in der Regel alle auf dem kooperativen Führungsstil auf und schließen sich gegenseitig nicht aus. Inhalt dieser Techniken sind in erster Linie organisatorische Probleme und ihre Lösung im Rahmen der Führungsaufgabe. Im Laufe der Jahre ist eine Vielzahl von Instrumenten entwickelt worden, die meist unter der Bezeichnung "Management by ..." zum Teil bekannte Prinzipien mit neuen Namen belegen.

Eine erste Alternative stellt die Veränderung der **Arbeitsstrukturierung** und damit der Arbeitsorganisation dar. Sie kann bezogen auf einen einzelnen Arbeitsplatz erfolgen oder auch nach dem Gruppenprinzip und damit mehrere Arbeitsplätze betreffen (siehe **Tabelle 2.12**)

Tabelle 2.12   Führen durch Veränderung der Arbeitsstrukturierung.

Maßnahme	Bezeichnung	Beschreibung
Arbeitsplatz-wechsel	job rotation	Systematischer Austausch von Aufgaben und Tätigkeiten durch regelmäßige und organisierte Stellenwechsel
Aufgaben-erweiterung	job enlargement	Veränderung der Arbeitsorganisation auf dem gleichen Anforderungsniveau durch Übernahme zusätzlicher Tätigkeiten
Arbeits-bereicherung	job enrichement	Erweiterung der Tätigkeiten um anspruchsvoller Aufgaben auf einem höheren Anforderungsniveau

Bei dem **Arbeitsplatzwechsel** (job rotation) geht es um den systematischen Austausch von Aufgaben und Tätigkeiten im Gesundheitswesen zwischen mehreren Arbeitsnehmern. Es finden dazu regelmäßige und organisierte Stellenwechsel statt, um die Fachkenntnisse und Erfahrungen zu erweitern, auszutauschen und zu vertiefen. Gleichzeitig wird dadurch Eintönigkeit vermieden, die Arbeit wird abwechslungsreicher gestaltet und die Mitarbeiter lernen beispielsweise auch einen anderen Patientenkreis und andere Abteilungen, Stationen etc. kennen. Auch kann ein regelmäßiger, kurzzeitiger Aufgabenwechsel dazu beitragen, körperliche und auch psychische Belastungen besser zu verteilen und auszugleichen, etwa bei der Pflege Schwerstkranker. Der Wechsel kann allerdings auch wesentlich länger, mehrere Wochen oder Monate andauern und auch über mehrere Abteilungen hinweg gehen, wobei man planmäßig auf den eigenen Arbeitsplatz wieder zurückkehrt, dieser aber zunächst durch einen anderen Mitarbeiter eingenommen wird. Insgesamt werden dadurch die Flexibilität, die fachlichen und sozialen Fähigkeiten sowie das Verständnis abteilungsübergreifender Zusammenhänge bei den Mitarbeitern gefördert. Gleichzeitig besteht aber auch die Gefahr von Entfremdung bei den Patienten, sowie von Überforderung und Unruhe bei den Mitarbeitern, zumal das Prinzip auch mit einem größeren Aufwand für die notwendige Einarbeitung und Integration am jeweils neuen Arbeitsplatz verbunden ist.

Die **Aufgabenerweiterung** (job enlargement) stellt eine Veränderung der Arbeitsorganisation auf dem gleichen Anforderungsniveau dergestalt dar, dass zusätzliche Tätigkeiten durch den Mitarbeiter übernommen werden, die dem bisherigen Anforderungsniveau entsprechen. Dabei soll es nicht in erster Linie zu einer Mengenausweitung kommen, sondern zu einem Tätigkeitenwechsel, der dazu beiträgt, einseitige Belastungen und Monotonie zu vermeiden. Gleichzeitig wird durch die Übertragung zusätzlicher Aufgaben auch Anerkennung für die bisher geleisteten Tätigkeiten zum Ausdruck gebracht. Ferner werden dadurch die Flexibilität gefördert und Fachkenntnisse erweitert.

Im Unterschied zur Aufgabenerweiterung werden bei der **Arbeitsbereicherung** (job enrichement) die Tätigkeiten des Mitarbeiters um anspruchsvollere Aufgaben auf einem höheren Anforderungsniveau erweitert. Ihm werden in diesem Zusammenhang in der Regel mehr Verantwortung und größere Entscheidungsbefugnisse übertragen. Dies stellt zum einen eine Anerkennung für die bisher geleisteten Tätigkeiten dar, birgt aber auch die Gefahr einer Überforderung. Deshalb ist darauf zu achten, dass der Mitarbeiter den anspruchsvolleren Aufgaben und dem höheren Anforderungsniveau auch gewachsen ist, was durch entsprechende und vorausgehende Weiterbildungsmaßnahmen sichergestellt werden kann.

Wird eine Auszubildende neben Reinigungs- und Materialpflegearbeiten nach wenigen Wochen bereits mit kleineren Aufgaben im Rahmen der Abrechnungsorganisation betraut (job enlargement), so steigt mit dieser Aufgabenerweiterung ihr Verantwortungs- und Selbstwertgefühl, was wiederum eine Motivationsförderung darstellt.

Ein Beispiel für eine erhöhte Verantwortung aufgrund vermehrter Entscheidungs- und Kontrollbefugnisse, was zu einer qualitativen Aufwertung der Stelle führt (job enrichement), ist die Ernennung einer bewährten Pflegerin zur Ersten Pflegekraft.

Wird beispielsweise eine Helferin zur Unterstützungsleistung der ZMV eingeteilt und diese Position nach einer gewissen Zeit durch eine weitere Helferin besetzt, nimmt jede Mitarbeiterin in einer Zahnarztpraxis einmal Verwaltungstätigkeiten wahr (job rotation).

2.4.2   Führung durch Aufgabendelegation

Die **Aufgabendelegation** (Management by delegation) ist eine Schlüsseltätigkeit jeder Führungskraft im Gesundheitswesen und eine Möglichkeit,
knappe Arbeitszeit einzusparen. Dabei werden für Routineaufgaben, aber
auch anspruchsvolle Tätigkeiten Entscheidungsfreiheit und Verantwortung konsequent auf die Mitarbeiter übertragen, unter Berücksichtigung
klarer Abgrenzung von Kompetenz und Verantwortung der übertragenen
Aufgabenbereiche, um mögliche Konflikte zu vermeiden. Unter Anwendung dieses Prinzips überträgt die Führungskraft eine Aufgabe, die sie
vorher selbst durchgeführt hat, wobei sie dabei nicht jeden einzelnen Arbeitsvorgang kontrolliert, sondern sich nur stichprobenartige Kontrollen
vorbehält.

Die Vorteile der Aufgabendelegation liegen in der Entlastung, dem Gewinn zusätzlicher Zeit für wichtige Aufgaben, der verstärkten Nutzung
der Fachkenntnisse und Erfahrungen der Mitarbeiter, auf die delegiert
wird, ihrem Beitrag zur Förderung und Entwicklung von Initiative, Selbständigkeit und Kompetenz sowie in der positiven Auswirkung auf Leis-
tungsmotivation und Arbeitszufriedenheit der Mitarbeiter.

Für eine erfolgreiche Aufgabendelegation ist beispielsweise zu definieren:

■ Inhalt: Welche Aufgabe soll durchgeführt werden?

■ Person: Wer soll sie durchführen?

■ Motivation, Ziel: Warum soll ein bestimmter Mitarbeiter sie durchführen?

■ Umfang, Details: Wie soll er sie durchführen?

■ Termine: Bis wann soll die Aufgabe erledigt sein?

„Management by delegation" bedeutet in der Praxis, im Grunde genommen
bei jeder Aufgabe zu entscheiden, ob sie nicht ebenso gut oder besser von
anderen erledigt werden kann. Auch mittel- und langfristige Aufgaben, die
die Mitarbeiter motivieren und fachlich fördern, lassen sich delegieren. Gerade wenn jedoch täglich so oft und soviel wie möglich delegiert wird, soweit es die Mitarbeiterkapazität zulässt, ist jedoch eine zumindest stichprobenartige Überwachung der Ergebnisse, Aufgaben und Termine erforderlich.

Zur Klärung der Frage, welche Aufgaben sich im Gesundheitswesen delegieren lassen, kann das bekannte **Eisenhower-Prinzip** nach *D. Eisenhower* (1890-1969) beitragen. Es beinhaltet eine Prioritätensetzung nach Dringlichkeit und Wichtigkeit der Aufgabe (siehe **Abbildung 2.9**):

■ Aufgaben von hoher Wichtigkeit, die noch nicht dringlich sind, können warten,

■ Aufgaben ohne hohe Wichtigkeit, die dringend sind, können delegiert werden,

■ Aufgaben, die sowohl dringend als auch wichtig sind, müssen persönlich sofort erledigt werden,

■ auf Aufgaben mit geringer Wichtigkeit und geringer Dringlichkeit kann verzichtet werden.

Abbildung 2.9   Aufgabendelegation nach dem *Eisenhower*-Prinzip.

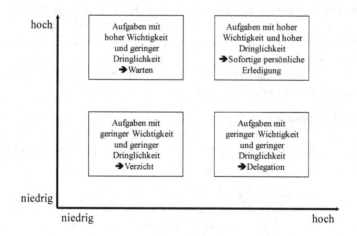

Daneben gibt es gerade im Gesundheitswesen zahlreiche Aufgaben im medizinischen Bereich, die an die Person der Führungskraft gebunden sind. Insbesondere dann, wenn sie gleichzeitig als Behandler tätig ist, sind Aufgaben nur bedingt und in Abhängigkeit der Qualifikationen des jeweiligen Mitarbeiters delegierbar. Gerade aber im Verwaltungsbereich oder in Bereichen mit nicht unmittelbarem Patientenkontakt eignet sich Management by delegation als wirkungsvolles Führungsinstrument.

Werden einem Mitarbeiter im Rahmen der Materialwirtschaft Entscheidungsfreiheit und Verantwortung für den Einkauf medizinischen Verbrauchmaterials übertragen, ohne dass die Führungskraft nicht mehr jede einzelne Materialbeschaffung auf Preis, Menge, Art und Lieferant kontrolliert, sondern sich nur stichprobenartige Kontrollen vorbehält, handelt es sich um Management by delegation.

2.4.3   Führung nach dem Ausnahmeprinzip

Das **Ausnahmeprinzip** (Management by exception) ist dadurch geprägt, dass die Führungskraft nur bei unvorhergesehenen Ausnahmesituationen und in ungewöhnlichen Fällen eingreift, so dass sich im Normalfall die Verantwortung alleine bei dem mit der Aufgabe betrauten Mitarbeiter befindet. Dies setzt zum einen das Vertrauen in die Aufgabenlösung durch den Mitarbeiter voraus, bedeutet zugleich aber auch ein Kontrollieren der Aufgabenwahrnehmung durch die Führungskraft. Ihr Eingreifen bedeutet dabei ein deutliches Signal für den Mitarbeiter, Fehler begangen zu haben, denn im Idealfall ist kein Eingriff notwendig.

Bei der Führung nach dem Ausnahmeprinzip (Management by exception) wird die terminliche OP-Planung beispielsweise einer Fachkraft übertragen und nur in Ausnahmesituationen und ungewöhnlichen Fällen in die Planung eingegriffen.

Um ein allzu häufiges Eingreifen zu vermeiden, lassen sich Toleranzgrenzen vereinbaren, deren Überschreitung ein Eingreifen der Führungskraft auslöst. Regelmäßige Berichterstattungen über Ergebnisse und Zielerreichungen an die Führungskraft tragen ebenfalls zu einem sicheren Umgang mit diesem Führungsinstrument bei.

Ähnlich wie bei der Aufgabendelegation werden die Führungskräfte beim Ausnahmeprinzip entlastet, weil die Mitarbeiter innerhalb ihrer Kompetenzbereiche die Aufgaben selbständig wahrnehmen und den Weg der Zielerreichung flexibel festlegen können (siehe **Abbildung 2.10**).

Abbildung 2.10 Management by Exception.

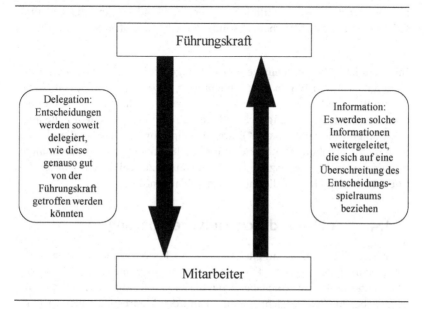

Allerdings erfolgen Reaktionen der Führungskraft in der Regel nur bei negativen Abweichungen, so dass ein positives Feedback häufig ausbleibt und die Mitarbeiter daher versucht sind, negative Meldungen, die zu einem Eingreifen des Vorgesetzten führen würden, möglichst zu vermeiden. Insofern ist es bei dieser dezentralisierten Führungskonzeption wichtig, die Toleranzbereiche für die Ermessensspielräume möglichst genau zu definieren und in die damit erteilten Entscheidungsbefugnisse auch nicht unnötig einzugreifen. Das Herausfiltern von Themen, die nach dem Ausnahmeprinzip zwar delegiert sind, bei denen die Führungskraft aber im Einzelfall doch gerne entscheiden möchte, führt zu Unsicherheit und Frustration bei den Mitarbeitern, da diese sich in einer derartigen Situation zurückgesetzt fühlen können. Umgekehrt gibt es Fälle, bei denen die Mitarbeiter unsicher sind, eine Entscheidung der Führungskraft erwarten und, nachdem diese ausbleibt, schließlich doch selbst die Verantwortung übernehmen. Dabei gehen sie nicht selten das persönliche Risiko ein, auch noch im Nachhinein dafür belangt zu werden.

Deshalb ist es wichtig, dass es bei der Führung nach dem Ausnahmeprinzip möglichst genaue Richtlinien für die Entscheidungsfindung gibt und sich nicht nur die Mitarbeiter, sondern auch die Führungskräfte daran halten.

Im öffentlichen Gesundheitswesen ist Management by exception aus einem weiteren Grund nicht ganz unproblematisch, da die Zuweisung von Haushaltsmitteln und festen Budgets üblicherweise an die Budgetverantwortung geknüpft ist, was zugleich bedeutet, die Budgets in jedem Falle auszuschöpfen („Dezemberpanik"), um im Folgejahr mindestens die gleiche Summe zu erhalten. Die Betriebsführung hat damit nur eingeschränkte Möglichkeiten, Sparpotenziale zu erkennen und zu realisieren, solange die Budgetverantwortlichen dies nicht von sich aus melden.

2.4.4   Führen durch Zielvereinbarung

Führungskräfte und Mitarbeiter legen beim Führen durch **Zielvereinbarung** (Management by objectives) gemeinsam bestimmte Ziele fest, die der Mitarbeiter in seinem Arbeitsbereich realisieren soll. Auf welchem Weg die vorgegebenen Ziele erreicht werden, kann der Mitarbeiter dabei im Rahmen seines Aufgabenbereichs selbst entscheiden. Die Führungskraft beschränkt sich auf die Kontrolle der Zielerreichung.

Legen die Führungskraft und die Mitarbeiter gemeinsam bestimmte Kostenziele fest (bspw. Einsparung bei den Kosten für medizinische Verbrauchsmaterialien in Höhe von 5%) und können diese dabei im Rahmen ihres Aufgabenbereichs selbst entscheiden, ob sie durch Preisverhandlungen, Änderung von Bezugsquellen, Lieferbedingungen, Bezugsfrequenzen etc. erreicht werden, handelt es sich um Management by objectives.

Management by objectives geht im Wesentlichen auf *P. F. Drucker* (1909-2005) zurück, welcher den Ansatz bereits 1954 entwickelte. Da bei der Führung durch Zielvereinbarung der Weg der Zielerreichung durch den Mitarbeiter bestimmt werden kann, ist es besonders wichtig die Ziele möglichst klar, exakt und realisierbar zu definieren (siehe **Tabelle 2.13**).

Tabelle 2.13   Zieldefinition im Management by objectives.

Merkmale	Abkürzung	Beschreibung
Specific	S	Eindeutige Spezifizierung und Definition der Ziele
Measurable	M	Messbarkeit der Ziele anhand zuvor definierter Kriterien
Attainable	A	Angemessenheit und Akzeptanz der Ziele
Realistic	R	Erreichbarkeit und Realisierbarkeit der Ziele
Timed	T	Eindeutige Terminvorgaben für die Zielerreichung

Quelle: In Anlehnung an *Doran* (1981).

Die zielorientierte Führung im Gesundheitswesen ist als Grundlage für ein erfolgreiches Management by objectives anzusehen. Nur wenn die Betriebsführung Ziele setzt und diese auf die einzelnen Organisationseinheiten eines Gesundheitsbetriebs heruntergebrochen werden, ist eine durchgängige Zielorientierung möglich. Wenn nur einzelne Führungskräfte dies versuchen und sich selbst für ihren Verantwortungsbereich individuelle Ziele setzen, kann nur bedingt ein konsistentes Zielsystem für die gesamte Gesundheitseinrichtung zustande kommen.

Dazu sind regelmäßige Zielvereinbarungsgespräche notwendig, in denen mit den Mitarbeitern realistische Ziele gesetzt und entsprechende Entscheidungs- und Handlungsmöglichkeiten eingeräumt werden. Allerdings besteht häufig auch die Gefahr, dass aus diesem leicht verständlichen und weitgehend unbestrittenen Führungsinstrument in der Praxis eine bürokratische Verwaltungsmaschinerie gemacht wird, in dem nach vorgegebenen Zeitplänen zu viele und zu anspruchsvolle Ziele meist noch in der hektischen Phase des Jahresabschlusses für das Folgejahr festgelegt werden müssen. Oft werden die dafür zur Verfügung stehenden Ressourcen falsch eingeschätzt und die Absichten, die mit der Zielerreichung verbunden sind, nicht hinreichend kommuniziert.

Abgesehen von diesen Problemen des organisatorischen Überbaus beim Führen durch Zielvereinbarung ist es ein flexibles, im Führungsalltag wirksames Instrument, das durch die eigenverantwortliche Zielerfüllung und Einbeziehung ihrer Interessen die Zufriedenheit der Mitarbeiter erhöht, was sich in der Regel positiv auf die Leistungsbereitschaft auswirkt und gleichzeitig die Führungskräfte entlastet.

2.4.5   Führung durch Ergebnisorientierung

Das Prinzip Führung durch **Ergebnisorientierung** (Management by results) stellt die stärker autoritäre Ausrichtung der Führung durch Zielvereinbarung dar, indem die Führungskraft die Ziele vorgibt und die Ergebnisse der Aufgabenwahrnehmung durch den Mitarbeiter kontrolliert. Dadurch, dass die Ziele nicht gemeinsam vereinbart werden, bringt ausschließlich die Führungskraft ihre Ergebnisvorstellung ein und kann entsprechend auf Ergebnisabweichungen reagieren.

> Verlangt die Pflegeleiterin von der Auszubildenden, dass das Patientenzimmer in Ordnung gebracht wird, gibt sie den gewünschten Zustand genau an und beschränkt sie sich hierbei auf die Ergebniskontrolle, liegt Management by results vor.

Im Vordergrund der Führung durch Ergebnisorientierung steht häufig die Zahlenkontrolle von quantifizierbaren Ergebnisgrößen. Diese Art der Anwendung des Führungsinstruments ist im Gesundheitswesen sicherlich gerade im medizinischen und pflegerischen Bereich nur bedingt einsetzbar. Es setzt voraus, dass zwar ähnlich wie bei der Führung durch Zielvereinbarung im Rahmen von Mitarbeitergesprächen konkrete zu erzielende Ergebnisse vereinbart werden, die für die Mitarbeiter sogar mit Erfolgsprämien verknüpft sein können, kann aber bei rein quantitativen Soll-Ist-Vergleichen zu qualitativen Problemen führen, beispielsweise im Bereich der Pflegequalität.

Das bedeutet, dass gerade im Gesundheitswesen nicht nur quantitative, sondern auch qualitative Ergebnisvereinbarungen getroffen werden müssen, um Management by results zum Erfolg zu führen. Aufgrund der geringeren Mitbestimmungsmöglichkeiten durch die Mitarbeiter im Falle der Ergebnisvorgabe und der im Vordergrund stehenden Ergebnisüberwachung durch die Führungskraft, kann der Eindruck einer Führung durch Kontrolle statt Vertrauen entstehen, mit der Folge von Demotivation, Leistungsdruck und Egoismen, was die Zahlenerreichung betrifft.

Tabelle 2.14 fasst die dargestellten Management by – Konzepte nochmals zusammen und ergänzt sie um einige weniger bekannte und genutzte Instrumente.

Tabelle 2.14   Management-by-Konzepte.

Führungs-merkmal	Bezeich-nung	Beschreibung
Aufgaben-delegation	Manage-ment by delegation	Schlüsseltätigkeit jeder Führungskraft im Gesundheitswesen und eine Möglichkeit, knappe Arbeitszeit einzusparen, wobei Entscheidungsfreiheit und Verantwortung konsequent auf die Mitarbeiter übertragen werden, unter Berücksichtigung klarer Abgrenzung von Kompetenz und Verantwortung der übertragenen Aufgabenbereiche, um mögliche Konflikte zu vermeiden.
Ausnah-meprinzip	Manage-ment by exception	Ist dadurch geprägt, dass die Führungskraft nur bei unvorhergesehenen Ausnahmesituationen und in ungewöhnlichen Fällen eingreift, so dass sich im Normalfall die Verantwortung alleine bei dem mit der Aufgabe betrauten Mitarbeiter befindet.
Ergebnis-orientier-ung	Manage-ment by results	Stellt die stärker autoritäre Ausrichtung der Führung durch Zielvereinbarung dar, indem die Führungskraft die Ziele vorgibt und die Ergebnisse der Aufgabenwahrnehmung durch den Mitarbeiter kontrolliert.

Führungs- merkmal	Bezeich- nung	Beschreibung
Zielverein- barung	Manage- ment by objectives	Führungskräfte und Mitarbeiter legen gemeinsam bestimmte Ziele fest, die der Mitarbeiter in seinem Arbeitsbereich realisieren soll, wobei der Mitarbeiter im Rahmen seines Aufgabenbereichs selbst ent- scheiden kann, auf welchem Weg die vorgegebenen Ziele erreicht werden, und die Führungskraft sich auf die Kontrolle der Zielerreichung beschränkt.
Entschei- dungs- regeln	Manage- ment by decision rules	Vorgabe von Entscheidungsanweisungen und Verhal- tensregeln, innerhalb derer die vorgegebenen Ziele erfüllt werden sollen, was zu bürokratischen Entwick- lungen, Dokumentationszwängen und der Reduzie- rung von Freiräumen führen kann.
System- steuerung	Manage- ment by systems	Basiert auf kybernetischen Theorien, wobei die Füh- rungskraft als Regler fungiert, die nur in Ausnahme- fällen in den Regelkreis der sich selbststeuernden Organisationseinheiten eingreift. Das Prinzip enthält somit auch Elemente der Aufgabendelegation, des Ausnahmeprinzips und der Ergebnisorientierung.

2.5   Führungsausrichtung

2.5.1   Risikoorientierte Führung

Gerade im Gesundheitswesen ist die Minimierung von Risiken aller Art eine wichtige Aufgabe der Betriebsführung. Arbeitsfehler, Unsorgfältig- keiten und unzureichend organisierte Arbeitsabläufe können bei ärztlichen und pflegerischen Leistungen sowie verwaltungstechnischen Tätigkeiten der Patientenversorgung Schadensereignisse und Unglücksfälle nach sich ziehen, bei denen Patienten oder Mitarbeiter des Gesundheitsbetriebs zu Schaden kommen können.

Nach Angaben des *Centrums für Krankenhausmanagement an der Westfälischen Universität Münster* (2011) ist von ca. 40.000 Behandlungsfehlervorwürfen pro Jahr auszugehen. „Statistisch betrachtet sterben jährlich 6.000 Patienten, weil sie im „falschen" Krankenhaus operiert werden. 128.000 Wundinfektionen führen jedes Jahr zu Liegezeitverlängerungen und treiben die Kosten. Meldungen über Kunstfehler vom falsch entfernten Lungenflügel über OP-Besteck, das in der Bauchhöhle vergessen wurde bis zum Pfusch bei Krampfadern verunsichern und ermutigen zur Klage gegen Ärzte und Krankenhäuser: über 50.000 Behandlungsfehlervorwürfe gibt es mittlerweile in Deutschland und fast 25.000 führen die Streitenden vor Gericht."

Obwohl viele Untersuchungs- und Behandlungsverfahren erfolgreicher geworden sind, ist das Risiko von Komplikationen und Gefahren nicht signifikant gesunken. Es ist anzunehmen, dass nicht der medizinische Fortschritt, also die Optimierung der Behandlungs- und Operationsmethoden, zu einer Risikovermehrung führt, sondern die Ursachen hierfür in erster Linie in den Arbeitsabläufen zu suchen sind: Dünne Personaldecken verursachen Fehleranhäufungen, Informationsdefizite führen zu falschen Behandlungen oder zur Verabreichung falscher Medikamente, unsachgemäßer Umgang mit Geräten aufgrund von Unachtsamkeit oder mangelnder Schulung und Einweisung des jeweiligen Personals verursacht Schadensfälle. Hinzu kommt das klassische Risiko von Infektionen, wie Wund- und Harnwegsinfektionen, von Lungenentzündungen und Blutvergiftungen.

Die Betriebsführung von Einrichtungen im Gesundheitswesen hat daher dafür zu sorgen, dass Patienten, deren Angehörige und Mitarbeiter vor Schädigungen geschützt werden. Nachrangig, aber ebenfalls wichtig sind Schutz und Bewahrung der Sachwerte, der Schutz vor finanziellen Verlusten sowie der Erhaltung immaterieller Werte. Dazu ist die *Erfassung von Zwischenfällen (Incident Reporting)* durchzuführen, die Vorfälle oder Fehler bei der Leistungserstellung darstellen, welche zur Verletzung einer Person oder zur Sachbeschädigung führen könnten oder bereits geführt haben. Mit Hilfe von Fehlerpotenzialanalysen lassen sich mögliche Fehler bei der Entwicklung und organisatorischen Umsetzung eines neuen Leistungsangebots oder bei neuen Abläufen im Gesundheitswesen vermeiden, indem deren Wahrscheinlichkeit bewertet und Maßnahmen zur Verhinderung ergriffen werden. Auch das Beschwerdemanagement kann dadurch, dass die in den Beschwerden enthaltenen Informationen Aufschluss auf betriebliche Schwächen und somit wichtige Hinweise für kontinuierliche Verbesserungen geben, zur Fehlerbeseitigung beitragen.

Doch nicht nur Behandlungsfehlervorwürfe, auch Brände, Stromausfälle, Wassereinbrüche etc. stellen mögliche Schadensereignisse im Gesundheitswesen dar und damit das Risiko von Situationen, in denen Pflegeheime, Krankenhäuser oder Arztpraxen nachhaltig beeinträchtigt werden können, so dass Patienten oder Mitarbeiter in eine gefährliche oder gar lebensbedrohliche Notlage geraten.

Die rechtlichen gesetzlichen Grundsätze zur Pflicht eines Risiko- und Notfallmanagements, für deren Einhaltung die Betriebsführung letztenendes verantwortlich ist, betreffen nicht nur gewerbliche Gesundheitseinrichtungen, insbesondere Kapitalgesellschaften, und die in dieser Rechtsform betriebenen Pflegeheime, Krankenhäuser und Gesundheitseinrichtungen, sondern die Vielzahl allgemeiner Schutz- und Sicherheitsvorschriften (bspw. Brandschutz, allgemeine Verkehrssicherungspflichten, Arbeitssicherheitsrecht, Unfallverhütungsvorschriften) gelten ebenfalls für Einrichtungen öffentlicher Träger, die zudem häufig weitergehenden Verpflichtungen durch öffentliches Recht sowie innerbehördliche Vorschriften unterliegen. Bundesweit geltende bzw. allgemein anerkannte Regeln der Technik in Sicherheitsfragen oder die Verpflichtung zur Erstellung und Übung von Alarm- und Einsatzplänen machen keinen Unterschied, ob sich der betreffende Gesundheitsbetrieb in privatrechtlicher oder öffentlich-rechtlicher Trägerschaft befindet. So müssen unabhängig davon beispielsweise arbeitsplatzbezogene Unterweisungen vor Ort am Arbeitsplatz durchgeführt und dokumentiert werden, um Kenntnisse über medizintechnische Geräte oder den sicheren Umgang mit Gefahrstoffen zu erlangen (siehe **Tabelle 2.15**).

Tabelle 2.15 Rechtliche Grundlagen zur arbeitsplatzbezogenen Unterweisung in Gesundheitsbetrieben.

Rechtsvorschrift	Abkürzung	Fundstelle
Arbeitsschutzgesetz	ArbSchG	§ 12
Betriebssicherheitsverordnung		§ 9
Biologische Arbeitsstoffe im Gesundheitswesen und in der Wohlfahrtpflege	TRBA 250	Pkt. 5.2
Biostoffverordnung	BioStoffV	§ 12 (2)
Gefahrstoffverordnung	GefStoffV	§ 14(2)
Gentechnik-Sicherheits-Verordnung	GenTSV	§ 12 (3)
Krankenhausbauverordnung	KhBauVO	§ 36 (5)
Röntgenverordnung	RöV	§ 36
Siebtes Buch Sozialgesetzbuch	Gesetzliche Unfallversicherung	§ 15 (5)
Strahlenschutzverordnung	StrlSchV	§ 39
Technische Regeln Gefahrstoffe	TRGS 555	Abs. 2
Unfallverhütungsvorschrift	GUV-V A1-Grundsätze der Prävention	§ 4

Quelle: In Anlehnung an *Universitätsklinikum Aachen* (2009).

Um die Risiken im Gesundheitswesen zu erfassen, zu bewerten, zu steuern und zu überwachen, sind Risikomanagementsysteme aufzubauen, die zunächst die Risiken identifizieren. Bei dieser Risikoinventur sind möglichst alle Risiken vollständig zu erfassen. Die Vollständigkeit kann anhand von Aufgabenkatalogen, Tätigkeitsbeschreibungen etc. für die identifizierten Bereiche einer Gesundheitseinrichtung erzielt werden. Anschließend sind die erfassten Risiken hinsichtlich ihrer Eintrittswahrscheinlichkeit und Schadenshöhe zu bewerten. Die Risikosteuerung erfolgt über vordefinierte Risikoindikatoren, die bei Überschreitung von Schwellenwerten Maßnahmen zur Risikobegrenzung auslösen. Die permanente Risikoüberwachung lässt sich durch Einführung eines Quartalreportings, dass sich die Betriebsführung vorlegen lässt, durchführen. In einem Risikohandbuch werden die Risiken in verschiedenen Risikoklassen zusammengefasst und das Risikomanagementsystem der Gesundheitseinrichtung mit seinen Verantwortlichen dokumentiert.

Als Beispiel für ein Risikomanagementsystem in Gesundheitseinrichtungen hat die *Berufsgenossenschaft für Gesundheitsdienst und Wohlfahrtspflege BGW* (2011), Hamburg, auf ihrer Homepage zum Umgang mit Tätigkeiten mit Gefahrstoffen in Arzt- und Zahnarztpraxen eine virtuelle Praxis eingerichtet, mit folgenden Informationen zum Gefahrstoffmanagement:

- „Im Bereich Informationsermittlung erfassen Sie Ihre individuellen Produkte oder Stoffe, die zu den Gefahrstoffgruppen gehören. Anschließend dokumentieren Sie, ob Ihnen alle notwendigen Informationen dazu vorliegen.

- Beurteilen Sie die Gefährdungen bei Tätigkeiten mit Gefahrstoffen und dokumentieren Sie dies.

- Im Bereich Substitutionsprüfung erfahren Sie zu den von Ihnen erfassten Gefahrstoffgruppen, welche Alternativen Sie einsetzen können. Sie dokumentieren hier gleichzeitig, welche Ersatzlösungen Sie umgesetzt haben.

- Erstellen Sie hier aus allen im Punkt Informationsermittlung erfassten Gefahrstoffen Ihr individuelles Gefahrstoffverzeichnis.

- Prüfen Sie die Umsetzung geeigneter Schutzmaßnahmen für die Gefahrstoffe in Ihrer Praxis.

- Prüfen Sie, ob spezielle arbeitsmedizinische Vorsorgeuntersuchungen erforderlich sind.

- Sie brauchen gefahrstoffbezogene Betriebsanweisungen. Erstellen Sie diese hier direkt am Bildschirm in ausdruckbarer Form.

- Dokumentieren Sie die Durchführung der Unterweisung Ihrer Mitarbeiter beim Umgang mit Gefahrstoffen.

- Prüfen Sie die Umsetzung der Vorgaben zur Aufbewahrung und Lagerung von Gefahrstoffen.

- Prüfen Sie die Umsetzung der Vorgaben zum Gefahrguttransport.

- Dokumentieren Sie Zuständigkeiten Ihrer Mitarbeiter in der Aufgabenübertragung

- Informieren Sie sich über Beschäftigungsbeschränkungen für Jugendliche und werdende Mütter."

2.5.2 Innovationsorientierte Führung

Im Gesundheitswesen spielt die medizinische und medizintechnische Entwicklung eine wesentliche Rolle. So lassen sich nicht zuletzt durch die rasante Entwicklung der Mikrochirurgie immer mehr Eingriffe ambulant verrichten, neue Behandlungsmethoden lösen alte Verfahren ab und die Anwendung neuer Arznei- und Heilmittel verbessert oder beschleunigt die Heilprozesse. Nach einer Studie des *Bundesministerium für Bildung und Forschung* (2011) zur Medizintechnik wird erwartet, dass die Entwicklungen im Bereich diagnostischer Leistungen und im ambulanten chirurgischen Bereich stärker fortschreiten, als im stationären Bereich. Begründet wird dies insbesondere mit der zunehmenden Verlagerung von Leistungen in den ambulanten Bereich, der Spezialisierung in der Leistungserbringung und der Förderung sekundärpräventiver Leistungen (Entdeckung klinisch noch symptomloser Erkrankungen und ihre erfolgreiche Frühtherapie). Daneben ist der stationäre Pflegemarkt angesichts der veränderten Altersstruktur als weiterer Fortschrittsbereich anzusehen, während hingegen der zahnärztliche Bereich und die Hilfsmittel weiter an relativer Bedeutung einbüßen werden.

Als die wichtigsten zukunftsrelevanten medizintechnischen **Schlüsseltechnologien** werden in der Studie genannt:

- Nanotechnologie,

- Zell- und Biotechnologie,

- Informationstechnologie,

■ neue Materialien,

■ Mikrosystemtechnik (Chip-Systeme, molekulare Bildgebung, Hochdurchsatz-Systeme und Vor-Ort-Diagnostik),

■ Optische Technologien.

Für die Therapie zeichnen sich als zukünftige **Innovationsschwerpunkte**
insbesondere Fortschritte beim Organersatz (Zell- und Gewebetechnik)
sowie bei Implantaten und Wirkstoff-Freisetzungssystemen (Drug
Delivery Systems wie Mikrosystemtechnik, Nanotechnologie) ab. Generelle
Trends bei der Weiterentwicklung der relevanten Schlüsseltechnologien
sind (siehe **Abbildung 2.11**):

■ Miniaturisierung: Verstärkte Nutzung der Mikrosystemtechnik, der
Nanotechnologie und der optischen Technologien,

■ Digitalisierung: Zunehmende Bedeutung der Informations- und Kommunikationstechnologie als herausragende Basistechnologie für nahezu
alle Bereiche der Medizintechnik,

■ Molekularisierung: Fortschritte für die biomolekularen Primärfunktionen insbesondere bei der Biotechnologie, aber auch in der Zell- und
Gewebetechnik (tissue engineering).

Die Betriebsführungen von Einrichtungen im Gesundheitswesen müssen
diesen Entwicklungen Rechnung tragen, aus therapeutischen Gründen und
aufgrund der Konkurrenzsituationen, in denen sie sich befinden. Dabei ist
es wichtig, diese Entwicklungen nicht nur nachzuvollziehen und Trends
„hinterherzulaufen", sondern sie möglichst frühzeitig mitzugestalten und
eigene Akzente zu setzen.

Grundlage hierfür ist ein effektives **Innovationsmanagement**, dass neben
kreativen Elementen im Gesundheitswesen selbstverständlich auch immer
die patientenbezogenen Umsetzungs- und Anwendungsmöglichkeiten mit
den dazugehörigen Validierungs- und Genehmigungsprozessen umfassen
muss.

Abbildung 2.11 Trends bei der Weiterentwicklung medizintechnischer Schlüsseltechnologien.

Implantierte Mikrosysteme (passiv, sensorisch, aktiv, Neural Engineering, telemetrisch)

In-vitro Diagnostik (DNA- und Protein-Chips, Lab-on-Chip, Mikrofluidik, Point-of-Care Diagnostik, Zelldiagnostik)

Minimal-invasive Chirurgie und Interventionen bildgeführt, katheterbasiert, endoskopisch, stereotaktisch

Drug-Delivery (Mikrozerstäuber, Mikrodosierer, Mikroinjektion)

Miniaturisierung

e-Health, Telemedizin, Vernetzung

Trends in der Medizintechnik

molekularbiologische Therapien

Digitalisierung

Molekularisierung

Einsatz von Computern in Diagnose, Therapieplanung und Therapiekontrolle nimmt zu, insbesondere bei Bildverarbeitung sowie Modellierung und Simulation.

Medizintechnik für die regenerative Medizin

Computerunterstützte Diagnose, Therapieplanung und Therapiebegleitung

molekulare Bildgebung, funktionelle Bildgebung, optische Bildgebung, Marker und Sonden, 4D-Bildgebung.

Quelle: In Anlehnung an Ergebnisse der *Studie zur Situation der Medizintechnik des Bundesministeriums für Bildung und Forschung* (2011).

So befasst sich beispielsweise die *Arbeitsgruppe Innovation Management in Health Care – Innovationsmanagement im Gesundheitswesen* am *Institut für Technologie- und Innovationsmanagement der Technischen Universität Berlin* (2012) mit Forschungsvorhaben in den Bereichen

■ Innovative Telemedical Services – Entwicklung und Markteinführung telemedizinischer Dienstleistungen,

■ innovative Hospitals – Innovationsfähigkeit von Krankenhäusern und Ärzten,

- innovative Health Care Networks – Herausforderungen bei der Gestaltung von Gesundheitsnetzwerken.

  Es geht dabei um die empirische Ermittlung von Erfolgsfaktoren innovativer Lösungen im Gesundheitswesen, um die empirische Forschung mit
  praktischer Relevanz zu vereinen.

Für die Integration innovativer medizinischer und medizintechnischer
Entwicklungen in das Leistungsprogramm einer Gesundheitseinrichtung
bieten sich verschiedene Ansätze an: Im Rahmen der **Leistungsdiversifikation** lässt sich beispielsweise das Leistungsangebot verbreitern. Man unterscheidet dabei üblicherweise

- Horizontale Diversifikation: Behandlungs- und Pflegeleistungen stehen
  in einem sachlichen Zusammenhang,

- Vertikale Diversifikation: Vor- oder Nachgelagerte Behandlungs- und
  Pflegeleistungen,

- Laterale Diversifikation: Kein sachlicher Zusammenhang zwischen
  Behandlungs- und Pflegeleistungen.

Grundlage sind dafür die festgelegten **Leistungsfelder**, auf dem sich die
Gesundheitseinrichtung betätigt und die eine gedankliche Einheit von
verwandten oder ähnlichen medizinischen Leistungen darstellen.

  Ein Sportmediziner bietet in seiner Praxis die Behandlung von Sportver-
  letzungen, Sportschäden, allgemein Check-ups, Leistungsdiagnostik,
  Tauglichkeitsbescheinigungen etc. an (Horizontale Diversifikation). Für
  Taucher bietet er im Anschluss an eine Leistungsdiagnostik die Tauch-
  Tauglichkeitsbescheinigung an (Vertikale Diversifikation). Daneben hält
  er allgemeine Vorträge zum Thema „Orthopädie" (Laterale Diversifikation).

Die **Leistungstiefe** gibt Umfang, Vollständigkeit und Komplexitätsgrad
der einzelnen Leistungsart, die erbracht werden soll, an.

  Ein Zahnmediziner bietet in seiner Praxis zusätzlich kieferorthopädische
  Leistungen an oder überweist an einen Kieferorthopäden. Ein Allgemein-
  arzt bietet selbst diagnostische Leistungen mit bildgebenden Verfahren an
  oder überweist an eine spezialisierte Diagnosepraxis bzw. -klinik.

Art und Umfang von Innovationen in das Leistungsprogramm einer Gesundheitseinrichtungen richten sich im Wesentlichen nach der allgemeinen Versorgungssituation, der Aufnahmefähigkeit des Patientenmarktes, den Kapazitäten, die für die Leistungserstellung zur Verfügung stehen, den benötigten Qualifikationen sowie nach der Beschaffungssituation für das notwendige medizinische Personal und die medizintechnische Ausstattung.

2.5.3 Konfliktorientierte Führung

Eine der wesentlichen Herausforderungen einer Führungskraft im Gesundheitswesen, ist der Umgang mit Meinungsverschiedenheiten und Differenzen, Auseinandersetzungen und Streitereien. Sie alle stellen als **Konflikte** gegensätzliches Verhalten dar, das auf mangelnder gegenseitiger Sympathie, unterschiedlichen Interessen, Widerstreit von Motiven oder Konkurrenzdenken beruht. Es gibt beispielsweise Konflikte zwischen Ärzteschaft und Pflegepersonal, Ärzten und Patienten, Betriebsleitung und externen Vertragspartnern, Mitarbeitern untereinander, oder innerhalb von Praxisgemeinschaften, Privatpraxen und ambulanten Versorgungseinrichtungen. Sie verursachen verborgene Kosten, die die Wettbewerbsfähigkeit von Gesundheitseinrichtungen beeinträchtigen, und letztlich von Versicherungsträgern und deren Beitragszahlern zu tragen sind, obwohl diese zumindest an den innerbetrieblichen Konflikten gar nicht beteiligt sind.

Aufgabe der Betriebsführung und der Führungskräfte ist es daher, Konflikte in Verhandlungs- und Schlichtungsprozessen einer zumindest vorläufigen Lösung zuzuführen, damit das Arbeitsergebnis nicht darunter leidet. Eine wesentliche Führungsaufgabe ist es dabei, positive Wirkungen durch eine richtige Konflikthandhabung zu nutzen, um letztendlich gestärkt aus einer derartigen Auseinandersetzung hervorzugehen

Weit verbreitet ist die Meinung, dass Konflikte stets *negative* Auswirkungen auf die Zusammenarbeit und die Arbeitsergebnisse des Gesundheitsbetriebs aufweisen. Dies ist nicht uneingeschränkt richtig. Sicherlich können sie zu Frustration, Verschlechterung der sozialen Beziehungen, physischen und/oder psychischen Belastungen mit Auswirkungen auf den Leistungsprozess oder zu einer Verschlechterung von Behandlungs- oder Pflegeleistungen führen. Daneben führen Konflikte aber auch nicht selten zu *positiven* Effekten, wie

- Verbesserung des Arbeitsklimas durch Beseitigung aufgestauter Spannungen, durch Aneignung von Diskussions- und Kooperationsfähigkeit sowie Toleranz, durch Klärung der Kompetenz-, Verantwortungs- und Aufgabenbereiche,

- bessere Berücksichtigung von Mitarbeiterbedürfnissen,

- Leistungssteigerung und Loyalität,

- Auffinden innovativer Problemlösungen.

Die *Ursachen* für Konflikte sind in der Tatsache begründet, dass die einzelnen Mitarbeiter nicht gleichzeitig alle ihre Vorstellungen und Erwartungen verwirklichen können (siehe **Tabelle 2.16**).

Tabelle 2.16   Ursachenbeispiele für Konflikte im Gesundheitswesen.

Ursache	Beispiele
Als unangemessen empfundene Kritik	Ungezielte, vorschnelle, unsachliche und zu allgemein gehaltene Kritik; kritisiert wird die Persönlichkeit und nicht das Fehlverhalten.
Beziehungsprobleme zwischen den Mitarbeitern	Vorgesetztenverhältnisse, Bildung von informellen Gruppen, Klüngeleien, unzulässige Machtausübung.
Koordinations- und Abstimmungsprobleme zwischen den Mitarbeitern	Mangelhafte Absprachen, Verheimlichungen, unzureichende Weitergabe von Informationen.
Probleme bei der Abgeltung erbrachter Leistungen	Niedriges Gehalt, tatsächlich erbrachte Überstunden, fehlende Anerkennung von Arbeitseinsatz und Mehrarbeit.

Ursache	Beispiele
Probleme bei der Arbeitsstrukturierung	Aufgabenhäufung, schlechte Arbeitsbedingungen, häufige Stresssituationen, häufige Überstunden.
Probleme bei der Aufgabenwahrnehmung	Fehlende Qualifikation, fehlende Leistungsbereitschaft, mangelnde Sorgfalt, Unzuverlässigkeit, mangelhafte Leistungen.

Persönlichkeitsmerkmale, wie etwa Aggressionsneigung, Harmoniebedürfnis, Hemmungen, Angst, Stimmungen, Sympathie- und Antipathiegefühle sind meist nicht die alleinige Ursache von personellen Konflikten, sie können aber deren Auslöser bzw. Verstärker sein, oder aber auch, trotz objektiv vorhandenem Anlass, die Entstehung von Konflikten verhindern bzw. den Verlauf und die Auswirkungen von Konflikten glätten.

Ein harmoniebedürftiger Mitarbeiter wird versuchen, im Streit zwischen seinen Kollegen zu schlichten. Ein aggressiver, streitsüchtiger Mitarbeiter wird versuchen, mit wem auch immer, eine Auseinandersetzung zu entfachen.

Je nachdem, wie viele Mitarbeiter an einem Konflikt im Gesundheitsbetrieb beteiligt sind, unterscheidet man folgende *Typen* von Konflikten:

Interpersonelle Konflikte: Konflikte treten überwiegend zwischen zwei oder mehreren Mitarbeitern auf.

■ Gruppenkonflikte: zwischen einer Gruppe und einzelnen Mitarbeitern (beispielsweise zwischen allen Angehörigen einer heilpraktischen Einrichtung und dem Heilpraktiker als Chef) sowie zwischen einzelnen Gruppen von Angehörigen der heilpraktischen Einrichtung ((beispielsweise zwischen den Auszubildenden und den ausgelernten Kräften)

■ Intrapersoneller Konflikt: Konflikte, die in einer einzelnen Person begründet sind.

Interpersonelle Konflikte können beispielsweise bei der Urlaubsplanung zwischen zwei Krankenpflegehelferinnen oder einer Helferin und der Pflegeleiterin auftreten. Gruppenkonflikte liegen beispielsweise bei Auseinandersetzungen zwischen der Gruppe der Altenpfleger und der Pflegeleiterin oder der Gruppe der Rettungsassistenten und der Gruppe der Krankenpfleger vor. Ein intrapersoneller Konflikt kann auftreten, wenn ein vorgesetzter Arzt gleichzeitig Betriebsratsmitglied ist und so die Interessen des Arbeitgebers, als auch die der Mitarbeiter gleichzeitig vertreten muss.

Verborgene Konflikte lassen kein Konfliktgeschehen, wie etwa eine lautstarke Auseinandersetzung zwischen zwei Mitarbeitern, erkennen, obwohl ein Konfliktpotenzial und auch ein Konfliktanlass häufig vorhanden sind. Diese Verborgenheit kann verschiedene Ursachen haben:

- Die beiden gegenüberstehenden Seiten nehmen das Konfliktpotenzial bzw. den -anlass noch nicht wahr,

- die beiden gegenüberstehenden Seiten sehen den Anlass als nicht so wichtig an, offen darüber zu streiten,

- die beeinträchtigte Seite fürchtet, ein offenes Austragen eines Streits würde ihre Situation verschlechtern,

- beide Seiten sehen sich außerstande, einen offenen Konflikt auszutragen.

Auch derartige unterschwellige, nicht sichtbare Konflikte können zum offenen Ausbruch kommen. Das aufgestaute Konfliktpotenzial kann dann zu besonders heftigen Konflikten führen. Anzeichen für solche Konflikte sind oft untypische Verhaltensweisen von Mitarbeitern, kleine Sticheleien, Randbemerkungen oder aber auch psychosomatisch bedingte Krankheitssymptome, die nicht selten zum Fernbleiben von der Arbeit führen.

Im Allgemeinen weisen Konflikte im Gesundheitsbetrieb somit unterschiedliche *Verlaufsformen* auf (siehe **Tabelle 2.17**).

Tabelle 2.17 Verlaufsformen von Konflikten.

Form	Beschreibung
Offene Austragung	Beide Konfliktseiten versuchen ihre gegensätzlichen Interessen ganz oder teilweise zu verwirklichen.
Unterdrückung	Die Führungskraft lässt einen offenen Konflikt nicht zu oder setzt ihre Interessen unmittelbar und beendet den Konflikt dadurch.
Vermeidung	Trotz eines vorhandenen „Spannungspotenzials" werden keine Konfliktaktivitäten ergriffen.
Umleitung	Ein Konflikt wird mit einer anderen als der Anlass gebenden Seite ausgetragen.

Offene Konfliktaustragungen führen oft zu regelrechten „Machtkämpfen" im Gesundheitsbetrieb. Lassen sich keine Kompromisse erzielen, kann der erlangte Vorteil der einen Seite völlig zu Lasten der anderen Seite gehen. Folgen einer Konfliktvermeidung durch Vorwegnahme eines negativen Ergebnisses bzw. Einnahme der Verliererposition sind in der Regel ein Rückzugsverhalten, dass im Extremfall bis zur Kündigung führen kann. Bei der Konfliktumleitung kann die aufgestaute Frustration anderen Mitarbeitern gegenüber oder auch im familiären Kreis ein aggressives Verhalten hervorrufen.

Eine offene Konfliktaustragung ist daher häufig einer Konfliktunterdrückung, -vermeidung oder -umleitung vorzuziehen. Sie kann als „reinigendes Gewitter" durchaus auch positive Folgen für die zukünftige Zusammenarbeit aller Mitarbeiter in der Gesundheitseinrichtung haben. Jedoch können Konflikte oft nicht endgültig gelöst werden, daher erscheint der Begriff *Handhabung* für den Umgang mit Konflikten im Gesundheitswesen besser geeignet. Ziel ist es dabei, Konflikte durch Schlichtung zwischen den konträren Seiten zumindest zeitweise beizulegen, ihre Ursachen zu ermitteln und diese soweit möglich zum Zwecke einer langfristigen Beruhigung der Situation und eines möglichst konfliktfreien Arbeitens zu beseitigen. Hierzu stehen verschiedene Maßnahmen zur Verfügung (siehe **Tabelle 2.18**):

Tabelle 2.18   Maßnahmen zur Konflikthandhabung.

Maßnahme	Beschreibung
Vorgezogene Schlichtung	Versuch, erkannte Konfliktpotenziale und deren Ursachen zu beseitigen.
Vorgabe von Verlaufsregeln	Steuerung dahingehend, dass durch Auseinandersetzungen nicht die Leistungen der Gesundheitseinrichtung beeinträchtigt werden.
Steuerung des Verlaufs	Aufzeigen bisher in der Auseinandersetzung nicht berücksichtigter Lösungsalternativen.
Schlichtung	Beide Seiten werden gezwungen, die vom Schlichter genannte Problemlösung zu akzeptieren.
Gemeinsame Problemlösung	Beide Seiten werden dazu bewegt, gemeinsam das Problem zu definieren und Lösungsmöglichkeiten zu entwickeln, wobei der Prozess erst endet, wenn für beide Seiten eine akzeptable Problemlösung gefunden wurde.

Bei Strafandrohungen (Zurechtweisungen, Verweigerung von Gehaltserhöhungen, Drohung mit Kündigung etc.) werden vorhandene Konfliktursachen nicht beseitigt, sondern in ihrer Wirkung eher verstärkt. Auch Zufallsurteile (Münzwurf, Los etc.) stellen eine unzuverlässige Konfliktlösung dar, weil die unterlegen Seite oftmals weiterhin an der von ihr vertretenen Position festhält, so dass eine erneute Auseinandersetzung droht.

2.5.4   Entwicklungsorientierte Führung

Im Zentrum der entwicklungsorientierten Führung im Gesundheitswesen steht der Versuch, gemeinsam mit den Mitarbeitern Ursachen vorhandener Schwierigkeiten zu erforschen und neue, bessere Formen der Zusammenarbeit zu entwickeln. Sie bedient sich dabei sozialwissenschaftlicher Verfahren, sowie Methoden der Kommunikation, der Arbeitsorganisation und des teamorientiertes On-the-Job-Trainings, mit deren Hilfe die Zusammenarbeit optimiert und Problemlösungen gefunden werden sollen.

Die entwicklungsorientierte Führung im Gesundheitswesen unterscheidet sich von den üblichen Formen der „klassischen" Organisationsplanung oder der Managemententwicklung. Häufig führen Normen wie Autorität und Arbeitsteilung zu Verhaltensanpassungen der Mitarbeiter im Gesundheitsbetrieb. Als Folge davon ist bei Vielen schwindendes Engagement, Konformität, Gleichgültigkeit und Flucht in Routinetätigkeiten zu beobachten. Auch leiden die Bereitschaft zu Kooperation und vertrauensvoller Zusammenarbeit darunter. Konkurrenzdenken und Existenzangst führen regelrecht zu dysfunktionalem Verhalten.

Das Gegensteuern mit einschlägiger Fort - und Weiterbildung ausgewählter Führungskräfte in einem Gesundheitsbetrieb, oft hierarchisch sortiert und in Schulungseinrichtungen mit theoretischem Wissen konfrontiert, führt oft zu einer Transferproblematik im Hinblick auf die praktische Anwendung und einen ausbleibenden Veränderungsprozess. Auch die von Organisationsfachleuten ausgearbeiteten und von der Betriebsführung verordneten Veränderungen sind häufig nicht erfolgreich, weil sie Einstellungen und Verhalten der Mitarbeiter nicht berücksichtigen und von diesen nicht verstanden oder gar unterlaufen werden (siehe **Tabelle 2.19**).

Tabelle 2.19   Abgrenzung der entwicklungsorientierten Führung in Anlehnung an *Lauterburg* (1980).

	Entwicklungsorientierte Führung	Management-Entwicklung	Organisations-planung
Wer	organisatorische „Familien", natürliche organisatorische Einheiten, Gruppen	bunt zusammengewürfelte Schar von Mitarbeitern einer Gesundheitseinrichtung, die wenig oder gar nichts miteinander zu tun haben	Beratungsfirma, Betriebsführung

	Entwicklungsorientierte Führung	Management-Entwicklung	Organisations-planung
Was	konkrete Probleme der täglichen Zusammenarbeit und der gemeinsamen Zukunft, Sachprobleme / Kommunikationsprobleme	theoretischer Wissensstoff	organisatorische Strukturen und Abläufe
Wie	offene Information und aktive Beteiligung der Betroffenen, direkte Mitwirkung	vorgegebener Lehrplan, Fallstudien, Sandkastenspiele	Eingriffe von der Betriebsführung aufgrund einsamer Entscheidungen (hierarchische Macht)
Wann	fortlaufend, regelmäßig, kontinuierlicher Prozess	kurz befristete Lernprozesse mit minimalen Transferchancen	plötzlich, unvorhersehbare, undurchschaubare Einzelmaßnahmen und Hauruck-Aktionen
Wo	Arbeitsplatz, Betrieb, On-the-job, Bestandteil der täglichen Arbeit	„keimfreie" Atmosphäre eines Bildungsinstituts, Schulungsraum	im „stillen Kämmerlein" der Betriebsführung und am Schreibtisch
Warum	Leistungsfähigkeit der Organisation (Produktivität), Qualität des Arbeitslebens (Humanität), Motivation/Kooperation, Selbständigkeit/Beteiligung	Aufbau von Wissen und Fertigkeiten bei ausgewählten Mitarbeitern (ohne Berücksichtigung der gegebenen organisator. Strukturen und Abläufe)	Steigerung der Effizienz der Gesundheitseinrichtung (ohne Berücksichtigung der Bedürfnisse, Einstellungen und Verhaltensweisen der Mitarbeiter)

Die entwicklungsorientierten Führung im Gesundheitswesen ist zudem eine nachhaltige Aufgabe, denn die Arbeitsabläufe im Gesundheitswesen sind aufgrund neuer Entwicklungen und Erfahrungen häufig anzupassen, mit dem Ziel, sie besser zu gestalten. Die Bedeutung der entwicklungsorientierten Führung ist vor diesem Hintergrund nicht zu unterschätzen, denn Veränderungsresistenz und mangelnde Anpassung führen oft zu Unzufriedenheit bei den Patienten und beim Personal. Eine in diesen Fällen oft festzustellende Erhöhung des Arbeitstempos ersetzt nicht wichtige organisatorische Maßnahmen und führt nicht zu grundlegenden Änderungen. Auch ist der Nutzeneffekt nur vereinzelter, hier und da durchgeführter organisatorischer Optimierungsmaßnahmen nicht sehr hoch. Dauerhafte und möglichst erfolgreiche Organisationsveränderungen lassen sich nicht durch aufgezwungene Einzelmaßnahmen und stärkerem Druck auf die Mitarbeiter erreichen. Aufbau- und Ablauforganisationen im Gesundheitswesen müssen sich daher darum bemühen, offen zu sein für Veränderungen (siehe **Abbildung 2.12**).

Abbildung 2.12 Voraussetzungen für eine erfolgreiche entwicklungsorientierte Führung im Gesundheitswesen.

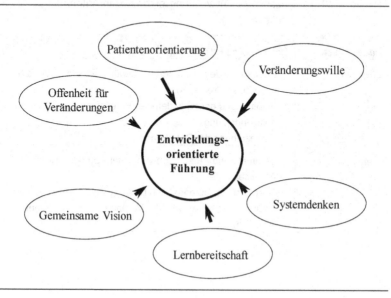

Ausgangspunkte der entwicklungsorientierten Führung sind in der Regel Probleme, welche zu einem Veränderungsbedürfnis führen. In dieser Vorphase sind die Probleme jedoch üblicherweise noch unscharf beschrieben, gehen die Meinungen der Mitarbeiter über Art und Ausmaß der Probleme und die Lösungsmöglichkeiten häufig auseinander. Es ist daher wichtig, dass in dieser Phase die Führungskraft als Moderator versucht, die unterschiedlichen Wahrnehmungen und Vorstellungen zu strukturieren. Ihre Aufgabe ist es, dafür zu sorgen, dass der Weg zu einer Problemlösung und die dabei erforderliche Kommunikation in der Gesundheitseinrichtung zustande kommt. In der Diagnosephase geht es um die Sammlung und Aufbereitung von problemrelevanten Daten, um das empfundene Problem für alle Mitarbeiter möglichst zu objektivieren. In der Entwicklungsphase sind strukturelle und personelle Veränderungen in der Gesundheitseinrichtung zu planen und durchzuführen. Den Abschluss des Entwicklungsprozesses bildet die Stabilisierungsphase, in der die eingeleiteten Maßnahmen fortlaufend überprüft und wenn nötig durch ergänzende Aktivitäten in ihrer Wirkung abgesichert werden (siehe **Tabelle 2.20**).

Tabelle 2.20   Phasen des Entwicklungsprozesses in Anlehnung an *Becker* (2002).

Hauptphasen	Unterteilung / Erläuterung
Vorphase	– Entstehung des Veränderungsbedürfnisses (z. B. Auftauchen eines Problems), – Bestimmung der zu ändernden Bereiche in der Gesundheitseinrichtung, – Einbeziehung der Betroffenen.
Diagnosephase	– Sammeln und Aufbereiten von Daten (Struktur, Klima, Arbeitsabläufe), – Feedback der aufbereiteten Daten (gemeinsame Diskussion und Analyse, Ansätze für Veränderungen, Teamentwicklung).

Hauptphasen	Unterteilung / Erläuterung
Entwicklungsphase	– Planung der erforderlichen Änderungen (gemeinsam: personale und strukturelle Maßnahmen; Konkretisierung), – Durchführung der Veränderungsaktion (Realisierung personaler und struktureller Maßnahmen).
Stabilisierungsphase	– Stabilisierung (Absicherung durch Weiterbildungsmaßnahmen, Erfahrungsaustausch, Belohnungssystem), – Erfolgskontrolle (Bewertung und Beurteilung).

Mit der Weiterentwicklung der Klinikorganisation hat die Betriebsführung des *Städtischen Klinikums Karlsruhe* (2012) eine eigene *Stabsstelle Organisationsentwicklung* beauftragt: „Die Stabsstelle für Organisationsentwicklung bearbeitet Aufträge, die als Einzelprojekte, fach-, klinik-, berufs- und bereichsübergreifend angelegt sind. Bei den oft organisatorisch, baulich ausgerichteten Projekten, die sich zukunftsorientiert an der Strategie des Hauses orientieren, handelt es sich teilweise um reine Konzeptionen bzw. Analysen, aber auch um konkrete Umsetzungen. Der Prozess steht im Vordergrund. Dabei werden in koordinierender Art und Weise die betroffenen Kliniken und Berufsgruppen intensiv eingebunden. Die Stabsstelle für Organisationsentwicklung wirkt somit als Schnittstelle und arbeitet eng mit den Geschäftsbereichen zusammen. Berichtet wird entweder in der Klinikkonferenz oder direkt den Geschäftsführern.“

3 Führungsprozess

3.1 Zielsetzung und Strategieentwicklung

3.1.1 Erhebungsinstrumente und Analyseverfahren zur Ermittlung des Handlungsbedarfs

Für die Führungskräfte im Gesundheitswesen ist ein Handlungsbedarf nicht immer eindeutig als solcher erkennbar: Es gibt beispielsweise anlassbezogene Handlungsbedarfe, als Führungskraft dann einzugreifen, wenn sich ein Konflikt zwischen Mitarbeitern anbahnt, oder neue Medizintechnik in die Abläufe des Gesundheitsbetriebs integriert werden muss. Führung bedeutet aber auch, von sich aus aktiv zu werden, zu steuern und zu lenken, ohne dass ein besonderes Auslösungsmoment dafür notwendig wäre.

Um diesen permanenten Steuerungsbedarf besser einschätzen zu können, eignen sich zunächst **Erhebungsinstrumente**, bei denen es sich beispielsweise um Methoden zur Ermittlung des aktuellen Zustandes (Ist-Zustand) der Aufbau- und Ablauforganisation einer Gesundheitseinrichtung handelt, die insbesondere zur Informationsbeschaffung für die Problemlösung dienen.

So ist die **Interviewtechnik** eine häufig eingesetzte Ist-Aufnahmemethode. Sie lässt sich als persönliche Befragung durch eine Führungskraft oder eine von ihr beauftragte Person einsetzen, um Arbeitsabläufe, Datenflüsse oder komplexe Sachverhalte in einer Gesundheitseinrichtung zu erheben. Die wichtigsten Vorteile des Interviews liegen in der Ermittlung des tatsächlichen Ist-Zustandes, der Vertiefungsmöglichkeiten durch Zusatz- und Verständnisfragen sowie in der Motivation der befragten Person.

A.Frodl, *Betriebsführung im Gesundheitswesen*, DOI 10.1007/978-3-8349-4300-2_3,
© Springer Fachmedien Wiesbaden 2013

Die **OSSAD-Methode** (OSSAD: Office Support Systems Analysis and Design) ist ursprünglich eine Analyse- und Designmethode für Informationssysteme im Büro, lässt sich aber auch sehr gut von Führungskräften für die Erhebung und Dokumentation von Abläufen in einer Gesundheitseinrichtung anwenden, da sie die Vorteile des Interviews nutzt. Bei der Erhebung von Abläufen auf der Basis von OSSAD eignet sich folgende Vorgehensweise:

- Mehrere Teilnehmer(innen),

- jeder soll für sich den gefragten Ablauf beschreiben,

- jeweils 1 Vorgang wird dabei auf 1 Kärtchen notiert,

- ausschließliches Beschreibungsprinzip: Hauptwort + Verb (Beispiel: „Vorgang notieren"),

- Zeitbegrenzung,

- Führungskraft liest jedes einzelne Kärtchen vor,

- Reihenfolge der einzelnen Vorgänge (Kärtchen) wird der Gruppe diskutiert,

- gemeinsam wird der Ablauf anhand der Kärtchen an einer Pinnwand abgebildet.

Eine **Fragebogenerhebung** eignet sich, um für statistisch zuverlässige Aussagen eine größere Anzahl von Mitarbeitern einer Gesundheitseinrichtung zu befragen. Durch die Standardisierung von Fragen und Antwortmöglichkeiten lässt sich zwar eine große Anzahl von Mitarbeitern erfassen, allerdings kann auf diese Weise nicht individuell auf jeden Befragten eingegangen werden, da durch die Vorgabe von Antwortmöglichkeiten eine Einflussnahme und Einschränkung stattfindet.

Mit einer **Dokumentenanalyse** lassen sich bereits dokumentierte Daten auswerten. Die schriftlichen Informationsquellen können sämtliche Arten von Unterlagen einer Gesundheitseinrichtung sein. Auch die Beschaffenheit von Dokumenten kann Gegenstand einer Dokumentenanalyse sein, beispielsweise der Arztbrief als Dokument und gleichzeitig als Teil eines verarbeitenden Prozesses, dessen Zustand sich je nach Bearbeitungsstand ändert. Die Vorteile der Dokumentenanalyse liegen in der Regel bei dem verhältnismäßig geringem Aufwand für die Datenerhebung und der Tatsache, dass die Abläufe in der Gesundheitseinrichtung ungestört bleiben. Die Nachteile liegen im Wesentlichen in einer möglicherweise geringeren Aktualität der Dokumente, sowie der Unvollständigkeit der Informationen für die Erhebung.

Bei einer **Zeitaufnahme** lassen sich Soll-Zeiten durch Messen und Auswerten von Ist-Zeiten ermitteln. Nach *REFA* werden die gemessenen Ist-Zeiten dokumentiert und anschließend ausgewertet, wobei die gemessene Leistung einer Bezugsleistung (Normalleistung) gegenübergestellt, die von jedem geübten und voll eingearbeiteten Mitarbeiter auf Dauer und als Durchschnittsleistung einer Schichtzeit im Gesundheitsbetrieb erbracht werden kann. Sie dient dazu die Soll-Zeit für eine Arbeitsdurchführung zu bestimmen und setzt sich beispielsweise aus Rüstzeiten zur Vorbereitung der Leistungserstellung (bspw. OP-Raum herrichten, Instrumente bereit legen, Händedesinfektion etc.), Nebenzeiten bspw. zur Anästhesie, Veränderung der Liegeposition des Patienten und der Hauptzeit, als dem eigentlichen Zeitraum, in dem der Patient behandelt wird, zusammen. Die Zeitaufnahme zeigt zwar objektive und genaue ermittelte Daten auf, geht jedoch mit der Fremdbeobachtung der Mitarbeiter einher und kann bspw. keine geistige Tätigkeiten erfassen. Auf jeden Fall sollten die Mitarbeiter vorab durch die Führungskraft informiert und in die Aufnahme einbezogen werden, um eine möglichst hohe Akzeptanz bei allen Beteiligten zu erzielen.

Auch das **Multimomentverfahren** eignet sich für die Führungskraft, um stichprobenartig aus einer Vielzahl von Augenblickbeobachtungen statistisch gesicherte Mengen- oder Zeitangaben abzuleiten. Für zu beobachtende Tätigkeiten eignet sich in diesem Zusammenhang oft die Erstellung eines Formulars als Strichliste. Bei der Durchführung wird die jeweilige Beobachtung zum festgelegten Zeitpunkt in die Strichliste eingetragen.

Die **Selbstaufschreibung** stellt die Erstellung von Berichten durch die Mitarbeiter über ihre ausgeführten Arbeiten dar. Im Rahmen der anschließenden Auswertung lassen sich durch die Führungskraft die Tätigkeiten in Abhängigkeit von Aufgaben, Qualifikation, Sachmitteleinsatz zur Ermittlung von Auslastungsgrad oder Zeitbedarf ermitteln. Die wesentlichen Vorteile der Selbstaufschreibung liegen in der Totalaufnahme ohne allzu großen Aufwand und in den unangreifbaren, da selbst aufgeschriebenen Ergebnissen.

Mit **Analyseverfahren** lassen sich in erster Linie organisatorische Schwachstellen in einer Gesundheitseinrichtung entdecken und Möglichkeiten zu deren Behebung aufzeigen.

Bei der **ABC-Analyse** handelt es sich um ein Verfahren zur Analyse von Objekten, um knappe finanzielle oder personelle Ressourcen einer Gesundheitseinrichtung auf die Objekte zu konzentrieren, die den höchsten Erfolgsbeitrag erwarten lassen. Wesentliche Vorteile der ABC-Analyse sind das Erkennen von Schwerpunkten und die Konzentration auf das Wesentliche. Als Nachteil kann der damit verbundene Rechenaufwand angesehen werden

> Am Beispiel der Kapitalbindung in medizinischen Verbrauchsmaterialien wird die Vorgehensweise der ABC-Analyse deutlich: Im Rahmen der Vorbereitung wird zunächst die Wertermittlung durchgeführt, mit dem Ziel, den Wert für jedes Objekt durch Multiplikation der Menge mit seinem Preis zu ermitteln. In der Durchführung werden der relative Anteil jeder Position am Gesamtwert ermittelt, die Positionen nach fallendem Wert sortiert und die Werte und Anteile kumuliert. Die Auswertung umfasst den Vergleich der kumulierten Prozentanteile des Wertes und der Positionen sowie die Einteilung in die ABC-Klassen. Anhand der Klasseneinteilung können nun Schwerpunkte für organisatorische Maßnahmen abgeleitet werden (beispielsweise intensive Preisvergleiche bei A-Materialien, weniger Aufwand bei C-Materialien).

Mit der **Ursache-Wirkungs-Analyse** lassen sich Kausalitätsbeziehungen in der Gesundheitseinrichtung untersuchen, indem Problemursachen und ihre Auswirkungen in einem Diagramm grafisch dargestellt werden. Mit Pfeilen werden in der Regel die Abhängigkeiten zwischen auftretenden Problemen und den identifizierten Ursachen aufgezeigt. Durch das Ermitteln und gewichten von Haupt- und Nebenursachen erfolgt eine systematische und vollständige Analyse der Kausalität von Problemen (siehe **Abbildung 3.1**).

Abbildung 3.1   Ursache-Wirkungs-Analyse von Hygieneproblemen.

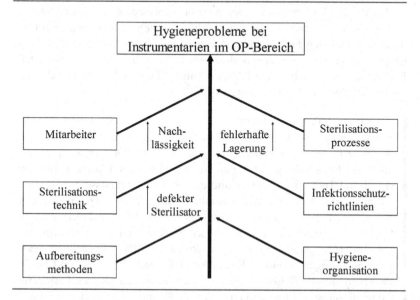

Mit Hilfe von Netzplänen lassen sich die logischen Beziehungen zwischen den Vorgängen und ihre zeitliche Lage darstellen, wodurch Dauer, zeitliche Risiken, kritische Aktivitäten und Maßnahmenauswirkungen von Abläufen in einer Gesundheitseinrichtung ermittelt werden können. Auf diese Weise lassen sich kritische Pfade und Ressourcenengpässe, welche die Einhaltung des Endtermins gefährden können, identifizieren, logische Zusammenhänge von Vorgängen vom Anfang bis zum Abschluss einer Behandlungs- oder Pflegeleistung aufzeigen oder eine laufende Fortschrittskontrolle und Terminüberwachung durchführen. Die **Netzplantechnik** umfasst hierzu unter Berücksichtigung von Aufgaben, Zeiten, Kosten, Ressourcen etc. grafische oder tabellarische Verfahren zur Analyse von Abläufen und deren Abhängigkeiten auf der Grundlage der Graphentheorie.

Unter Berücksichtigung der Dauer der einzelnen Vorgänge und unter Berücksichtigung ihrer Abhängigkeiten ermittelt die Netzplantechnik, wann die jeweiligen Vorgänge stattfinden. Bei der Vorwärtsplanung beginnt der Analyseprozess bei den Startvorgängen und ermittelt von diesen ausgehend den frühestmöglichen Starttermin der nachfolgenden Vorgänge. Bei der Rückwärtsplanung beginnt der Analyseprozess bei den letzten Vorgängen des Netzes (die keinen Nachfolger mehr haben), und ermittelt dann die spätesten Fertigstellungstermine der jeweils vorgelagerten Vorgänge. Ausgehend von einem definierten Start- und einem definierten Endtermin lassen sich so die frühesten und spätesten Anfangs- und Endzeitpunkte der einzelnen Vorgänge feststellen.

F. Neumann (2005) untersuchte an der *Klinik für Strahlenheilkunde der Medizinischen Fakultät der Charité – Universitätsmedizin Berlin das Prozessmanagement in der Computertomographie unter Anwendung der Netzplantechnik:* „Zur Entwicklung der Netzpläne wurden 158 CT-Untersuchungen (Kopf und Thorax) beobachtet und die einzelnen Arbeitsschritte der beteiligten Personen zeitlich festgehalten. Zur weiteren Differenzierung wurde das Patientengut in drei Kategorien (Mobil, Bettlägerig und Intensiv) aufgeteilt. Die Dauer für jeden einzelnen Arbeitsschritt zur Durchführung einer Untersuchung wurde bei 103 Patienten mit 2.802 Einzelmessungen an einem Einzeilen-CT älterer Generation und bei 55 Patienten mit 1.789 Einzelmessungen an einem Einzeilen-CT jüngerer Generation festgehalten und ausgewertet. Die Berechnung der optimistischen, realistischen und pessimistischen Zeiten erfolgte für jeden einzelnen Arbeitsschritt. Ein kritischer Pfad konnte definiert und in den Netzplan integriert werden.

Bei den klinischen CT-Untersuchungen kamen ein Arzt und zwei medizinischtechnische Röntgen-Assistenten (MTRA) zum Einsatz. Der Untersuchungsbeginn wurde mit dem Entgegennehmen der Akten des Patienten gesetzt. Die Vorbereitung und die Rüstzeit des Patienten gingen dem Untersuchungsabschnitt voran. Abschließend folgte die Bilderstellung und Befundung, während der Untersuchungsraum für den nächsten Patienten vorbereitet wurde. Das Untersuchungsende erfolgte mit der Aushändigung der Bilder mit einem Kurzbefund des Arztes an den Patienten. Gemessen wurde beispielsweise für Thoraxuntersuchungen von mobilen Patienten eine Zeitdauer von 54:48 Minuten. Nach Zeitoptimierung und Reorganisation der Arbeitsabläufe wurde eine realistische Gesamtdauer von 40:26 Minuten und somit eine bedeutsame Zeitersparnis von 26,2% errechnet."

3.1.2 Führung durch Vorgabe von Zielen

Kein Kapitän würde sein Schiff ziellos auf den Weltmeeren umher treiben lassen. Auch im Gesundheitswesen ist ein Führung durch Zielvorgaben wichtig, um eine Gesundheitseinrichtung möglichst sicher und erfolgreich durch ein Umfeld zu steuern, welches durch nicht immer vorhersehbare Entwicklungen in der Gesundheitspolitik, bei den Leistungsträgern, im Gesundheitszustand der Bevölkerung oder im Bereich der Behandlungsmethoden geprägt ist.

Allerdings ist es auch wenig sinnvoll, wenn die betriebliche Zielsetzung nur als lästige Pflichtübung zum Jahresende verstanden wird, und sich ein Zielsammelsurium aus teilweise unerreichbaren, ungenauen, nicht miteinander abgestimmten oder auch völlig überzogenen Zielen ergibt, welches lediglich aus den eingeforderten Vorschlägen unterschiedlicher Betriebsteile der Gesundheitseinrichtung besteht.

Damit die einzelnen Ziele nicht isoliert nebeneinander stehen, sind sie in einem **Zielsystem** für die Gesundheitseinrichtung zusammenzuführen, aufeinander abzustimmen und aus ihnen resultierende Zielkonflikte zu lösen. Dabei hilft oft ihre Bewertung in Haupt- und Nebenziele, die eine Rangfolge hinsichtlich ihrer Bedeutung darstellt. Langfristige strategische Ziele sind zu operationalisieren und von der Betriebsführung über die einzelnen Bereiche hinweg bis zu Zielen für den einzelnen Mitarbeiter zu konkretisieren. Ihre möglichst genaue Quantifizierung ist zudem von erheblicher Bedeutung für die spätere Messbarkeit des jeweiligen Zielerreichungsgrades.

Die einzelnen Ziele müssen operationalisiert und hinsichtlich Zeit (wann?), Erreichungsgrad (wie viel?) und Inhalt (was?) möglichst eindeutig definiert sein. Wann in welchem Umfang was erreicht werden soll, lässt sich bei quantitativen Kosten- oder Gewinnzielen recht einfach beschreiben. Qualitative Zielkriterien müssen hingegen erst in quantifizierbare Größen umgewandelt werden, um sie im Zielsystem erfassen und überwachen zu können. Nur auf diese Weise lässt sich feststellen, ob und wie die Ziele im Zeitablauf erreicht wurden, wie groß mögliche Abweichungen zwischen Soll- und Ist-Zielwerten sind und welche Ursachen es dafür gibt. Anschließend sind Gegensteuerungsmaßnahmen zu ergreifen, aber auch gegebenenfalls Zielkorrekturen, falls einzelne Ziele nicht realisierbar erscheinen.

Die **Ziele**, die sich ein Gesundheitsbetrieb setzt, sind zunächst allgemein als erwünschte Zustände, Zustandsfolgen oder auch Leitwerte für zu koordinierende Aktivitäten anzusehen, von denen ungewiss ist, ob sie erreicht werden. Die konkrete Zielbildung im Gesundheitswesen ist ein komplexes Problem, da es eindimensionale Zielsetzungen (monovariable Zielbildung) oft nicht gibt. Werden hingegen mehrere Ziele (multivariable Zielbildung) verfolgt, so sind ihre Zielverträglichkeiten zu untersuchen. Die Gesamtzielsetzung einer Gesundheitseinrichtung besteht daher immer aus einer Kombination von quantitativen und qualitativen Zielen, die miteinander abgestimmt werden müssen. Die einzelnen Ziele definieren sich in der Regel über Zielinhalt, Zielausmaß und Zeitpunkt.

Zum einen haben die Ziele im Gesundheitswesen unterschiedliche Ausprägungen und unterscheiden sich hinsichtlich der **Zielart** beispielsweise in strategische und operative Ziele, Erfolgs- und Sachziele oder auch in langfristige und kurzfristige Ziele.

Erfolgsziele bestehen beispielsweise insbesondere im Heilungs-, Pflege- oder Behandlungserfolg, aber auch in den Bereichen Rentabilität, Wirtschaftlichkeit, Gewinn und Produktivität. Sie können das Erreichen langfristiger Rentabilitätsziele darstellen, oder aber auch das Anvisieren von kurzfristigen Kostensenkungszielen. Sachziele beziehen sich eher auf konkrete Tatbestände in den einzelnen Bereichen einer Gesundheitseinrichtung.

Gerade im Gesundheitswesen wird es deutlich, dass die einzelnen Ziele zueinander in unterschiedlichen **Zielbeziehungen** stehen. Sie können beispielsweise verschiedene Ränge aufweisen oder unterschiedlich aufeinander einwirken.

Eine Gewinnsteigerung (Oberziel) lässt sich erreichen, wenn eine Kostensenkung (Unterziel) verfolgt wird. Das Ziel der Kostensenkung wirkt in Bezug auf das Gewinnsteigerungsziel komplementär, da es dieses ergänzt bzw. fördert. Behandlungsziele stehen hingegen zu diesen Zielen häufig in Konkurrenz. Auch Umsatzsteigerungsziele stehen mit gleichzeitigen Kostensenkungszielen eher in einem konkurrierenden, sich gegenseitig behinderten Verhältnis, da patientenorientierte Maßnahmen, die den Umsatz fördern sollen, häufig mit höherem Werbeaufwand etc.

verbunden sind. Eine indifferente Zielbeziehung liegt vor, wenn die Erreichung des einen Zieles keinerlei Einfluss auf die Erfüllung eines anderen Zieles hat.

Die **Zielinhalte** sind unterschiedlicher Natur, wobei in einer Gesundheitseinrichtung, in der oft eine Vielzahl von Menschen miteinander arbeitet, neben wirtschaftlichen auch soziale und persönliche Ziele existieren. Da jeder Mensch, wenn oft auch unbewusst, auf die Verwirklichung seiner persönlichen Ziele hinarbeitet, ist es wichtig, sie im Gesundheitswesen möglichst miteinander in Einklang zu bringen, denn dies wirkt förderlich und sichert den langfristigen betrieblichen Erfolg. Konkurrierende Ziele einzelner Mitarbeiter können durch ihre Gegenläufigkeit einer erfolgreichen Zusammenarbeit schaden.

Die Realisierung sozialer Ziele, wie die Existenzsicherung und Sicherung eines angemessenen Lebensstandards für alle Mitarbeiter durch eine angemessene und gerechte Entlohnung oder die Realisierung und Entwicklung individueller Fähigkeiten und Fertigkeiten durch eine entsprechende Tätigkeit und Aufgabenzuteilung trägt in hohem Maß zur Arbeitszufriedenheit bei, was sich positiv auf die Persönlichkeitsentwicklung, den Arbeitseinsatz und die Arbeitsbereitschaft der Mitarbeiter im Gesundheitswesen auswirkt.

3.1.3 Strategieentwicklung als Führungsaufgabe

Zu den wichtigsten konzeptionellen Aufgaben einer Betriebsführung im Gesundheitswesen zählen im Rahmen der Strategiebildung zunächst die Festlegung von Philosophie und Leitbild. Mit ihnen werden die für eine Gesundheitseinrichtung maßgeblichen ethischen und moralischen Richtlinien dokumentiert und die Grundlage für ihr wirtschaftliches Handeln gebildet. Die allgemeine Philosophie mündet häufig in ein ausformuliertes **Leitbild**, welches oft erst später schriftlich festgehalten wird. Es stellt eine Ausformulierung der gelebten oder zumindest angestrebten betrieblichen Kultur dar, an deren Normen und Werten sich die Mitarbeiter und Patienten in einer Gesundheitseinrichtung orientieren können, die im Sinne einer abgestimmten , einheitlichen Identität der Einrichtung (**Coporate Identity**) und einheitlicher Verhaltensweisen (**Coporate Behaviour**) integrativ wirken und gleichzeitig Entscheidungshilfen und –spielräume aufzeigen soll.

Klinikleitbild der *Orthopädische Universitätsklinik Friedrichsheim gGmbH*, Frankfurt am Main (2012):

„Unser Handeln orientiert sich an den Prinzipien: Humanität, Qualität und Wirtschaftlichkeit.

Humanität

Im Mittelpunkt unseres Handelns steht die patientenorientierte Versorgung. Dies bedeutet für uns, eine an den neuesten Erkenntnissen orientierte medizinische und pflegerische Betreuung, die die seelische Situation und die des sozialen Umfeldes unserer Patienten mit einbezieht. Diese Patientenorientierung ist nur in einem humanen Arbeitsumfeld möglich, in dem Mitarbeiterinnen und Mitarbeiter Wertschätzung erfahren. Deshalb ist unser Führungsstil partizipativ und transparent. Im Rahmen vereinbarter Ziele ermöglichen wir den Mitarbeiterinnen und Mitarbeitern selbständiges und eigenverantwortliches Handeln.

Qualität

Wir sind überzeugt, dass wir nur durch motivierte Mitarbeiterinnen und Mitarbeiter eine an unseren Zielen orientierte Ergebnisqualität erreichen können. Wir fördern stetig die Weiterentwicklung unserer Mitarbeiterinnen und Mitarbeiter zu fachlicher und sozialer Kompetenz. Es wird angestrebt, dass das kreative Potenzial unserer Mitarbeiterinnen und Mitarbeiter durch ein innerbetriebliches Vorschlagswesen genutzt werden soll. Zur Sicherstellung der Qualität unserer Dienstleistungen haben wir ein Qualitätsmanagementsystem auf der Basis der Norm DIN EN ISO 9001 eingerichtet.

Wirtschaftlichkeit

Unser Ziel ist eine effiziente medizinische und pflegerische Versorgung, die sich auf zweckmäßige, ausreichende und wirtschaftliche Maßnahmen konzentriert.

Dadurch sind wir auch weiterhin für die Kostenträger ein wichtiger Vertragspartner.

Um ökonomische und ökologische Aspekte bestmöglich zu verknüpfen, gehen wir mit den zur Verfügung stehenden Ressourcen verantwortungsbewusst um und leisten dadurch einen wichtigen Beitrag zur Nachhaltigkeit."

Auf der Grundlage des Leitbildes und anhand der strategischen Ziele der Gesundheitseinrichtung lassen sich ihre Strategien entwickeln. Ausgehend von strategischen *Erfolgspotenzialen*, die überragende, wichtige Eigenschaften der Einrichtung darstellen und mit denen er sich auch dauerhaft von vergleichbaren Gesundheitsbetrieben abgrenzen kann, ist das längerfristig ausgerichtete Anstreben der strategischen Ziele zu planen.

Strategische Erfolgspotenziale im Gesundheitswesen können beispielsweise Stärken im Bereich Patientenservice, alternativen Behandlungsangebote, fortschrittliche Behandlungsmethoden, Einsatz neuester Medizintechnik etc. sein.

Für die Ableitung von Strategien im Gesundheitswesen eignen sich zudem Analysetechniken, die in erster Linie zur Standortbestimmung, Einschätzung der eigenen Leistungsfähigkeit und Bestimmung der Marktposition dienen, aber auch die Betriebsführung in die Lage versetzen, die individuellen Stärken und Schwächen der eigenen Gesundheitseinrichtung herauszuarbeiten (siehe **Tabelle 3.1**)

Tabelle 3.1   Strategische Analysetechniken.

Bezeichnung	Beschreibung	Vor-/Nachteile
Portfolio	Zusammenstellung des Leistungsangebots einer Gesundheitseinrichtung und bspw. Bewertung nach Marktanteil und Marktwachstumschancen (BCG-Portfolio)	Praktikable Grundlage für die Analyse von Angebotspositionierungen; Portfolios sind in der Regel Momentaufnahmen, liefern keine Prognose und bilden eine Grundlage für mögliche Strategien

Bezeichnung	Beschreibung	Vor-/Nachteile
SPACE	Strategic Position and Action Evaluation steht für die Ableitung von strategischen Stoßrichtungen im Gesundheitswesen anhand der Kriterien Wettbewerbsvorteile, Branchenstärke, Finanzkraft, Umfeldstabilität	Finanzkraft und Stabilität des Gesundheitsmarktes werden zusätzlich einbezogen; konkrete Strategien und Maßnahmen müssen noch abgeleitet werden
SWOT	Analyse der Chancen (Opportunities), Risiken (Threats) und Gefahren für die Gesundheitseinrichtung; eigene Stärken (Strengths) und Schwächen (Weaknesses) lassen sich bewusst machen	Praktikable Grundlage für Strategieentwicklungen; häufige Verwechslung externer Chancen mit internen Stärken; SWOT-Analyse beschreibt zunächst nur Zustände und noch keine Strategien; konkrete Strategien und Maßnahmen müssen noch abgeleitet werden

Zu den zukunftsträchtigen *Trends* im Gesundheitswesen, aus denen sich Erfolg versprechende Strategien ableiten lassen, gehören verschiedene, sich bereits heute abzeichnende Entwicklungen (siehe **Tabelle 3.2**)

Tabelle 3.2   Spezifische Trends als Grundlage von Strategien im Gesundheitswesen.

Trends	Bedeutung
Verstärkte Absatzorientierung	Durch das wachsende Angebot medizinischer Behandlungs- und Dienstleistungen entwickelt sich der Gesundheitsmarkt mehr und mehr zum Käufermarkt. Es gilt daher, sich durch die Schaffung von Präferen-

Trends	Bedeutung
	zen, Werbung oder über die Preisgestaltung Marktanteile zu sichern und ein Marketingkonzept zu entwickeln, in dessen Mittelpunkt der Patient steht und das die Gewinnung neuer und der Bindung vorhandener Patienten zum Ziel hat.
Betriebswirtschaftliche Steuerung	Controlling und Kostenmanagement im Gesundheitswesen gewinnen vor dem Hintergrund begrenzten Umsatzwachstums und eines sich verschärfenden Wettbewerbs in zunehmendem Maße an Bedeutung. Um nicht die Steuerungsmöglichkeit zu verlieren, Liquiditätsengpässe zu riskieren und in finanzielle Abhängigkeiten zu geraten, müssen im Gesundheitswesen geeignete Führungs- und Steuerungsinstrumentarien eingesetzt werden.
Gezielte Entwicklung	Es gilt langfristig festzulegen, ob eine Gesundheitseinrichtung zukünftig verstärkt wachsen, mit anderen zusammenarbeiten, eher sich verkleinern oder in seinen Leistungen diversifizieren soll.

Wachstumsstrategien können sich beispielsweise auf die Erschließung neuer Patientenzielgruppen (Marktentwicklungsstrategie), das Angebot zusätzlicher, neuer Behandlungsleistungen (Leistungsentwicklungsstrategie) oder die Intensivierung der Marktbearbeitung durch Verbesserung der Patientenzufriedenheit (Marktdurchdringungsstrategie) erstrecken. Für eine Kooperation mit anderen Gesundheitsbetrieben, stehen unterschiedliche Organisations- und Rechtsformen (Partnerschaft, MVZ, Gemeinschaftspraxis etc.) zur Verfügung. Bei einer Verkleinerung können der Abbau von medizintechnischen und personellen Behandlungskapazitäten, die Konzentration auf profitable Behandlungsgebiete oder die Rentabilitätssteigerung bei gleich bleibenden Umsatzzahlen im Vordergrund stehen. In der Diversifizierung versucht man üblicherweise mit neuen Leistungsangeboten zusätzliche Patientenzielgruppen zu erschließen.

Auch das **Lebenszykluskonzept** bietet eine Grundlage zur Entwicklung von Strategien im Gesundheitswesen. Es geht ursprünglich auf die Marketingliteratur zurück und lässt die allgemeine Entwicklung einer Gesundheitseinrichtung als eine Art „Lebensweg" betrachten. So kann die *Gründungsphase* durch unterschiedliche Länge, Schwierigkeiten oder Erfolg bzw. Misserfolg gekennzeichnet sein. In dieser Phase sind durch die Betriebsführung strategische Entscheidungen zu treffen, die die Größe der Einrichtung, das Investitionsvolumen, die Mitarbeiterzahl, die Rechtsform, den Standort, die genaue fachliche Ausrichtung sowie die Marketingkonzeption und die Patientenzielgruppen betreffen. Die Strategie muss daher in dieser Phase dazu beitragen, durch Sammlung von ausreichenden Informationen möglichst schnell eine dauerhafte Organisation strukturieren zu können.

Wichtige strategische Entscheidungen in der *Wachstumsphase* beziehen sich auf zukünftige Behandlungsschwerpunkte, die Personal- und Organisationsentwicklung und die Investition in Behandlungskonzepte.

Die *Konsolidierungsphase* ist in der Regel die längste Phase. Sie ist im Wesentlichen gekennzeichnet durch eine Stabilisierung des Leistungsangebots und des Patientenaufkommens. In diese Phase fallen auch Veränderungen (beispielsweise Umorganisationen, Rechtsformwechsel, Bildung einer Gemeinschaftspraxis, Klinikumbauten, Spezialisierung auf bestimmte Behandlungsmethoden etc.), die langfristig wirksam sind. Strategische Entscheidungen beziehen sich in dieser Phase überwiegend auf Erhaltungsinvestitionen oder Rechtsformwechsel. Die Gefahr in dieser Phase des Lebenszyklusses besteht aus der Routine und der Gewohnheit, die notwendige Weiterentwicklungs- und Verbesserungsprozesse verhindern. In der Konsolidierungsphase muss die Strategie daher einen Beitrag leisten, den wirtschaftlichen Erfolg durch geeignete Kontrollmechanismen und Organisationsentwicklungsmaßnahmen langfristig zu sichern.

Gelingt es nicht, die Gesundheitseinrichtung wirtschaftlich dauerhaft stabil zu halten, sind in der *Restrukturierungsphase* mitunter einschneidende Maßnahmen in das Behandlungs- und Pflegeangebot, die Kapazitätsvorhaltung bzw. die Personalausstattung erforderlich. Die Maßnahmen können dazu beitragen, wieder zu stabilisieren, sie können sich aber auch als unzureichend erweisen oder ihre Wirkung auch verfehlen. Dies ist insbesondere dann der Fall, wenn die Restrukturierungsmaßnahmen zu spät eingeleitet werden.

Die *Degenerierungsphase* kommt nur dann vor, wenn die Gesundheitseinrichtung ihre Tätigkeit einstellt, sei es beispielsweise durch Insolvenz und Auflösung einer Klinik oder altersbedingte Aufgabe einer Arztpraxis. Die strategischen Entscheidungen, die in dieser Phase zu treffen sind, beziehen sich hauptsächlich auf Nachfolgereglungen oder die Verwertung und Veräußerung der Einrichtung.

Das Lebenszyklusmodell lässt sich auch auf den *Gesundheitsmarkt* übertragen und bedeutet beispielsweise gerade in einer Phase der Marktsättigung, die in einzelnen Bereichen zweifelsohne existiert, sich strategisch in einem schwierigen Wettbewerbsumfeld neu zu positionieren, beispielsweise durch Leistungsdifferenzierungen und Spezialisierungen, durch Verschlankung zu kleineren Einheiten oder durch den Zusammenschluss zu Kooperationsformen.

Auch die *Behandlungs-* oder *Pflegeleistungen* selbst lassen sich oft anhand des Lebenszyklusmodells analysieren. Behandlungskonzepte werden eingeführt, nach ihrer Bewährung beibehalten und weiterentwickelt, wie die oftmalige Entwicklung von der therapeutischen Behandlung zu einer verstärkten Prophylaxe. Gleichzeitig lässt sich das Angebot um neue Behandlungsleistungen erweitern, die Erfolg versprechend sein können und die es früher noch nicht gegeben hat. Sind sie in der Lage, bisherige Methoden zu ersetzen, so werden diese nicht mehr angeboten.

3.2 Alternativensuche und -bewertung

3.2.1 Einsatz problemlösungsorientierter Suchtechniken

Souveräne Führungskräfte im Gesundheitswesen zeichnen sich nicht unbedingt dadurch aus, dass sie die Problemlösung schon parat haben, bevor das Problem überhaupt hinreichend bekannt und beschrieben ist. Die vorschnelle Problemlösung ist keine Führungsstärke, sondern verhindert unter Umständen den Einsatz von Problemlösungalternativen, die vorzeitig verworfen oder gar nicht erst entdeckt und einbezogen wurden.

Während in der Notfallmedizin schnelles Entscheiden und Handeln geboten ist, erscheint es für die Betriebsführung von Gesundheitseinrichtungen zunächst geboten, sorgfältig nach Lösungsalternativen zu suchen. Auch ist diese Phase strikt von der Bewertung der Alternativen zu trennen, damit diese nicht voreilig aussortiert werden.

Zu den für Führungskräfte im Gesundheitswesen nutzbaren Verfahren, die bei der Suche nach Handlungs- oder Lösungsalternativen Unterstützung leisten, sind häufig Kreativitätsmethoden zum Auffinden möglichst innovativer Lösungsideen erforderlich.

Zu den bekanntesten und gleichzeitig einfachen Techniken problemlösungsorientierter Suchverfahren für das Gesundheitswesen zählt zweifelsohne das **Brainstorming**. Es dient zur Ideenfindung und beruht auf der Schaffung einer kreativen Situation, bei der möglichst viele Ideen in kürzester Zeit durch möglichst freies Assoziieren und Phantasieren entwickelt werden sollen. Das gegenseitige Inspirieren sowie das Kombinieren und Aufgreifen von bereits geäußerten Ideen, um neue Lösungsansätze zu finden, sind dabei ausdrücklich gewünscht. Alle Ideen werden zunächst protokolliert und erst später durch alle Teilnehmer im Hinblick auf ihre Relevanz zur Problemstellung bewertet. Das Verfahren eignet sich insbesondere für einfachere Problemstellungen, die keine allzu komplexen Lösungsvorschläge erforderlich machen.

Da die Problemstellungen im Gesundheitswesen jedoch oft komplex und wenig geordnet sind, bedarf es häufiger Verfahren, die eine strukturierte Vorgehensweise beinhalten.

Die **Morphologische Analysetechnik** stellt beispielsweise ein Verfahren zur Generierung von Problemlösungsalternativen dar, wobei es dabei insbesondere um eine möglichst *vollständige* Erfassung der Problemlösungsalternativen für eine bestimmte organisatorische Problemstellung im Gesundheitswesen geht. Dazu werden Lösungsmerkmale und ihre möglichen Ausprägungen in einer Matrix gegenübergestellt, so dass man durch die Kombination aller Merkmale mit allen Ausprägungen eine maximale Anzahl von Möglichkeiten erhält, mit denen Lösungsideen entwickelt werden können (siehe **Tabelle 3.3**).

Tabelle 3.3 Morphologische Analyse zur Findung von Problemlösungsalternativen (Beispiel: Dental-Behandlungseinheit).

Merkmale	Ausprägungen			
Hersteller	A	B	C	D
Farbe	Grün	Blau	Grau	Beige
Ausstattung Arztelement	2 Instrumentenschläuche für Micromotor/en mit Licht	1 Instrumenten-schlauch vorbereitet für Turbinenan-schluss mit Licht	Röntgenfilm-betrachter	Voreinstellungen für das Instrumenten-spray, Luft-Wasser
Ausstattung Helferinnen-element	Großer Saug-schlauch	Kleiner Saug-schlauch	Komposit-lampe	6-Wege-Spritze
Patienten-stuhl	Schnelle Sicherheits-abschaltung bei Blockie-rung	Individuell einstellbare Kopfstütze für Erwachsene / Kinder	OP – Lampe mit zwei Schaltstufen	Fleckenabwei-sende Spei-schale aus Vollkeramik
Multimedia	Kabellose Intraoral-kamera	Kabelgebun-dene Intraoral-kamera	Bildspeicher-karte zur digitalen Bearbeitung	17 - Zoll Monitor
Kosten	bis 15.000	bis 20.000	bis 25.000	über 25.000

Auch die **Relevanzbaum-Analysetechnik** eignet sich insbesondere für Problemstellungen mit großer Komplexität und versucht ähnlich wie die Ursache-Wirkungs-Analyse die Problemstellung zu strukturieren. Sie umfasst dazu die Schritte Abgrenzung und Definition der Problemstellung, Festlegung geeigneter Beurteilungskriterien, Sammlung verschiedener

Merkmale, hierarchische Ordnung und Gewichtung der Merkmale im Hinblick auf die Problemstellung, graphische Darstellung der Beurteilungskriterien und Merkmale in einer Baumstruktur, Auswertung der Baumstruktur sowie Ableitung von Problemlösungsalternativen aus den einzelnen Verästelungen.

Einerseits basiert die Relevanzbaum-Analysetechnik auf einer sachlichen Bewertung der Merkmale und führt zu einer großen Anzahl von Problemlösungsalternativen. Andererseits wird die Zahl der Verzweigungen im Relevanzbaum willkürlich beeinflusst, so dass eine rechnerisch maximale Anzahl von Lösungsalternativen in der Anwendungspraxis in der Regel nicht erreicht wird. Dadurch besteht die Gefahr, dass wichtige Lösungsvorschläge unentdeckt bleiben (siehe **Abbildung 3.2**).

Abbildung 3.2   Relevanzbaum-Analysetechnik (Beispiel: Qualitätsverbesserung einer Gesundheitseinrichtung).

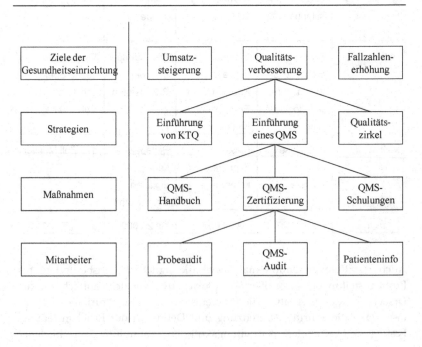

3.2.2 Anwendung von Bewertungsverfahren

Es bedarf als Führungskraft im Gesundheitswesen einiger Übung, die Suche nach Handlungs- oder Lösungsalternativen für Sach- oder Personalprobleme jedweder Art von deren Bewertung zu trennen. Geradezu instinktiv werden Alternativen üblicherweise im gleichen Moment, in dem sie gefunden wurden, auf ihre „Brauchbarkeit" hin überprüft.

Auch auf den ersten Blick aussichtlose Lösungsalternativen sollten mit Hilfe von **Bewertungsverfahren** überprüft werden, mit dem Ziel, möglichst quantitativ begründbare Entscheidungen zu erreichen. Oftmals ergibt sich dann als Überraschung, dass derartige Problemlösungsvorschläge bei genauerer Betrachtung gar nicht so schlecht abschneiden.

Hierzu bietet die **Nutzwertanalyse (NWA)** Möglichkeiten zur quantitativen Bewertung von Entscheidungsalternativen im Gesundheitswesen. Zur Vorbereitung werden die Ziele (bzw. Auswahlkriterien), die im Rahmen der Entscheidung berücksichtigt werden sollen, festgelegt. Anschließend sind Kategorien für den Erfüllungsgrad der Ziele zu formulieren und die einzelnen Ziele zu gewichten (Summe = 100%). Die Durchführung umfasst die Bewertung der Alternativen und Erstellung der Zielwertmatrix. Zur Auswertung werden die Zielwerte je Alternative addiert. Der wesentliche Vorteil der NWA liegt in ihrem eindeutigen Ergebnis, aus dem die Entscheidung direkt abgeleitet werden kann. Als Nachteil ist auch hier der damit verbundene Rechenaufwand zu konstatieren (siehe **Tabelle 3.4**).

Tabelle 3.4   Bewertung von Lösungsalternativen mit Hilfe einer Nutzwertanalyse (Beispiel: Medizinprodukte).

Kriterium	Gewicht	Produkt A	Produkt B
Qualität	20	Mindere Qualität	Hervorragende Qualität
Preis	30	39 € / Stück	78 € / Stück
Haltbarkeit	10	Geöffnet 6-8 Wochen	Geöffnet 6-8 Wochen

Kriterium	Gewicht	Produkt A	Produkt B
Verarbeitung	10	zufrieden stellend	gut
Verträglichkeit	20	Gegenreaktionen zu erwarten	Kaum Gegenreaktionen bekannt
Lieferzeit	10	6 Tage	8 Tage

Kriterium	0 Punkte	2 Punkte	5 Punkte	8 Punkte	10 Punkte	Gewicht	Zielerfüllung A	Nutzwert A	Zielerfüllung B	Nutzwert B
Qualität	gering		ausreichend		hervorragend	20	2	40	10	200
Preis	> 100	≤ 100	≤ 80	≤ 60	≤ 40	30	10	300	5	150
Haltbarkeit	wenige Tage		einige Wochen		Unbegrenzt	10	5	50	5	50
Verarbeitung	äußerst schwie-rig		zufrieden-stellend		sehr leicht	10	5	50	8	80
Verträglichkeit	heftige Gegenreaktionen		Gegenreaktionen möglich		keine Gegenanzeigen	20	2	40	8	160

Kri-terium	0 Punkte	2 Punkte	5 Punkte	8 Punkte	10 Punkte	Ge-wicht	Zieler-füllung A	Nutz-wert A	Zieler-füllung B	Nutz-wert B
Lieferzeit	mehre-re Wo-chen		mehre-re Tage		24 Std.	10	5	50	5	50
Nutz-wert								530		690

Zu den quantitativen Bewertungsverfahren zählt auch die **Kostenvergleichsrechnung.** Bei ihr wird ein Vergleich der in einer Periode anfallenden Kosten von Investitionsobjekten im Gesundheitswesen durchgeführt. Zu berücksichtigen sind dabei die fixen Kosten, die variablen Kosten und die Kapitalkosten der zu vergleichenden Investitionsobjekte. Die *fixen* Kosten sind unabhängig von den Behandlungsleistungen und fallen auch an, wenn kein Patient behandelt wird. Die *variablen* Kosten entstehen in Abhängigkeit von den Behandlungsleistungen und beispielsweise dem Einsatz des Röntgengerätes, in das investiert werden soll. Die Kapitalkosten bestehen zum einen aus den kalkulatorischen Abschreibungen, welche die gleichmäßige Verteilung der Anschaffungskosten auf die gesamte Nutzungsdauer und den Restwert des Investitionsobjektes berücksichtigen, sowie den kalkulatorischen Zinsen, die entgehende Erträge oder Kreditkosten darstellen, weil das entsprechende Kapital im Investitionsobjekt gebunden ist und der Gesundheitseinrichtung nicht für andere Zwecke zur Verfügung steht.

Ein weiteres Verfahren zur Bewertung von Handlungs- oder Lösungsalternativen für Führungskräfte ist die **Amortisationsrechnung.** Mit ihr lassen sich sowohl *dynamische* als auch *statische* Bewertungen berücksichtigen, da sie die zentrale Frage beantwortet, wie lange beispielsweise die Wiedergewinnung der Investitionssumme aus den Einnahmeüberschüssen einer Investition dauert. Durch einen Vergleich der Soll-Amortisationsdauer mit der Ist-Amortisationsdauer kann die Vorteilhaftigkeit von Investitionen im Gesundheitswesen bewertet werden. Die Ist-Amortisationsdauer ergibt sich, indem man die Investitionssumme durch die jährlich zu erwartenden Einnahmeüberschüsse dividiert: Investitionssumme ÷ (Einnahmen – Ausgaben). Die Soll-Amortisationsdauer ergibt sich durch subjektive Schätzung. Liegt die Ist- unter der Soll-Amortisationsdauer, erscheint die Investition vorteilhaft

> Das *Bundeswehrkrankenhaus Ulm* (2012) führt Kostenvergleichsrechnungen, Investitions-, Wirtschaftlichkeits- und Amortisationsrechnungen durch, um betriebswirtschaftliche Informationen zur Führung der ambulanten und stationären Leistungsbereiche des Krankenhauses bereitzustellen. Dabei werden Daten aus dem Krankenhausinformationssystem (KIS) und relevante Aufwands-Kosten-Daten aus der Finanzbuchhaltung analysiert und im Rahmen der Entscheidungsfindung bewertet.

3.3   Entscheidungsfindung

3.3.1   Entscheidungssituationen im Gesundheitswesen

C. von Clausewitz (1780-1831), dessen reformerische Führungstheorien zu Recht noch heute an vielen Führungsakademien gelehrt werden, wird die Aussage zugeschrieben, das schwierigste Manöver einer Führungskraft sei nicht das „Vornewegstürmen mit Hurra!", sondern der geordnete Rückzug aus einer unhaltbaren Position. Nicht nur im Gesundheitswesen ist in der Führungspraxis jedoch wesentlich häufiger anzutreffen, dass an einmal getroffenen Entscheidungen unter allen Umständen festgehalten wird, um vermeintliche Führungsstärke und Durchsetzungsfähigkeit zu beweisen.

Entscheidungen rückgängig zu machen, erfordert zunächst Einsicht und das schmerzhafte Eingeständnis, Fehler gemacht zu haben. Nur wenige Führungskräfte haben die Größe, die Kraft und den Mut dies zu zeigen oder sich sogar bei den Mitarbeitern dafür zu entschuldigen.

Das Treffen von Entscheidungen zählt zu den Kernaufgaben einer Führungskraft im Gesundheitswesen. Im Vergleich zu beispielsweise produzierenden Unternehmen ist die Bedeutung dieser Aufgabe im Gesundheitswesen jedoch weitaus größer, da sich ihre Konsequenzen oft unmittelbar auf das leibliche Wohl der Patienten auswirken. Hinzu kommt, dass dem Entscheiden nicht immer ein ausführliches, zeitintensives Abwägen unter verschiedenen Alternativen vorausgehen kann, sondern dass sie mitunter in lebensbedrohenden Situationen, unter Leidensdruck und in Stressituationen schnellstmöglich getroffen werden müssen.

Nach Angaben der *Paritätische NRW - GSP - Gemeinnützige Gesellschaft für soziale Projekte mbH* müssen in der Versorgung demenzkranker Patienten häufig schwierige *ethische* Entscheidungen getroffen werden:

„Wie wird über eine Behandlung entschieden, wenn der Patient seinen aktuellen Willen nicht mehr äußern kann und Zweifel an seiner Einwilligung in die Behandlung bestehen?

Wie werden Nutzen, Risiken und Nebenwirkungen einer Behandlung abgewogen?

Wie wird entschieden, wenn der Wille des Patienten nicht mit den eigenen Wertvorstellungen übereinstimmt?" Ein weiteres Beispiel „...ist die Frage, ob demenzkranke Patienten, die wenig oder gar nicht essen, ergänzend oder vollständig mit Sondenkost ernährt werden sollen. Hier müssen der mutmaßliche oder schriftlich notierte Willen des Patienten, der Nutzen und Schaden für ihn sowie die medizinische Notwendigkeit sorgfältig gegeneinander abgewogen werden. Eine Entscheidung muss gemeinsam mit dem Betroffenen (wenn möglich), den Angehörigen, dem Pflegepersonal, dem behandelnden Hausarzt und dem Krankenhaus abgestimmt und gefunden werden. Aber auch andere Indikationen führen zu ethisch schwierigen Entscheidungen: Sollen bei einem schwer demenzkranken multimorbiden Patienten alle Einzelerkrankungen vollständig und leitliniengerecht behandelt werden? Das kann zu Vielfach-Medikamentierung mit unkontrollierbaren Neben- und Wechselwirkungen, zu belastenden Untersuchungen und Behandlungen mit zweifelhaften Auswirkungen auf die Lebensqualität des Patienten führen. Bei einem demenzkranken älteren Menschen mit weiteren Erkrankungen ist vor allem zu überlegen, welche Diagnostik und welche Behandlung notwendig sind, um den Allgemeinzustand und die Lebensqualität des Patienten zu verbessern. Umgekehrt kann es vorkommen, dass demenzkranken Patienten Untersuchungen oder Behandlungen vorenthalten werden, mit der traurigen Begründung, es lohne sich ja ohnehin nicht mehr."

Eine **Entscheidung** im Gesundheitswesen stellt somit nicht zwangsläufig immer eine bewusste Wahl zwischen zwei oder mehreren Alternativen anhand bestimmter Entscheidungskriterien oder Präferenzen dar. Oftmals ist auch nicht die Wahl einer bestimmten Alternative, sondern die Unterlassung einer Handlung als Entscheidungsergebnis anzusehen.

Während im Alltag einer Gesundheitseinrichtung Entscheidungen mitunter auch emotional oder zufällig gefällt werden können, ohne dass sie mit gravierenden Folgen einhergehen, müssen Entscheidungen im Rahmen der medizinischen Leistungserstellung rational erfolgen, oft auch spontan getroffen werden.

Bei der ärztlichen Diagnose wird beispielsweise aufgrund vorliegender Symptome auf eine mögliche Krankheit geschlossen, was die Grundlage für die Behandlungsentscheidung darstellt. Nicht immer kann diese Entscheidung unter völliger Sicherheit getroffen werden, so dass abgewartet werden muss, ob der Patient auf die Behandlung anspricht. Ist dies nicht der Fall, wird eine andere Behandlungsentscheidung notwendig.

Die Führungskräfte als **Entscheidungsträger** sind dabei nicht nur die behandelnden Ärzte, Chirurgen, Kieferorthopäden oder Krankenhausmanager, sondern, sie sind auf allen Ebenen angesiedelt, und somit können sich Entscheidungen, unabhängig von Hierarchie und organisatorischer Einordnung, direkt auf die Patienten auswirken. Risiko und Tragweite von Entscheidungen nehmen daher im Gesundheitsbetrieb nicht erst mit aufsteigender Führungshierarchie zu, sondern sind in der medizinischen, behandelnden Tätigkeit auf allen hierarchischen Ebenen vorhanden. Während man im Allgemeinen davon ausgeht, dass in den unteren Ebenen tragbare Entscheidungsrisiken mit erhöhter Eintrittswahrscheinlichkeit, aber begrenzter Schadenshöhe und auf der Führungsebene Risiken mit erheblicher Tragweite, geringer Eintrittswahrscheinlichkeit, aber existenzbedrohender Schadenshöhe existieren, können im Gesundheitsbetrieb bereits durch Fehlentscheidungen von Pflegekräften, Laborangestellten oder Arzthelferinnen menschengefährdende Situationen eintreten.

Auch die möglichen **Entscheidungsfolgen** sind damit von einer anderen Qualität, so dass die Möglichkeit, die Güte einer Entscheidung zu einem späteren Zeitpunkt zu messen oder aus einer Fehleinschätzung zu lernen, oftmals gar nicht gegeben ist, sondern die absolute Verlässlichkeit und Richtigkeit der Entscheidung angestrebt werden muss. Hinzu kommt die Schwierigkeit der Einschätzung, ob eine bestimmte Entscheidungssituation mit einer vergangenen Situation ohne Abstriche vergleichbar ist. Oftmals verfügen die Führungskräfte als Entscheidungsträger im Gesundheitswesen in Bezug auf die Patientenbehandlung nicht über die vollständige Information und über alle potenziell entscheidungsrelevanten Faktoren.

Gerade vor diesem Hintergrund ist immer zu vergegenwärtigen, dass eine Entscheidung auch immer durch die subjektiven Grundlagen ihrer Entscheidungsträger beeinflusst wird, ihren Emotionen, Wertvorstellungen, Erfahrungen und Befindlichkeiten. Somit können Entscheidungen von Führungskräften auch immer nur einer begrenzten Rationalität unterliegen, womit sich die Frage stellt, inwieweit die Verantwortung von unerwarteten Konsequenzen dem einzelnen Entscheidungsträger zuzuordnen ist. Folgen und Auswirkungen von fehlerhaften Entscheidungen im medizinischen Bereich können häufig nicht mehr rückgängig gemacht oder abgeändert werden, sondern sind unwiderruflich und führen bestenfalls zu notwendigen Folgeentscheidungen.

Für die Entscheidungspraxis im Gesundheitswesen bedeutet das Dargelegte, dass Entscheidungen umso leichter getroffen werden, je größer die Sicherheit scheint. Mit dem Ausmaß der Unsicherheit, nimmt auch die Schwierigkeit der Entscheidung zu, da die Entscheidungsfolgen oft nicht absehbar sind. Die Sicherheit nimmt in der Regel zu, je mehr Informationen zur Entscheidungsfindung vorliegen.

3.3.2 Entscheidungsmodelle für den Gesundheitsbetrieb

Die **Sicherheitsentscheidung** (Entscheidung unter völliger Sicherheit) bildet für die Führungskraft im Gesundheitswesen eher die Ausnahme, da sich in den seltensten Fällen sämtliche Konsequenzen aus einer Handlung voraussagen lassen. Die Annahme, dass alle denkbaren Konsequenzen einer Handlung im Voraus bekannt sind, erscheint schließlich nicht gerade realistisch. Ein theoretisches Restrisiko des Handelns lässt sich daher kaum ausschließen.

Selbst wenn dem behandelnder Hausarzt sämtliche Nebenwirkungen und Gegenanzeigen eines Medikamentes bekannt sind und er auch eine bestmögliche Anamnese seines langjährigen Patienten (beispielsweise nach der SAMPLE-Methode im Rettungswesen: Symptome, Allergien, Medikamente, Patienten-Vorerkrankungen, Letzte Mahlzeit etc.), durchführt, verbleiben Restrisiken, deren Eintrittswahrscheinlichkeiten sich durch die aufgezeigten Maßnahmen lediglich minimieren lassen.

Häufiger vorkommen dürften im Gesundheitswesen insbesondere **Unsicherheitsentscheidungen**, bei denen die Auswirkungen einer Entscheidung und/oder deren Eintrittswahrscheinlichkeiten nicht mit völliger Sicherheit vorausgesagt werden können. Damit Führungskräfte mit der Unsicherheit bei Entscheidungen bestmöglich umgehen können, bietet sich zunächst die Betrachtung der Ungewissheitsentscheidung an. Bei der **Ungewissheitsentscheidung** sind zumindest deren möglichen Auswirkungen bekannt, aber nicht die jeweiligen Eintrittswahrscheinlichkeiten. In dieser Situation lassen sich beispielsweise folgende Handlungsalternativen auswählen:

■ Pessimistische Entscheidung (Maximin-Modell): Die einzelnen Entscheidungsalternativen werden anhand der ungünstigsten Auswirkung miteinander verglichen.

■ Optimistische Entscheidung (Maximax-Modell): Die einzelnen Entscheidungsalternativen werden anhand der günstigsten Auswirkung miteinander verglichen.

In einem stark vereinfachten Beispiel soll eine Entscheidung zwischen zwei Medikamenten (M1, M2) getroffen werden, bei deren Anwendung sich bei M1 als mögliche Nebenwirkung eine Blutdrucksteigerung (A1), -senkung (A2) oder ein gleich bleibender Blutdruckwert (A3) bzw. bei M2 folgende Werte ergeben können:

Auswirkung Alternative	A1	A2	A3
M1	180/140	120/80	140/100
M2	140/100	140/100	140/100

Bei der pessimistischen Entscheidung würde die Alternative M2 bevorzugt, da sie zumindest einen stabilen Blutdruck garantiert, während bei M1 auch eine deutliche Steigerung als mögliche Auswirkung vorkommen kann. Die optimistische Entscheidung würde zugunsten von M1 ausfallen, da sie auch die Möglichkeit einer Blutdrucksenkung einschließt.

Bei der Ungewissheitsentscheidung kann man ferner die Alternativen anhand eines gewichteten Mittelwerts ihrer bestmöglichen und schlechtmöglichsten Auswirkungen bewerten und dabei subjektive Erwartungen durch eine Gewichtung zwischen 0 und 1 (*Hurwicz-Modell*) zum Ausdruck bringen. Geht man von einer Gleichverteilung der Eintrittswahrscheinlichkeiten aus, so sind sämtliche Auswirkungen bei der Entscheidung gleichermaßen zu berücksichtigen (*Laplace-Modell*). Schließlich besteht auch die Möglichkeit, diejenige Alternative auszuwählen, welche die möglichen negativen Auswirkungen minimiert (*Schadensminimierungsmodell*) und das Verhältnis zwischen möglichem Schaden und maximal möglichen Nutzen berücksichtigt.

Von der Ungewissheitsentscheidung ist die **Risikoentscheidung** zu unterscheiden, da bei ihr die Eintrittswahrscheinlichkeiten beispielsweise durch Berechnung ermittelbar sind oder sich aus Vergangenheitswerten ableiten lassen.

Die Mitarbeiter einer Zahnarztpraxis bilden eine Lotto-Tippgemeinschaft. Die berechenbare Wahrscheinlichkeit bei der Ziehung 6 aus 49 die Gewinnklasse 1 (6 Richtige + Superzahl) zu erzielen, beträgt ca. 1 zu 140 Millionen.

Bei Risikoentscheidungen im Gesundheitswesen ist somit aufgrund der Kenntnisse über die Eintrittswahrscheinlichkeiten möglicher negativer Auswirkungen grundsätzlich ein *risikoaverses* Entscheiden möglich.

Auch können *mehrpersonale* Entscheidungsprozesse zur Risikominimierung beitragen, indem Informationen und Kenntnisse über mögliche Auswirkungen von Entscheidungsalternativen durch die Einbeziehung mehrerer Experten bzw. Entscheidungsträger in die Entscheidung einfließen.

Das *Institut für Medizinische Psychologie* am *Universitätsklinikum Heidelberg* (2012) befasst sich beispielsweise unter anderem mit der Entwicklung diagnostischer Verfahren für die High-Tech-Medizin, besonders vor und nach *Risikoentscheidungen* (z.B. Aufklärung, Transplantation) und zur besseren Bewältigung von High-Tech-Interventionen (z.B. Chemotherapie, Fertilisation).

3.4   Umsetzung und Veränderung

3.4.1   Führungskraft als Change Manager

Neben der Entscheidungsfindung stellt auch die Umsetzung beschlossener Maßnahmen eine besondere Herausforderung für Führungskräfte im Gesundheitswesen dar. Insbesondere wenn es um Veränderungen geht, gilt es häufig Widerstände zu überwinden und Überzeugungsarbeit zu leisten.

Für die Führungskräfte im Gesundheitswesen gilt dabei: Nur wenn die eigene Überzeugung deutlich wird, lassen sich auch andere überzeugen. Sie müssen versuchen, ihren Veränderungswillen den Mitarbeitern zu vermitteln.

Der Patient ist dabei ein wesentlicher Bestandteil des Gesamtsystems. Doch auch die Mitarbeiter im Gesundheitswesen sind wertvolles Potenzial und nicht reine Produktionsfaktoren. Es muss erreicht werden, dass möglichst alle Ihre Ideen einbringen. Wenn nur das ernst genommen wird, was die Betriebsführung vorschlägt und Ideen Anderer ignoriert werden, bedeutet das einen völligen Verzicht auf die Erfahrung und das Potenzial der Mitarbeiter. Die gesamte Belegschaft ist insbesondere dann über ein Mittelmaß hinaus leistungsfähig, wenn eine echte Diskussion und Dialogbereitschaft entsteht. Dazu gehört ein Klima gegenseitiger Wertschätzung, einander zuzuhören, frei seine Ansichten darlegen und kreative Vorschläge machen zu können sowie die Vorstellungen Anderer in die Problemlösung einzubeziehen. Die Mitarbeiter dürfen von Entscheidungen nicht einfach nur betroffen sein. Vielmehr ist zu versuchen, sie zu beteiligen, damit sie bereit sind ihre Erfahrung, ihre Kenntnisse, ihre Ideen und damit ihr Potenzial zu entfalten und in den Dienst des Gesundheitsbetriebs und der gemeinsamen Vision zu stellen. Wesentliche organisatorische Veränderungen werden nur wirksam, wenn sie auf die Interessen und Bedürfnisse der Mitarbeiter Rücksicht nehmen, weil sie sie mit ihrer Arbeit und ihrem Denken letztlich realisieren müssen. (siehe **Abbildung 3.3**).

Abbildung 3.3   Autoritäre und partizipative Durchführung von Veränderungen.

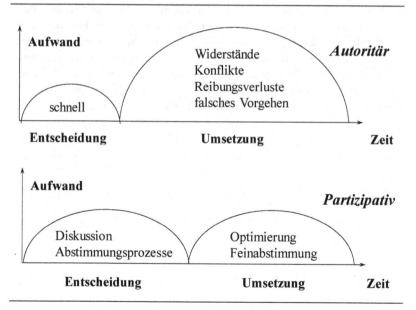

Um einen Veränderungsprozess in Gang zu setzen ist es oft entscheidend, an welcher Stelle in einer Gesundheitseinrichtung mit seiner Einleitung begonnen wird. Bei der *Top-down-Strategie* ist die Betriebsführung der Auslöser für den Veränderungsprozess. Aufgrund der Konzentration der Macht in der Betriebsleitung lässt diese Strategie eine gute Prozesssteuerung zu. Die Probleme werden dort angegangen, wo die Verantwortung für den gesamten Gesundheitsbetrieb liegt und die notwendigen Kompetenzen vorhanden sind. Allerdings müssen die Veränderungen auch bei der Betriebsführung ansetzen und dort vorgelebt werden, damit alle Mitarbeiter als Betroffene zu Beteiligten gemacht werden können. Die *Bottom-up-Strategie* geht von einem Beginn des Veränderungsprozesses auf der unteren Basis der Mitarbeiter aus. Sie berücksichtigt somit auf jeden Fall die Probleme und Bedürfnisse der Mitarbeiter der Gesundheitseinrichtung auf der Ausführungsebene und führt zu einer optimalen Identifikation mit dem Entwicklungsprozess. Die Schwierigkeit besteht in der Regel darin, die Betriebsführung von dem Veränderungsbedarf zu überzeugen.

Bei der *Bi-polaren-Strategie* geht der Entwicklungsprozess gleichzeitig von der Betriebsführung und von den Mitarbeitern aus, was eine ideale Unterstützung der Veränderungen erwarten lässt. Bei größeren Einrichtungen mit mittleren Führungsebenen kann der Entwicklungsprozess im Sinne einer *Keil-Strategie* auch von diesen Mitarbeitern ausgehen. Ein klarer Vorteil der *Multiple-nucleus-Stratgie* ist, dass die Mitarbeiter, die an Veränderungen interessiert sind, sich unverzüglich am Entwicklungsprozess beteiligen und die anderen „mitreißen" können (siehe **Abbildung 3.4**).

Abbildung 3.4   Strategiemodelle im Veränderungsmanagement.

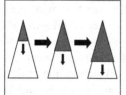 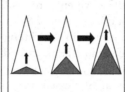 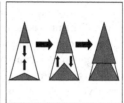

Top-down-Strategie   Bottom-up-Strategie   Bi-polare-Strategie

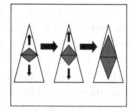 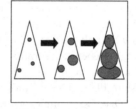

Keil-Strategie   Multiple-nucleus-Strategie

Zur Umsetzung von Veränderungen lassen sich Maßnahmen auf verschiedenen Ebenen durchführen. Auf der Ebene der einzelnen Mitarbeiter einer Gesundheitseinrichtung geht es in erster Linie um die Gestaltung der individuellen Arbeitssituation, der Steigerung sozialer Kompetenzen und der Bewältigung hoher Arbeitsbelastungen. Die Fähigkeit zu zielbewusstem Handeln ist dabei ebenso von Bedeutung, wie die persönliche Entwicklungs- und Lebensplanung. Der Lernprozess des Mitarbeiters beginnt dabei mit dem Erfassen und Reflektieren des eigenen Handelns, des Erlernens neuer Verhaltensalternativen und deren praktischer Umsetzung. Auf der Ebene der Mitarbeitergruppen konzentrieren sich Entwicklungsmaßnahmen auf die Steigerung der Effektivität der Zusammenarbeit und der Verbesserung der Beziehungen untereinander. Die Ebene der Aufbau- und Ablauforganisation beinhaltet in erster Linie die Reorganisation ineffizienter Prozesse und Strukturen, unter Beachtung der Entwicklungserfordernisse zur Anpassung an künftige Anforderungen, an die Entwicklung des Gesundheitsmarktes und die Ziele der Gesundheitseinrichtung.

3.4.2   Führungsrolle im Business Reengineering

Die dauerhafte Integration von Anpassungs- und Veränderungsfähigkeit
in der Führung im Gesundheitswesen wird als **Change Management** bezeichnet. Darunter ist somit die Institutionalisierung der organisatorischen
Weiterentwicklung einer Gesundheitseinrichtung zu verstehen und damit
alle Aufgaben, Maßnahmen und Tätigkeiten, die eine umfassende, bereichsübergreifende und inhaltlich weit reichende Veränderung zur Umsetzung von neuen Strukturen, Strategien, Systemen, Prozessen oder Verhaltensweisen in einer Organisation bewirken sollen. In Anlehnung an das
weithin bekannte Modell von *K. Lewin* (1890-1947) läuft der Veränderungsprozess in der Regel in drei Phasen ab. Das Change Management
geht in einer ersten Phase des „Auftauens" (Unfreezing) von der Einsicht
aus, dass Veränderungen in der Gesundheitseinrichtung notwendig werden. Das alte Verhalten wird in Frage gestellt, gleichzeitig werden die nach
Veränderung strebenden Kräfte unterstützt, um ein Veränderungsbe-
wusstsein auszulösen. In dieser Phase findet die Vorbereitung einer Veränderung statt, Pläne werden mitgeteilt und die von der Änderung Betroffenen in die Diskussion einbezogen. Gleichzeitig müssen Unterstützung in
der Einrichtung für die Veränderungen entwickelt und ausreichend Zeit
eingeräumt werden, um sich darauf vorzubereiten. In der Veränderungs-
oder Bewegungsphase (Moving) werden Problemlösungen entwickelt und
ausprobiert. Dazu gehört auch, diese durch Training zu verstärken und
den Prozess zu überwachen. In der dritten Phase wird die erfolgreiche
Implementierung der gefundenen Problemlösungen „eingefroren"
(Refreezing) und damit dauerhaft integriert. Dazu müssen die Veränderungen vollständig eingepasst und auch über die Einführungsphase hinaus
weiterhin überwacht werden, ob sie nachhaltig funktionieren.

Das Projekt *Herausforderung Demenz des Diakonischen Werkes Bayern*, gefördert durch das *Bayerisches Staatsministerium für Arbeit und Sozialord-
nung, Familie und Frauen*, unterstützt nach *Cofone* (2012) Pflegeheime im
Veränderungsmanagement und zielt auf bessere gerontopsychiatrische
Qualität ab: „Singuläre Demenzkonzepte, angefügt an das standardisier-
te Krohwinkel–Konzept, sind nach aller Erfahrung nicht ausreichend. Es
ist ebenso wenig sinnvoll, fertige Konzepte, wie z.B. Hausgemeinschaf-
ten, einfach zu implementieren. Starre Konzeptorientierung, gar Dogma-

tismus, ist kein fruchtbarer Boden. Folge dieser Haltungen sind überforderte Leitungen und Mitarbeiter, misslungene Architekturen und eine Missachtung gewachsener Traditionen und Milieubedingungen einer Einrichtung. Die Auseinandersetzung mit den Erkenntnissen moderner Dementenpflege ist hingegen erfolgversprechender. Durch die individuelle Erarbeitung einer zukunftsweisenden Konzeption wachsen die fachlichen und mentalen Bestände der Einrichtung und ihrer Mitarbeiter. So kann dauerhaftes Veränderungsmanagement gelingen."

Beim bekannten Veränderungskonzept des **Business Process Reengineering**, das 1993 von den Amerikanern M. *Hammer* und J. *Champy* geprägt wurde, stehen nicht die verschiedenen organisatorischen Einheiten einer Gesundheitseinrichtung im Vordergrund, sondern deren Prozesse. Business Process Reengineering bedeutet eine grundlegende, radikale Neugestaltung und Flexibilisierung aller in einer Gesundheitseinrichtung ablaufenden Prozesse, um deren Kostensituation und Handlungsgeschwindigkeit zu verbessern. Im Einzelnen geht es dabei um die Verkürzung der Patientendurchlaufzeiten und der Lieferzeiten von medizinischem Verbrauchsmaterial, der Beschränkung der Leistungserstellung der Gesundheitseinrichtung auf ihre Kernkompetenzen, die Steigerung von Qualität, Patientenservice und Produktivität, sowie die Beschleunigung der Leistungsprozesse durch Abbau von Hierarchien. Die Neugestaltung erfolgt dabei nach bestimmten Grundregeln, wie der Neugestaltung und Änderung des Leistungsportfolios (Restrukturierung), Verbesserung der Schulung und organisatorischen Einbindung von Mitarbeitern durch Erwerb von Fertigkeiten und Fähigkeiten sowie verbesserter Motivation (Erneuerung), Überwindung herkömmlicher Denkmuster durch neue Visionen und Entschlusskraft (Einstellungsänderungen) sowie der grundlegenden Neugestaltung aller Prozesse (Revitalisierung).

J. *Rüegg-Stürm* (2008) vom *Institut für Betriebswirtschaft*, St. Gallen, übt in der *Schweizerischen Ärztezeitung* Kritik an der pauschalen Übernahme des Business Process Reengineering für die Krankenhauspraxis: „Am radikalsten gestaltet sich eine «revolutionäre Erneuerung» von Abläufen. Unter der Bezeichnung Business Process Reengineering oder Business Process Redesign (BPR) hat sie sowohl in der Krankenhausliteratur als auch in der Krankenhauspraxis zwischenzeitlich einen hohen Popularitätswert erreicht. BPR zielt auf die bereichsübergreifende, radikale

Umgestaltung von Prozessen innerhalb einer Organisation bzw. über ihre Grenzen hinweg und verspricht dadurch enorme Kostensenkungen und Qualitätssteigerungen. Mit der Fokussierung auf lineare und planbare Prozesse fand BPR vor allem in der Industrie (u.a. Automobil- und Finanzbereich) Anwendung – durchaus erfolgreich. Pauschale Übertragungen des Konzepts auf den Krankenhauskontext sind jedoch meist gescheitert. Gründe dafür gibt es zahlreiche. So sind Patientenprozesse als Gesamtheit aller Aktivitäten der Anamnese, Diagnose und Therapie meist viel weniger linear und weniger planbar als Produktionsprozesse in der Industrie (OP-Prozesse mögen hier eine Ausnahme sein)."

Die Führung im Gesundheitswesen nach schlanken Organisationskonzepten wird auch als **Lean Management** bezeichnet, das auf den Abbau unnötiger Kostenbereiche ausgerichtet ist. Diese Form der Betriebsführung stammt aus Japan, ist durch flache Hierarchien, die Vermeidung von Verschwendung und der Konzentration auf die wertschöpfenden Tätigkeiten gekennzeichnet. Aufgespürt und vermieden werden sollen insbesondere vermeidbare Wartezeiten von Patienten, Leistungserstellungen über den Bedarf hinaus, unergonomische Bewegungen im Arbeitsablauf sowie unnötige Mehrfachtransporte von Patienten und medizinischen Materialien oder Pflegematerial. Zu diesem Zweck werden im Lean Management alle Abläufe in einer Gesundheitseinrichtung auf ihren Beitrag zur Wertschöpfung untersucht und gegebenenfalls verbessert. Ziel ist dabei, in Anlehnung an das ökonomische Prinzip mit einem minimalen Einsatz von Personal, Zeit und Investitionen ein durch den Patienten vorgegebenes Ergebnis bzw. bei gegebenem Einsatz ein optimales Behandlungs- oder Pflegeergebnis für den Patienten zu erreichen. Als wichtige Kriterien für eine Struktur mit optimierten Abläufen des Lean Management werden häufig interne Leitprinzipien, wie Patientenorientierung und Führung als Service am Mitarbeiter, Prozesse mit niedriger Fehleranfälligkeit, transparente Informations- und Rückkopplungsprozesse, Einsatz von Gruppenarbeit, verstärktes Mitarbeiterengagement durch Eigenverantwortung und Teamarbeit sowie permanente Qualitätsverbesserung genannt.

G. *Trummer* (2012) vom *Universitäts Klinikum Freiburg* führt als Beispiele für die Verschlankung von Prozessen im Klinikum die Vermeidung von OP Verschiebungen wegen fehlender Intensivkapazität, stationsinternen Patientenverschiebungen, Absagen an Patienten innerhalb von 3 Tagen vor Aufnahme sowie den Bedarf an Leihbetten an. Ferner konnte die präoperative Krankenhausverweildauer (CABG -0,5 Tage, Valve -1 Tag) sowie die Gesamtverweildauer (CABG – 2,5 Tage, Valve -2 Tage) reduziert werden. Darüber hinaus verbesserte sich die Auslastung von OP und Intensivstation, wurden Spitzenbelastungen vermieden und ein späterer Arbeitsbeginn um 15 Minuten möglich.

3.5 Steuerung und Kontrolle

3.5.1 Controlling im Gesundheitsbetrieb als Führungsaufgabe

Planung als Führungsaufgabe bedeutet mehr als nur die Fortschreibung von Gegenwart oder Vergangenheit. Sie zwingt dazu, sich im Gesundheitswesen Ziele zu setzen, sie zu formulieren und als Leistungsanreize vorzugeben. Ohne eine Kontrolle der Einhaltung dieser Vorgabewerte ist die Planung wirkungslos. Die Kontrolle ihrerseits benötigt Vorgaben, Entscheidungsregeln für die Bewertung der Ausführung sowie für die Korrekturmaßnahmen. Sie soll Fehler bei der Planung oder Aufgabendurchführung erkennen und Verbesserungsmöglichkeiten aufzeigen. Die Koordination von Planung und Kontrolle mit der Steuerung der Informationsversorgung wird im Gesundheitswesen durch das Controlling wahrgenommen.

Führung besteht somit nicht nur aus der Tätigkeit des Kontrollierens und der Wahrnehmung von Kontrollfunktionen im laufenden betrieblichen Geschehen. Das Controlling im Gesundheitswesen hat als Aufgabe, die Führungskräfte als Entscheidungsträger mit Informationen zu versorgen, die für die Planung, Steuerung und Kontrolle im Gesundheitswesen erforderlich sind.

Die **Planung** im Gesundheitswesen ist eine wichtige Aufgabe, die unterschiedlichste Planungsbereiche umfasst: Sie reicht von der betrieblichen Finanzplanung im Finanzwesen, über die Planung der Leistungserstellungsprozesse (Behandlungsplanung, Belegungsplanung, Therapieplanerstellung, Erstellung von Hygieneplänen, Schichteinsatzplan etc.) bis hin zur Strategischen Planung der gesamten Gesundheitseinrichtung. Sie bildet den logischen Ausgangspunkt des betrieblichen Managements. Es wird darüber nachgedacht, was in und mit dem Gesundheitsbetrieb erreicht werden soll und wie es am besten zu erreichen ist. Dazu zählen die Bestimmung der Zielrichtung, die Ermittlung zukünftiger Handlungsoptionen und die Auswahl unter diesen. Planung bedeutet, zukünftiges Handeln unter Beachtung des Rationalprinzips gedanklich vorweg zu nehmen.

Je nach Planungsart lässt sich zunächst zwischen einer rollierenden und einer Blockplanung unterscheiden. Während bei einer *rollierenden* Planung nach Ablauf einer Phase deren Ergebnis korrigierend in die Planung einfließt und diese immer wieder neu „aufgesetzt" wird, stellt die *Blockplanung* den Ablauf der einzelnen Phasen im Zeitverlauf dar. Ferner lässt sich die Planung, je nachdem welche Bereiche des Gesundheitsbetriebs einbezogen sind, unterscheiden in

■ Top-down-Planung: Planvorgaben durch die Leitung des Gesundheitsbetriebes und Konkretisierung durch Teilpläne in den einzelnen Betriebsbereichen,

■ Bottom-up-Planung: Sammlung von Plandaten auf unterer Ebene und spätere Aggregation zu einer betrieblichen Gesamtplanung,

■ Gegenstromverfahren: Vorgabe von Eckwerten, Abstimmung in den einzelnen Bereichen und Zusammenfassung zur Gesamtplanung.

Wenn es um längerfristige Aktionsziele geht, spricht man auch von einer *strategischen* Planung, im Gegensatz zur *operativen* Planung, die der konkreten kürzerfristigen Disposition von Ressourcen dient.

Die Sammlung von Verbrauchsdaten bei medizinischem Material für die Beschaffungsplanung einer Großklinik stellt eine Bottom-up-Planung dar, während die Schichteinsatzplanung unter Vorgabe der Schichtzeiten und Einsatzstärken in der Regel unter Einbeziehung der Mitarbeiter nach dem Gegenstromverfahren erfolgt.

Das **Controlling** im Gesundheitswesen lässt sich allgemein als umfassendes Steuerungs- und Koordinationskonzept zur Führung des Gesundheitsbetriebs verstehen, das mit Hilfe der Beschaffung, Aufbereitung und Analyse von Informationen und Daten die zielgerichtete Planung, Steuerung und Koordination der betrieblichen Abläufe unterstützt und zur Entscheidungsfindung beiträgt.

Vor allen Dingen das *präventive* Controlling ist als Führungsaufgabe anzusehen und versucht frühzeitig Gesundheitseinrichtungen gegenüber Veränderungen im Umfeld zu wappnen, etwa durch die Entwicklung von Strategien, die sie beispielsweise unabhängiger von allgemeinen Entwicklungen des Gesundheitsmarktes machen, Sicherstellung einer hohen Flexibilität und Anpassungsfähigkeit auf veränderte Situationen. Zusammen mit dem *handlungsaktiven* Controlling orientiert es sich an veränderten Rahmenbedingungen und versucht, ständig etwa Abweichungen von Betriebsumsatz, -kosten oder –gewinn im Auge zu behalten und notwendige Korrekturen auf entscheidenden Gebieten der Betriebsführung einzuleiten, um die definierten Ziele zu erreichen. Das *nachgängige* Controlling ist hingegen vergangenheitsorientiert und besteht in erster Linie aus den Funktionen der Betriebsbuchhaltung, wie die Durchführung von Kostenstellen und -trägerrechnungen, die Weiterentwicklung von Jahresplänen, die Fortschreibung von Vergangenheitswerten oder die Nachzeichnung abgelaufener buchhalterischer Vorgänge. Während das *kurzfristige* Controlling auf einen Zeitraum von 1 bis 2 Jahren ausgerichtet ist und sich auf den Betriebserfolg der Gesundheitseinrichtung mit dem Schwerpunkt auf der Steuerung des Gewinns konzentriert, wobei es durch seinen steuernden Einfluss auf Kostensenkung, Leistungssteigerung und Verringerung des eingesetzten Kapitals somit einen Beitrag zur Entscheidungs- und Handlungsfähigkeit der Einrichtung leistet, umfasst das *langfristige* Controlling darüber hinaus das systematische Erkennen zukünftiger Chancen und Risiken für die Gesundheitseinrichtung mit dem Ziel, langfristige Erfolgspotenziale zu sichern und aufzubauen. Es ist daher auf einen Zeitraum von etwa 5 bis 10 Jahren ausgerichtet und stellt die Existenzsicherung in den Vordergrund. Damit trägt es auch dem Bedarf an stärkerer Effizienz der strategischen Planung Rechnung, die oft der Gefahr unterliegt, gesteckte Ziele im betrieblichen Alltag aus den Augen zu verlieren oder eingeschlagene Strategien nicht konsequent genug zu verfolgen.

Die Herausforderung für die Betriebsführung im Gesundheitswesen besteht im Wesentlichen darin, das Controllinginstrumentarium richtig anzuwenden. So ist das *nachgängige* Controlling dann als ausreichend anzusehen, wenn sich das Umfeld und die Rahmenbedingungen im Gesund-

heitswesen kaum verändern, in der Gesundheitseinrichtung selber weitestgehend konstante Situationen zu verzeichnen und somit weitestgehend
gesicherte Voraussetzungen für eine langfristige Planung der Entwicklung
gegeben sind. Das *handlungsaktive* Controlling findet in der Regel dann
Anwendung, wenn sich die Rahmenbedingungen beispielsweise aufgrund
gesundheitspolitischer Entwicklungen häufig ändern und eine Planung
aufgrund Unsicherheiten oder gar fehlender Grundlagen zunehmend
schwierig wird. Es ist damit zukunftsorientiert und nicht auf das Fortschreiben von Vergangenheitswerten ausgerichtet. Für das *präventive* Controlling genügt es nicht etwa nur Daten aus der Buchhaltung der Gesundheitseinrichtung regelmäßig auszuwerten, auf Informationen der Verbände
oder Standesorganisationen zu warten und auf veränderte Vorgaben des
öffentlichen Gesundheitswesens zu reagieren. Vielmehr muss die Betriebsführung möglichst frühzeitig beispielsweise neue Behandlungsmethoden,
innovative Entwicklungen auf dem Gebiet der Medizintechnik und veränderte Patientenwünsche wahrnehmen und sie in ihrer Planung berücksichtigen. Beim *operativen* Controlling stehen die kurzfristig gesteckten Ziele im
Vordergrund („Senkung der Materialkosten im Jahresdurchschnitt um
10%", „Erhöhung des Umsatzes im III. Quartal um 5%" etc.), die eine Steuerung der innerbetrieblichen Funktionen und Abläufe erforderlich machen.
Auf der Grundlage der Daten aus der Betriebsbuchhaltung und der Kostenrechnung werden hierzu in erster Linie Soll-/Ist-Analysen durchgeführt,
um mögliche Abweichungen zu erkennen und notwendige Gegensteuerungsmaßnahmen einleiten zu können. Das *strategische* Controlling muss
bei der Organisation des strategischen Planungsprozesses mitwirken, die
Umsetzung der strategischen Pläne in operationalisierbare, kurzfristige
Ziele sicherstellen sowie Kontrollgrößen erarbeiten und ein Frühwarnsys-
tem zur Gewinnung von Kontrollinformationen für die Gesundheitseinrichtung aufbauen.

Aufgabe der Betriebsführung im Gesundheitswesen ist es somit, die Gesundheitseinrichtungen mit Hilfe der allgemeinen Controllingfunktionen
zielgerichtet zu steuern. Dazu haben sich für das Gesundheitswesen eine
Reihe von speziellen Controllingbereichen herausgebildet (siehe **Tabelle
3.5**).

Tabelle 3.5   Controllingbereiche im Gesundheitswesen.

Controlling-bereich	Beschreibung
Medizin-controlling	Das Medizincontrolling kommt vorwiegend in Krankenhäusern zum Einsatz und wurde hauptsächlich in Zusammenhang mit der Einführung des DRG-Abrechnungssystems installiert. Es stellt insofern eine Schnittstelle zwischen Medizin und Verwaltung dar und unterstütz die Geschäftsführung in strategischen Fragen.
Pflege-controlling	Das Pflegecontrolling hat im Wesentlichen die Aufgaben dem Informationsbedürfnis der pflegerischen Leitungsebene nachzukommen und die Pflege in Gesundheitseinrichtungen zu optimieren, um den steigenden Anforderungen an die Leistungsfähigkeit der Pflege und des Pflegemanagements gerecht zu werden. Im Vordergrund stehen dabei der zielgerichtete, bedarfsgerechte und flexible Einsatz personeller und materieller Pflegeressourcen im Gesundheitsbetrieb, durch die Bereitstellung relevanter Kennzahlen aus dem Pflegebereich.
Risiko-controlling	Während das Risikocontrolling beispielsweise in Anlehnung an die Mindestanforderungen an das Risikomanagement (MaRisk) der Bundesanstalt für Finanzdienstleistungsaufsicht (BaFin) als Mess- und Überwachungssystem der Risikopositionen einer Gesundheitseinrichtung und Analysesystem des mit ihnen verbundenen Verlustpotenzials beschrieben werden kann, befasst sich das Risikomanagement mit der systematischen Identifizierung, Erfassung, Bewertung und Steuerung der Risiken im Gesundheitswesen.

Controlling-bereich	Beschreibung
Kosten-controlling	Die Aufgabe des Kostencontrolling besteht darin, die Leitung des Gesundheitsbetriebes mit Informationen zu versorgen, die für die betriebliche Planung, Steuerung und Kontrolle erforderlich sind. Insofern setzt das Kostencontrolling eine planungs- und zielorientierte Betriebsführung voraus, die die Ziele des Gesundheitsbetriebs im Rahmen der betrieblichen Planung festlegt. Zusätzlichen personellen Führungscharakter erlangt das Kostencontrolling dann, wenn es auf der Grundlage von Zielvereinbarungen mit den Mitarbeitern zugleich als Personalführungsinstrument eingesetzt wird.
Personal-controlling	Das Personalcontrolling im Gesundheitswesen ist eine spezielle Form des allgemeinen Controllings zur Analyse der gegebenen Informationen von und über die Mitarbeiter, zur Vorbereitung und Kontrolle von personalrelevanten Entscheidungen auf der Grundlage dieser Informationen, sowie zur Steuerung und Koordination der Informationsflüsse im Personalbereich.
Investitions-controlling	Das Investitionscontrolling umfasst die Planung, Kontrolle, Steuerung und Informationsversorgung bei Investitionen im Gesundheitswesen. Dazu gehört die Verwendung finanzieller Mittel für Zugänge bei Finanz- und Sachanlagen ebenso, wie für das Umlaufvermögen oder immaterieller Vermögensteile. Es geht dabei darum, die Investitionsplanung zu verbessern, Handlungsempfehlungen für Investitionsentscheidungen abzugeben, den Nutzen mit den Auszahlungen der Investitionen abzuwägen, Abweichungsüberprüfung von Investitionssoll- und -istwerten durchzuführen und möglicherweise Nachbesserungsentscheidungen zu treffen.

Controlling-bereich	Beschreibung
Finanzierungs-controlling	Das Finanzierungscontrolling einer Gesundheitseinrichtung umfasst die Steuerungsmaßnahmen zur Aufrechterhaltung ihrer Zahlungsfähigkeit und zur Koordination von Finanzierungsentscheidungen. Dazu zählen sowohl die Überwachung der kurz-, mittel- und langfristigen Finanzsituation, die Analyse und Beeinflussung der Finanzierungskosten. als auch die Unterstützung der externen Rechnungslegung.
Marketing-controlling	Mit dem Marketingcontrolling wird versucht, den Erfolg von Marketingaktivitäten im Gesundheitswesen zu messen, zu kontrollieren und zu steuern, um sie konzeptionell und zielgerichtet weiterzuentwickeln. Maßstab ist dabei der Erfolg im Patientenmarkt und damit der Nachweis der Effizienz der Marketingmaßnahmen.
Organisations-controlling	Das Organisationscontrolling hat zur Aufgabe, durch Planung, Steuerung und Kontrolle der Organisationsprozesse Aufbau- und Ablauforganisationen im Gesundheitswesen zu optimieren. Dazu zählen insbesondere auch das Controlling von Projekt- und der Prozessorganisationen.
Logsitik-controlling	Das Logistikcontrolling im Gesundheitswesen dient der permanenten und kontinuierlichen Wirtschaftlichkeitskontrolle von materialwirtschaftlichen Kosten und Leistungen durch die Schaffung von Kosten- und Leistungstransparenz entlang der gesamten Lieferkette, durch die Entwicklung aussagekräftiger Logistikkennzahlen und durch ein nachhaltiges Berichtswesen mit der Bereitstellung entscheidungsbezogener Informationen.

Das Lehrgebiet Allgemeine Betriebswirtschaftslehre mit dem Schwerpunkt Rechnungswesen, insbesondere Controlling im Gesundheitswesen der *Hochschule Osnabrück* (2012) befasst sich unter der Leitung von *W. Zapp* beispielsweise mit einem Forschungsprojekt zum Aufbau eines

Risikocontrollings in Einrichtungen der Stationären Altenhilfe unter besonderer Berücksichtigung von Basel II in Kooperation unter anderem mit *Caritas* Seniorenheimen, der *Bank für Sozialwirtschaft,* Köln, sowie dem *Deutschen Verein für Krankenhaus-Controlling e.V.*

3.5.2 Steuerung des Gesundheitsbetriebs mit Kennzahlen

Vergleichende Steuerungsinstrumente bieten vielfältige Möglichkeiten, im Rahmen des Controllings im Gesundheitswesen realisierbare Ziele zu setzen, deren Einhaltung zu überwachen und gegebenenfalls korrigierend einzugreifen. Bei einem Vergleich werden aktuellen Zahlenwerten des Gesundheitsbetriebs Vergangenheitswerten, Werten anderer Betriebe oder Sollwerten gegenübergestellt, um positive oder negative Differenzen zu ermitteln und diese zum Maßstab des eigenen Handelns zu machen (siehe **Abbildung 3.5**).

Abbildung 3.5   Steuerung durch Kennzahlenvergleich.

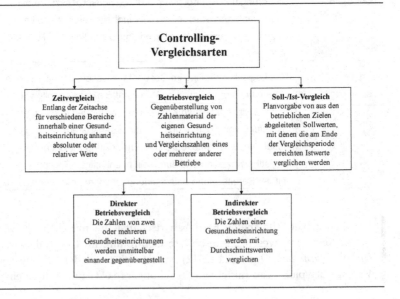

Eine besondere Form des Betriebsvergleichs ist das **Benchmarking.**

Es bedeutet, dass man sich im Gesundheitswesen an den besten Konkurrenten oder an den besten innerbetrieblichen Prozessen orientiert und versucht, deren Leistungsniveau in einen oder mehreren Teilbereichen zu erreichen. Ziel ist es dabei, Defizite zum *benchmark* als Vergleichsmaßstab aufzudecken und Anregungen für Verbesserungen der betrieblichen Situation zu gewinnen. Es lassen sich grundsätzlich folgende *Arten* des Benchmarking als Vergleiche anstellen:

■ Benchmarking im Wettbewerb: Vergleiche mit direkt konkurrierenden Gesundheitseinrichtungen,

■ Benchmarking innerhalb des Fachgebiets: Allgemeine Vergleiche in der Gesundheitsbranche,

■ Internes Benchmarking: Vergleiche zwischen Organisationseinheiten der eigenen Einrichtung.

Kennzahlen können als wichtiges Instrument der Betriebsführung dazu beitragen, Planung, Steuerung und Kontrolle mit dem Ziel optimierter Zuordnungen und möglichst wirtschaftlicher Abläufe sichern zu helfen. Sie haben bei der Erkennung von Störgrößen und Engpässen im Wesentlichen drei Aufgaben zu erfüllen:

■ Die Analyse des Ist-Zustands der Gesundheitseinrichtung und die Festlegung der Schwachstellen,

■ die Entwicklung einer neuen Soll-Position gegenüber der bisherigen Ist-Position,

■ die Entwicklung von entsprechenden Maßnahmen und die Kontrolle des Aktionsplans durch Kennzahlen bis zu einer optimalen Lösung.

Als **Kennzahlensystem** bezeichnet man die systematische Zusammenstellung von quantitativen Einzelkennzahlen, die die entscheidungsrelevanten Sachverhalte und Prozesse in einer Gesundheitseinrichtung systematisch abbildet. Ausgehend von der begrenzten Aussagefähigkeit von Einzelkennzahlen dient die systematische Zusammenstellung dazu, in knapper und konzentrierter Form alle wesentlichen Informationen für eine umfassende Planung und Kontrolle von Entscheidungen bereitzustellen.

Für das Gesundheitswesen lassen sich folgende *Funktionen* ableiten, die ein Kennzahlensystem leisten muss:

- Operationalisierungsfunktion: Bildung von Kennzahlen zur Operationalisierung von Zielen und Zielerreichung (Leistungen),

- Anregungsfunktion: Laufende Erfassung von Kennzahlen zur Erkennung von Auffälligkeiten und Veränderungen,

- Vorgabefunktion: Ermittlung kritischer Kennzahlenwerte als Zielgrößen für Teilbereiche einer Gesundheitseinrichtung,

- Steuerungsfunktion: Verwendung von Kennzahlen zur Vereinfachung von Steuerungsprozessen,

- Kontrollfunktion: Laufende Erfassung von Kennzahlen zur Erkennung von Soll-Ist-Abweichungen.

Will die Betriebsführung eine effiziente Arbeit mit Kennzahlen erreichen, so muss sie diese an den Bedürfnissen der jeweiligen Gesundheitseinrichtung ausrichten. Unter Berücksichtigung der Qualifikationsstruktur ihrer Mitarbeiter und ihrer Größe stellt sie in der Regel sehr unterschiedliche Anforderungen an ein Kennzahlensystem und kann unter sehr vielen üblichen Kennzahlen die für sie am besten geeigneten auswählen, um so auf ein „maßgeschneidertes Kennzahlensystem" zu kommen (siehe **Tabelle 3.6**).

Tabelle 3.6   Kennzahlenbeispiele zur Steuerung im Gesundheitswesen.

Kennzahl	Formel	Beschreibung
Leistungskennzahlen		
Fallzahlen stationär	Absolute stationäre Fallzahlen	Fallzahlentwicklung
Fallzahlen ambulant	Absolute ambulante Fallzahlen	Fallzahlentwicklung

Kennzahl	Formel	Beschreibung
durchschnittl. Pflegetage	Gesamtzahl Pflegetage ÷ Patientenanzahl (stationär)	Entwicklung der durchschnittl. Pflegetage
Bettenauslastungsgrad	[(Gesamtzahl Betten x mögliche Belegungstage) ÷ tatsächliche Belegungstage] x 100	Entwicklung der Bettenbelegung
Rentabilitätskennzahlen		
Eigenkapitalrentabilität	(Betriebsgewinn ÷ Eigenkapital) x 100	Sicherstellung der Mindestverzinsung des Eigenkapitals
Gesamtkapitalrentabilität	[(Betriebsgewinn + Fremdkapitalzinsen) ÷ Gesamtkapital] x 100	Ausdruck für die Leistungsfähigkeit des in dem Gesundheitsbetrieb arbeitenden Kapitals
Umsatzrentabilität	(Betriebsgewinn ÷ Betriebsumsatz) x 100	Anteil des Betriebsgewinns und der Kosten am Gesamtumsatz
Return on Investment	(Betriebsgewinn ÷ Betriebsumsatz) x (Betriebsumsatz ÷ gesamtes investiertes Kapital)	Verhältnis des gesamten investierten Kapitals und des Betriebsumsatzes zum Betriebsgewinn
Cash-flow	Betriebseinnahmen (zahlungswirksame Erträge) – Betriebsausgaben (zahlungswirksame Aufwendungen)	Umsatzüberschuss oder Finanzüberschuss, der sich als Nettozugang an flüssigen Mitteln aus der Umsatztätigkeit innerhalb eines Zeitraums darstellt
Zuwachsraten		
Umsatzzuwachsrate	(Betriebsumsatz Periode A ÷ Betriebsumsatz Periode B) x 100	Entwicklung des Betriebsumsatzes

Kennzahl	Formel	Beschreibung
Gewinn-zuwachsrate	(Betriebsgewinn Periode A ÷ Betriebsgewinn Periode B) x 100	Entwicklung des Betriebsgewinns
Kosten-zuwachsrate	(Betriebskosten Periode A ÷ Betriebskosten Periode B) x 100	Entwicklung der Betriebskosten
Liquiditätskennzahlen		
1. Liquiditäts-grad	Zahlungsmittelbestand ÷ kurzfristige Verbindlichkeiten	Verhältnis zwischen Zahlungsmittelbestand und kurzfristigen Verbindlichkeiten
2. Liquiditäts-grad	Zahlungsmittelbestand + kurzfristige Forderungen ÷ kurzfristige Verbindlichkeiten	Verhältnis zwischen Teilen des Umlaufvermögens und kurzfristigen Verbindlichkeiten
3. Liquiditäts-grad	Umlaufvermögen ÷ kurzfristige Verbindlichkeiten	Verhältnis zwischen gesamtem Umlaufvermögen und kurzfristigen Verbindlichkeiten
Mitarbeiterkennzahlen		
Monatl. Arbeits-stunden	Gesamtzahl der monatlichen Arbeitsstunden ÷ Anzahl der Betriebsangehörigen	Entwicklung der durchschnittlichen Arbeitszeiten je Betriebsangehörigen
Überstunden-quote	(Ist-Arbeitsstunden ÷ Soll-Arbeitsstunden) x 100	Einsatzbereitschaft des Betriebspersonals; Personalbemessung
Krankheits-quote	(Anzahl aller Kranken ÷ Summe aller Mitarbeiter) x 100	Ausfallzeiten des Betriebspersonals
Fluktuations-quote	(Anzahl der Personalaustritte ÷ durchschnittl. Zahl der Mitarbeiter) x 100	Personalbewegungen; Arbeitsplatzzufriedenheit

Der Einsatz einer **Balanced Scorecard** (BSC) für die Steuerung im Gesundheitswesen dient dazu, die Erreichung von strategischen Zielen messbar und über die Ableitung von Maßnahmen umsetzbar zu machen. Anhand von Patienten-, Finanz-, Entwicklungs- und Prozessperspektiven lenkt sie im Gegensatz zu klassischen Kennzahlensystemen den Blick auch auf nicht-finanzielle Indikatoren.

Betriebswirtschaftliche Auswertungen (BWA) basieren in der Regel auf dem Zahlenmaterial der Finanzbuchführung und unterstützen die betriebswirtschaftliche Analyse im Gesundheitswesen. Als Vergleichsgrößen werden automatisch Vorjahreszahlen zur Verfügung gestellt. Ebenso können alternativ Planwerte herangezogen werden.

Viele, insbesondere kleinere Gesundheitseinrichtungen lassen ihre Finanzbuchführung durch den Steuerberater oder eine externe Buchhaltung bearbeiten, welche wiederum in der Regel an die *DATEV* angeschlossen sind und deren Service und Verarbeitungsprogramme nutzen. Die *DATEV e. G.* bietet als Genossenschaft Steuerberatern, Wirtschaftsprüfer und Rechtsanwälten, aber auch größeren Gesundheitsbetrieben unter anderem spezifische BWA an (siehe **Tabelle 3.7**).

Tabelle 3.7 Betriebswirtschaftliche Auswertungen für Gesundheitsbetriebe nach DATEV.

Auswertungsbereich	BWA-Formen
Branchenspezifische Lösungen für soziale Einrichtungen	Neben dem Standard-Schema BWA-Form 01 gibt es kurzfristige Erfolgsrechnungen für soziale Einrichtungen, Bewegungsbilanz und statische Liquidität für stationäre und gemischte Einrichtungen mit und ohne Kennzahlen (BWA-Form 40 / 41), Controllingreport-BWA (BWA-Form 04), kurzfristige Erfolgsrechnungen für ambulante Einrichtungen (BWA-Form 42), Kapitalflussrechnung en (BWA-Form 51), betriebswirtschaftliche Kurzberichte (BKB)

Auswertungsbereich	BWA-Formen
Branchenspezifische Lösung für Vereine / Stiftungen und gemein- nützige GmbHs	Ergebnisübersicht ideeller Bereich bis Vermögensver- waltung, Ergebnisübersicht sonstige ertragsteuerfreie Zweckbetriebe, Ergebnisübersicht sonstige ertragsteuerpflichtige wirtschaftliche Geschäftsbetrie- be, Zusammenstellung der Bereichsergebnisse, steu- erliche Kontrollrechnung, Haushaltsplanung Soll-Ist- Vergleich

3.5.3 Durchführung der betrieblichen Kontrolle und medizinischen Qualitätskontrolle

Die Kontrollaufgaben im Gesundheitswesen sind vielschichtig und liegen nicht nur bei der Betriebsführung und den Führungskräften (siehe **Abbildung 3.6**).

Abbildung 3.6   Kontrolleinrichtungen im Gesundheitswesen.

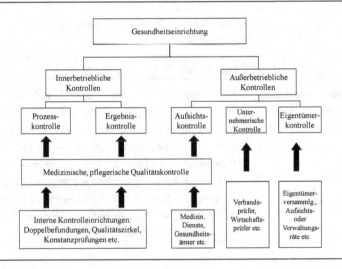

Weitere Kontrolleinrichtungen insbesondere für den ökonomischen Bereich der Gesundheitsbetriebe, beispielsweise für Betriebe in Form großer und mittelgroßer Kapitalgesellschaften die unter das *Publizitätsgesetz (PublG)* fallen, sind vorgeschriebene **Prüfungen**, wie beispielsweise die Jahresabschlussprüfung, die in der Regel nur von Wirtschaftsprüfern und Wirtschaftsprüfungsgesellschaften vorgenommen werden darf. Zu den *innerbetrieblichen* Kontrolleinrichtungen zählen in diesem Zusammenhang Einrichtungen wie eine **Interne Revision**, die beispielsweise die Ordnungsmäßigkeit und Zuverlässigkeit des Finanz- und Rechnungswesens überprüft.

Das *Deutsche Krankenhausinstitut DKI* (2012) bietet beispielsweise Seminare zum Thema „Interne Revision im Krankenhaus" mit folgenden Inhalten an:

- „Definition und gesetzliche Grundlagen der Internen Revision

- Ziele und Aufgaben der Internen Revision

- Organisatorischer Aufbau der Internen Revision

- Grundlagen der Revisionsarbeit

- Prüfungsfelder in einem Krankenhaus (mit praktischen Beispielen)

- Der Interne Revisor als Berater und als Mitarbeiter in Projekten".

Zielgruppe dieser Seminare sind „...Geschäftsführer, Verwaltungsdirektoren und kaufmännische Leiter von Krankenhäusern und Krankenhausträgern sowie Mitarbeiter, die im Bereich der Internen Revision bereits tätig sind bzw. diese Aufgabe künftig ausfüllen sollen."

Im Zentrum der Kontrolle im Gesundheitswesen steht jedoch die **Medizinische Qualitätskontrolle**. Ihr Ziel ist es, eine bedarfsgerechte und wirtschaftliche Patientenversorgung auf hohem Niveau sicherzustellen, die fachlich qualifiziert, ausreichend und zweckmäßig ist, sich an der Lebensqualität orientiert und dabei erwünschte Behandlungsergebnisse erreicht.

Nach Angaben des *Krankenhauses Porz am Rhein* (2012), erstreckt sich seine Qualitätskontrolle zum Beispiel auf folgende Aufgaben:

- „Ständige differenzierte Qualitätskontrolle aller zur Bilderzeugung dienenden Systeme sowie auch der Bildqualität (Technik, diagnostische Aussagekraft). Überwachung allgemeiner Arbeitsbedingungen und des Ausbildungsstandes als weitere Parameter einer optimalen Untersuchungsqualität.

- Tägliche Kontrolle der Filmentwicklung für Trocken- und Nass-Systeme

- Monatliche Konstanzprüfung an sämtlichen Röntgengeräten einschl. DSA und CT

- Jährliche stichprobenartige Kontrolle der Aufnahmen aus konventioneller und digitaler Radiographie sowie Mammographie durch die Prüfstelle der Ärztekammer Nordrhein

- Überregionale Bewertung der Interventionen durch die AGIR (Arbeitsgemeinschaft für Interventionen in der Radiologie)

- Interne Qualitätskontrolle der Mammographie durch Doppelbefundung

- Überprüfung der Arbeitsplatzhygiene (Klima, Ergonomie, Bildschirmtechnik u. a.)

- Zertifizierte CME-Fortbildungsveranstaltungen für Ärzte (Akademie für Fort- und Weiterbildung in der Radiologie und Kardiologie)

- Zertifizierung aller Ärzte durch die Deutsche Gesellschaft für Ultraschall in der Medizin (DEGUM)

- Monatliche Fortbildungsveranstaltungen und Qualitätszirkel mit den kooperierenden Kardiologen."

Während die *Aufsichtskontrolle* beispielsweise durch den *Medizinischen Dienst der Krankenversicherung (MDK)* oder durch die *Heimaufsicht* durchgeführt werden, die hauptsächlich medizinische, zahnmedizinische und pflegerische Beratungs- und Begutachtungsaufgaben im Rahmen der gesetzlichen Kranken- und Pflegeversicherung wahrzunehmen haben, gibt es auch den Vergleich verschiedener Gesundheitseinrichtungen auf der Basis von messbaren Qualitätsindikatoren nach Vorgaben des *Gemeinsamen Bundesausschusses (GBA)*, Siegburg, dem höchste Gremium der gemeinsamen Selbstverwaltung im deutschen Gesundheitswesen. Er setzt die gesetzlichen Regelungen in praktische Vorgaben für die Gesundheitseinrichtungen um, so dass die von ihm beschlossenen Richtlinien für alle Ärzte und Krankenhäuser verbindlich gelten.

In ähnlicher Weise funktioniert die Kontrolle durch das **Critical Incident Reporting-System** (CIRS), einem anonymisierten Fehlerberichtssystem, welches durch die Meldung kritischer Ereignisse die Betriebsführung und die Führungskräfte im Gesundheitswesen in die Lage versetzt, die eigenen Prozesse zu überprüfen, um die gemeldeten Fehler zu vermeiden. Anhand der Daten können lediglich das Ereignis, nicht jedoch der Meldende, seine Klinik, Praxis, Pflegeheim oder geschädigte Patienten zurückverfolgt werden. Im Vordergrund stehen dabei die Lernvorgänge und die damit verbundene Initiierung von Kontrollen im eigenen Bereich.

Das *CIRSmedical* wird vom *Ärztlichen Zentrum für Qualität in der Medizin (ÄZQ)*, Berlin, betreut.

Mit Hilfe des von *M. Cartes* (2012) an der *Medizinischen Hochschule Hannover* entwickelten „3Be-System" (Berichten - Bearbeiten - Beheben) lassen sich ebenfalls Risiken bearbeiten, um so aus den identifizierten kritischen Situationen und Risiken Strategien zur Vermeidung und Handhabung zu entwickeln und umzusetzen. Weitere Fehlerberichtssysteme sind beispielsweise im Bereich der Altenpflege das Fehlervermeidungssystem des *Kuratoriums Deutsche Altershilfe (KDA)* der *Wilhelmine-Lübke-Stiftung e.V.*, Köln, oder das Fehlerberichts- und Lernsystem für Hausarztpraxen unter *www.jeder-fehler-zaehlt.de*.

4 Führungsfelder

4.1 Organisation

4.1.1 Gestaltung der Aufbauorganisation

Im Rahmen der Gestaltung der **Aufbauorganisation** hat die Betriebsführung die Aufgabe, durch sinnvolle arbeitsteilige Gliederung und Ordnung der Prozesse in einer Gesundheitseinrichtung festzulegen, welche Aufgaben von welchen Mitarbeitern und mit welchen Sachmitteln bewältigt werden, wobei die Verteilung der Aufgaben in der Regel mit Hilfe eines hierarchischen Gefüges erreicht wird.

Zur Strukturierung einer Aufbauorganisation im Gesundheitswesen ist zunächst eine **Stellenbildung** vorzunehmen. Hierzu wird zunächst in einer **Aufgabenanalyse** eine schrittweise Zerlegung oder Aufspaltung der Gesamtaufgabe des Gesundheitsbetriebs in ihre einzelnen Bestandteile anhand von alternativen Gliederungsmerkmalen wie Verrichtung, Objekt, Rang, Phase, Zweckbeziehung durchgeführt. In der anschließenden **Aufgabensynthese** werden die in der Aufgabenanalyse ermittelten Einzelaufgaben so zusammengefügt, dass sie von einem Mitarbeiter mit Normalkapazität und der erforderlichen Eignung bzw. Übung bewältigt werden können. Das Ergebnis dieser Zuordnung wird als **Stelle** bezeichnet.

Der Vorgang der Zerlegung der Aufgaben in Teilaufgaben und der Zusammenfassung zu Aufgabenpaketen soll anhand eines Beispiels aus einer Zahnarztpraxis kurz erläutert werden:

In jeder Zahnarztpraxis gibt es die Aufgabe der Materialwirtschaft. Diese Gesamtaufgabe lässt sich beispielsweise in die Teilaufgaben Materiallagerung, Materialbeschaffung, Materialpflege etc. unterteilen. Es ist sinnvoll einzelne Teilaufgaben, wie beispielsweise die Materialpflege, weiter zu zerlegen, um dieses umfangreiche Aufgabengebiet auf mehrere ZMA zu verteilen. Eine einzelne ZMA wäre mit der Pflege und Wartung aller in einer größeren Praxis verwendeten Geräte und Instrumente

A. Frodl, *Betriebsführung im Gesundheitswesen*, DOI 10.1007/978-3-8349-4300-2_4,
© Springer Fachmedien Wiesbaden 2013

völlig überfordert. So lassen sich nach der Aufgabenzerlegung Aufgabenpakete für einzelne Arbeitsplätze schnüren, wie etwa die Zuständigkeit einer ZMA für die Materiallagerung und -beschaffung, einer Auszubildenden für die Reinigung und Pflege des Behandlungszimmers sowie der darin befindlichen Geräte und Instrumente und einer weiteren Auszubildenden für Reinigung und Pflege des Röntgenraumes. Sicherlich lässt sich auch die Materiallagerung in weitere Teilaufgaben unterteilen, wie etwa das Führen einer Materialkartei, Überwachung der Lagerzeiten und Ablaufdaten etc.

Diese Teilaufgaben werden aber sinnvollerweise zum Aufgabenpaket für nur einen Arbeitsplatz zusammengefasst, damit kein Durcheinander entsteht, wenn beispielsweise mehrere ZMA beispielsweise gleichzeitig Materialbestellungen durchführen würden.

Im Rahmen der Stellenbildung müssen den einzelnen Stellen im Gesundheitsbetrieb als nächstes immaterielle (Aufgaben, Befugnisse, Verantwortung) und materielle (die der Stelle jeweils zugeordneten Mitarbeiter und die Sachmittel) **Stellenelemente** zugeordnet werden.

Bei der Strukturierung der Stellen im Gesundheitswesen ist es wichtig, den Aufgabenumfang so zu bemessen, dass er durch einen Mitarbeiter auf dieser Stelle auch kapazitativ bewältigt werden kann. Das gleiche gilt für die Aufgabenkomplexität.

Auch kann man bei der Aufgabensynthese eine **Zentralisation** anstreben, indem gleichartige Aufgaben in einer Stelle zusammengefasst werden oder eine **Dezentralisation**, die die Verteilung gleichartiger Aufgaben auf mehrere Stellen vorsieht.

Die Struktur der Aufbauorganisation kommt schließlich durch die Zusammenfassung von mehreren Stellen zu hierarchischen Einheiten zustande. Bei dieser Hierarchiegestaltung ist ein wesentliches Kriterium die **Leitungsspanne** (auch: Führungs- oder Kontrollspanne). Sie beschreibt die Anzahl der optimal betreubaren direkten Untergebenen, da jeder Vorgesetzte nur eine begrenzte Zahl bestmöglich betreuen kann. Ihre Größe ist von verschiedenen Merkmalen abhängig, wie Komplexität der Aufgaben, Qualifikation der Mitarbeiter, Umfang und Art des Sachmitteleinsatzes, aber auch etwa der Art des angewendeten Führungsstils. Nach Erfahrungswerten ist davon auszugehen, dass maximal 10 Mitarbeiter optimal direkt von einem Vorgesetzten betreut werden können.

Aufgrund der Beziehungen der einzelnen Organisationseinheiten in einer Gesundheitseinrichtung untereinander ergeben sich verschiedenartige Strukturen:

Die **Linienorganisation** ist die klassische Organisationsform des Gesundheitsbetriebs. Sie zeichnet sich insbesondere bei der **Einlinienorganisation** durch klare Zuständigkeitsabgrenzung und einen einheitlichen Instanzenweg aus und ist daher sehr übersichtlich. Die **Mehrlinienorganisation** ist in dieser Hinsicht problematischer. Ihre Nachteile können in einer gewissen Schwerfälligkeit und einer Überlastung der Führungskräfte liegen. Die **Stablinienorganisation** ist in kleineren Gesundheitsbetrieben eher selten anzutreffen. Sie wird in erster Linie eingesetzt, um den Nachteil der Überlastung der Führungskräfte zu mindern. Vorteile hierbei sind ebenfalls der einheitliche Instanzenweg, die Entlastung der Linieninstanzen durch die Stabsstelle und die klare Zuständigkeitsabgrenzung. Es kann eine Konfliktgefahr geben durch die Trennung von Entscheidungsvorbereitung und eigentlicher Entscheidung sowie durch Spezialisierungseffekte der Stabstelle. Bei der **Matrixorganisation** kann es zu Konflikten aufgrund der Mehrfachunterstellung kommen

Die Dokumentation der Aufbauorganisation lässt sich mit verschiedenen Inhalten und in verschiedenen Darstellungsarten erstellen. Der **Organisationsplan** (auch: Organigramm, Organisationsschaubild) ist eine grafische Darstellung der Aufbauorganisation im Gesundheitswesen. Aus ihm ist die Stellengliederung, die mögliche Zusammenfassung von Stellen, die hierarchische Ordnung sowie das System der (Informations-) Wege zu erkennen. Vorzufinden sind in der Regel vertikale oder horizontale Darstellungsarten sowie Mischformen (siehe **Abbildung 4.1**).

Abbildung 4.1   Darstellungsarten von Organisationsplänen.

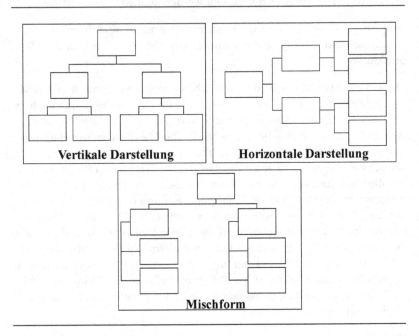

Eine weitere Möglichkeit der Dokumentation der Aufbauorganisation ist die **Stellenbeschreibung** (auch: Tätigkeitsdarstellung, Arbeitsplatzbeschreibung). Sie stellt eine formularisierte Fixierung aller wesentlichen Merkmale einer Stelle dar. Die Stellenbeschreibung dient somit der aufbauorganisatorischen Dokumentation, der Vorgabe von Leistungserfordernissen und Zielen an den Stelleninhaber sowie der Objektivierung der Lohn- und Gehaltsstruktur durch Angabe von Arbeitsplatz- / Stellenbezeichnung, Rang, Unter- und Überstellungsverhältnis, Ziel des Arbeitsplatzes / der Stelle, Stellvertretungsregelung, Einzelaufgaben, sonstige Aufgaben, besondere Befugnisse, besondere Arbeitsplatz- / Stellenanforderungen etc.

Der **Stellenbesetzungsplan** ist ein Ausweis der personalen Besetzung der eingerichteten Stellen. Aus ihm gehen die Stellenbezeichnungen sowie die Namen der Stelleninhaber hervor.

Das **Funktionendiagramm** (auch: Funktionsmatrix, Aufgabenverteilungsplan) verknüpft die Aufgaben und Befugnisse in einer Gesundheitseinrichtung mit ihren Stellen. Üblicherweise werden dabei in den Spalten die Stellen und in den Zeilen die Aufgaben ausgewiesen.

Die **Projektorganisation** als temporäre Form der Aufbauorganisation kommt im Gesundheitswesen in der Regel immer dann zur Anwendung, wenn Neuerungen einzuführen sind, die große Teile der Einrichtung und deren Mitarbeiter betreffen. Ein **Projekt** ist dabei ein Verfahren zur Lösung einer einmaligen und fest definierten Aufgabe im Gesundheitswesen, die ein fachübergreifendes Zusammenwirken erfordert und erhebliche Auswirkungen auf Situation und Abläufe hat. Es hat einen festgelegten Anfang, wird nach einer Realisierungsphase durch die Zielerreichung beendet und lässt sich hinsichtlich der Merkmale Häufigkeit, Fachbezug, Beendigung und Auswirkungen gegenüber anderen Organisationsformen abgrenzen (siehe **Tabelle 4.1**).

Tabelle 4.1 Abgrenzung von Organisationsformen im Gesundheitswesen.

Merkmale	Projekt	Linienaufgabe	Arbeitskreis
Auswirkungen	groß	mittel	ungewiss
Häufigkeit	einmalig	einma-lig/ständig	ständig
Beendigung	fest definiert	fest definiert	offen
Fachbezug	fachübergreifend	fachintern	fachübergreifend

Eine besondere Herausforderung für die Betriebsführung stellt in der Regel das Management mehrerer oder eine Vielzahl gleichzeitig ablaufender Projekte dar, wozu sich eine **Multiprojektorganisation** für die übergreifende Priorisierung, Koordinierung und Steuerung aller Projekte eignet. Sie hat in erster Linie eine bessere Nutzung knapper Ressourcen für die Projektarbeit im Gesundheitswesen, die Konzentration der verfügbaren Mittel, einheitliche Projektmethoden, -verfahren und –abläufe sowie ein besseres Erkennen der Grenzen des Machbaren zum Ziel. Dazu wird eine Genehmigungsinstanz und übergeordnetes Koordinierungsgremium für alle Projekte benötigt. Sie stellt gleichzeitig das Bindeglied zwischen Projektorganisation und Linienorganisation mit dem Ziel einer zentralen Gesamtkoordination von Projekten und Linienmaßnahmen dar. Das Gremium steuert zentral das Gesamtprojektportfolio.

Die *Ammerland-Klinik GmbH* (2012), Westerstede, nutzt die Projektorganisation zur Planung und Durchführung von Verbesserungs- und Optimierungsmaßnahmen. Dabei werden anhand eines festgelegten Ablaufs nach Problemdarstellung und Analyse die zu erreichenden Ziele festgelegt und alle betroffenen Bereiche in die Projektumsetzung integriert. Um eine effiziente Projektdurchführung zu gewährleisten werden Meilensteine erhoben, die als Indikatoren für die Zielerreichung dienen, und eine Überprüfung der Projekte durch die Geschäftsführung durchgeführt. Folgende Projekte wurden auf diese Weise beispielsweise bereits umgesetzt:

- Optimierung der Arztbriefschreibung in der Inneren Klinik,

- Einführung neuer Mitarbeiter anhand eines Einarbeitungskonzeptes,

- Kooperation mit dem *Bundeswehrkrankenhaus Bad Zwischenahn,*

- Neubau (3. Bauabschnitt),

- Zertifizierung nach KTQ (Kooperation für Transparenz und Qualität),

- Einrichtung einer Zentralen Patientenaufnahmeeinheit,

- Personalentwicklung und Zielvereinbarung,

- Erstellung eines Leitbildes (Selbstverständnis der Ammerland-Klinik),

- Entwicklung von Führungsgrundsätzen,

- Durchführung der Patienten- und Mitarbeiterbefragung sowie Selbstbewertung,

- Optimierung und Erweiterung des Angebotes in der Geburtshilfe,

- Aufbau eines Intranets,

- Zertifizierung des Brustzentrums,

- PACS (Digitales Archiv für medizinische Bilder).

4.1.2   Gestaltung der Ablauforganisation

Im Rahmen der **Ablauforganisation** ist es Aufgabe der Betriebsführung die Arbeitsprozesse im Gesundheitswesen zu strukturieren, die erforderlichen Einheiten an Zeit, Raum, Sachmittel und Mitarbeiter dabei zu berücksichtigen und durch Standardisierung von Abläufen Ziele zu verfolgen, wie beispielsweise eine optimalen Kapazitätsauslastung, Qualitätssteigerungen, Durchlauf- und Wartezeitenverringerungen, Kostenreduzierungen sowie eine Verbesserung der Arbeitsergonomie und Patiententermintreue.

Um die Abläufe im Gesundheitswesen zu strukturieren, sind zunächst die einzelnen **Vorgänge** zu ermitteln. Hierzu ist festzustellen, aus welchen Vorgängen sich der Arbeitsprozess zusammensetzt und welche Arbeitsschritte jeder Vorgang einschließt (siehe **Tabelle 4.2**).

Im Sinne der Definition des *REFA Verband für Arbeitsstudien und Betriebsorganisation e. V.* wird als Arbeitsvorgang der auf die Erfüllung einer Arbeitsaufgabe ausgerichtete Arbeitsablauf im Gesundheitsbetrieb bezeichnet, bei dem eine Mengeneinheit eines Leistungsauftrages erzeugt wird.

Tabelle 4.2   Prozessgestaltung am Beispiel der Beschaffung von medizinischem Verbrauchsmaterial.

Gestaltungsschritt	Beispiele
Vorgangsermittlung	Auftragserteilung, Angebotsvergleich, Bezahlung, Rechnungskontrolle etc.

Gestaltungsschritt	Beispiele
Reihenfolgefestlegung	Erst Angebotsvergleich, dann Auftragserteilung, danach Warenannahme, Rechnungskontrolle und zum Schluss die Bezahlung.
Arbeitsplatzzuordnung	Verwaltungshelferin
Eingaben-/Input-Definition	Information, dass der Lagerplatz des jeweiligen Verbrauchmaterials aufgefüllt werden muss.
Verarbeitungsregelung	Produktsuche im Online-Katalog, schriftliche Bestellung per Fax etc.
Ausgaben-/Output-Definition	Überweisungsbeleg, Rechnung zur Buchhaltung und Information, dass das benötigte Material eingetroffen ist.

Um den Ablauf auch quantitativ richtig zu gestalten, kann es auch wichtig sein, die **Mengen,** die bei dem Ablauf bearbeitet werden, festzuhalten. Dabei ist zunächst die Festlegung repräsentativer **Bezugsgrößen** von Bedeutung, um die einzelnen Vorgänge quantifizieren zu können (z. B. Fallzahlen, Belegungsquoten etc.). Die Ermittlung der **Zeiten** bei einem Arbeitsablauf schließt mehrere Aufgaben ein. Zum einen ist die **Arbeitszeit** je Vorgang (auch: Auftragszeit) zu definieren. Sie umfasst nach *REFA* die Zeitspanne vom Beginn bis zum Ende eines Vorganges ohne Liege- und Transportzeiten. Am Beispiel von Laboruntersuchungen wäre das die reine Untersuchungszeit ohne etwa die Zeitanteile für den Transport der Probe ins Labor oder die „Liegezeit", bis die Probe untersucht wird. Die Summe der Arbeitszeiten aller Vorgänge ergibt die Gesamtarbeitszeit.

Weiterhin ist die **Durchlaufzeit** zu bestimmen. Sie stellt nach *REFA* die Differenz zwischen End- und Starttermin eines Vorganges dar und ist somit die Summe aus Arbeitszeit, Liege- und Transportzeit je Vorgang.

Auch der **Zeitpunkt,** zu dem Arbeiten vorgenommen werden, ist von Bedeutung. Zum einen gibt es die *kontinuierliche/ständige* Arbeitsdurchführung, die eine andauernde Arbeitsdurchführung während der ganzen Arbeitszeit bedeutet. Das wäre etwa bei langwierigen, mehrstündigen operativen Eingriffen die Folge. Die *diskontinuierliche/unterbrochene* Arbeitsdurchführung hingegen beinhaltet eine immer wieder aufgenommene Bearbeitung. Man spricht hierbei auch von einer Stapelbearbeitung, bei der eine Bearbeitung nur dann erfolgt, wenn ein Bearbeitungsstapel gegeben ist, wie etwa bei der Bearbeitung mehrerer Proben hintereinander im Labor.

Schließlich ergibt sich bei einer regelmäßig diskontinuierlichen Arbeitsdurchführung aus den Durchführungszeitpunkten ihre **Häufigkeit** oder Frequenz: täglich, wöchentlich, monatlich, vierteljährlich etc., wie beispielsweise die tägliche Grundreinigung der OP-Räume. Wird dagegen eine unregelmäßige, diskontinuierliche Arbeitsdurchführung vorgenommen, so kann nur deren durchschnittliche Frequenz oder der Mittelwert der Häufigkeit ermittelt werden.

Die Strukturierung eines Ablaufes schließt auch die Feststellung der in diesem Arbeitsablauf eingesetzten **Sachmittel** ein. Aus Praktikabilitätsgründen ist dabei auf die Zuordnung allgemein üblicher Sachmittel zu verzichten und nur die ablaufspezifischen sind zu erfassen. Die Zuordnung kann anhand der Merkmale Sachmittelart, Menge, Einsatzart, verfügbare und benutzte Kapazität und Mehrfacheinsatz bei anderen Arbeitsabläufen erfolgen.

Im Rahmen der **Kapazitäten** sind nun noch die Personalkapazitäten zu ermitteln. Dies umfasst die *verfügbare* Personalkapazität und die *benötigte* Personalkapazität. Beide müssen grundsätzlich für jeden Arbeitsgang ermittelt werden. Zweckmäßigerweise ist dabei eine **Maßeinheit** wie „Stunden je Arbeitstag", „Wochenstunden" oder „Personentage je Monat" zu wählen. Neben dieser quantitativen Ermittlung der Personalkapazität sind weiterhin das Vorhandensein und die Erfordernis von **Merkmalen** wie Qualifikation, Spezialkenntnisse, Befugnisse etc. festzustellen und auch diese auf den einzelnen Arbeitsvorgang zu beziehen.

Bei der **Prozessmodellierung** im Gesundheitswesen geht es um die grafische Darstellung der Abläufe mit den Zielen, die Prozesse zu dokumentieren und Kenntnisse über sie zu erlangen, gleichzeitig aber auch , um neue Organisationsstrukturen einzuführen, Abläufe umzugestalten oder zu straffen und organisatorische Veränderungen zu begleiten. Die Definition der Prozesse beginnt häufig mit den **Kernprozessen** einer Gesundheitseinrichtung, weil sie einen wesentlichen Beitrag zum Erfolg des Betriebes liefern, eine starke Außenwirkung entfalten und das größte Potenzial für eine Prozessoptimierung bieten, sowohl durch Verbesserung der Leistungserstellung und damit des Patientenservices, der Produktivität und durch Senkung der Kosten. Bis zu 10 selbständige, aber in der Regel untereinander vernetzte Kernprozesse decken meistens die Leistungsspanne eines Gesundheitsbetriebes ab.

> Die *Swisslog Holding AG* (2012), Buchs (Schweiz), eine Anbieterin von innerbetrieblichen Logistiklösungen für Spitäler, definiert die Verbesserung des Gesundheitszustandes der Patienten als Kernleistungen (Primärprozess: Diagnose, Therapie, Pflege), welche eine Nachfrage von patientenbezogenen Nebenleistungen auslöst: patientennahe medizinische Sekundärprozesse (Arzneimittelversorgung, Laborwesen, medizinische Dokumentation etc.) patientenbezogene nicht-medizinische Sekundärprozesse (Verpflegung- und Wäscheversorgung in Krankenhäusern etc.) sowie nicht direkt am Patienten zu erbringende Leistungen (Abfallentsorgung, Postverteilung etc.) als patientenferne Tertiärprozesse.

Lineare Abläufe lassen sich vorzugsweise mit Hilfe von **Listen** darstellen, die keine Alternativbearbeitung, Schleifenbearbeitungen oder Parallelbearbeitungen aufweisen. **Ablaufdiagramme** stellen eine Kombination zwischen tabellarischer und symbolischer Darstellungstechnik dar. Sie eignen sich allerdings auch nur für die Abbildung linearer Abläufe.

Bei einem **Blockschaltbild** werden in einer Matrix Tätigkeiten, Stellen und Aufgaben miteinander verknüpft. Im jeweiligen Schnittpunkt von Zeilen und Spalten können dann beispielsweise Aufgaben, Eingabedaten, Ergebnisdaten oder Datenträger genannt werden. Das Blockschaltbild eignet sich ebenfalls vornehmlich für lineare Abläufe. Jedoch können auch einfache Alternativen oder Schleifen mit ihm dargestellt werden.

Das **Flussdiagramm** ist an die Symbolik eines Datenflussplanes nach *DIN 66001* angelehnt und bietet den Vorteil, auch Alternativen, Schleifen und Parallelbearbeitungen gut darstellen zu können. Es ist eine häufig eingesetzte Dokumentationstechnik, die für vielfältige Ablaufarten gut verwendet werden kann.

Wichtig für die Führungskräfte im Gesundheitswesen ist die Vergegenwär-
tigung, dass langjährig unveränderte Arbeitsprozesse in der Regel Verbesserungspotenziale beinhalten, die es aufzudecken gilt. In diesem Zusammenhang übernimmt die **Prozessoptimierung** eine wichtige Funktion,
wenn es darum geht, Abläufe im Gesundheitswesen zu optimieren, die
ablauforganisatorischen Strukturen anzupassen und Verbesserungsmaß-
nahmen umzusetzen. Die Aufgabe der Prozessstrukturierung ist nicht
einmalig, denn die einzelnen Bereiche und Arbeitsabläufe im Gesundheitswesen lassen sich aufgrund neuer Entwicklungen und Erfahrungen
ständig besser gestalten. Hinzu kommt, dass mangelnde Organisation oft
zu Unzufriedenheit bei den Patienten und beim Personal führt. Eine Erhöhung des Arbeitstempos stellt keinen Ersatz wichtiger organisatorischer
Maßnahmen dar und führt nicht zu grundlegenden Änderungen. Auch ist
der Nutzeneffekt nur vereinzelt durchgeführter organisatorischer Optimierungsmaßnahmen nicht sehr hoch.

4.1.3   Festlegen der Behandlungs- und Hygieneorganisation

Besonders kritische Organisationsbereiche sind im Gesundheitswesen in
der Regel die Behandlungs- und die Hygieneorganisation. Hier werden an
die Führungskräfte immer wieder neue Herausforderungen gestellt, was
einerseits den möglichst ökonomischen Umgang mit der Behandlungszeit
und der Straffung der Behandlung durch gezielte Vorbereitungsmaßnahmen betrifft und andererseits das hygienegerechte Arbeiten als wichtige
Form der Gesundheitsvorsorge nicht nur für die Patienten, sondern auch
für die Mitarbeiter.

Eine Möglichkeit für Führungskräfte im Gesundheitswesen, die optimale
Abfolge und Terminierung der wichtigsten Interventionen zu erreichen, ist
die Festlegung klinischer **Behandlungspfade**. Sie werden von allen Disziplinen bei der Versorgung eines Patienten mit einer bestimmten Diagnose
oder Behandlung durchgeführt und stellen ein Instrument dar, die Koordination aller Fachgebiete, die mit der Behandlung des Patienten betraut
sind, möglichst optimal zu gestalten. In der Regel basieren sie auf klinischen Leitlinien und Algorithmen. Auf ihrer Basis wird der Behandlungspfad in der Regel unter Berücksichtigung organisatorischer Aspekte der

jeweiligen Gesundheitseinrichtung und ihrer örtlichen Gegebenheiten entwickelt. Nach dem Bottom-Up-Ansatz kann dabei von den Patientendaten eines konkreten Falls ausgegangen werden. Festzuhalten sind bei der Pfadentwicklung üblicherweise zudem folgende Angaben:

■ Patientengruppe, für die der Behandlungspfad erstellt wurde,

■ Begründung, warum dieser Pfad ausgewählt wurde,

■ Beteiligte an der Pfaderstellung,

■ Leitlinien, Studienergebnisse und andere Informationsquellen, die bei der Erstellung berücksichtigt wurden,

■ Organisationseinheiten der Gesundheitseinrichtung, die bei Schnittstellenproblematiken betroffen sein könnten,

■ Handlungsanweisungen mit Aufgabenlisten,

■ Umsetzbare Einzelmaßnahmen getrennt nach Behandlungstagen.

Die **Kapazitätsplanung** dient dazu, die Kapazitätsbedarfe aus der vorliegenden Behandlungsplanung (beispielsweise anhand von Behandlungspfaden) zu berücksichtigen. Die Kapazitäts*belastung* durch geplante Behandlungsmaßnahmen wird dem Kapazitäts*angebot* an medizinischem Personal, benötigter medizintechnischer Geräteausstattung, OP-Räumlichkeiten etc. gegenübergestellt (siehe **Tabelle 4.3**).

Tabelle 4.3   Beispiel für die Kapazitätsbelastung einer MTRA an einem Behandlungsplatz.

Kapazitätsart: MTRA				Behandlungsplatz: Röntgenraum I			
Kalender-woche	Kap.-Einheit	Bedarf	Kap.-Angebot brutto	Nutz-ungs-grad in %	Kap.-Angebot netto	Belastungs-grad in %	Freie Kapazität
38.	Std.	50,25	38,00	80,00	30,40	165,30	-19,85
39.	Std.	48,30	34,00	80,00	27,20	177,57	-21,10

Kapazitätsart: MTRA				Behandlungsplatz: Röntgenraum I			
Kalender-woche	Kap.-Einheit	Bedarf	Kap.-Angebot brutto	Nutz-ungs-grad in %	Kap.-Angebot netto	Belastungs-grad in %	Freie Kapazität
40.	Std.	32,15	38,00	80,00	30,40	105,76	-1,75
41.	Std.	40,10	38,00	70,00	26,60	150,75	-13,50
42.	Std.	23,30	38,00	80,00	30,40	76,64	7,10
43.	Std.	35,40	36,00	80,00	28,80	122,92	-6,60
44.	Std.	48,20	38,00	50,00	19,00	253,68	-29,20
45.	Std.	21,35	38,00	80,00	30,40	70,23	9,50
46.	Std.	46,15	34,00	80,00	27,20	170,67	-18,95
47.	Std.	28,45	38,00	80,00	30,40	27,80	1,95
Gesamt	Std.	373,65	370,00	76,00	280,80	132,13	-92,40

Anhand der aktuellen Auslastung der Behandlungskapazitäten werden geeignete Instrumente zum **Kapazitätsabgleich** eingesetzt, um einerseits eine möglichst gleichmäßig hohe Kapazitätsauslastung zu erreichen und andererseits für möglichst viele Behandlungsmaßnahmen die vereinbarten oder erforderlichen Termine einzuhalten. Für die Erhöhung bzw. Senkung des Kapazitätsangebots stehen verschiedene Möglichkeiten zur Verfügung:

■ Ausweichbehandlungsplätze mit freien Kapazitäten suchen,

■ Änderungen der Behandlungsmenge,

■ Behandlungstermine verschieben,

■ Überstunden,

■ zusätzliche Schichten,

■ Einsatz von Leihpersonal,

- Verschiebung von medizintechnischen Wartungsarbeiten,

- Kurzarbeit,

- Reduzierung der Schichtzahl,

- Vorziehen von medizintechnischen Wartungsarbeiten etc.

Die Behandlungszeiten sind von zu vielen Faktoren abhängig, als dass sie minutiös geplant werden könnten. Die **Behandlungsterminierung** ist zweckmäßigerweise so vorzunehmen, dass auf der einen Seite nicht zu viele Leerlaufzeiten entstehen, aber auf der anderen Seite die Termine nicht zu eng liegen und dadurch Wartezeiten produziert werden.

Die benötigten Behandlungszeiten lassen sich in der Regel schätzen oder über einen längeren Zeitraum beobachten. Dadurch können Zeitwerte für gleiche Behandlungsarten dokumentiert und deren rechnerischer Mittelwert als zeitlicher Anhalt für eine bestimmte Behandlung genommen werden. Die auf diese Weise ermittelten Zeiten eignen sich für die Planung, obwohl beispielsweise auftretende Komplikationen das Einhalten der Termine erschweren können.

Die Vorteile einer bestmöglichen Behandlungsterminierung bestehen in einer gleichmäßigen Arbeitsauslastung im Gesundheitswesen, der Vermeidung von Zeitdruck und dadurch verbesserter Arbeitsqualität. Der Patient erlebt geringere Wartezeiten und erhält gleichzeitig den Eindruck, dass der Gesundheitsbetrieb auf ihn eingestellt ist. Andererseits besteht für ihn eine Terminabhängigkeit, da er bis auf Ausnahmesituationen, etwa bei Notfällen, nur zu den vereinbarten Zeitpunkten behandelt wird.

Die **Hygieneorganisation** nimmt im Gesundheitswesen einen hohen Stellenwert ein. In Gesundheitseinrichtungen treten beispielsweise vermehrt Krankheitskeime auf, die in Wunden gelangen und Infektionen auslösen können, wie etwa das Eindringen und Vermehren pathogener Mikroorganismen, wie Bakterien, Viren, Pilze oder Protozoen, die über die Haut oder Schleimhaut in den Körper gelangen.

> Nach einem Urteil des *Bundesgerichtshofs BGH* (vom 20.3.2007, AZ: VI ZR 158/06) kommt bei Hygienerisiken, die durch den Klinikbetrieb oder die Arztpraxis gesetzt und durch sachgerechte Organisation und Koordinierung des Behandlungsgeschehens objektiv voll beherrscht werden können, der Rechtsgedanke des § 282 BGB zur Anwendung, wonach die Darlegungs- und Beweislast für Verschuldensfreiheit bei der Behandlungsseite liegt.

Die Betriebsführung und die Führungskräfte tragen die Verantwortung für die Sicherstellung der hygienischen Anforderungen. Die Sicherung der personellen, materiellen, technischen und räumlichen Voraussetzungen hierfür liegt in der Verantwortlichkeit des jeweiligen Trägers. Die Anleitung und Kontrolle wird aufbauorganisatorisch häufig delegiert und durch einen Hygienebeauftragten oder eine entsprechende Organisationseinheit wahrgenommen, die unter anderem den Hygieneplan zu erstellen und aktualisieren haben, die Meldung von Infektionskrankheiten und -häufungen kontrollieren müssen, die Einhaltung der im Hygieneplan festgelegten Maßnahmen überwachen sollen und die Hygienebelehrungen durchzuführen und zu dokumentieren haben (siehe **Tabelle 4.4**).

Tabelle 4.4 Beispiele zu Rechtsgrundlagen für Verantwortlichkeiten in der Hygieneorganisation.

Rechtsgrundlage	Inhalte
Infektionsschutzgesetz (IfSG)	Regelt die Verhütung und Bekämpfung von Infektionskrankheiten; enthält beispielsweise Meldepflichten für bestimmte Krankheiten, Aussagen zu behördlich angeordneten Desinfektionsmaßnahmen, zur Erfassung nosokomialer Infektionen und resistenter Erreger einschließlich deren Bewertung und Dokumentation sowie zur Einhaltung der Infektionshygiene, zu Hygieneplänen und Begehungen.

Rechtsgrundlage	Inhalte
Medizinprodukte-betreiberverordnung (MPBetreibV)	Regelt zum einen die Voraussetzungen für die Instandhaltung, Wartung und Aufbereitung von Medizinprodukten (beispielsweise Sachkenntnis, erforderliche Mittel etc.) und zum anderen die Aufbereitung von keimarm oder steril zur Anwendung kommenden Medizinprodukten, die unter Berücksichtigung der Herstellerangaben mit geeigneten Verfahren so durchzuführen ist, dass die Sicherheit und Gesundheit von Patienten oder anderer nicht gefährdet wird.
Technischen Regeln für Biologische Arbeitsstoffe (TRBA 250)	Sie enthalten beispielsweise Schutzmaßnahmen gegenüber Methicillinresistente Staphylococcus Aureus-Stämmen (MRSA), nach denen Beschäftigte im Gesundheitswesen über den Umgang mit MRSA-kolonisierten oder infizierten Patienten sowie über die erforderlichen besonderen Hygienemaßnahmen zu unterrichten sind.

Die Umsetzung von hygienischen Maßnahmen in Gesundheitseinrichtungen in einem **Hygieneplan** ist nach *IfSG* und nach *TRBA 250* letztendlich für das gesamte Gesundheitswesen vorgeschrieben. Die Maßnahmen der Desinfektion, Sterilisation sind schriftlich festzulegen und deren Einhaltung zu überwachen. Der Hygieneplan enthält Angaben zum Objekt, Art, Mittel, Zeitpunkt und Verantwortlichkeit über einzelne Hygienemaßnahmen in der Einrichtung. Für die Erstellung der Hygieneplanung enthält das *IfSG* keine detaillierten Vorgaben, sondern überlässt dies weitgehend dem Ermessen der jeweiligen Gesundheitseinrichtung. Der Hygieneplan muss allerdings die innerbetrieblichen Verfahrensweisen zur Infektionshygiene umfassen und auf die Situation in der jeweiligen Einrichtung angepasst und durch betriebsspezifische Details und Festlegungen ergänzt sein. Die Hygieneplanung ist jährlich im Hinblick auf ihre Aktualität zu überprüfen und durch Begehungen routinemäßig sowie bei Bedarf zu kontrollieren. Sie muss für alle Mitarbeiter jederzeit zugänglich und einsehbar sein und sie sind mindestens einmal jährlich hinsichtlich der erforderlichen Hygienemaßnahmen zu belehren.

4.2   Leistungserstellung

4.2.1   Bewirtschaftung von medizinischem Verbrauchsmaterial

Eine möglichst effiziente Bewirtschaftung von medizinischem Verbrauchsmaterial ist für die Betriebsführung im Gesundheitswesen deshalb wichtig, weil in den Materialien teilweise erhebliche Kosten gebunden sind und entsprechende Kostensenkungspotenziale stecken.

So geht es beispielsweise bei der **Beschaffung** im Gesundheitswesen um die Verfügbarmachung aller für die Erstellung der Behandlungs- und Pflegeleistungen benötigten Objekte und Dienstleistungen, wie zum Beispiel

- medizintechnische Betriebsmittel,

- Verbrauchsmaterialien für Behandlung und Pflege,

- Betriebsstoffe (Energie, Heizöl, Gas etc.),

- Arbeitskräfte für den Gesundheitsbetrieb,

- Dienstleistungen (Reinigung, Verpflegung, Wartung etc.),

- Rechte (Patente, Lizenzen etc.),

- Finanzmittel,

- Immobilien,

- externe Informationen.

Dazu gilt es **Beschaffungsmarktforschung** zu betreiben, um systematisch die Lieferstruktur für medizinische Bedarfe, Pflegeheim-, Krankenhaus- und Ärztebedarfe hinsichtlich aller relevanten Merkmale wie Sortiment, Lieferzuverlässigkeit, Preise oder Lieferkonditionen zu ermitteln. Ihr Ziel ist es, Markttransparenz der medizinischen Beschaffungsmärkte hinsichtlich Preis-, Qualitäts- und Kostenniveau zu schaffen, neue Beschaffungsquellen für Pflegeheim-, Krankenhaus- und Ärztebedarfe zu erschließen, Substitutionsgüter als medizinisch bzw. pflegerisch mögliche Verwendungsalternative zu ermitteln, zukünftige Marktentwicklungen der medizinischen Beschaffungsmärkte zu erkennen sowie die eine optimale Versorgung des Gesundheitsbetriebs dauerhaft sicherzustellen.

Eine wesentliche strategische Entscheidung der Betriebsführung ist in diesem Zusammenhang mit der **Make-or-buy-Analyse** verbunden, denn es muss eine Entscheidung darüber herbeigeführt werden, ob eine Eigenerstellung oder ein Fremdbezug für die Gesundheitseinrichtung günstiger erscheint. In der Regel kommt diese Entscheidung weniger für medizintechnische Betriebsmittel oder für Verbrauchsmaterialien für Behandlung und Pflege zum Tragen, es sei denn, es handelt sich um medizinische Neuerungen oder bspw. therapeutische Eigenentwicklungen, die auf dem Markt noch gar nicht verfügbar sind. Typische Make-or-buy-Entscheidungen sind häufig bei nachgeordneten Prozessen zu treffen, etwa bei Reinigung, Hygiene, Wäscherei, Verpflegung, Wartung, Fahr- und Hausmeisterdienste etc.

Generell ist eine Tendenz zur Reduktion der Eigenerstellung und der Leistungstiefe im Gesundheitswesen zu verzeichnen, um sich auf die Kernprozesse zu konzentrieren. In ihnen gibt es aufgrund der damit verbundenen Spezialisierung mitunter komparative Kostenvorteile, wodurch sich die Wettbewerbsfähigkeit steigern lässt. Die Make-or-buy-Entscheidung ist auf Basis quantitativer und qualitativer Kriterien zu treffen (siehe **Abbildung 4.2**).

Auslöser für den Beschaffungsprozess ist die **Bedarfsermittlung**, die die zukünftig benötigten Materialmengen anhand unterschiedlicher Verfahren plant: Je hochwertiger die Materialien sind, desto genauer muss die Bedarfsermittlung erfolgen.

Bei hochwertigen medizintechnischen Betriebsmitteln bieten sich in erster Linie Verfahren der deterministischen Bedarfsermittlung an, um eine Einzelbedarfsermittlung etwa anhand der Planung konkreter, umfangreicher Behandlungsmaßnahmen durchführen zu können. Bei Verbrauchsmaterialien für Behandlung und Pflege sind eher weniger aufwändige Verfahren der heuristische Bedarfsermittlung einsetzbar, um eine Bedarfsfestlegung anhand von Schätzungen, wie viel Verbrauchsmaterial in einer bestimmten Periode verbraucht werden könnte, durchzuführen.

Abbildung 4.2   Beispiele für Vergleichskriterien bei einer Make-or-buy-
Analyse.

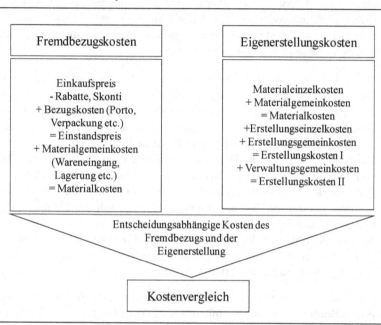

Fremdbezugskosten	Eigenerstellungskosten
Einkaufspreis - Rabatte, Skonti + Bezugskosten (Porto, Verpackung etc.) = Einstandspreis + Materialgemeinkosten (Wareneingang, Lagerung etc.) = Materialkosten	Materialeinzelkosten + Materialgemeinkosten = Materialkosten +Erstellungseinzelkosten + Erstellungsgemeinkosten = Erstellungskosten I + Verwaltungsgemeinkosten = Erstellungskosten II

Entscheidungsabhängige Kosten des
Fremdbezugs und der
Eigenerstellung

Kostenvergleich

Im Anschluss an die Bedarfsermittlung ist der richtige Zeitpunkt von Be-
stellungen von Verbrauchsmaterialien für Behandlung und Pflege zu bestimmen, damit einerseits Fehlmengen, andererseits aber auch unnötig
hohe Lagermengen vermieden werden können. Dazu ist eine **Bestandsüberwachung** durchzuführen, um die die benötigten Materialien bereitzuhalten, mit den Zielen einer sicheren Lieferbereitschaft und –fähigkeit für
alle geplanten und ungeplanten Behandlungs- und Pflegeleistungen, sowie
der Vermeidung von Fehlmengenkosten. Bei dem **Bestellpunktverfahren**
wird der Zeitpunkt der Bestellung so gelegt, dass der verfügbare Bestand
an Verbrauchsmaterialien für Behandlung und Pflege ausreicht, um den
Bedarf in der erforderlichen Wiederbeschaffungszeit zu decken. Das **Bestellrhythmusverfahren** geht von einer regelmäßigen Überprüfung der
Bestellnotwendigkeit von Verbrauchsmaterialien für die Behandlung und
Pflege in festgelegten Zeitabständen (Kontrollzyklus) aus.

Steigende Bedeutung bei der Beschaffung von Verbrauchsmaterialien für Behandlung und Pflege gewinnt das so genannte **E-Procurement**, der elektronische Materialeinkauf über das Internet. Dies geschieht in der Regel über Lieferantensysteme, bei denen sich die Gesundheitseinrichtung hinsichtlich Bestellmodalitäten und Zahlungsabwicklung am vorgegebenen System des jeweiligen Lieferanten orientiert.

> Die *Arbeitsgemeinschaft Kardiologie und medizinischer Sachbedarf (AGKAMED) GmbH (2012)*, Essen, stellt eine Einkaufsgemeinschaft von über 170 Krankenhäusern dar, die die Bestellungen bündelt und mit einem E-Procurement-System abwickelt. Dabei wird dem Einkäufer ein auf seine Bedürfnisse abgestimmtes Produktsortiment vorgegeben, das über eine mit dem Materialwirtschaftssystem des Gesundheitsbetriebs verbundene Bestellplattform Bestellungen elektronisch an die Lieferanten weiterleitet, sowie Lieferschein, Rechnung etc. automatisiert an den Besteller übermittelt. Ein elektronischer Datenaustausch für die Rechnungsbearbeitung und Finanzbuchhaltung ist dabei ebenso möglich, wie eine Re-Identifikation des Materials für den einzelnen Patienten anhand von Patienten- oder Fallnummern (beispielsweise bei Rückrufaktionen oder herstellerseitigen Produktionsfehlern).

Bei größeren Beschaffungsvolumina wird zur Angebotseinholung eine **Ausschreibung** durchgeführt, mit der eine Vergabe von Aufträgen im Wettbewerb erreicht werden und potenzielle Lieferanten zur Angebotsabgabe aufgefordert werden sollen.

Führungskräfte in Einrichtungen des Gesundheitswesens in öffentlicher Trägerschaft bzw. Rechtsform müssen berücksichtigen, dass die Ausschreibung nach dem öffentlichen **Vergaberecht** vorgegeben ist. Dieses setzt sich im Wesentlichen zusammen aus der

- *Vergabeverordnung (VgV)*: Rechtsverordnung, die das Verfahren bei der Vergabe von öffentlichen Aufträgen und deren Nachprüfung regelt,

- *Vergabe- und Vertragsordnung für Bauleistungen (VOB)*: Regelungen für die Vergabe von Bauaufträgen durch öffentliche Auftraggeber und für den Inhalt von Bauverträgen,

- *Verdingungsordnung für Leistungen (VOL)*: Regelt die Ausschreibung und die Vergabe von Lieferungen und Dienstleistungen,

Verdingungsordnung für freiberufliche Leistungen (VOF): Regelt die Ausschreibung und Vergabe von Leistungen, die im Rahmen einer freiberufli-
chen Tätigkeit erbracht werden.

Da im Gesundheitswesen häufig und in großen Mengen medizinisches
Verbrauchsmaterial beschafft wird, ist der **Rahmenvertrag** dabei von besonderer Bedeutung. Er regelt grundsätzliche Aspekte der Zusammenarbeit mit dem Lieferanten und beinhaltet jedoch Flexibilität für konkrete
Beschaffungsfälle. So können Material, Preis und Qualität fest vereinbart
werden, die Liefermenge und der Lieferzeitpunkt jedoch zunächst offen
bleiben (beispielsweise Abruf- oder Sukzessivlieferungsvertrag). Dies bedeutet für die Gesundheitseinrichtung in der Regel niedrigere Preise und
eine Preisgarantie für einen längeren Zeitraum.

Besonderen Augenmerk sollten Führungskräfte im Gesundheitswesen
auch auf die **Materialeingangskontrolle** legen, bei der es sich letztendlich
um ein Verfahren zur Qualitätskontrolle handelt. Sie erfolgt im Sinne einer
Abnahmeprüfung mit dem Ziel, Gefährdungen und Störungen zu vermeiden, die durch Materialfehler in Behandlungs- und Pflegeprozessen auftreten können.

Wie wichtig eine genaue Materialeingangskontrolle sein kann, zeigt eine
Berichterstattung in der *Süddeutschen Zeitung* vom 27.08.2010 über den
tragischen Tod von drei Säuglingen: „Eine Woche nach dem Unglück
gaben die Ermittler am Freitag erste Ergebnisse der mikrobiologischen
Tests bekannt. Demnach stammen die Fäkalkeime in der Nährlösung of-
fenbar nicht von ungewaschenen Händen der Klinikmitarbeiter, sondern
aus einer der neun Glasflaschen mit den Zutaten für die Infusion.

Diese Flaschen gelten eigentlich als bruchsicher. Doch diese eine könnte
möglicherweise einen kaum sichtbaren Riss gehabt haben, vermuten die
Ermittler. Einen Haarriss, so klein, dass ihn die Frauen in der Apotheke
gar nicht sehen konnten.

Schon bei einer leichten Berührung ist die Flasche jedenfalls sehr schnell
zersprungen. In ihrem Inhalt, einer Aminosäure-Lösung, stellten Bonner
Experten eine gewaltige Menge Keime fest. So viele, dass sie sich schon
lange darin ausgebreitet haben müssen.

Daher spricht alles dafür, dass die Flasche bereits vor ihrem Eintreffen in der ... Klinik im Juni verkeimt gewesen ist; dass sie also auf dem langen Weg vom Hersteller ins Krankenhaus beschädigt und verschmutzt wurde. Den Hersteller, so heißt es bei der Polizei, treffe vermutlich auch keine Schuld. Denn er testet die Flaschen vor dem Abfüllen und desinfiziert sie, bevor er sie auf die Reise schickt."

Der Übergang zu einer intensiveren Zusammenarbeit mit ausgewählten Lieferanten der für die Behandlungs- und Pflegeleistungen erforderlichen medizintechnische Betriebsmittel, Verbrauchsmaterialien für Behandlung und Pflege, Dienstleistungen und anderes mehr bedingt zumindest teilweise eine Abkehr vom traditionellen Verhältnis zwischen Gesundheitseinrichtung und Zulieferer. Während das traditionelle Verhältnis eher durch ständig wiederkehrende Preisverhandlungen, Streben nach kurzfristigen Kostenvorteilen, Qualitätskontrollen durch die Gesundheitseinrichtung, Weitergabe des Kostendrucks oder gegenseitiges Ausspielen konkurrierender Lieferanten geprägt ist, scheint eine intensive und langfristige Zusammenarbeit mit ausgewählten Stammlieferanten auf dieser Basis in der Regel nicht erreichbar. Eine *kooperative* Beziehung zu Lieferanten im Gesundheitswesen hat die Zusammenarbeit insbesondere auf den Gebieten Preisbildung, Qualitätsanforderungen, Bestell- und Lieferkonditionen in Rahmenverträgen zum Ziel und ist dadurch gekennzeichnet, dass eine intensive Zusammenarbeit im Bereich Forschung und Entwicklung stattfindet, um eine permanente Kostensenkung und Qualitätsverbesserung zu erreichen, sowie eine enge Kooperation bei der Neuentwicklung von Dienstleistungen für Behandlung und Pflege bzw. von medizintechnischen Betriebsmitteln und Verbrauchsmaterialien für Behandlung und Pflege.

4.2.2   Einsatz medizintechnischer Betriebsmittel

Die Betriebsführung und die Führungskräfte im Gesundheitswesen sind verantwortlich für die Art und Weise des Einsatzes medizintechnischer Betriebsmittel. Diese setzen sich aus der gesamten medizintechnischen Ausstattung zusammen, die für die betriebliche Leistungserstellung benötigt wird, und übernehmen Hilfs-, Schutz- und Ersatzfunktionen menschlicher medizinischer und pflegerischer Arbeit. Sie lassen sich hinsichtlich ihres Beitrags zur Leistungserstellung in folgende Gruppen einteilen (siehe **Tabelle 4.5**):

Tabelle 4.5   Systematisierung der Betriebsmittel im Gesundheitswe-
                   sen.

Betriebsmittelarten	Beispiele
Betriebsmittel *mit* direkter Beteilung an der Leistungserstellung des Gesundheitsbetriebes *und* eigener Leistungserbringung	Therapiesysteme für Strahlentherapie und Urologie, Systeme zur Stoßwellentherapie, Anästhesiegeräte, Inkubatoren etc.
Betriebsmittel *mit* direkter Beteilung an der Leistungserstellung des Gesundheitsbetriebes, *ohne* eigene Leistungserbringung	Laborsysteme, klinisch-chemische Analysesysteme, Diagnostiksysteme der Angiographie, Computertomographie, Fluoroskopie, Magnetresonanztomographie, Mammographie, Molekulare Bildgebung – Nuklearmedizin, Radiographie, Ultraschalldiagnostik, Chirurgie-Systeme etc.
Betriebsmittel *ohne* direkte Beteilung an der Leistungserstellung des Gesundheitsbetriebes	Grundstücke, Gebäude, sonstige Betriebsausstattung etc.

Während der Einsatz von Betriebsmitteln beispielsweise in der industriellen Produktion häufig aus Rationalisierungs- und Produktivitätssteigerungsüberlegungen heraus erfolgt, überwiegen in Gesundheitsbetrieben die Motive der Behandlungs- und Pflegequalität und der Nutzung des medizin-technischen Fortschritts zu einer genaueren Diagnostik sowie einer verbesserten Erzielung von Behandlungserfolgen.

So kommt der technische Fortschritt bei der Entwicklung neuer medizintechnologischer Betriebsmittel nicht unbedingt dadurch zum Ausdruck, dass Leistungen mit niedrigeren Kosten oder bei gleichen Kosten höhere Leistungsgrade erzielt werden sollen, sondern in erster Linie durch verbesserte oder neuartige Leistungen für den Behandlungseinsatz. Die Berücksichtigung des technischen Fortschritts bei medizin-technischen Betriebsmitteln stellt somit nicht nur eine Kostenfrage dar, die durch die Investitionsrechnung zu lösen ist. Ihre Einführung kann im Gesundheitswesen als notwendig erachtet werden, um Konkurrenzfähigkeit sicherzustellen, und um bestmögliche Behandlungserfolge zu erzielen. Dazu leistet die Medizintechnik einen wichtigen Beitrag, durch die Entwicklung schneller, präziser und schonender Diagnoseverfahren sowie neuer Therapieverfahren mit geringeren Nebenwirkungen.

Nur begrenzt führt der technische Fortschritt von Betriebsmitteln im Gesundheitswesen dazu, dass durch Mechanisierung, Elektrifizierung oder Digitalisierung manuelle Arbeiten des medizinischen oder pflegerischen Personals von medizinisch-technischen Geräten übernommen werden können. Ist dies dennoch der Fall, so entsteht häufig ein zusätzlicher Aufwand für die Überwachung und Sicherstellung der Funktionsfähigkeit der eingesetzten Medizintechnik. Ebenso geht die vermehrte Automatisierung, soweit sie überhaupt möglich ist, in der Regel mit einer höheren körperlichen Belastung durch geistig-nervliche Anspannung, ständige Wachsamkeit und dauernde Bereitschaft für den Fall von technischen Störungen, die gesundheitsschädigende oder gar lebensbedrohliche Auswirkungen haben können, einher.

Beim Einsatz medizinischtechnischer Geräte im Gesundheitswesen haben die Führungskräfte die Bestimmungen des *Medizinproduktegesetzes (MPG)* und der *Medizinproduktebetreiberverordnung (MPBetreibV)* zu beachten. Während das *MPG* allgemein die Anforderungen an Medizinprodukte und deren Betrieb (u. a. klinische Bewertung und Prüfung, Sicherheitsbeauftragter für Medizinprodukte, Verfahren zum Schutz vor Risiken) regelt, ist die *MPBetreibV* für das Errichten, Betreiben, Anwenden und Instandhalten von Medizinprodukten nach den Bestimmungen des *MPG* gültig und damit das Regelwerk für alle Anwender und Betreiber von Medizinprodukten. Nach ihr dürfen medizinisch-technische Betriebsmittel nur nach den Vorschriften der Verordnung, den allgemein anerkannten Regeln der Technik und den Arbeitsschutz- und Unfallverhütungsvorschriften und nur von Personen, die eine entsprechende Ausbildung, Kenntnis und Erfahrung besitzen, errichtet, betrieben, angewendet und in Stand gehalten werden.

Die Betriebsführung hat dafür zu sorgen, dass unter anderem ein **Medizinproduktebuch** geführt wird, das folgende Angaben enthalten muss:

- Bezeichnung und sonstige Angaben zur Identifikation des Medizinproduktes,

- Beleg über Funktionsprüfung und Einweisung,

- Name des Beauftragten, Zeitpunkt der Einweisung sowie Namen der eingewiesenen Personen,

- Fristen und Datum der Durchführung sowie das Ergebnis von vorgeschriebenen sicherheits- und messtechnischen Kontrollen und Datum von Instandhaltungen sowie der Name der verantwortlichen Person oder der Firma, die diese Maßnahme durchgeführt hat,

- soweit mit Personen oder Institutionen Verträge zur Durchführung von sicherheits- oder messtechnischen Kontrollen oder Instandhaltungsmaßnahmen bestehen, deren Namen oder Firma sowie Anschrift,

- Datum, Art und Folgen von Funktionsstörungen und wiederholten gleichartigen Bedienungsfehlern,

- Meldungen von Vorkommnissen an Behörden und Hersteller.

Alle aktiven nichtimplantierbaren Medizinprodukte der jeweiligen Betriebsstätte sind in ein **Bestandsverzeichnis** mit folgenden Angaben einzutragen:

- Bezeichnung, Art und Typ, Loscode oder die Seriennummer, Anschaffungsjahr des Medizinproduktes,

- Name oder Firma und die Anschrift des für das jeweilige Medizinprodukt Verantwortlichen nach MPG,

- die der CE-Kennzeichnung hinzugefügte Kennnummer der benannten Stelle, soweit diese nach den Vorschriften des MPG angegeben ist,

- soweit vorhanden, betriebliche Identifikationsnummer,

- Standort und betriebliche Zuordnung,

- die vom Hersteller angegebene Frist oder die vom Betreiber festgelegte Frist für die sicherheitstechnische Kontrolle.

Darüber hinaus regelt die *Medizinprodukte-Sicherheitsplanverordnung (MPSV)* Verfahren zur Erfassung, Bewertung und Abwehr von Risiken in

Betrieb befindlicher Medizinprodukte. Danach haben Personen, die Medizinprodukte beruflich oder gewerblich betreiben oder anwenden, dabei aufgetretene Vorkommnisse der zuständigen Bundesoberbehörde zu melden. Das gilt beispielsweise für Ärzte und Zahnärzte, denen im Rahmen der Behandlung von mit Medizinprodukten versorgten Patienten Vorkommnisse bekannt werden, soweit die Behandlung im Zusammenhang mit dem Medizinprodukt steht.

Die **Einführungsphase** von komplexen medizintechnischen Systemen in Gesundheitsbetrieben verlangt eine gründliche Vorbereitung, um gerade zu Beginn der Nutzung der neuen Betriebsmittel Bedienungsfehler, Pannen oder sonstige Schwierigkeiten zu vermeiden. Das **Akzeptanzproblem** bei den Patienten und den Mitarbeitern in Zusammenhang mit der Einführung neuer Betriebsmittel ist nicht zu unterschätzen. Es beruht bei den Mitarbeitern häufig in der Angst, den neuen Anforderungen nicht gewachsen zu sein, zu versagen, vor dem Überflüssigwerden erworbener und bewährter Kenntnisse, neue Fertigkeiten erwerben zu müssen und bei den Patienten vor dem unmittelbaren Kontakt mit der Technik und dem Misstrauen ihr gegenüber. Daher ist es für die Führungskräfte wichtig, Mitarbeiter und Patienten bereits so früh wie möglich zu informieren und in den Einführungsprozess einzubeziehen.

Wird den Mitarbeitern eine Technik vorgesetzt, die ausschließlich die Betriebsführung bestimmt hat, so ist die Bereitschaft zur Identifikation mit der neuen Technik unter Umständen nicht sehr groß. Können sie aber bei der Anschaffung, der Auswahl und Einführung mitbestimmen, so eignen sie sich über eine verbesserte positive Grundeinstellung nicht nur schneller das nötige Wissen an, sondern erleben bei der gemeinsamen Problembewältigung auch Teamarbeit und Teamgeist, was zu einer gleichzeitigen Verbesserung des Arbeitsklimas führen kann. Dabei ist es auch wichtig, Einwände und Sorgen der Mitarbeiter ernst zu nehmen und vor allen Dingen auch inoffizielle „Rangordnungen" zu beachten, damit sich ältere Mitarbeiter gegenüber jüngeren, die vielleicht einen leichteren Zugang zu neuen Technologien haben, nicht zurückgesetzt fühlen.

4.2.3 Organisation der Qualitätssicherung

Die Führungskräfte im Gesundheitswesen müssen sich darüber im Klaren sein, dass die Qualität von Behandlungs- und Serviceleistungen im Wesentlichen von der Qualifikation und Motivation der Betriebsangehörigen abhängt, die die Leistungen ausführen. Es besteht zudem in der Regel keine Möglichkeit, eine Behandlungsleistung, bevor sie der Patient erhält, einer Endprüfung zu unterziehen, um sicherzustellen, dass sie die gewünschten Qualitätsmerkmale aufweist. In dem Moment, wo die Behandlungsleistung erbracht wird, hat sie der Patient auch schon erhalten. Das bedeutet auch, dass Behandlungsfehler oder Qualitätsabweichungen in diesem Augenblick nicht mehr rückgängig gemacht werden können. Besonders medizinische Behandlungsleistungen, die von ihrem Wesen her überwiegend immaterieller Natur sind und individuell dem einzelnen Patienten erbracht werden, neigen zu unterschiedlichen Qualitätsniveaus. Je mehr Zeit es in Anspruch nimmt, eine Behandlungs- und Serviceleistung zu erbringen, je mehr Mitarbeiter des Gesundheitsbetriebs daran beteiligt sind, desto höher mag auch die Anfälligkeit für Fehler sein. Umso wichtiger ist im Gesundheitswesen Qualität auf Anhieb. Die Abläufe müssen möglichst so gestaltet sein, dass sie reproduzierbar sind, um ein einheitliches Qualitätsniveau zu garantieren, andererseits aber auch so, dass potenzielle Fehler durch den Ablauf antizipiert werden und damit im betrieblichen Alltag möglichst gar nicht mehr auftreten können.

Im Übrigen hat die Betriebsführung zu beachten, dass die Einrichtung eines Qualitätsmanagements im *Sozialgesetzbuch (SGB)* vorgeschrieben ist.

Nach § 135a des *SGB*, Fünftes Buch (V) - Gesetzliche Krankenversicherung, sind die Leistungserbringer „...zur Sicherung und Weiterentwicklung der Qualität der von ihnen erbrachten Leistungen verpflichtet." „Vertragsärzte, medizinische Versorgungszentren, zugelassene Krankenhäuser, Erbringer von Vorsorgeleistungen oder Rehabilitationsmaßnahmen und Einrichtungen, mit denen ein Versorgungsvertrag ... besteht, sind ... verpflichtet, sich an einrichtungsübergreifenden Maßnahmen der Qualitätssicherung zu beteiligen, die insbesondere zum Ziel haben, die Ergebnisqualität zu verbessern und einrichtungsintern ein Qualitätsmanagement einzuführen und weiterzuentwickeln."

Ein systematisches medizinisches **Qualitätsmanagement** hilft im Gesundheitswesen darüber hinaus, die Qualität der Behandlungsleistungen permanent zu verbessern und zu sichern. Ein **Qualitätsmanagementsystem** für eine Gesundheitseinrichtung besteht somit aus der Organisationsstruktur, den Verfahren, Prozessen und Mitteln, die dazu notwendig sind, die medizinischen Qualitätsforderungen zu erfüllen.

Grundlage für den Aufbau eines Qualitätsmanagementsystems ist es, die Organisationsstruktur und Prozesse des Gesundheitsbetriebes eindeutig und transparent zu machen, um Fehlerquellen zu erkennen, was gleichzeitig die Voraussetzung für ihre Beseitigung darstellt. Hohe Qualität setzt voraus, dass Fehler nicht nur in jedem Fall korrigiert werden, sondern dass ihrer Wiederholung vorgebeugt wird. Ein konsequent praktiziertes medizinisches Qualitätsmanagementsystem soll durch Beherrschen der medizinischtechnischen, organisatorischen und menschlichen Faktoren, welche die Qualität der Behandlungsleistungen und medizinischen Produkte beeinflussen, dabei helfen, Fehler durch ein transparentes System klarer Abläufe und Zusammenhänge zu vermeiden.

Aufbau und Aufrechterhaltung eines medizinischen Qualitätsmanagementsystems bedeuten einen nicht unerheblichen Aufwand: Die betriebsinternen Organisationsstrukturen müssen kritisch hinterfragt und erforderliche Änderungen konsequent durchgesetzt werden.

Die **Qualitätssicherung** im Gesundheitswesen bedeutet, medizinische Leistungen und Produkte in unveränderter, gleich bleibender Qualität zu erbringen bzw. zu erstellen. Mit der Qualitätssicherung ist somit zunächst keine Qualitätssteigerung zwangsläufig verbunden. Sie hat vielmehr zum Ziel, die Qualität medizinischer Leistungen und Produkte verlässlich zu erhalten, sie langfristig sicherzustellen und damit einen Qualitätsverlust zu vermeiden. Dennoch muss es das Ziel aller Bemühungen im Gesundheitsbetrieb im Sinne der Patienten und der Konkurrenzfähigkeit sein, darüber hinaus möglichst ein höheres Qualitätsniveau anzustreben.

Der Betriebsführung stehen hierzu verschiedene organisatorische Ansätze *innerhalb* einer Gesundheitseinrichtung zur Verfügung:

■ **Qualitätszirkel** (quality circle): Dieses Konzept ist ein Weg, die kreative und innovative Kraft der Mitarbeiter zielgerichtet zur Qualitätsverbesserung und Kostensenkung im Gesundheitsbetrieb einzusetzen. In regelmäßigen Sitzungen befassen sich dabei alle Mitarbeiter in kleinen Gruppen mit der Optimierung ihres Aufgabengebietes. Die Arbeit des Qualitätszirkels beschränkt sich dabei nicht nur auf eine einzelne Behandlungsleistung, sondern erstreckt sich auf das Aufzeigen aller Schwachstellen in diesem Bereich.

■ **Total Quality Management** (TQM): Dieser übergreifende Ansatz ist eine auf der Mitwirkung aller Mitarbeiter beruhenden Führungsmethode, die Qualität in den Mittelpunkt stellt und durch Zufriedenstellung der Patienten auf den langfristigen betrieblichen Erfolg zielt. TQM bedeutet dabei ganzheitlich, umfassend, über alle betrieblichen Bereiche in Bezug auf Patienten, Mitarbeiter, Prozesse, medizinische Produkte und Behandlungsleistungen (total), vorausgesetzte und vereinbarte Eigenschaften bei medizinischen Produkten sowie Behandlungs- und Serviceleistungen (quality), sowie kooperativer Führungsstil durch gemeinsame Zielvereinbarungen mit den Mitarbeitern und ihrer Beteiligung an Entscheidungen (management).

Eine außenwirksame Bestätigung der betriebsinternen Qualitätsanstrengungen ist nach verschiedenen Normen und Konzepten möglich, die so genannte Zertifizierung. Voraussetzungen dafür sind unter anderem in der Regel ein Qualitätsmanagement, ein Qualitätssicherungshandbuch, eine entsprechende Schulung der Mitarbeiter sowie eine externe Überprüfung (Auditierung) des Qualitätsmanagementsystems (siehe **Tabelle 4.6**).

Tabelle 4.6   Beispiele für Qualitätsmanagementsysteme im Gesund-
                       heitswesen.

System	Beschreibung
ISO 9000ff	Normenfamilie der *International Organization for Standardization (ISO)*, Genf, die auch mit der gleichen Bezeichnung auf europäischer Ebene und als *DIN*-Norm beim *Deutschen Institut für Normung (DIN) e.V.*, Berlin, verwendet wird. Die Modelle legen fest, was für die einzelnen Qualitätsmanagementelemente gefordert wird und darzulegen ist (Elemente: Betriebsführung, Qualitätsmanagementhandbuch, Verfahrensbeschreibungen, Neu- und Weiterentwicklung, Dokumenten und Patientendaten, Rückverfolgbarkeit, Prozesssteuerung, Prüfungen, Messeinrichtungen, Prüfzustand, Korrektur- und Vorbeugungsmaßnahmen, Qualitätsaufzeichnungen, Interne Qualitätsprüfungen, Aus- und Weiterbildung, Nachbetreuung).
QEP	Qualität und Entwicklung in Praxen (QEP) wurde von den *Kassenärztlichen Vereinigungen* und der *Kassenärztlichen Bundesvereinigung (KBV)* in Zusammenarbeit mit niedergelassenen Ärzten und Psychotherapeuten sowie mit Qualitätsmanagementexperten unter Einbeziehung von Berufsverbänden und Arzthelferinnen speziell für Arztpraxen entwickelt, um die gesetzlichen Anforderungen optimierend in der einzelnen Praxis umzusetzen (Elemente: Qualitätsziel-Katalog, Manual, Einführungsseminare, Zertifizierung, Visitoren).
EPA	Das Europäisches Praxisassessment (EPA) des *AQUA-Institut für angewandte Qualitätsförderung und Forschung im Gesundheitswesen GmbH*, Göttingen bietet auch ein Qualitätsmanagement für Arztpraxen. Es entstand im Rahmen einer Kooperation von Wissenschaftlern der Universitäten Göttingen und Hannover aus der 1993 gegründeten *Arbeitsgemeinschaft Qualitätssicherung in der ambulanten Versorgung* (Elemente: Grundmodell für Hausärzte spezielle Systeme für Kinder- und Jugendmediziner, Zahnmediziner, Medizinische Versorgungszentren (MVZ) und Ärzte sonstiger Fachrichtungen, Zertifizierung).

System	Beschreibung
KTQ	Die Kooperation für Transparenz und Qualität im Gesundheitswesen (KTQ, Berlin, ist ein im Krankenhausbereich weit verbreitetes Zertifizierungsverfahren zur Darlegung und Begutachtung von Qualitätsmanagementsystemen im Gesundheitswesen. *KTQ* steht dabei als eingetragenes Warenzeichen für die gleichnamige Gesellschaft und das von ihr angewendete Verfahren. Gesellschafter sind Krankenkassenverbände, die *Bundesärztekammer (BÄK)*, die *Deutsche Krankenhausgesellschaft (DKG) e.V.*, der *Deutsche Pflegerat (DPR) e.V.* sowie der *Hartmannbund e.V.*, Berlin (Elemente: Selbstbewertung, Fremdbewertung, Zertifizierung, Qualitätsbericht).
EFQM	Die European Foundation for Quality Management (EFQM) wurde als gemeinnützige Organisation auf Mitgliederbasis von führenden Unternehmen mit dem Ziel, treibende Kraft für nachhaltiges Qualitätsmanagement in Europa zu sein, gegründet. Mittlerweile sind über 800 Organisationen aus den meisten europäischen Ländern und unterschiedlichen Tätigkeitsbereichen Mitglied geworden (Elemente: EFQM-Modell, Selbstbewertung, Prüfung, Zertifizierung).

proCum Cert (2012), Frankfurt a. M., ist eine konfessionelle Zertifizierungsgesellschaft, die auf Initiative des *Katholischen Krankenhausverbandes Deutschlands (KKVD)*, Freiburg, gemeinsam mit dem *Deutschen Evangelischen Krankenhausverband* (DEKV), Berlin, und ihren Wohlfahrtsverbänden *Caritas (DCV)*, Freiburg, und *Diakonie (DWdEKD)*, Stuttgart, sowie deren Versicherungsdienst *Ecclesia*, Detmold, gegründet wurde. Ziel dieser Initiative ist die Sicherung und Weiterentwicklung der Qualität in kirchlichen Krankenhäusern und sozialen Einrichtungen. Begutachtet werden unter anderem verbandseigene Zertifizierungsanforderungen sowie Zertifizierungen nach *DIN EN ISO 9001*.

Das *Universitätsklinikum Freiburg i. Breisgau* (2012) wurde als einer der größten Gesundheitsbetriebe, die über ein *KTQ*-zertifiziertes Qualitätsmanagement verfügen, 2005 erstmalig zertifiziert. 2008 erfolgte das

Wiederholungsaudit. Ebenfalls nach *KTQ* zertifiziert ist beispielsweise das *LWL Pflegezentrum Marsberg*, als Einrichtung der stationären Altenhilfe.

Das Qualitätsmanagement der *Mittelrhein-Klinik* (2012), Bad Salzig, erfolgt beispielsweise nach den Kriterien des *EFQM*-Modells. Da alle trägereigenen Kliniken der *Deutschen Rentenversicherung Rheinland-Pfalz* ebenfalls danach arbeiten, sind Möglichkeiten für Ergebnisvergleiche, Zusammenarbeit und Erfahrungsaustausch gegeben. Als Beispiel einer Arztpraxis, die nach *EFQM* arbeitet, kann die *Arztpraxis Breisach* (2012) im gleichnamigen Ort angesehen werden. Sie gehört zur *QP Qualitätspraxen GmbH*, die als südbadischer Verbund von Hausärzten das *EFQM*-Modell anwenden.

4.3 Marketing

4.3.1 Festlegen von Marketingzielen und -strategien

Durch das **Marketing**, der marktbezogenen Führung eines Gesundheitsbetriebs, besteht die Möglichkeit, die Bedürfnisse der Patienten besser verstehen zu lernen, um hierauf aufbauend bessere Behandlungs-, Therapie- und Beratungsleistungen entwickeln zu können und damit eine höhere Patientenzufriedenheit zu erzielen. Auch können erfolgreichere Entscheidungen bezüglich der Kommunikation mit den Patienten, der Art und Weise der Leistungserbringung sowie der Preisgestaltung getroffen werden.

Den **Marketingzielen** kommt eine besondere Steuerungs- und Koordinationsfunktion zu, denn sie kennzeichnen die für das Marketing im Gesundheitswesen festgelegten Endzustände, die durch den Einsatz absatzpolitischer Instrumente erreicht werden sollen (siehe **Tabelle 4.7**).

Tabelle 4.7 Beispiele für Marketingziele im Gesundheitswesen.

Zielbereich	Zielformulierung	Zielmessung
Behandlungsfall-zahlen	Erreichen bestimmter Behandlungs-fallzahlen zu einem bestimmten Zeitpunkt.	Anzahl Behand-lungsfälle
Patientenstruktur	Erreichen einer bestimmten Patien-tenstruktur zu einem bestimmten Zeitpunkt. (z.B. Anteil Privat-/Kassenpatienten)	Anteilswerte
Privatpatienten	Erreichen einer möglichst hohen Privatpatientenanzahl zu einem bestimmten Zeitpunkt.	Anzahl Privatpati-enten
Image	Erreichen eines bestimmten Praxis-images zu einem bestimmten Zeit-punkt.	Befragung zum Image
Bekanntheitsgrad	Erreichen eines bestimmten Be-kanntheitsgrades des Gesundheits-betriebs zu einem bestimmten Zeit-punkt.	Befragung zum Bekanntheitsgrad
Patienten-zufriedenheit	Erreichen einer möglichst hohen Patientenzufriedenheit zu einem bestimmten Zeitpunkt.	Patienten-befragung
Mitarbeiter-zufriedenheit	Erreichen einer möglichst hohen Mitarbeiterzufriedenheit zu einem bestimmten Zeitpunkt.	Mitarbeiter-befragung

Mit den **Marketingstrategien** muss die Betriebsführung mittel- bis lang-fristige Grundsatzentscheidungen treffen, wie, mit welcher Vorgehenswei-se und unter Einsatz welcher Marketinginstrumente die vorher festgeleg-ten Marketingziele erreicht werden sollen. Marketingstrategien im Gesundheitswesen sind somit Richtlinien oder Leitmaximen, durch welche ein Rahmen sowie eine bestimmte Stoßrichtung der Marketingmaßnahmen vorgegeben sind. Damit stellen sie einen langfristigen Verhaltensplan dar, dessen Hauptzielsetzung es ist, im Markt die richtigen Entscheidungen zu treffen.

Die Zielsetzung von Marketingstrategien im Gesundheitswesen besteht in der Schaffung von strategischen Wettbewerbsvorteilen. Diese sind gegeben, wenn durch den bewussten Aufbau von wichtigen und dominierenden Fähigkeiten langfristig und dauerhaft der überdurchschnittliche Erfolg einer Gesundheitseinrichtung gewährleistet wird. Ausrichtungsgrundlagen sind beispielsweise die Möglichkeiten, die sich in Bezug auf das Verhältnis von Leistungsangebot und Gesundheitsmarkt ergeben (siehe **Tabelle 4.8**).

Tabelle 4.8 Leistungsangebot und Gesundheitsmarkt als Ausrichtungsgrundlagen für Marketingstrategien.

Markt Leistungsangebot	Bisherige Märkte / Patientenzielgruppen	Neue Märkte / Patientenzielgruppen
Bisheriges Behandlungsangebot	Durchdringung: – Behandlungsangebot beibehalten – Patientenzielgruppe beibehalten → Minimalstrategie	Marktentwicklung: – Behandlungsangebot beibehalten – Neue Patientenzielgruppe erschließen → Intensivierungsstrategie
Neues Behandlungsangebot	Neuheit: – Behandlungsangebot erweitern – Patientenzielgruppe beibehalten → Innovationsstrategie	Ausbruch: – Behandlungsangebot erweitern – Neue Patientenzielgruppe erschließen → Diversifikationsstrategie

Anhand dieser aufgezeigten Elemente lassen sich nun beispielsweise folgende Marketingstrategien im Gesundheitswesen aufzeigen:

■ Bewahrungsstrategie: Sieht vor, das bisherige Angebot von Behandlungsleistungen auf den bisherigen Märkten auch weiterhin beizubehalten.

■ Durchdringungsstrategie: Stellt den Versuch dar, durch geeignete Marketingmaßnahmen den Patientenzuspruch bei den bisherigen Zielgruppen zu erhöhen.

■ Neuheitsstrategie (Innovationsstrategie): Angebot neuer Behandlungs- bzw. Pflegeleistungen an bisherige Zielgruppen.

■ Marktentwicklungsstrategie: Für die bisherigen Leistungsangebote sind neue Patientenzielgruppen zu finden.

■ Ausbruchstrategie: Behandlungs- und Pflegeleistungen werden angeboten, mit denen neue Patientenzielgruppen erreicht werden sollen.

■ Streustrategie (Diversifikationsstrategie): Mehrere neue Behandlungs- und Pflegeleistungen werden gleichzeitig angeboten („verstreut"), in der Hoffnung, dass das eine oder andere Angebot ein sicherer Erfolg wird.

■ Konzentrationsstrategie: Festlegung auf eine bestimmte Erweiterung der Angebotspalette.

Beispielsweise gibt es mehrere Wege zur Steigerung des Gewinns einer Zahnarztpraxis: Bei gleich bleibendem Umsatz können einerseits die Praxiskosten gesenkt werden oder andererseits der Umsatz bei gleich bleibendem Niveau der Behandlungsfallkosten erhöht werden. Letzteres als Marketingstrategie für die Zahnarztpraxis zu verfolgen, wäre sicherlich risikoreich, da durch Budgetierungen in der GKV faktische Umsatzgrenzen vorgegeben sind und die Behandlungsfallkosten auch keineswegs gleich bleiben, sondern alleine schon aufgrund der allgemeinen Kostensteigerung eher eine steigende Tendenz aufweisen.

Eine weitere Möglichkeit zur Ableitung der richtigen, Erfolg versprechenden Marketingstrategie stellt die klassische **Marktportfolioanalyse** dar. Sie basiert auf der bekannten *BCG-Matrix* bzw. dem *Boston-I-Portfolio* der *Bos-*

ton Consulting Group (BCG) und wurde für das strategische Management von Unternehmen entwickelt, um den Zusammenhang zwischen dem Produktlebenszyklus und der Kostenerfahrungskurve zu verdeutlichen. Dazu werden die bereits vorhanden bzw. neu geplanten Behandlungs- und Patientenserviceleistungen anhand der Kriterien Wachstum des Marktes für die Behandlungsangebote und Anteil am Patientenmarkt, auf den die Behandlungsleistungen überwiegend abzielen, beurteilt:

■ Hoher Marktanteil und große Marktwachstumschancen: Die daraus ableitbare Strategie lautet den Umsatz weiter steigern und den Marktanteil weiter ausbauen.

■ Neueinführung mit bisher geringem Marktanteil, bewegt sich jedoch auf einem Patientenmarkt mit aussichtsreichen Zuwachsraten: Da dieses Behandlungsangebot (beispielsweise ganzheitliche Medizin; Spezialisierung auf bislang konkurrenzlose Behandlungsgebiete; Anwendung neuester, revolutionärer Heilmethoden) positive Zukunftsaussichten erwarten lässt, heißt die nahe liegende Strategie daher, den Marktanteil ausbauen und durch gezielte Investitionen einen deutlichen Vorsprung im medizinischen bzw. medizin-technischen Know-how erzielen.

■ Hoher Marktanteil aber niedrigen Wachstumschancen: Als Strategie lässt sich hieraus ableiten, den bereits erreichten Marktanteil zu halten, durch gezielte Kostensenkungs- bzw. Rationalisierungsmaßnahmen den Gewinn abzuschöpfen und lediglich in die Erhaltung des Marktanteils zu investieren.

■ Niedriger Marktanteil mit geringen Marktwachstumschancen: Als Strategie ist daher zu überlegen, ob diese überholten oder kaum nachgefragten Behandlungsleistungen, sofern es keine Verpflichtungen dazu gibt, überhaupt noch angeboten werden sollen.

Auch mit Hilfe der **PIMS-Analyse** (Profit Impact of Market Strategies) lässt sich der Erfolg von Marketingstrategien im Gesundheitswesen überprüfen. Das Konzept sieht vor, regelmäßig bestimmte Kennzahlen zu erheben, anhand deren Entwicklung sich der wirtschaftliche Erfolg der verfolgten Marketingstrategien abzeichnet.

Einen vergleichbaren Ansatz stellt auch die **Gap-Analyse** dar, die die Lücke zwischen den durch die Marketingstrategien im Gesundheitswesen zu erreichenden Sollvorgaben und der voraussichtlichen Entwicklung unter Verzicht auf die Verfolgung der Marketingstrategien untersucht. Dazu stellt sie somit Vergleichsprojektionen möglicher zukünftiger Entwicklungen mit und ohne dem Einsatz der Marketingstrategien auf, um letztendlich zu ermitteln, was passiert, wenn keinerlei, keine zusätzlichen oder andersartige Marketingaktivitäten ergriffen werden.

4.3.2 Anwendung absatzwirtschaftlicher Instrumente

Die Auswahl und Anwendung der für die Umsetzung der festgelegten Marketingstrategie geeigneten **Marketinginstrumente** ist eine weitere wichtige Aufgabe des Führungspersonals im Gesundheitswesen. Da das Instrumentarium vielfältig ist, kommt der Auswahl der geeigneten Marketinginstrumente besondere Bedeutung zu. Sie lassen sich dem klassischen Marketing-Mix zuordnen: Patientenkommunikation (Kommunikationspolitik), Gestaltung der Behandlungsleistungen (Produktpolitik), Patientenbetreuung und Patientenservice (Distributionspolitik) und Honorargestaltung (Kontrahierungspolitik).

Die **Patientenkommunikation** im Gesundheitswesen umfasst die planmäßige Gestaltung und Übermittlung der auf den Patientenmarkt gerichteten Informationen, mit dem Zweck, die Meinungen, Einstellungen und Verhaltensweisen der Patientenzielgruppe im Sinne der Zielsetzung der Gesundheitseinrichtung zu beeinflussen. Ein wesentliches Ziel der Patientenkommunikation ist es, die Gesundheitseinrichtung möglichst als eigenständige, wieder erkennbare und unverwechselbare **Marke** bei den Patienten zu etablieren. Das bedeutet, dass sie über tatsächliche und vermeintliche Eigenschaften verfügt, die sie von der Konkurrenz unterscheiden. Anhand von **Markenzeichen** erkennt der Patient seine Einrichtung beispielsweise bei Marketingaktionen wieder und assoziiert damit möglichst positive Eigenschaften, so dass er sich bei Bedarf gezielt für die Inanspruchnahme deren Behandlungs- oder Pflegeleistungen entscheiden kann.

Die Instrumente der **Werbung** (Anzeigen in Printmedien, Tageszeitungen, Broschüren, Flyer, Plakate, Außenwerbung etc.) gelten als klassische Instrumente der Patientenkommunikation und sind für den Patienten direkt als solche erkennbar. Ihr wesentlicher Vorteil liegt darin, dass man mit ihnen eine große Zahl von potenziellen Patienten erreichen kann.

Von der klassischen Werbung unterscheiden sich Instrumente, die versuchen die Patientenzielgruppe mittels unkonventioneller Kommunikationswege und –maßnahmen direkt und persönlich anzusprechen: Öffentlichkeitsarbeit, Internet-Werbung, Sponsoring, Gesundheitsmessen und -ausstellungen, Verteilung von Proben (Sampling), persönliche Ansprache etc.

Insbesondere Führungskräfte haben die Möglichkeiten des Verfassens von Artikeln in medizinischen Fachzeitschriften, Leserbriefen, der Teilnahme an Podiumsdiskussionen zu Gesundheitsthemen, der Gründung von Initiativen im Gesundheitswesen, mit dem Ziel, das Angebot der jeweiligen Gesundheitseinrichtung herauszustellen oder der Nutzung von Netzwerken und Medien, um auf Angebote des Gesundheitsbetriebs aufmerksam zu machen.

Eine besondere Rolle nimmt dabei die Öffentlichkeitsarbeit (**Public Relations**, PR) ein. Sie hat zur Aufgabe, möglichst dauerhaft ein positives Image und eine gute Reputation für die Gesundheitseinrichtung zu erzielen, ihren Bekanntheitsgrad zu steigern und Sympathie, Verständnis sowie ein konsistentes Bild in der Öffentlichkeit zu erzeugen.

Zunehmend an Bedeutung gewinnt die Werbung im **Internet**. Optimiertes Webdesign im Gesundheitswesen führt zu relevanten Anfragen von potenziellen Patienten. Es eröffnet neue Wege, Patienten zu gewinnen, denn gerade, wenn es um Spezialgebiete der Medizin oder Betreuungsangebote in der Altenpflege geht, möchten sich viele Patienten vorab über Leistungen und Möglichkeiten informieren. Die professionelle Homepage im Internet dient der Marken- und Imagebildung, stärkt die Patientenbindung, stellt das Angebot an Behandlungs- und Pflegeleistungen vor und trägt somit als zusätzlicher „Kommunikationskanal" zur Patientengewinnung bei.

Mit der **Behandlungsleistungsgestaltung** kommt es darauf an, die Bedürfnisse und Wünsche der Patienten mit den Leistungen im Gesundheitswesen zu befriedigen. Dazu zählen alle Tätigkeiten, die mit der Auswahl und Weiterentwicklung von Behandlungs- und Pflegeleistungen sowie deren Vermarktung zusammenhängen. Die Gestaltung von Behandlungsleistungen ist von zentraler Bedeutung für die Stellung des Gesundheitsbetriebs im Wettbewerb, denn ihr obliegt die zweckmäßige, attraktive Gestaltung des Behandlungsangebots. Sie umfasst im Wesentlichen folgende Instrumente:

- Die Einführung neuer Leistungsangebote (Innovation),

- die Veränderung bestehender Leistungsangebote (Variation, Differenzierung, Diversifikation etc.) sowie

- die Reduzierung des bisherigen Leistungsangebotes (Eliminierung).

Im Rahmen der **Patientenbetreuung** geht es um die konsequente Ausrichtung im Gesundheitswesen auf die Patienten sowie die systematische Gestaltung der Abläufe im Patientenbeziehungsmanagement. Dabei steht die persönliche Betreuung im Vordergrund, während mediale Instrumente wie beispielsweise Call-Center, Internet etc., eine eher untergeordnete Rolle spielen. Ziel der Patientenbetreuung ist eine stärkere Patientenbindung und damit die Steigerung der Loyalität der Patienten zu ihrer Gesundheitseinrichtung. Sie nimmt einen hohen Stellenwert ein, da die Gewinnung neuer Patienten einen wesentlich höheren Aufwand verursachen kann, als ihre langfristige Bindung an den Gesundheitsbetrieb.

Zur **Patientengewinnung** dient in erster Linie die persönliche Ansprache und die Fortführung des Dialogs aufgrund erster Kontakte oder Befragungen. Daraus lassen sich Schlüsse auf das mögliche Potenzial von Patientengruppen, ihre Anforderungen oder die mögliche Inanspruchnahme von Behandlungs- oder Pflegeleistungen schließen.

Die langfristige **Patientenbindung** erfolgt durch regelmäßigen Kontakt, auch nach dem Abschluss von Behandlungsmaßnahmen, durch Beratung und Hilfestellungen, Patienteninformationen über Hauszeitschriften oder Newsletter, Einräumen besonderer Konditionen, sowie Öffentlichkeits- und Pressearbeit.

Unter der **Patientenrückgewinnung** ist das gezielte Ansprechen ehemaliger Patienten zu verstehen und die Hinterfragung ihrer Wechselgründe. Von besonderer Bedeutung ist dabei das **Patientenbeschwerdemanagement**, welches alle Maßnahmen umfasst, die die Zufriedenheit des Patienten wiederherstellen und Stabilität in die gefährdete Patientenbeziehung bringen. Da es wichtige Hinweise auf Stärken und Schwächen des Gesundheitsbetriebes aus Sicht des Patienten offenbart, ist es sinnvoll, nicht nur die artikulierter Unzufriedenheit dabei zu berücksichtigen, sondern auch Folgebeschwerden, Anfragen oder Verbesserungsvorschläge. Dies trägt dazu bei, das Feedback der Patienten zu erfassen und es für den Lernprozess des Gesundheitsbetriebes nutzbar zu machen.

Als *externes* Beschwerdemanagement hat beispielsweise die *Kassenärztliche Vereinigung Mecklenburg-Vorpommern* (2012) ein Verfahren eingerichtet, dass bei der Verletzung vertragsärztlicher Pflichten zunächst die Weiterleitung der ihr vorliegenden Beschwerde an den betroffenen Arzt vorsieht, um diesem Gelegenheit zu einer eigenen Stellungnahme zu geben, und anhand der Rückäußerung des Arztes die anschließende Vorlage des Sachverhalts insgesamt dem Vorstand der Kassenärztlichen Vereinigung zur Entscheidung über das weitere Vorgehen. Bei Behandlungsfehlern oder Verletzungen des Berufsrechts wird an die *Ärztekammer Mecklenburg-Vorpommern* verwiesen.

Die **Honorargestaltung** im Gesundheitswesen wird einerseits durch das System der Versicherungsleistungen von *GKV* und *PKV* reglementiert und ist andererseits außerhalb der Versicherungsleistungen im Gesundheitsmarkt für *Individuelle Gesundheitsleistungen (IGeL)* überwiegend an marktwirtschaftliche Gesichtspunkte geknüpft.

Die Honorargestaltung für Leistungen *außerhalb* der Versicherungsleistungen im Gesundheitsmarkt beinhaltet zudem die Entscheidung, welche **Preisstrategie** für neue Behandlungs- oder Pflegeangebote verwendet werden soll (siehe **Tabelle 4.9**).

Tabelle 4.9   Honorargestaltungsstrategien für Nicht-
Versicherungsleistungen.

Strategie	Erläuterung
Honorarabschöpfung	Planmäßige, sukzessive Absenkung anfänglich hoher Honorare, um für jede Patientenzielgruppe das maximale Honorar abzuschöpfen.
Honorardifferenzierung	Forderung unterschiedlicher Honorare für gleiche Leistung, beispielsweise auf Patiententeilmärkten mit spezifischem Nachfrageverhalten, auf Patientenmärkten mit reduzierter Markttransparenz, zur Versorgung von Patientenmärkten, die sonst ohne Angebot blieben.
Honorarpenetration	Niedriges Anfangshonorar, das zu hohem Marktanteil führt, um später bei dadurch reduzierter Konkurrenz höhere Honorare am Patientenmarkt durchzusetzen.
Honorarbündelung	Gesamthonorar für mehrere Leistungen, die bei einer Einzelhonorierung teurer wären, um beispielsweise den Gesamtumsatz zu erhöhen.
Honorarführerschaft	Steigerung der Strategie niedriger Honorare, um die konkurrenzlos niedrigsten Vergütungen.
Hohes Honorar	Für Spezialleistungen, die in besonderer medizinischer oder pflegerischer Qualität angeboten werden oder ein besonders hochwertiges Leistungsniveau vermitteln sollen.
Niedriges Honorar	Zur Umsatzsteigerung, Steigerung von Patientenzahlen, Behauptung in einem Verdrängungswettbewerb etc.
Honorarfolge	Regelmäßige Anpassung der Honorare an die Konkurrenz.

4.4   Finanzierung

4.4.1   Sicherung der gesundheitsbetrieblichen Liquidität

Die Zahlungsfähigkeit ist für jede Betriebsführung und so auch im Gesundheitswesen ein wichtiges und sensibles Thema, denn durch tatsächliche oder auch vermeintliche Zahlungsschwierigkeiten verschlechtern sich Bonitäten und erhöhen sich die Finanzierungskosten, was erst recht zu einer Abwärtsspirale führen kann. Können Zahlungsverpflichtungen nicht mehr uneingeschränkt und fälligkeitsgerecht aus Bargeldbeständen, Kontoguthaben oder nicht ausgeschöpften Kreditlinien erfüllt werden, gefährdet die mangelnde Liquidität die Existenz. In diesem Fall droht nach geltendem Wirtschaftsrecht die **Insolvenz.** Daher muss die Betriebsführung dafür sorgen, den fälligen kurzfristigen (< 1 Jahr), mittelfristigen (1 - 5 Jahre) oder langfristigen (> 5 Jahre). Verbindlichkeiten möglichst jederzeit, uneingeschränkt und fristgerecht nachkommen zu können, damit ein Liquiditätsmangel nicht zur Zahlungsunfähigkeit führt bzw. die Ursache für eine Insolvenz darstellt.

Aufgabe der Liquiditätssicherung ist es, zukünftige Zu- und Abnahmen liquider Mittel systematisch zu erfassen, gegenüberzustellen und auszugleichen. Sie hat dabei das Ziel, eine optimale Liquidität zu ermitteln, zu erreichen und zu erhalten und den dazu nötigen Bestand an Zahlungsmitteln vorauszuplanen, denn zu hohe Liquidität kann auch Rentabilitätseinbußen bewirken, da häufig auf die übliche Verzinsung verzichtet wird und dadurch bzw. durch die Inflationswirkung ein Teil des Vermögens verloren geht.

Mit einem **Liquiditätsmanagement** , das eine Finanzplanung und die Anwendung der Instrumente der strukturellen Liquiditätsplanung umfasst, kann die Betriebsführung den Bedarf an finanziellen Mitteln festlegen und deren Bereitstellung sichern. Dazu dienen beispielsweise Kreditlinien bei Geschäftsbanken.

Mit Hilfe von **Liquiditätskennzahlen** lassen sich Informationen über die Liquidität und somit beispielsweise darüber ermitteln, ob zur kurzfristigen

Begleichung fälliger Verbindlichkeiten ausreichend eigene Zahlungsmittel zur Verfügung stehen. Die **Liquiditätskontrolle** hat dabei die Aufgabe, einen Abgleich zwischen den Liquiditätsplanwerten und den Istwerten durchzuführen, bei Abweichungen Maßnahmen auszulösen, die eine finanzielle Schieflage vermeiden und die Ursachen der Abweichungen zu ergründen. Daneben muss sie vorliegende strukturelle Liquiditätsdefizite aufzeigen, damit diese bei zukünftigen Planungen berücksichtigt werden können. Die Kontrolle lässt sich ebenfalls durch wichtige Kennzahlen unterstützen:

■ Gesamtkapitalrentabilität: Verhältnis zwischen Jahresüberschuss und Gesamtkapital.

■ Eigenkapitalrentabilität: Verhältnis zwischen Jahresüberschuss und Eigenkapital.

■ Umsatzrentabilität: Verhältnis zwischen Jahresüberschuss und Umsatzerlösen.

■ Anlagendeckungsgrad: Summe aus Eigenkapital und langfristigem Fremdkapital, dividiert durch das Anlagevermögen.

■ Anlagenintensität: Verhältnis zwischen Anlagevermögen und Gesamtvermögen.

■ Vorratsintensität: Verhältnis zwischen Vorratsvermögen und Gesamtvermögen.

■ Investitionsverhältnis: Verhältnis zwischen Umlaufvermögen und Anlagevermögen.

■ Eigenfinanzierungsgrad: Verhältnis zwischen Eigenkapital (und Bilanzsumme.

■ Verschuldungsquote: Verhältnis zwischen Fremdkapital und Eigenkapital.

■ Cash-Flow: Summe aus Jahresüberschuss und nicht liquiditätswirksamen Aufwendungen (bspw. Abschreibungen, Wertberichtigungen etc.), abzüglich nicht liquiditätswirksamer Erträge (bspw. Rückstellungsauflösungen).

Für die Liquiditätskontrolle im Gesundheitswesen liegen ferner **Liquidi-tätsregeln** vor, die auf allgemeinen betriebswirtschaftlichen Erfahrungs-werten beruhen. Bei diesen Regeln handelt es sich um normative Aussa-gen, deren Einhaltung dazu beiträgt, die Liquidität zu sichern. So besagt die „goldene Liquiditäts- oder Finanzierungsregel", dass die Fristigkeiten des finanzierten Vermögens stets mit der des dazu verwendeten Kapitals übereinstimmen und damit die Investitionsdauer nicht länger als die Fi-nanzierungsdauer sein sollte (Fristenkongruenz).

> Eine Behandlungseinrichtung, die für einen Einsatz von 12 Jahren vor-gesehen ist, soll auch beispielsweise nur durch Fremdkapital finanziert werden, das der Gesundheitseinrichtung auch mindestens 12 Jahre zur Verfügung steht.

Als weitere Regel („Eins-zu-Eins-Regel") kann auch angesehen werden, dass Eigen- und Fremdkapital möglichst gleich groß sein sollten, das Ei-genkapital besser noch überwiegt oder die Verschuldungsquote zumindest zwischen 1 und 2 und keinesfalls darüber hinaus liegen sollte. Die „allge-meine Liquiditätsregel" besagt schließlich, dass Liquidität stets der Vorzug vor Rentabilität gegeben wird.

Zu einer wirksamen **Liquiditätsverbesserung** schlägt *A. Hanneken* (2009) vom *Deutschen Krankenhausinstitut (DKI)* schlägt ein aktives **Working Capi-tal Management** (WCM) vor, das im Wesentlichen aus einer intelligenten Optimierung der Kapitalbindung in Beständen, Forderungen, Verbindlich-keiten und liquiden Mitteln besteht, systematisch Liquidität freisetzt und die Bilanzstruktur verbessert. (siehe **Tabelle 4.10**).

Tabelle 4.10   *Working Capital Management (WCM)* im Gesundheitswesen.

Instrumente	Erläuterung
Forderungs-management	Zügiger Ausgleich der Rechnungen durch die Kostenträger oder Privatpatienten; zu berücksichtigen sind alle Forderungen und sonstigen Vermögensgegenstände mit einer Restlaufzeit bis zu einem Jahr sowie die Wertpapiere des Umlaufvermögens; Vermeidung von Mängeln bei den Zahlungszielen sowie dem Inkasso; Verringerung des Zeitraums zwischen Fakturierung und Geldeingang; Prüfung der Berechnung von Verzugszinsen gegenüber den Kostenträgern oder Privatpatienten.
Verbindlichkeiten-management	Zielgerichteter Ausgleich von Verbindlichkeiten gegenüber Lieferanten von medizinischem Verbrauchsmaterial oder medizin-technischen Geräten; Verhandlungen mit Lieferanten hinsichtlich der Verlängerung von Zahlungszielen, Vereinbarung oder Erhöhung von Skonti.
Bestands-management	Zu hohe Materialbestände binden Kapital, das für mögliche Investitionen fehlt; der Einrichtung wird dadurch Liquidität entzogen; bei der Finanzierung der Bestände durch Fremdkapital muss eine zusätzliche Kapitalverzinsung geleistet werden; Einsparungen und Hebung von Liquiditätsreserven durch Abbau von Überbeständen, Aufdeckung möglicher Versorgungsengpässe sowie nachhaltige Planung, Steuerung und Kontrolle der Bestände; Optimierung des Bestandsniveaus, Reduktion der Lagerhaltungskosten, Verbesserung der Lieferzeiten bspw. von Verbrauchsmaterialien für Behandlung und Pflege.

Quelle: In Anlehnung an A. *Hanneken* (2009).

4.4.2 Treffen von Investitions- und Finanzierungsentscheidungen

In allen Gesundheitseinrichtungen gibt es Phasen, in denen der Finanzmittelbedarf steigt. Liquiditäts- und Finanzierungsentscheidungen sind somit in allen Situationen, beginnend bei der Gründung des Betriebes, zu vollziehen. Wichtige Kriterien für die Frage der Entscheidung über Finanzierungsalternativen sind dabei die Liquidität, die Rentabilität, die Sicherheit und die Unabhängigkeit (siehe **Tabelle 4.11**).

Tabelle 4.11   Kriterien für Finanzierungsentscheidungen.

Kriterium	Beschreibung
Liquidität	Die ständige Zahlungsbereitschaft ist zu gewährleisten.
Rentabilität	Eine Minimierung des Preises für das benötigte Kapital ist anzustreben.
Unabhängigkeit	Das Einräumen besonderer Rechte Dritter bei der Kapitalbeschaffung ist möglichst zu vermeiden.
Sicherheit	Das Risiko des Kapitalverlustes und das der Überschuldung sind zu minimieren.

Um das Ziel eines finanziellen Gleichgewichts des Gesundheitsbetriebes zu erreichen und zu erhalten, sind im Wesentlichen vier Teilaufgaben durchzuführen:

■ Ermittlung des Liquiditätsbedarfs,

■ Beschaffung des benötigten Kapitals (Finanz- und Liquiditätsplanung),

■ Verwendung des beschafften Kapitals (Investition),

■ Verwaltung des gesamten Kapitals (Finanz- und Liquiditätskontrolle).

Während sich die **Finanzierung** im Gesundheitswesen mit der Mittelbe-schaffung im Sinne von Einnahmen befasst, stellt die **Investition** die Mit-telverwendung im Sinne von Ausgaben dar.

Die Finanzierung im Gesundheitswesen lässt sich nach der Mittelherkunft und der Funktion der Mittelgeber in *externe* und *interne* bzw. *Eigen-* und *Fremdfinanzierung* unterscheiden Auf der Grundlage dieser Unterschei-dung lässt sich nun eine Vielzahl von Finanzierungsarten für den Gesund-heitsbetrieb systematisieren (siehe **Abbildung 4.3**).

Abbildung 4.3   Finanzierungsarten im Gesundheitswesen.

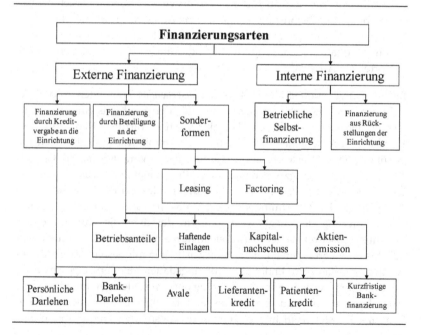

Ist die Gesundheitseinrichtung als Kreiskrankenhaus, kommunale Pflege-einrichtung oder Universitätsklinik nicht ohnehin bereits eine öffentliche Einrichtung, deren Aufwandsträger die Finanzierung des Betriebs mit öffentlichen Mitteln unterstützen, so steht ihm zur Finanzierung auch die Inanspruchnahme öffentlicher Fördermittel zur Verfügung.

Die **Investitionsplanung** der Betriebsführung erfolgt unter verschiedenen Gesichtspunkten. Einerseits erfolgt die Auswahl beispielsweise medizintechnischer Behandlungs- oder Pflegeausstattung nach medizinischen Aspekten und dem jeweiligen Stand der Medizintechnik, mit dem Ziel bestmöglicher Leistungseigenschaften, um letztendlich in die Einrichtungen zu investieren, welche die Behandlungs- und Pflegeleistungen bestmöglich unterstützen. Weiterhin werden in die Auswahl beispielsweise auch Marketingaspekte einbezogen, denn der Patient erwartet mit der bestmöglichen, zeitgemäßen Medizintechnik behandelt zu werden und die Ausstattung der Gesundheitseinrichtung als modern, ergonomisch angenehm und fortschrittlich zu empfinden. Letztendlich ist jede Investition im Gesundheitswesen aber auch unter betriebswirtschaftlichen Gesichtspunkten zu beurteilen, denn sie bedeutet die Bindung von Kapital, wirft unter Umständen Finanzierungsprobleme auf, erzeugt Folgekosten für Wartung und Instandhaltung und stellt oft auch nur mittel- bis langfristig erreichbare Vorteile in Aussicht.

Bei einer Investition sind einerseits die *ausgehenden* Zahlungen zu berücksichtigen, wie die Anschaffungszahlung für den Kaufpreis eines medizintechnischen Gerätes oder die Folgekosten für Wartung, Reparatur und Ersatzteile. Ihnen stehen tatsächlich oder fiktiv *eingehende* Zahlungen gegenüber, wie der Verwertungserlös aufgrund der Veräußerung des Gerätes am Ende seiner Nutzungsdauer oder Rechnungsstellungen gegenüber Krankenkassen und Patienten für die Nutzung des Gerätes im Rahmen der Behandlung. Die Wertminderung, der das Investitionsobjekt aufgrund seiner Alterung unterliegt, wird in Form der über die Nutzungsdauer verteilten **Abschreibungen** berücksichtigt. Sie muss durch die Einnahmen aus den damit erbrachten Behandlungsleistungen mindestens ausgeglichen werden, so dass am Ende der Nutzungsdauer eine Ersatzbeschaffung durchgeführt werden kann. Die Abschreibungen stellen gewinnmindernde Ausgaben dar und sind von den insgesamt erzielten Einnahmen abzuziehen, um den steuerpflichtigen Gewinn des Gesundheitsbetriebs zu ermitteln.

Als Verfahren zur Beurteilung verschiedener Investitionsalternativen im Gesundheitswesen bieten sich die verschiedenen Arten der **Investitionsrechnung** an. Sie soll Aussagen über die Wirtschaftlichkeit einer Investition oder mehrerer Investitionsalternativen liefern, da sie hinsichtlich der quantifizierbaren Faktoren eine Grundlage von Investitions- und Finanzierungsentscheidungen darstellen kann. Ihr Einsatz kann als Planungsrechnung vor der Entscheidung und als Kontrollrechnung während und nach der Entscheidungsdurchführung erfolgen.

Die verschiedenen Investitionsrechnungsarten haben je nachdem, ob sie nur eine Berechnungsperiode oder den gesamten Investitionszeitraum berücksichtigen, überwiegend statischen oder dynamischen Charakter (siehe **Tabelle 4.12**).

Tabelle 4.12   Investitionsrechnungsarten für das Gesundheitswesen.

Statische Investitionsbewertung	Kostenvergleichsrechnung	Bei verschiedenen Investitionsobjekten werden die mit der Erbringung der Behandlungsleistung anfallenden Kosten verglichen
	Gewinnvergleichsrechnung	Es werden die zurechenbaren Gewinne (Einnahmen – Kosten) verglichen
	Rentabilitätsrechnung	Ermittlung und Gegenüberstellung der Rentabilität für verschiedene Investitionsobjekte: $\varnothing$ erwarteter Betriebsgewinn $\div$ $\varnothing$ Investiertes Kapital $*$ 100
Dynamische Investitionsbewertung	Kapitalwertmethode	Sämtliche erwartete Gewinne werden über die Lebensdauer mit einem Zinsfuß (i) auf den Zeitpunkt unmittelbar vor der Investition abgezinst. Die Investition ist Vorteilhaft, wenn für den Kapitalwert gilt: $K0\,(z,i) = \Sigma\,((\text{Einnahmen} - \text{Ausgaben}) \div (1+i)^{t}) + (\text{Restwert} \div (1+i)^{n}) \geq 0$
	Interner Zinsfuß	Bei einem Kapitalwert = 0 wird die Verzinsung des angelegten Kapitals ermittelt
	Annuitätenmethode	Es werden die durchschnittlichen jährlichen Einnahmen und Ausgaben unter Verwendung der Zinseszinsrechnung errechnet (Annuitäten). Vorteilhaft, wenn Einnahmeannuitäten > Ausgabeannuitäten

	Vermögens-end-wertverfahren	Aufzinsung sämtlicher Zahlungen auf das Ende des Planungszeitraumes; ansonsten analog Kapitalwert-methode
	Sollzinssatz-verfahren	Aufzinsung sämtlicher Zahlungen auf den Finalwert; ansonsten analog Methode Interner Zinsfuß
Sonstige Bewertung	Amortisationsrechnung	Als Kriterium dient die Zeitspanne, in der das investierte Kapital wieder hereingewirtschaftet wird: Amortisationsdauer = Anschaffungswert ÷ Reingewinn (+ Abschreibungen)
	MAPI-Verfahren	Rentabilitätsrechnung in Verbindung mit der Bestimmung des Zeitpunktes für Ersatzinvestitionen

Quelle: In Anlehnung an *Beschorner* (2006).

Der gesamte Zeitablauf einer Investition wird bei der *dynamischen* Investitionsrechnung dadurch berücksichtigt, dass in den jeweiligen Perioden die unterschiedlich anfallenden Einnahmen und Ausgaben in das Ergebnis eingehen.

Die *statischen* Verfahren der Investitionsrechnung gehen von durchschnittlichen Jahreswerten aus und berücksichtigen nur eine Rechnungsperiode. Da sie weder die Rendite der zu vergleichenden Anlagen, noch zeitlich später liegende, die Investitionsentscheidung betreffende Ereignisse berücksichtigen, weil nur auf die Anfangsinvestition abgestellt wird, werden sie häufig allerdings als Hilfsverfahren bezeichnet, obwohl sie leicht und schnell anwendbar sowie weit verbreitet sind. Ihre wichtigsten Vorteile liegen in ihrer Praktikabilität durch Einfachheit und rasche Anwendungsmöglichkeit. Einen wesentlichen Nachteil stellt die kurzfristige Betrachtung von einer Periode oder einem Durchschnittsjahr dar, da bei ihr mengen-, kosten oder preismäßige Veränderungen im Zeitablauf keine Berücksichtigung finden.

Da bei einer Investitionsrechnung nur quantifizierbare Größen und Ereignisse für einzelne Investitionsvorhaben erfasst und sichere Erwartungen unterstellt werden, ist es zweckmäßig, bei Investitionsentscheidungen im Gesundheitswesen zusätzlich qualitative Argumente zu berücksichtigen, etwa unter Einbeziehung von Verfahren wie die Nutzwertanalyse zur Einbeziehung nicht quantifizierbarer Größen.

4.5 Informationswesen

4.5.1 Aufbau des internen Kosten- und Erfolgsinformationswesens

Die Grundlage für das interne Kosten- und Erfolgsinformationswesen bildet das **Rechnungswesen** (Accounting) einer Gesundheiteinrichtung. In ihm bilden sich die Geld- und Leistungsströme zahlenmäßig, lückenlos, vergangenheits- bzw. zukunftsorientiert ab und liefern sowohl intern nutzbare, quantitative Informationen für die Steuerung durch die Betriebsführung, als insbesondere auch Informationen, um gegenüber Außenstehenden, wie den Kostenträgern im Gesundheitswesen, Eigentümern, Banken, Finanzbehörden etc. Rechenschaft ablegen zu können. Es gliedert sich dementsprechend üblicherweise in das interne Rechnungswesen (Management Accounting), das externe Rechnungswesen (Financial Accounting), die Buchführung und die Inventarisierung (siehe **Abbildung 4.4**).

Die **Buchführung** (Buchhaltung) ist so zu gestalten, dass sie anhand von Belegen (Patientenzahlungen und -überweisungen, Laborrechnungen, Kassenbons, Kontoauszügen, Buchungsbelegen etc.) und des daraus hervorgehenden Zahlenmaterials alle Geschäftsvorgänge geordnet und lückenlos aufzeichnet. Sie lässt sich in die Finanzbuchhaltung unterteilen, die das Zahlenmaterial für den Jahresabschluss, die Bilanz sowie die Gewinn- und Verlustrechnung liefert und die Betriebsbuchhaltung, welche die innerbetriebliche Kostenrechnung mit Zahlenmaterial unterstützt. Die durch die Betriebsführung zu beachtende rechtliche Grundlage bildet in erster Linie das *Handelsgesetzbuch (HGB)*, wobei größere Gesundheitseinrichtungen, die nach internationalen Rechnungslegungsvorschriften arbeiten, mehrere Abschlüsse und damit Parallelbuchhaltungen betreiben können. Kapitalmarktorientierte Gesundheitskonzerne mit Sitz in der EU müssen für ihre Mutterunternehmen einen Konzernabschluss nach den *International Financial Reporting Standards (IFRS)* erstellen, so dass eine Konzernrechnungslegung nach dem *HGB* nicht notwendig ist.

Abbildung 4.4   Gliederung des Rechnungswesens.

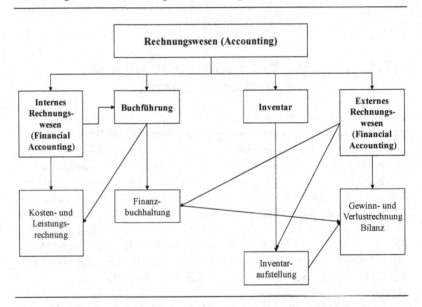

Alle Schulden, Forderungen und sonstigen Vermögensgegenstände sind nach Wert, Art und Menge in einem genauen Bestandsverzeichnis, dem **Inventar,** zusammenzufassen.

Nach der *Krankenhausbuchführungsverordnung (KHBV)* sind beispielsweise Krankenhäuser dazu verpflichtet, ein Inventar aufzustellen, das den Anforderungen des *HGB* entspricht. Dazu ist es zum Ende eines Kalenderjahres (Geschäftsjahres) und damit zum Stichtag 31.12. aufzustellen. Es bildet die Grundlagen eines ordnungsgemäßen Jahresabschlusses und belegt, dass die darin enthaltenen Informationen der Wahrheit entsprechen.

Zur Informationsbereitstellung für die kurzfristige Planung der Kosten, deren Kontrolle anhand von Ist-Daten, sowie auch zur Erfassung und Planung der Erlössituation dient die **Kosten- und Leistungsrechnung** (KLR). Sie erhält die Kostendaten überwiegend aus der Buchhaltung, die nach bestimmten Kriterien der Kostenentstehung und -aufteilung aufbereitet und abgegrenzt werden müssen. Dies geschieht üblicherweise in drei Stufen, nach den Kostenarten, den Kostenstellen und den Kostenträgern. Entsprechend bezeichnet man diese Stufen auch als Kostenarten-, Kostenstellen- und Kostenträgerrechnung (siehe **Abbildung 4.5**).

Abbildung 4.5   Kostenrechnungsstufen im Gesundheitswesen.

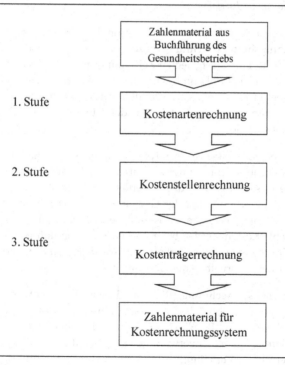

Mit der **Erfolgsrechnung** kann die Betriebsführung den wirtschaftlichen Erfolg innerhalb eines bestimmten Zeitabschnitts ermitteln. Sie basiert auf

der Kostenrechnung und gibt Aufschluss darüber, ob die Gesundheitseinrichtung positiv erfolgreich einen Gewinn erwirtschaftet oder, als Misserfolg, einen Verlust als Jahresergebnis erzielt hat. Ferner liefert sie Antworten auf Fragestellungen, wie etwa nach dem Mindestumsatz, damit die
Kosten überhaupt gedeckt werden, nach Behandlungsarten, die nicht kostendeckend sind oder nach gewinnbringenden Behandlungsarten.

Die **Gesamtkostenrechnung** ist ein Verfahren zur Ermittlung des Betriebsergebnisses im Rahmen einer *kurzfristigen Erfolgsrechnung* und wird folgendermaßen durchgeführt:

*Nettoerlöse aus Kassen- und Privatliquidation + Sonstige Erlöse - Gesamtkosten
der Periode = Betriebserfolg*

Als *kurzfristige* Erfolgsrechnung im Gesundheitswesen wird häufig auch
die **Deckungsbeitragsrechnung** bezeichnet, indem sie die Kosten und
Leistungen für einen festgelegten Zeitraum gegenüberstellt. Dadurch kann
der wirtschaftliche Erfolg und seine Zusammensetzung nach Behandlungsfallgruppen, Ertragsquellen etc. ermittelt werden. Daher ist die kurzfristige
Erfolgsrechnung auch ein Instrument der laufenden betrieblichen Steuerung und Kontrolle.

Mit Hilfe einer **Break-Even-Analyse** kann die Betriebsführung die Frage
beantworten, ab welchen Umsatz zusätzlich auch die variablen Kosten und
somit die Gesamtkosten gedeckt werden. Es handelt sich dabei um ein
Verfahren zur Bestimmung der Gewinnschwelle: Der *Break-Even-point* ist
der Schnittpunkt von Gesamterlös- und Gesamtkostenkurve, das heißt, fixe
und variable Kosten werden bei einem Gewinn von null gerade durch die
Erlöse (Umsatz) gedeckt. Unterhalb des *Break-Even-points* befindet man sich
in der Verlust-, oberhalb in der Gewinnzone.

Die **Prozesskostenrechnung** (PKR) wird bisweilen ebenfalls zur Erfolgsrechnung gezählt, obwohl sie in erster Linie die Kosten der indirekten
Leistungsbereiche (z. B. Wäscherei, Krankenhausküche, Privat- und Kassenliquidation, Patientenverwaltung etc.) abbildet und eine verursachungsgerechtere Verteilung dieser Gemeinkosten durchführt. Sie ist eine
Vollkostenrechnung, die sowohl variable als auch fixe Kosten auf die Kostenträger verrechnet. Dabei wird die kostenstellenweise Zuordnung der
Kosten durch eine kostenstellenübergreifende Betrachtungsweise ersetzt.

Die *PKR* stellt somit kein eigenständiges Kostenrechnungsverfahren dar, sondern ergänzt die herkömmlichen Systeme um eine verbesserte Gemeinkostenverteilung.

Für eine Prozesskostenrechnung müssen die Abläufe einer Gesundheitseinrichtung prozessorientiert und klar definiert sein. Liegt dies nicht vor, ist die Einführung der *PKR* mit einem entsprechend großen organisatorischen Aufwand verbunden. Demgegenüber stehen die Potenziale, die durch die Beeinflussung von Kostentreibern oder der Verschlankung von Prozessen erzielbar sind.

4.5.2 Aufbau des externen Informationswesens

Während das *interne* Rechnungswesen insbesondere mit Hilfe des Instrumentariums der Kosten- und Leistungsrechnung und der Investitionsrechnung, die Planung, Kontrolle und Koordination bewerteter Prozesse im Gesundheitswesen im Hinblick auf die Maximierung des Erfolgs zum Gegenstand hat und oftmals zu einem umfassenden Controllingkonzept ausgebaut ist, unterliegt das *externe* Rechnungswesen handels- und steuerrechtlichen Auflagen bzw. Publizitätspflichten und bildet mit Hilfe der Finanzbuchhaltung, Inventaraufstellung, Bilanz, Gewinn- und Verlustrechnung (GuV) die finanzielle Situation mit der Vermögens-, Finanz- und Ertragslage einer Gesundheitseinrichtung nach außen ab.

Dazu werden der außerbetriebliche Wertetransfer aus den Geschäftsbeziehungen mit Patienten, Lieferanten, Gläubigern und die dadurch bedingten Veränderungen der Vermögens- und Kapitalverhältnisse in der **Finanzbuchhaltung** erfasst.

Während man beispielsweise die Steuerbilanz als eine *externe, steuerliche* Erfolgsrechnung bezeichnen könnte, stellt die **Gewinn- und Verlustrechnung** (GuV) eine externe Erfolgsrechnung zur Ermittlung des *wirtschaftlichen* Erfolgs im Gesundheitswesen dar. Sie vermittelt ein den tatsächlichen Verhältnissen entsprechendes Bild der Ertragslage und hat dabei die Aufgabe, die Quelle der Erträge und die Aufwandsstruktur ersichtlich zu machen. (siehe **Tabelle 4.13**).

Tabelle 4.13 GuV-Gliederung einer Arztpraxis nach dem Gesamtkostenverfahren.

1. Umsatzerlöse

2. Erhöhung oder Verminderung des Bestandes an fertigen oder unfertigen Eigenlaborerzeugnissen

3. andere aktivierte Eigenleistungen

4. sonstige betriebliche Praxiserträge

5. Aufwand für medizinisches Verbrauchmaterial

6. Personalaufwand

   a) Löhne und Gehälter
   b) Soziale Abgaben und Aufwendungen für Altersversorgung und Unterstützung

7. Abschreibungen

   a) auf immaterielle Gegenstände des Anlagevermögens und Sachanlagen sowie auf aktivierte Aufwendungen für die Instandsetzung und Erweiterung des Praxisbetriebes
   b) auf Gegenstände des Umlaufvermögens, soweit diese in Kapitalgesellschaften übliche Abschreibungen überschreiten

8. sonstige betriebliche Aufwendungen der Praxis

9. Erträge aus Beteiligungen

10. Erträge aus anderen Wertpapieren und Ausleihungen des Finanzanlagevermögens

11. sonstige Zinsen und ähnliche Erträge

12. Abschreibungen auf Finanzanlagen und Anlagen des Umlaufvermögens

13. Zinsen und ähnliche Aufwendungen

14. Ergebnis der gewöhnlichen mit der Praxis verbundenen Geschäftätigkeit

15. außerordentliche Erträge

16. außerordentliche Aufwendungen

17. außerordentliches Ergebnis

18. Steuern vom Einkommen und vom Ertrag

19. sonstige Steuern

20. Jahresüberschuss/Fehlbetrag

Die von der Betriebsführung zu berücksichtigenden handels- und abgaberechtlichen Vorschriften sehen vor, nicht nur über die Geschäftstätigkeit Buch zu führen und alle Vermögensgegenstände und Schulden in einem mengenmäßigen Verzeichnis aufzuführen und diese zu bewerten, sondern auch einen Jahresabschluss in Form einer Bilanz bzw. GuV aufzustellen.

Das Inventar bildet die Grundlage für die Erstellung von einem **Jahresabschluss**, der aus der Bilanz, der GuV, sowie bei Gesundheitseinrichtungen in Form von Kapitalgesellschaften aus einem Anhang und einem Lagebericht besteht. In der **Bilanz** werden Mittelverwendung und Mittelherkunft oder Vermögen (Aktiva) und Eigenkapital bzw. Schulden (Passiva) gegenübergestellt. Die Jahresbilanz (Handelsbilanz) wird ergänzt durch die Steuerbilanz sowie gegebenenfalls Sonderbilanzen beispielsweise zu Liquidations- oder Fusionszwecken.

Je nach angewendetem Rechnungslegungsstandard können weitere Angaben, wie beispielsweise Kapitalfluss-, Gesamtleistungs- und Eigenkapitalveränderungsrechnung oder Segmentsberichterstattung hinzukommen. Für Gesundheitsbetriebe in Form von größeren Kapitalgesellschaften besteht hinsichtlich des Jahresabschlusses Prüfungs- und Veröffentlichungspflicht.

4.5.3 Gestaltung des Datenschutzes im Rahmen des eHealth

Der Begriff des **eHealth** („electronic Health") fasst in zunehmenden Maße eine Vielzahl von Anwendungen, Entwicklungen, Vernetzungen sowie den Daten- und Informationsaustausch hauptsächlich auf der Basis des Internet in der Gesundheitsversorgung zusammen, die zum Teil auch durch Begriffe wie Telemedizin, Cybermedizin, E-Gesundheit oder Online-Medizin in der Vergangenheit gekennzeichnet worden sind.

Aktuelle Nutzungs- und Entwicklungslinien des eHealth sind insbesondere:

■ Vernetzungsbestrebungen im Gesundheitssystem,

■ Anwendungen der Telemedizin, die sich auf die Infrastruktur oder Technologie des Internet stützen,

■ Bereitstellung von Gesundheitsinformationen und Dienstleistungen über das Internet.

■ direkte Interaktionen zwischen Patienten und Computer bzw. Internetanwendungen,

■ Infrastrukturinitiativen auf informations- und kommunikationstechnologischer Basis im Gesundheitswesen.

Gesundheitseinrichtungen sind zugleich Nutzer von eHealth-Anwendungen, als auch Bestandteil von eHealth-Netzwerken und Prozessen (siehe **Abbildung 4.6**).

Für die Betriebsführung einer Gesundheitseinrichtung kann eHealth somit im Einzelfall lediglich das Bereitstellen von Informationen für Patienten, das eigene Personal oder andere Leistungserbringer über Informationsportale bedeuten. Ebenfalls eine mögliche Zielsetzung im Rahmen des eHealth, ist die lebenslange Aufzeichnung aller Daten eines Patienten über dessen Gesundheitszustand. Zusammenführung aller Daten aus medizinischen und paramedizinischen Bereichen und Ergänzung der Informationen durch Angaben und Einträge des Patienten selbst. Es kann aber beispielsweise auch den elektronischen Austausch von Informationen zwischen

Patient und Einrichtung, Patient und Arzt, Arzt und anderen Leistungserbringern etc. ohne direkte und zeitnahe Reaktion des Kommunikationspartners oder aber unmittelbarer Reaktion des Kommunikationspartners bedeuten, auch über räumliche Distanzen hinweg. Auch ist ein gezielter Datenaustausch zwischen verschiedenen Partnern des Gesundheitswesens möglich, um die medizinische Leistungserstellung vollständig elektronisch abbilden und erbringen zu können.

Abbildung 4.6 Anwendungsgebiete des *eHealth*

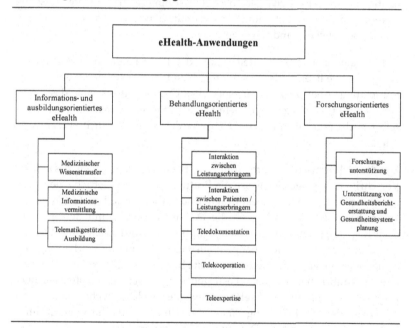

Quelle: In Anlehnung an *Wirtz* (2009).

Eine wichtige Aufgabe für die Führungskräfte im Gesundheitswesen bei der Verarbeitung und Übermittlung elektronischer Informationen, ist der Schutz von Patienten- und Mitarbeiterdaten.

So ist das Recht auf informationelle Selbstbestimmung im *Bundesdaten-schutzgesetz (BDSG)* verankert, ebenso die Forderung nach geeigneten technischen und organisatorischen Maßnahmen, um personenbezogene Patientendaten zu schützen. Gesundheitseinrichtungen in privater Träger-schaft unterliegen ferner den Bestimmungen des BDSG, in öffentlich-rechtlicher Trägerschaft auf Landesebene dem jeweiligen Landesdaten-schutzrecht sowie Krankenhausgesetzen, Gesundheitsdatenschutzgeset-zen, Krankenhausdatenschutzgesetzen und für Behandlungs- und Pflege-einrichtungen der öffentlich-rechtlichen Religionsgemeinschaften gelten häufig eigene kirchliche Datenschutzbestimmungen. Weitere spezielle Regelungen zum Datenschutz im Gesundheitswesen finden sich in den Sozialgesetzbüchern und Einzelgesetzen.

Die Verantwortlichkeit für den Schutz der Patientendaten liegt zunächst bei dem jeweiligen juristischen Träger und der jeweiligen Leitung der Einrichtung. Aber auch das Personal des Gesundheitsbetriebs, das als so genannte berufsmäßig tätige Gehilfen weisungsgebunden tätig ist, trägt selbst höchstpersönlich für die Wahrung der Schweigepflicht Verantwor-tung.

Für die elektronische Verarbeitung von Patientendaten gelten zusätzliche Vorschriften, wie beispielsweise die Prüfung durch den betrieblichen bzw. behördlichen Datenschutzbeauftragten oder die zuständige Datenschutz-kontrollstelle (Vorkontrolle), ob die Datenverarbeitung mit den gesetzli-chen Regelungen in Einklang steht und ob die erforderlichen technischen und organisatorischen Maßnahmen ausreichend sind, die Erarbeitung von Sicherheitskonzepten für neu entwickelte bzw. zu installierende Verfahren, deren ausführlicher Test, das Festlegen von Befugniskonzepten bei dem Zugriff auf Stammdaten, welche Anwender welche Rechte eingeräumt erhalten, oder die Erstellung eines Verzeichnisses für die vom Gesund-heitsbetrieb angewendeten Datenverarbeitungsverfahren.

Für größere Gesundheitseinrichtungen ist die Bestellung von eigenen **Da-tenschutzbeauftragten** vorgeschrieben. Er muss die erforderliche Sach-kunde und Zuverlässigkeit besitzen, die Beschäftigten der Einrichtung mit den Datenschutzvorschriften und den technischen Möglichkeiten zur Wah-rung des Datenschutzes vertraut machen und regelmäßig die Einhaltung der Datenschutzvorschriften kontrollieren.

5 Führungsfeld Personal

5.1 Planung und Regenerierung von Behandlungs- und Pflegepersonal

5.1.1 Ermittlung des Personalbedarfs

Eine der besonders schwierigen Fragen im Rahmen der Mitarbeiterführung im Gesundheitswesen ist die nach der richtigen, angemessenen Personalausstattung. Grundlage für die *quantitative* Bedarfsermittlung ist zunächst das Arbeitsaufkommen, das sich aus dem gewünschten Serviceniveau der Gesundheitseinrichtung und ihrem angestrebten Leistungsvolumen ergibt. Zu berücksichtigen sind dabei Urlaub, Pausen, Krankheitsausfälle, Abwesenheiten wegen Fortbildungsmaßnahmen etc., aber auch die Entwicklung der Personalkosten im Verhältnis zu den betrieblichen Gesamtkosten.

Die eigentliche Bedarfsberechnung erfolgt häufig in **Personentagen** (PT), **Vollzeitkapazitäten** (VZK) bzw. **Full Time Equivalents** (FTE).

In einem stark vereinfachten Ansatz sind zur Errechnung des optimalen Personalstandes zunächst die unterschiedlichen zu verrichtenden Aufgaben und Tätigkeiten im Gesundheitsbetrieb zu ermitteln. Die einzelnen Aufgaben sind mengenmäßig zu bewerten, um die durchschnittliche ($\varnothing$) Arbeitsmenge zu ermitteln. Die durchschnittliche Arbeitsmenge ist anschließend mit der durchschnittlichen Bearbeitungszeit je Aufgabe oder Tätigkeit zu multiplizieren. Ferner ist ein Ausfallzeitfaktor (Fehlzeiten, FZ) zu berücksichtigen, der sich als Erfahrungswert aus im Arbeitsprozess unregelmäßig anfallenden Ausfallzeiten, wie Ermüdung, Wartezeiten, Nebenarbeiten usw. zusammensetzt. Zum Schluss ist durch die durchschnittlichen Arbeitsstunden zu teilen (siehe **Tabelle 5.1**).

A. Frodl, *Betriebsführung im Gesundheitswesen*, DOI 10.1007/978-3-8349-4300-2_5,
© Springer Fachmedien Wiesbaden 2013

Tabelle 5.1   Vereinfachter Ansatz zur quantitativen Personalbedarfsermittlung, Beispiel: Zahnarztpraxis.

Aufgabe / Tätigkeit	Behandlungsassistenz
∅ Arbeitsmenge	40 Behandlungsfälle/Tag
∅ Bearbeitungszeit	30 min (= 0,5 Stunden) inklusiv. Vor-/ Nachbereitung
FZ	1,18
∅ Arbeitstunden	8 / Tag
Formel	(∅ Arbeitsmenge * ∅ Bearbeitungszeit * FZ) ÷ ∅ Arbeitsstunden
Berechnung	(40 * 0,5 * 1,18) ÷ 8 = 2,95
Ergebnis	Für die Aufgabe Behandlungsassistenz werden 3 VZK benötigt

Die *qualitative* Personalbedarfsermittlung im Gesundheitswesen hat die
Erfassung der Arbeitsanforderungen an die einzelnen Arbeitsplätze zum
Gegenstand, um dadurch das benötigte Qualifikationspotenzial zu ermitteln. Dabei sind *fachliche und persönliche* Qualifikationsmerkmale gleichermaßen zu berücksichtigen.

Die **Arbeitsanalyse** bildet dabei die Grundlage für die Gewinnung von
Informationen über die fachlichen und persönlichen Leistungsanforderungen eines Aufgabenbereichs. Sie umfasst die systematische Untersuchung
der Arbeitsplätze und Arbeitsvorgänge im Gesundheitsbetrieb, sowie jener
persönlichen Eigenschaften, die der jeweilige Mitarbeiter als Stelleninhaber
zur Erfüllung der an ihn gerichteten Leistungserwartungen besitzen sollte.
Im Rahmen der Arbeitsanalyse werden Anforderungsarten definiert:

■ Geistige Fähigkeiten (Schulausbildung, Fachkenntnisse, Abstraktionsvermögen, Flexibilität),

■ körperliche Fähigkeiten (Kraft, Geschicklichkeit, manuelle Fertigkeiten,
Sportlichkeit),

■ Verantwortung (Verantwortungsbewusstsein, Sorgfalt, eigenverantwortliches Handeln),

■ geistige Arbeitsbelastung (Stressbewältigung, Arbeitsbewältigung,
Schwerpunktsetzung),

■ körperliche Arbeitsbelastung (Ausdauer, Anstrengungsbereitschaft,
Einsatzwille),

■ persönliche Eigenschaften (Führungsfähigkeit, Überzeugungsvermögen, Durchsetzungsfähigkeit, soziale Kompetenz (kann zuhören,
nimmt sich Zeit für Gespräche, zeigt Verständnis, geht auf andere zu,
bringt anderen Vertrauen entgegen, nimmt Rücksicht auf die Gefühle
anderer, überschätzt sich selber nicht), Umgangsformen).

Neben den quantitativen und qualitativen Aspekten hat der Personalbedarf auch eine *zeitliche* Komponente. Der zeitliche Personalbedarf im
Gesundheitsbetrieb ergibt sich im Wesentlichen aus den Veränderungen

■ des Personalbestandes und

■ des Arbeitsanfalls.

Die Veränderungen des *Personalbestandes* resultieren aus Zu- und Abgän-
gen der Belegschaft. Kurzfristig lässt sich ein *höherer* Arbeitsanfall durch
Mehrarbeit (Überstunden, verkürzte Pausenzeiten, Verkürzung von Leerlaufzeiten, Arbeitsintensivierung, Schwerpunktsetzung usw.) bewältigen.
Allerdings ist dabei darauf zu achten, dass dies nicht zum Dauerzustand
wird, denn darunter leiden mittel- und langfristig die Motivation der Mitarbeiter und damit die Qualität der Arbeitsleistungen im Gesundheitsbetrieb. Bei *dauerhaften* Veränderungen des Arbeitsanfalls ist einer *erhöhten*
Arbeitsbelastung aus den bereits genannten Gründen durch zusätzliche
Mitarbeiter Rechnung zu tragen. Auf Dauer halten Mitarbeiter Überstunden, Stress und Mehrarbeit nicht durch. Sie werden entweder davon krank
oder suchen sich einen anderen Arbeitgeber. Ein alternativ möglicher Pro-
duktivitätszuwachs ist in der Regel nur langfristig realisierbar. Aus einem
dauerhaft *verringerten* Arbeitsaufkommen muss die Betriebsführung ebenfalls personelle Konsequenzen ziehen, denn dauerhaft kann keine Gesundheitseinrichtung mit zuviel Personal wirtschaftlich arbeiten. Dies würde
zudem die Existenz des Betriebes und damit alle dort vorhandenen Arbeitsplätze gefährden. Im Falle eines dauerhaften Personalüberbestandes,

sind Maßnahmen bis hin zur betriebsbedingten Personalfreistellung daher kaum vermeidbar.

5.1.2 Durchführung der Personalrekrutierung

Die Beschaffung von geeignetem Behandlungs- und Pflegepersonal ist eine weitere Herausforderung für Betriebsführung und Führungskräfte im Gesundheitswesen. Die Führungskräfte sollten sich bewusst sein, dass bei der Einstellung neuer Mitarbeiter weit reichende Verpflichtungen eingegangen werden, die eine Investition in das Humankapital darstellen, sich kostenmäßig niederschlagen und daher gründlich durchdacht sein sollten.

Während die *interne* Personalrekrutierung ohne die gleichzeitige Versetzung von Mitarbeitern in die Bedarf anmeldenden Bereiche in der Regel eine vermehrte Arbeitsbelastung für das vorhandene Personal bedeutet, bietet die Versetzung die Möglichkeit von kurzen Einarbeitungszeiten, Aufstiegschancen, die Vermeidung externe Rekrutierungskosten sowie die Umsetzung von Maßnahmen der Personalplanung und -entwicklung. Eine *externe* Personalrekrutierung trägt dazu bei, neue Mitarbeiter und damit auch neue Ideen und Kreativität in den Gesundheitsbetrieb zu integrieren, Enttäuschungen bei Nichtberücksichtigungen interne Stellenvergaben zu vermeiden und quantitative Bedarfsprobleme zu lösen (siehe **Abbildung 5.1**)

Aufgabe der **Personalauswahl** ist es dann, geeignete Mitarbeiter den freien Stellen mit Hilfe von eignungsdiagnostisch fundierten Auswahltechniken zuzuweisen (siehe **Tabelle 5.2**). Dazu sind im Rahmen des Auswahlprozessen Erkenntnisse über den Bewerber zu gewinnen, aufgrund von

■ Analysen vergangenheitsbezogener Merkmale (Erfahrung im relevanten Heil- und Pflegeberuf, medizinische, pflegerische Ausbildung, Spezialkenntnisse, Arbeitszeugnisse bisheriger Gesundheitsbetriebe als Arbeitgeber etc.), um vom früherem Verhalten auf das zukünftige Verhalten schließen zu können,

■ Eigenschaften des Bewerbers, die aufgrund von psychologischen Testverfahren (bspw. Ermittlung von Persönlichkeitsmerkmalen, Intelligenztest, Konzentrationsfähigkeitstest, persönliche Einstellungen, Interessen etc.) erfasst werden,

■ Simulationen möglichst realitätsnaher, konkreter Situationen des arbeitstypischen Alltags im Gesundheitsbetrieb, um das Verhalten des Bewerbers und seine Leistungsfähigkeit bei konkreten beruflichen Herausforderungen zu ermitteln.

Abbildung 5.1 Personalrekrutierung im Gesundheitswesen.

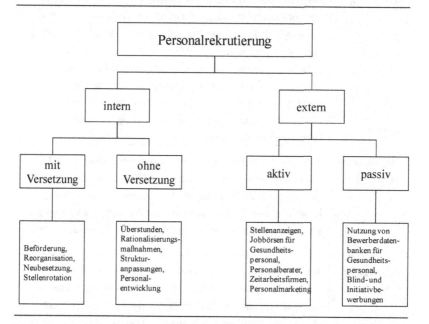

Nach Angaben von *B. Reuschenbach* von der *Forschungsgruppe Personalauswahl im Gesundheitswesen* an der *Ruprecht-Karls-Universität*, Heidelberg, wird bei der Bewerberauswahl in Krankenhäusern das freie Bewerbungsgespräch einem Leitfadengespräch in den häufigsten Fällen vorgezogen. Danach folgen Hospitationen, Leistungstests, Gruppengespräche, Persönlichkeitstests, Rollenspiele. Selten angewendet werden Assessment-Center und graphologische Gutachten. Die durchschnittliche Rekrutierungszeit in Krankenhäusern beträgt ca. 80 Tage und umfasst den Zeitraum zwischen dem Beginn der Suche nach einer Fachkraft bis hin zu deren Arbeitsaufnahme.

Tabelle 5.2   Auswahlverfahren für Gesundheitspersonal.

Verfahren	Beschreibung
Analyse von Bewerbungs- unterlagen	Für die Auswahl einzelner Bewerber in Krankenhäusern, Arzt- praxen, Pflegeeinrichtungen geeignet; Durchsicht mit Überprü- fung von äußerem Eindruck (Zusammenfügung, Ordnung, Art der Unterlagen etc.), Bewerbungsschreiben (Gestaltung, Inhalt, Sprachstil etc.), Foto (Art, Herstellung, Aktualität des Fotos etc.), Lebenslauf (tabellarische, handschriftlich, Zeitabfolge einzelner aufgeführter Lebensstationen, Tätigkeiten und Positionen etc.), Schulzeugnisse, Arbeitszeugnisse (Dauer der bisherigen Be- schäftigungsverhältnisse, Art und Umfang der bisherigen Tätig- keiten, Termine und Gründe der Beendigung, Aussagen zu Leistung und Führung etc.)
Einholen von Referenzen	Aufgrund des Aufwands in erster Linie für die Auswahl von Füh- rungskräften geeignet (leitende Ärzte, Pflegeleitung, Kranken- hausmanager etc.); Aussagekraft ist umstritten, da die Aus- kunftspersonen üblicherweise von den Arbeitsuchenden vorge- schlagen und daher nachteilige Informationen kaum weitergege- ben werden
Einholen von Auskünften	Aufgrund des Aufwands in erster Linie für die Auswahl von Füh- rungskräften geeignet (leitende Ärzte, Pflegeleitung, Kranken- hausmanager etc.); beim derzeitigen oder früheren Arbeitgeber ist auch ohne Wissen und Zustimmung der Bewerberin möglich, bei noch bestehenden Arbeitsverhältnissen allerdings erst nach erfolgter Kündigung
Führen von Vorstellungs- gesprächen	Für die Auswahl einzelner Bewerber in Krankenhäusern, Arzt- praxen, Pflegeeinrichtungen etc. nach Vorauswahl anhand der Bewerbungsunterlagen geeignet; *freies* Vorstellungsgespräch: Gesprächsinhalt und -ablauf sind nicht vorgegeben, der Verlauf ist somit flexibel und situationsabhängig gestaltbar; *strukturiertes* Vorstellungsgespräch: Der Verlauf oder unbedingt zu klärende Fragen bzw. einzelnen Gesprächsthemen sind vorzugeben

Verfahren	Beschreibung
Durchführen von Arbeitsproben	Eignet sich für praktische Tätigkeiten (bspw. Anlegen einer Unterfütterung durch Bewerber für Zahntechnik im Dentallabor); vermittelt einen unmittelbaren Eindruck in die fachlichen Qualifikationen und praktischen Fähigkeiten der Bewerber
Durchführen von Einstellungstests	Aufgrund des Aufwands in erster Linie für die Auswahl von größeren Bewerbergruppen (bspw. Auszubildende an Pflege-, Hebammen-, Heilpraktikerschulen etc.) geeignet, durch Leistungstests (Messung von Merkmalen wie Konzentrationsfähigkeit, Leistungsfähigkeit, Aufmerksamkeit), Persönlichkeittests (Feststellung von Wesensmerkmalen des Bewerbers, die weitgehend situationsunabhängig sind), Intelligenztests (Feststellung einzelner Fähigkeiten des Bewerbers)
Durchführen von Assessment-Center	Aufgrund des Aufwands in erster Linie für die Auswahl von größeren Bewerbergruppen (bspw. Auszubildende an Pflege-, Hebammen-, Heilpraktikerschulen etc.) geeignet; Gruppenauswahlverfahren mit mehreren Aufgabenstellungen, um Probleme wie die Vergleichbarkeit einzelner Vorstellungsgespräche zu verbessern

Neben der Formulierung von **Arbeitsvertrag** oder - bei Auszubildenden - **Berufsausbildungsvertrag**), die wichtige Dinge, wie Berufs-/Tätigkeitsbezeichnung (MTA, ZMV, ZMV usw.), Vergütungsregelung, Überstundenregelung, Urlaub etc. enthalten müssen, besteht eine Verpflichtung, den neuen Mitarbeiter zur Arbeitslosen-, Kranken-, Pflege- und Rentenversicherung bei der jeweiligen Krankenkasse anzumelden, gegebenenfalls bei der Knappschaft sowie bei der zuständigen Berufsgenossenschaft zur Unfallversicherung. Auch sind treuhänderisch für den Mitarbeiter verschiedene Abgaben an die zuständigen Stellen abzuführen, wie beispielsweise die Lohnsteuer, die Kirchensteuer und den Solidaritätszuschlag an das zuständige Betriebsfinanzamt. Die Betriebsführung hat grundsätzlich die Möglichkeit, die Höhe der Löhne und Gehälter frei mit dem neuen Mitarbeiter zu vereinbaren. Als Mitglied in einem Arbeitgeberverband ist sie jedoch an die zwischen den Gewerkschaften und Arbeitgeberverbänden ausgehandelten Tarifverträge gebunden, wenn der neue Mitarbeiter Gewerkschaftsmitglied ist. Die tarifvertraglich vereinbarten Gehälter stellen Mindestsummen dar, von denen nach oben abgewichen werden kann. Auch ist es möglich, im Arbeitsvertrag mit dem neuen Mitarbeiter die Anwendung des für sie in Frage kommenden Tarifvertrages zu vereinbaren oder mit einer Gewerkschaft einen Haustarifvertrag abzuschließen.

Zur Personalrekrutierung gehört auch die **Personaleinführung** neuer Mitarbeiter in die Tätigkeit und ihren neuen Arbeitsplatz und damit auch die soziale Eingliederung in das Arbeitsumfeld, ihre direkte Arbeitsgruppe und das Sozialsystem der gesamten Einrichtung. Anhand eines **Einarbeitungsplans**, in dem die Reihenfolge der zunächst zu erledigenden Aufgaben, die Zeitabschnitte für ihre Erledigung, die Kriterien für die Beherrschung der eigentlichen Arbeitsaufgaben und auch zusätzlich angestrebte Qualifikationen enthalten sind, sollte durch eine erfahrene, langjährige Fachkraft eine Einführung in die Ordnung der Einrichtung, in Arbeitsabläufe und Räumlichkeiten erfolgen. Die Einarbeitung durch einen erfahrenen Kollegen in **Patenfunktion** wird von neuen Mitarbeitern häufig als positiv empfunden, birgt andererseits die Gefahr, dass sich daraus ein Ersatzvorgesetztenverhältnis entwickelt und sich der direkte Vorgesetzte aus der Verantwortung für die Einführung zurückzieht. Bei einem **Mentorensystem** übernimmt eine Führungskraft als Mentor für den neuen Mitarbeiter eine Beratungs- und Unterstützungsrolle, eine Vorbildfunktion und steht als neutraler Ansprechpartner bei Problemen mit Vorgesetzten vermittelnd zur Verfügung.

5.2   Personalorganisation

5.2.1   Personaleinsatz und Gestaltung des gesundheitsbetrieblichen Arbeitsumfelds

Im Mittelpunkt der Personalorganisation steht der **Personaleinsatz**, die zeitliche, räumliche, qualitative und quantitative Zuordnung der Mitarbeiter im Gesundheitswesen zu einzelnen Stellen und den damit verbundenen

Arbeitsaufgaben. Im Rahmen des Personaleinsatzes sind die Mitarbeiter durch die Führungskräfte zu organisieren, anforderungsgerecht und ihren Fähigkeiten entsprechend einzusetzen, die Arbeit ist zeitlich zu gestalten und die Arbeitsplätze und -räume sind anspruchsgerecht auszustatten.

Neben der Gestaltung der Aufbau- und Ablauforganisation sind insbesondere unterschiedliche **Arbeitszeitmodelle** zur Anwendung zu bringen, die die Dauer der täglichen Arbeitszeit und die gleichmäßige oder ungleichmäßige Verteilung auf die Wochentage festlegen (siehe **Tabelle 5.3**). Den Rahmen für das Gesundheitswesen bilden hierzu der jeweilige Tarifvertrag (beispielsweise *Tarifvertrag für den öffentlichen Dienst der Länder TV-L)* sowie die Regelungen *des Arbeitszeitrechtsgesetzes (ArbZRG).*

Tabelle 5.3   Beispiele gesundheitsbetrieblicher Arbeitszeitmodelle.

Modell	Beschreibung
Vollzeit	Mitarbeiter, die vertraglich zu acht Stunden Tagesarbeitszeit verpflichtet sind, erbringen bei 100%igem Beschäftigungsgrad an einem Tag acht Stunden, in der Woche 40 Stunden etc.
Teilzeit	Nach dem *Teilzeit- und Befristungsgesetz (TzBfG)*: Wenn regelmäßige Wochenarbeitszeit kürzer ist, als die regelmäßige Wochenarbeitszeit vergleichbarer vollzeitbeschäftigter Arbeitnehmer (Halbtagsarbeit, Teilzeitschichten, Blockteilzeit, Bandbreitenmodell, Jahresteilzeit, Qualifizierte Teilzeitarbeit, Altersteilzeit etc.
Gleitende Arbeitszeit	Die Lage von Arbeitsbeginn und -ende innerhalb einer Zeitspanne ist individuell wählbar

Modell	Beschreibung
Schichtarbeit	Liegt vor, wenn mindestens zwei Arbeitnehmer ein und dieselbe Arbeitsaufgabe erfüllen, indem sie sich regelmäßig nach einem feststehenden für sie überschaubaren Plan ablösen, so dass der eine Arbeitnehmer arbeitet, während der andere arbeitsfreie Zeit hat (Permanente Schichtsysteme, Wechselschichten: Zwei- oder Mehr-Schichtsysteme)
Mehrfachbesetzungs-Modell	Variante der Schichtarbeit, bei der mehr Mitarbeiter beschäftigt werden, als Arbeitsplätze vorhanden sind
Versetzte oder Staffelarbeitszeiten	Mehrere aufeinander folgende, gleichlang andauernde Arbeitszeiten stehen zur Auswahl (Versetzte Arbeitszeit: Anwesenheitspflicht für eine Gruppe von Mitarbeitern zu einem vorgeschlagenen Zeitpunkt; gestaffelte Arbeitszeit: Mitarbeiter können Zeitpunkt selbst wählen)
„Freie Tage" –Modell	Häufig in Kombination mit Schichtmodellen: Differenz von täglicher Arbeits- und Betriebszeit wird durch freie Tage bzw. Freischichten ausgeglichen (Varianten: Mitarbeiter wählt freie Tage selbst, Führungskraft bestimmt die freien Tage, Betriebsferien etc.)
Job-Sharing	Mehrere Arbeitskräfte teilen sich eine bestimmte Anzahl von Arbeitsplätzen (Job- Splitting: eine Vollzeitstelle teilt sich in zwei selbstständige Teilzeitstellen; Job- Pairing: Arbeitnehmer erledigen die Arbeit zusammen)
Jahresarbeitszeit-Modell	Variabler Bestandteil eines normalen Arbeitsvertrages, der die einem Jahr zu erbringende Stundenzahl an Arbeitszeit festlegt; ermöglicht eine ungleichmäßige Verteilung der Arbeitszeit

Modell	Beschreibung
Kapazitätsorientierte variable Arbeitszeit (KapovAz)	Abrufarbeit, bei der die Führungskraft die Arbeitsleistung des Mitarbeiters auf der Grundlage eines Einzelvertrages und eines vorgegebenen Arbeitszeitkontingentes entsprechend dem gegebenen betrieblichen Arbeitsanfall anpasst
Zeitautonome Modelle	Führungskraft gibt Mindestbesetzung und Betriebszeit vor und eine Mitarbeitergruppe erhält das Recht über Planung und Anordnung ihrer eigenen Arbeitszeiten zu entscheiden, wobei persönliche und betriebliche Interessen verbunden und berücksichtigt werden sollen
Gleitender Übergang in den Ruhestand	Mitarbeiter leisten pro Woche oder Jahr eine verkürzte Arbeitszeit; interessant bei Schichtarbeit, Potenziale werden länger genutzt
Vorruhestand	Anfang der 80er Jahre entstandenes Modell zur Verkürzung der Lebensarbeitszeit (variabel nach Zeitpunkt, Verträge, Finanzierungsform etc.)

Während Schichtarbeit häufig im Krankenhausbereich, bei Notfallaufnahmen, intensivmedizinischer Betreuung oder Pflegediensten anzutreffen ist, eignet sich Job-Sharing beispielsweise bei der Patientenaufnahme an einer Rezeption und das Jahresarbeitszeitmodell möglicherweise zur Anpassung an den Kapazitätsbedarf einer orthopädischen Praxis oder Klinik zur Versorgung von Ski-Unfällen in den Wintermonaten.

Schichtsysteme sind im Gesundheitswesen zur jederzeitigen Patientenversorgung nicht nur notwendig, sie haben auch Vorteil, dass sie die Kapazitätsauslastung und auch das Leistungsangebot steigern. Durch eine verbesserte Kapazitätsauslastung sinken in der Regel die Fixkosten und damit die Kosten je Behandlungsfall (siehe **Tabelle 5.4**).

Tabelle 5.4 Beispiel arbeitswissenschaftlich günstiger Arbeitszeitgestaltung eines kontinuierlichen 3-Schichtsystems für eine Altenpflegeeinrichtung.

Wochentage / Wochen	Mo	Di	Mi	Do	Fr	Sa	So
1	F	F	F	F	F		
2		S	S	S	N	N	N
3	N					F	F
4	F	F	F	F	F	F	
5					S	S	S
6	S	N	N	N			
7			F	F	F	S	S
8	S	S				F	F
9	F	F	S	S	S		

F = Frühschicht, S = Spätschicht, N = Nachtschicht

Quelle: *Bundesanstalt für Arbeitsschutz und Arbeitsmedizin BAuA* (2012a).

Doch nicht nur die Lage der Arbeitszeiten liegt in der Gestaltungsverantwortung der Führungskräfte, sondern beispielsweise auch die **Arbeitsergonomie,** die sich mit der Schaffung geeigneter Arbeitsbedingungen und menschgerechter Gestaltung der Arbeitsplätze befasst. Damit sollen möglichst eine effiziente und fehlerfreie Arbeitsausführung sichergestellt und die Mitarbeiter im Gesundheitswesen vor gesundheitlichen Schäden auch bei langfristiger Ausübung ihrer Tätigkeit geschützt werden. Die ergonomische Gestaltung von Arbeits- und Behandlungseinrichtungen, d. h. die bestmögliche Anpassung der Arbeitsbedingungen an den Menschen als Arzt, Pflegehelfer oder Patient, moderne medizintechnische Geräte, Behandlungsplätze, Praxiseinrichtungen oder Laborausstattungen berücksichtigen erfüllen in der Regel alle *DIN-Vorgaben* der *33400er Reihe*, die beispielsweise Anforderungen an Arbeitsplätze und -mittel enthalten, wie die Höhenverstellbarkeit der Arbeitsflächen-, Sitz- oder Standhöhe, die Anpassung von Sitzgelegenheiten an die anatomischen und physikalischen Gegebenheiten der Mitarbeiter, die Vermeidung unnötig hoher Belastungen von Muskeln, Gelenken, Bändern, Herz- und Kreislaufsystemen oder ausreichenden Bewegungsraum für Arme, Beine und Füße.

Die *Deutsche Arbeitsschutzausstellung (DASA)* der *Bundesanstalt für Arbeitsschutz und Arbeitsmedizin BAuA* (2012b) bietet in Dortmund beispielsweise einen eigenen Ausstellungsbereich „Heilen und Pflegen" an, die den besonderen physischen Belastungen der Heil- und Pflegeberufe, wie langes Stehen, häufiges Bücken, das Heben und Tragen schwerer Lasten, Schichtdienst, unregelmäßige Arbeitszeiten, aber auch den psychischen Belastungen im täglichen Umgang mit kranken, zu pflegenden, sterbenden Menschen Rechnung trägt. Dazu werden Lösungsmöglichkeiten jeglicher Art angeboten, die den Pflegealltag erleichtern sollen, wie beispielsweise behindertengerecht ausgestattete Musterräume mit Deckenlifter, mit dessen Hilfe Behinderte, die in ihrer Bewegungsfähigkeit stark eingeschränkt sind, ohne schweres Heben und Tragen und ohne große bautechnische Veränderung, bewegt werden können.

5.2.2 Führung in virtuellen Arbeitsformen

Auch im Gesundheitswesen gewinnt die Führung in virtuellen Arbeitsformen zunehmend an Bedeutung. Mit dem verstärkten Einsatz von Informations- und Kommunikationstechnologien verändern sich auch im Gesundheitswesen die Formen der Leistungserstellung, der Arbeitsteilung und des Austauschs von Leistungen. Die Verfügbarkeit der menschlichen Arbeitskraft wird durch Telemanagement, Telekooperationen und Telearbeit auf eine neue Basis gestellt. Im Vordergrund steht dabei der Gedanke der verstärkten räumlichen und zeitlichen Verteilung menschlicher Arbeitskraft mit den Zielen größerer Flexibilität, ökonomischer Effizienz und Patientennähe.

In der Folge dieser Entwicklung ist der Begriff *Arbeitsplatz* neu zu definieren. Der Arbeitsplatz in dem oben genannten Sinne ist virtuell und damit überall dort ansiedelbar, von wo aus eine Verbindung zu Netzwerken,

Rechnern im Gesundheitswesen, Computern von Leistungserbringern etc. möglich ist. Unter Nutzung entsprechender Informations- und Kommunikationstechnologien ist dabei eine größtmögliche Ortsungebundenheit realisierbar. Das suggeriert, dass mit der Einrichtung virtueller und damit standortunabhängiger Arbeitsplätze die entsprechenden ortsgebundenen Arbeitsplätze beispielsweise in der Verwaltung von Arzt- und Zahnarztpraxen, Pflegeheimen oder Krankenhäusern ersatzlos entfallen können. Dies trifft jedoch nur zum Teil zu. Während der herkömmliche, personengebundene Büroarbeitsplatz überflüssig wird, sind personenungebundene Arbeitsplätze nötig, an denen in Gesundheitseinrichtungen bedarfsweise mehrere Mitarbeiter arbeiten können. An Stelle des persönlichen Schreibtisches tritt eine gemeinsam genutzter Schreibtisch (Shared Desk), der mit entsprechenden Docking-Stationen für mobile Rechner, Peripheriegeräte, Büromaterial, sowie digitale Telefoneinrichtungen, welche die Telefonnummer an den gerade genutzten Schreibtisch schalten oder Anrufe entsprechend weiterleiten, ausgestattet ist. Dieser Arbeitsplatz kann alternierend beispielsweise von mehreren Teilzeit-Mitarbeitern in der medizinischen Dokumentation, der Leistungsabrechnung, der allgemeinen Verwaltung etc. genutzt werden, die im Bedarfsfalle physisch in der Gesundheitseinrichtung anwesend sein und von dort aus tätig werden müssen. Die dadurch mögliche Reduzierung von festen, personengebundenen Arbeitsplätzen führt zu einem Kostenvorteil aufgrund der Einsparung von Arbeits- und Büroflächen.

Unter **Telearbeit** ist in diesem Zusammenhang eine rechnergestützte Arbeitsleistung zu verstehen, die mit Hilfe elektronischer Hilfsmittel an einem von der Gesundheitseinrichtung räumlich getrennten Arbeitsplatz verrichtet wird. Der Arbeitsort wird dadurch variabel. Sie erscheint insbesondere dann geeignet, wenn organisatorisch keine physische Präsenz des Mitarbeiters in der Gesundheitseinrichtung erforderlich ist, die durchzuführenden Tätigkeiten eine ergebnisorientierte Führung erlauben und die Verantwortlichkeiten eindeutig geregelt sind.

Doch nicht nur Verwaltungsarbeitsplätze lassen sich in Gesundheitsbetrieben virtualisieren. Grundlage hierfür sind die Möglichkeiten des elektronischen Informations- und Datenaustausch im Gesundheitswesen auf der Basis von **eHealth** und **Telemedizin**.

Die *Deutsche Gesellschaft für Telemedizin DGTelemed* (2012), Berlin, beschreibt die **Telemedizin** als ein „…vergleichsweise neues Tätigkeitsfeld im Gesundheitswesen. Man versteht darunter die Erbringung konkreter medizinischer Dienstleistungen in Überwindung räumlicher Entfernungen durch Zuhilfenahme moderner Informations- und Kommunikationstechnologien. Der mittlerweile etablierte Begriff Telemedizin fällt unter den weiten Oberbegriff E-Health, der noch nicht endgültig definiert wurde. Man fasst heute viele Aktivitäten wie den Einsatz elektronischer Medien im Gesundheitswesen allgemein (Stichwort: elektronische Gesundheitskarte, elektronische Patientenakte, elektronische Fallakte, elektronischer Arztbrief oder eRezept u. a.), die Telemedizin, Telematik u. a. unter diesem Begriff zusammen. So wird beispielsweise die Telematik im Gesundheitswesen als ein Sammelbegriff für gesundheitsbezogene Aktivitäten, Dienste und Systeme definiert, die über räumliche Entfernung mit Mitteln der Informations- und Kommunikationstechnologie ausgeführt werden." (siehe **Tabelle 5.5**).

Tabelle 5.5   Beispiele für telemedizinische Anwendungen.

Anwendung	Erläuterungen / Beispiele
Telemetrie	Übertragung von Daten eines bspw. am Patienten befindlichen Sensors zu einer räumlich entfernten Stelle (bspw. Fernmessung einer Pulsfolge, Pulsfrequenz oder Pulsdauer)
Telediagnostik	Begutachtung medizinischer Bilder von mehreren, voneinander entfernten Teilnehmern zur Ermittlung einer Diagnose (bspw. bildgestützte Telediagnostiksysteme in der Teleradiologie oder der Telepathologie)

Anwendung	Erläuterungen / Beispiele
Telekonsultation	Live erfolgende oder auch zeitlich versetzt Diskussion von schwierigen, seltenen und ungewöhnliche Fällen auch über eine große Distanz mit Kollegen oder Spezialisten, um eine zweite Meinung einzuholen und zur Bestätigung, Verfeinerung oder auch Korrektur der Arbeitsdiagnose (bspw. insbesondere in Fachdisziplinen wie Radiologen und Pathologen, die mit Bildinformationen arbeiten, und für notwendige Spezialuntersuchungen, die nicht vor Ort bereit gehalten werden)
Telemonitoring	Fernuntersuchung, -diagnose und -überwachung von Patienten und deren Ausstattung mit speziell ausgerüsteten Mobiltelefonen, Personal Digital Assistant (PDA) oder Geräten zur Messung von Vitaldaten (bspw. im Rahmen der Diabetologie, Pulmologie, Kardiologie zur Übertragung von Gewichts-, Blutdruck-, Herzfrequenzdaten an medizinische Betreuer, Informationen und Rückmeldungen des Arztes, Erinnerungen an Medikamenteneinnahme, durchzuführende Messungen etc.)
Telechirurgie	Effizienzsteigerung chirurgischer Eingriffe durch die intraoperativ verfügbare relevante Bildinformation und die Möglichkeit zur fachübergreifenden konsiliarischen Beratung (bspw. audiovisuelle Kommunikation und Konsultation, Übertragung 3D-rekonstuierter Datensätze verschiedener Schnittbildverfahren, Übertragung hochaufgelöster stereoskopischer Video-Bewegtbilder)
Teleradiologie	Bildgebende Untersuchung des Patienten, ohne dass sich der verantwortliche, fachkundige Radiologe vor Ort befindet (Teleradiologie nach RöV mittels elektronischer Datenübertragung)

Anwendung	Erläuterungen / Beispiele
Telekardiologie	Übertragung wichtiger kardiologischer, telemetrischer Daten über Mobilfunknetz oder Festleitung zur Information über den Gesundheitszustand des Patienten bspw. bei Herzschrittmachern, implantiertem Cardioverter-Defibrillator (ICD) oder bei einem Herzinsuffizienz-Therapiesystem für die Cardiale Resynchronisations-Therapie (CRT)
Teledermatologie	Digitalisierte Übertragung von hochqualitativen Stand- bzw. Bewegt - Bildern von Befunden verschiedener diagnostischer Verfahren, wie der Auflichtmikroskopie, der Sonografie und der Histopathologie bspw. zur Übermittlung unklarer Krankheitsbilder, insbesondere bei cutanen Neoplasien, bösartigen epithalen Geschwüren der Haut oder malignen Melanom
Teleneurologie	Ferndiagnostik von Schlaganfallpatienten mittels Video- und Tonübertragung (bspw. neurologische Akutexpertise, bei diffizilerem neurologischen Untersuchungsstatus vor allem im Bereich der Hinstammsymptomatik und Differenzialdiagnostik, ortsunabhängige internistische und neurologische Durchführung der Systemischen Fibrinolyse)
Telepathologie	Übertragung und Interpretation von digitalisierbaren Mikroskop- und Laborbefunden per Internet bspw. durch Verwendung von digitalen Bildern verschiedener Teile einer Sektion, Fernsteuerung eines Mikroskops, Bilddokumentation oder automatischer Bildübertragung
Telepsychiatrie	Medizinische Beratungen im Fachbereich Psychiatrie und Psychosomatik per Datenübertragung oder Videokonferenz, telepsychiatrisch durchgeführte Fachkonsilien in Krankenhäusern und Pflegeeinrichtungen, telepsychiatrische Vernetzung und kurzfristig verfügbare Fachberatung

Die Anwendung von Formen der Telearbeit macht im Gesundheitswesen ein spezielles Management im Hinblick auf die Führung und den effizienten Einsatz der Telearbeiter notwendig. Dieses Management hat die Aufgabe, den Umgang mit den dazu notwendigen informations- und kommunikationstechnischen Medien zu steuern und die Führung der räumlich entfernten Mitarbeiter zu gestalten.

Die Kooperation mit räumlich dislozierten Mitarbeitern erfordert für die jeweilige Führungskraft technische Möglichkeiten, die den Führungsprozess unterstützen: Weitestgehend standortunabhängige Kommunikationsmedien, wie Groupware, Email, Videokonferenzen oder Voice-Mail, die von der Führungskraft selbst und damit direkt oder indirekt über Sekretariate oder Mitarbeiter zur Lenkung der externen Gruppe eingesetzt werden können.

Die intensive Mediennutzung durch die Führungskraft ist als wesentliche Voraussetzung für die räumlich dezentralisierte Arbeitsorganisation im Gesundheitswesen anzusehen. Sie ermöglicht den dislozierten Mitarbeitergruppen eine vergleichsweise intensive Partizipation, wie den lokal anwesenden Mitarbeitern. Um dies zu erreichen, ist die persönliche Kommunikation der Führungskraft mit den Telearbeitern über die entsprechenden technischen Medien erforderlich. Dies wiederum erfordert den direkten Umgang und die direkte Nutzung der Medien durch die Führungskraft. Im Vordergrund einer effektiven Führung steht somit nicht nur die Erreichbarkeit oder das Hinterlassen wichtiger Nachrichten, sondern vielmehr der persönliche Kontakt, der durch den Einsatz jeweils geeigneter informations- und kommunikationstechnischer Medien ermöglicht wird. Die erfolgreiche Führung findet ihren Niederschlag weniger in teamorientierter Gruppensteuerung als vielmehr in direkter Face-to-Face-Kommunikation unter dem jeweiligen Mitarbeiter eindeutig zugeordneter Aufgabenansprache. Die direkte Kommunikation trägt dazu bei, über gesundheitsbetriebliche Hierarchien und aufbauorganisatorischen Barrieren hinweg kooperative Netzwerke aufzubauen.

Virtuelle Arbeitsorganisation und Telearbeit im Gesundheitswesen ersetzen nicht die Zweier-Kommunikation, die notwendig ist, um dislozierte Mitarbeiter zu führen. Die informations- und kommunikationstechnische Infrastrukturen müssen vielmehr dazu genutzt werden, Kooperation und

Koordination von virtuell und dezentral organisierten Leistungserstellungsprozessen durch direkte führungsorientierte Kommunikation zu unterstützen. Soziale, zwischenmenschliche Beziehungen spielen dabei eine wesentliche Rolle, die bei ausschließlicher Nutzung von Groupware und anderweitiger elektronischer Gruppeninformationssysteme ungenutzt bleiben. Insofern gewinnen langfristig die Informations- und Kommunikationstechniken an Bedeutung, die einen direkten persönlichen Informationsaustausch zwischen Mitarbeiter und Führungskraft ermöglichen. Dies sind in erster Linie die technischen Möglichkeiten der Telekommunikation, die komplexe Informations- und Datenverarbeitungssysteme zwar nicht ersetzen, sie aber im Hinblick auf die Führungsaufgabe sinnvoll ergänzen können. Führung in einer virtuellen Arbeitsumwelt im Gesundheitswesen bedeutet somit immer den kombinierten Einsatz der jeweiligen speziellen Aufgabensituation angepasster Medien.

5.3 Personalentwicklung

5.3.1 Personalentwicklungsmaßnahmen im Gesundheitswesen

Patientenorientiertes Denken und Handeln des Behandlungs- und Pflegepersonals im Gesundheitswesen kann nicht befohlen und angeordnet werden. Die **Personalentwicklung** im Gesundheitswesen muss daher längerfristige Entwicklungsprozesse auslösen, die es den Mitarbeitern erlauben, sich mit der Zielsetzung der Gesundheitseinrichtung auseinanderzusetzen und aus der eigenen Überzeugung heraus Verhaltensweisen zu entwickeln, die die Umsetzung der Ziele im eigenen Aufgabengebiet möglich machen. Die Führungskräfte im Gesundheitswesen haben die Aufgabe, durch kontrollierte Förderung der Anlagen und Fähigkeiten der Mitarbeiter in Abstimmung mit ihren Erwartungen und den Veränderungen der Arbeitsplätze und Tätigkeiten diejenigen Qualifikationen aufzubauen und weiterzuentwickeln, die die Mitarbeiter für die Erfüllung ihrer beruflichen Aufgaben benötigen.

Die Patientenorientierung im Gesundheitsbetrieb erfordert engagierte und eigenverantwortliche Mitarbeiter. Sie selbst sind mitverantwortlich für die eigene Entwicklung und dadurch gewissermaßen verpflichtet zu eigenverantwortlichen, permanenten Lernen für den Gesundheitsbetrieb (siehe **Abbildung 5.2**).

Abbildung 5.2   Rollen von Mitarbeiter und Führungskraft in der Personalentwicklung.

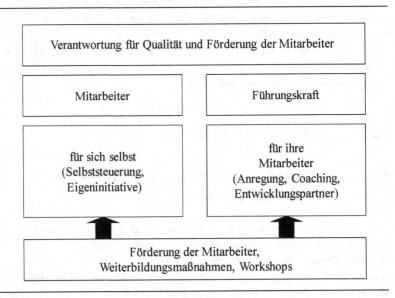

Verstärkte Marktorientierung, die Anwendung neuer Behandlungs- und Informationstechnologien und das sehr dynamische gesundheitspolitische Umfeld verändern die Aufgaben und Arbeitsabläufe im Gesundheitswesen. Die Fähigkeiten der Mitarbeiter werden in vielen Bereichen einer Gesundheitseinrichtung immer weniger von Routinetätigkeiten und immer stärker von komplexen Aufgabenstellungen beansprucht. Die Routineaufgaben stellen heutzutage mehr und mehr die eigentlichen Basisfunktionen dar, die ein Mitarbeiter ohnehin beherrschen muss. Das Anforderungsprofil insgesamt ist für alle umfangreicher und anspruchsvoller geworden. Der Mitarbeiter im Gesundheitswesen muss sich auf ein fachübergreifendes,

profund angelegtes Wissen auf dem jeweils aktuellen Kenntnisstand stützen. Was angesichts einer immer stärkeren Patientenorientierung neben
solidem Wissen erwartet wird, sind Eigenschaften, die unter den Begriffen
methodische und soziale Kompetenzen diskutiert werden. Zur sozialen
Kompetenz gehören gegenüber den Patienten Kommunikationsfähigkeit,
Einfühlungsvermögen und Flexibilität, um den individuellen Bedürfnissen
der Patienten gerecht werden zu können. Gegenüber den übrigen Kolleginnen und Kollegen äußert sich soziale Kompetenz vor allem durch Kooperationsbereitschaft und Teamfähigkeit.

Sofern es sich nicht um eine rein fachliche Qualifikationsmaßnahme wie
einen Röntgenkurs oder ähnliches handelt, findet die Personalentwicklung
nicht mehr vorwiegend „off-the-job" in Seminaren, sondern möglichst
„near-the-job" statt. Man unterscheidet bei einzelnen Personalentwicklungsmaßnahmen im Gesundheitswesen

■ Into the job: Hinführung zu einer neuen Tätigkeit,

■ On the job: Direkte Maßnahme am Arbeitsplatz im Gesundheitsbetrieb
(planmäßiger Arbeitsplatzwechsel, Urlaubs-/ Krankheitsvertretung,
Sonderaufgaben),

■ Near the job: Regelmäßige Abwechslung von externer Schulung und
praktischer Umsetzung am Arbeitsplatz (bspw. duales Ausbildungs-
system),

■ Off the job: Externe Weiterbildung (Seminare, Lehrgänge, Tagungen
außerhalb der Einrichtung).

Gerade die Förderung wichtiger Schlüsselqualifikationen wie patientenorientiertes Denken und Handeln oder Kommunikationsfähigkeit kann nur
gelingen, wenn das Lernen am Grundsatz „Erleben und Erfahren" orientiert ist. Im Mittelpunkt moderner Personalentwicklung im Gesundheitswesen steht somit nicht das Faktenlernen, sondern das Verhaltenslernen.
Nicht die Stoffvermittlung durch Unterricht, sondern Hilfestellung und
Anwendungsberatung vor Ort sowie die Organisation und Moderation
selbständiger Lernprozesse sind die Aufgaben der Führungskraft. Sie muss
die Mitarbeiter anregen, sich Kenntnisse und Fähigkeiten selbständig zu
erarbeiten. Der Vorgesetzte im Gesundheitsbetrieb als moderner Ausbilder
begreift sich daher selbst eher als Entwicklungspartner seiner Mitarbeiter.

5.3.2 Beurteilung der personellen Leistungen

Die möglichst gerechte und objektive **Mitarbeiterbeurteilung** ist eine der schwierigsten Führungsaufgaben, auch wenn sie von vielen Führungskräften nicht als problematisch angesehen wird. Das liegt oft daran, dass häufig vorkommende Beurteilungsfehler nicht als solche erkannt und damit auch nicht vermieden werden, was zu in der Regel auch noch vorschnell gefassten Fehlurteilen führt (siehe **Tabelle 5.6**).

Tabelle 5.6   Beispiele für Beurteilungsfehler.

Fehlerbereich	Bezeichnung	Beschreibung
Wahrnehmungs-verzerrungen	Halo-Effekt	Ein einzelnes Beurteilungsmerkmal strahlt auf mehrere andere aus
	Recency-Effekt	Führungskraft stellt ausschließlich auf Ereignisse ab, die erst kürzlich stattgefunden haben
	Primacy-Effekt	Führungskraft stellt ausschließlich auf Ereignisse ab, die vor langer Zeit stattgefunden haben
	Kleber-Effekt	Längere Zeit schlecht beurteilte Mitarbeiter werden unterschätzt
	Hierarchie-Effekt	Je höher die Position im Gesundheitswesen, desto besser fällt die Beurteilung aus
Falsche Maßstabs-anwendung	Tendenz zur Mitte	Bevorzugung mittlerer Urteilswerte bei Einstufungsverfahren
	Tendenz zur Strenge/Milde	Zu hohes / zu niedriges Anspruchsniveau

Fehlerbereich	Bezeichnung	Beschreibung
	Sympathie / Antipathie	Sympathische / unsympathische Mitarbeiter werden besser / schlechter beurteilt
Bewusste Verfälschung		

Quelle: In Anlehnung an *Berthel* (2010).

Es besteht somit immer die Gefahr, dass bestimmte positive oder negative Ereignisse sich zu Unrecht auf das Gesamtbild des zu beurteilenden Mitarbeiters auswirken. Doch gerade, um die Personalentwicklung im Gesundheitswesen zielgerichtet und effizient durchführen zu können, ist die Einschätzung der Fähigkeiten und des Leistungsvermögens der Mitarbeiter erforderlich. Die Wahrnehmung und Bewertung des Mitarbeiters dient gleichzeitig als innerbetriebliches Mittel zur Qualitätssicherung und – verbesserung, indem betrieblich relevante Persönlichkeitselemente wie Fachkönnen, geistige Fähigkeiten, Arbeitsstil, Zusammenarbeit etc. erfasst werden und sich anhand vorher festgelegter **Beurteilungsstufen** graduell einordnen lassen. Anhand der vorher ausgewählten Kriterien erfolgt an dieser Stelle somit eine Bewertung des Erreichungsgrades des jeweiligen Kriteriums (siehe **Tabelle 5.7**).

Tabelle 5.7 Beurteilungsstufen am Beispiel der Arbeitsqualität.

Leistungsfeststellung	Beurteilung	Stufe
„arbeitet in jeder Hinsicht fehlerfrei"	Leistung und Befähigung übertreffen beträchtlich die Anforderungen; der Mitarbeiter ist über sein Aufgabengebiet weit hinausgewachsen.	1
„arbeitet selbständig, sorgfältig und termingerecht"	Leistung und Befähigung reichen über die Anforderungen hinaus; der Mitarbeiter überragt sein Aufgabengebiet.	2

Leistungsfeststellung	Beurteilung	Stufe
„arbeitet meist selbständig, sorgfältig und termingerecht"	Leistung und Befähigung entsprechen den Anforderungen; der Mitarbeiter beherrscht sein Aufgabengebiet.	3
„arbeitet manchmal flüchtig und dadurch fehlerhaft; ist hin und wieder nicht selbständig genug; muss gelegentlich an Termine erinnert werden"	Leistung und Befähigung müssen teilweise den Anforderungen noch angepasst werden; der Mitarbeiter beherrscht sein Aufgabengebiet überwiegend.	4
„arbeitet fehlerhaft; arbeitet unselbständig; hält Termine nicht ein"	Leistung und Befähigung entsprechen noch nicht / nicht den Anforderungen; der Mitarbeiter ist seinen Aufgaben nicht gewachsen.	5

Für eine zielgerichtete Personalentwicklung ist die Mitarbeiterbeurteilung regelmäßig bspw. in Zusammenhang mit einem jährlichen Mitarbeitergespräch durchzuführen. Sie kann auch zum Abschluss eines Arbeitsverhältnisses als Grundlage eines Arbeitszeugnisses erfolgen, oder auch bei Wechsel von Vorgesetzten bzw. internen Versetzungen.

5.3.3   Führen von Mitarbeitergesprächen

Die Mitarbeiterbeurteilung dient zugleich als Standortbestimmung für den Mitarbeiter und die jeweilige Führungskraft gleichermaßen. Ein regelmäßiges, etwa jährliches **Beurteilungsgespräch** gewinnt daher eine besondere Bedeutung im Hinblick auf die Personalentwicklung und -führung.

Es dient einer Einschätzung und qualifizierten Rückmeldung der Leistungen und wird mit dem Mitarbeiter geführt, um eine konkreten Rückmeldung über die Einschätzung seiner Arbeitsqualität zu geben. Eine weitere Aufgabe des Beurteilungsgesprächs ist die vorbereitende Entwicklung gemeinsamer Wege zur Zielerreichung und optimalen Aufgabenerfüllung. Ziele eines Beurteilungsgespräches sollten daher sein:

■ Persönliches Gespräch unter vier Augen,

■ Einblick in den Leistungsstand vermitteln,

■ Möglichkeit, Anerkennung auszusprechen,

■ Fähigkeiten aufzeigen,

■ Eigene Leistungseinschätzung des Mitarbeiters kennen lernen,

■ Vorgesetzten-Mitarbeiter-Verhältnis verbessern,

■ Leistungsziele und Maßnahmen zur Leistungsverbesserung festhalten (Personalentwicklungsmaßnahmen),

■ Positive Grundhaltung zur Gesundheitseinrichtung fördern.

Die Basis für ein Beurteilungsgespräch sollte eine offene Gesprächskultur sein, die von Verantwortung und Fairness geprägt ist, da es in erster Linie um die Weiterentwicklung des Mitarbeiters geht und um mögliche Verbesserungen von Arbeitsprozessen und von Arbeitsergebnissen. Vertrauen und Respekt zählen bekanntermaßen zu den wichtigsten Grundlagen einer positiven und erfolgreichen Zusammenarbeit. Diese werden nicht durch ein „von oben herab" geführtes Gespräch vermittelt, sondern in erster Linie durch Zuhören und Verbindlichkeit. Beispielsweise eignet sich hierzu folgender Ablauf:

■ Einleitung und Einstimmung: Offene und vertrauensvolle Gesprächsatmosphäre schaffen; bisherige gute Zusammenarbeit betonen; auf gute Arbeitsergebnisse hinweisen; Gesamtbewertung vorab mitteilen.

■ Schwerpunkte und Diskussion: Stärken und Schwächen des Mitarbeiters darlegen und begründen, ohne zu verletzen; Gelegenheit geben, dazu Stellung zu nehmen.

■ Übereinstimmung: Einigung über Leistungsstand, Leistungsentwicklung im Beurteilungszeitraum und realistische Entwicklungsmöglichkeiten.

■ Folgerungen und Zielsetzungen: Ziele für eventuell notwendige Qualifizierung formulieren und fixieren; konkrete Entwicklungsmaßnahmen vereinbaren.

■ Zusammenfassung: Zentrale Inhalte des Gesprächs kurz zusammenfassen; Gespräch positiv ausklingen lassen.

Zielvereinbarungsgespräche hingegen dienen der aktiven Beteiligung und Übertragung von Verantwortung an Mitarbeiter. In ihnen geht es allerdings nicht um einseitige Zieldiktate, sondern vielmehr um die gemeinsame Festlegung von Arbeitszielen und Ergebnissen zwischen Führungskraft und Mitarbeiter im Gesundheitswesen. Dazu müssen die Ziele eindeutig und konkret formuliert sein, dürfen keine Unter- oder Überforderung für den Mitarbeiter darstellen, müssen dokumentiert und vereinbart und nach Ablauf einer gewissen Zeit in einem Gespräch hinsichtlich ihrer Erreichung überprüft werden.

Oft ist die Zielvereinbarung Bestandteil jährlicher Mitarbeitergespräche, was die Gefahr einer einseitigen Ausrichtung der Gesprächsführung und -inhalte birgt, zumal wenn sie durch zu verwendende Vordrucke in diese Richtung beeinflusst werden. Die Führungskraft sollte sich in diesem Fall die Freiheit nehmen, die Gespräche so zu führen, dass auch die Mitarbeiterinteressen hinreichend zur Geltung kommen. Wenn beispielsweise von Personalabteilungen vorgegebene Formulare nur die Zielorientierung, Leistungsbeurteilung und Weiterbildungsmaßnahmen beinhalten, entsteht sehr schnell der Eindruck, dass das Gespräch ausschließlich der Produktivitätssteigerung dient. Die Mitarbeiter merken sehr schnell, wenn nur vorgeschobenes oder gar kein Interesse an ihrer Person besteht, wobei auch die Führungskraft selbst schon alleine aus Glaubwürdigkeitsgründen in der Lage sein muss, sich ein Stück weit gegenüber dem ihr anvertrauten Personal zu öffnen.

Potenzialentwicklungsgespräche orientieren sich an der zukünftigen Entwicklungen im Gesundheitswesen, an den derzeitigen und zukünftigen Aufgaben des Mitarbeiters, seinen persönlichen Vorstellungen und Erwartungen über die berufliche Weiterentwicklung, um letztendlich ein möglichst genaues Bild von seinen genutzten bzw. ungenutzten Qualifikationen und sozialen Kompetenzen zu erhalten und ihn seinen Fähigkeiten entsprechend, mit dem Ziele einer höheren Arbeitszufriedenheit und verbesserter Arbeitsziele einzusetzen.

5.3.4 Planung der Aus- und Weiterbildung von Behandlungs- und Pflegepersonal

Die Vielfalt der Ausbildungsmöglichkeiten im Gesundheitswesen ist im Vergleich zu den meisten anderen Dienstleistungsbereichen besonders groß. Neben den Schulen für das Gesundheitswesen werden Ausbildungen zu den Gesundheitsfachberufen aufgrund des unterschiedlich strukturierten föderalen Schulsystems auch an Berufsfachschulen und Fachschulen durchgeführt.

Nach Angaben des *Bundesministerium für Bildung und Forschung* (2008) befanden sich insgesamt 187.812 Schüler und Schülerinnen in der Ausbildung zu den Berufen des Gesundheitswesens, davon beispielsweise 55.014 zur Ausbildung als Gesundheits- und Krankenpfleger / Gesundheits- und Krankenpflegerin, 42.407 als Altenpfleger / Altenpflegerin und 14.014 als Ergotherapeut / Ergotherapeutin.

Häufig sind Führungskräfte im Gesundheitsweisen auch als Ausbilder tätig. Die berufliche **Ausbildung** im Gesundheitswesen erfolgt in der Regel in einem *dualen* System, d. h. die praktische Ausbildung im Betrieb wird durch einen ausbildungsbegleitenden Schulbesuch ergänzt. Die Ausbildungsinhalte richten sich nach den jeweiligen Verordnungen über die Berufsausbildung, die allerdings nur den betrieblichen Teil der Ausbildung regelt. Der schulische Teil fällt in die Zuständigkeit der einzelnen Bundesländer und richtet sich nach dem jeweiligen Lehrplan für die einzelnen Schularten. Die während der Ausbildungszeit zu vermittelnden Fertigkeiten und Kenntnisse sind verbindlich für alle Ausbildungsstätten festgelegt. Es handelt sich dabei um Mindestqualifikationen, die zur Erlangung des Berufsausbildungsabschlusses notwendig sind. Es ist Aufgabe der Betriebsführung und der Ausbilder, auf der Grundlage des Ausbildungsrahmenplanes einen sachlich und zeitlich gegliederten Ausbildungsplan zu erstellen; darin sind die betrieblichen Besonderheiten festzuhalten.

Zunehmend an Bedeutung gewinnt das **eLearning,** der Einsatz von elektronischen, digitalen Medien für die Anwendung von Lernmaterialien in der medizinischen Ausbildung. Medizinstudenten oder Ärzte im Gesundheitswesen können beispielsweise über webbasierte multimediale Lernsysteme das systematisch erworbene Wissen am virtuellen Patienten durchspielen, um die Entscheidungsfähigkeit zu trainieren und eine Differenzi-aldiagnose zu erstellen. Die Unterstützung von Diagnose- und Therapie-entscheidungen kann auch anhand aus einer Datenbank abzurufenden Falldaten erfolgen und auch in einem simulierten Arztzimmer erfolgen, in dem der Student einen virtuellen Patienten von der Anamnese über die körperliche Untersuchung, die Erhebung einer Verdachtsdiagnose (per ICD-10) bis zur Dokumentation in der Patientenakte und zur endgültigen Diagnose betreut und dabei sämtliche Stationen der ärztlichen Behandlung in Form einer Diagnostik- und Therapieschleife durchläuft.

Im Mittelpunkt der **Weiterbildung** im Gesundheitswesen steht die Verbes-serung der persönlichen und fachlichen Qualifikation der Mitarbeiter. Sie schult die Anwendung neuer Behandlungsmethoden, Technologien, den Umgang mit Patienten oder Abrechnungsarbeiten. Sie dient der besseren Qualifikation und sorgt dafür, dass die Mitarbeiter auf dem „Stand der Zeit" bleiben. Investitionen in das Humankapital im Gesundheitswesen gelten als mindestens ebenso wichtig, wie Investitionen in Sachanlagen. Weiterbildungsmaßnahmen zeigen den Mitarbeitern auch die Bedeutung, die sie im Gesundheitswesen haben und erhöhen so ihre Motivation.

Da wesentliche Entwicklungen in Medizin und Pflege oftmals erst mehrere Jahre nach ihrer Einsatzreife umfassend publiziert werden, können sich die Mitarbeiter den aktuellen Wissenstand nicht alleine aus der Fachliteratur aneignen. Aktuelles und zukunftsweisendes Wissen und Können wird vornehmlich durch Kongresse, Lehrgänge, Seminare und Vorträge vermit-telt, die beispielsweise die Landesärzte- und -zahnärztekammern anbieten, zahlreiche Fachschulen, private Anbieter sowie die kassenärztlichen und kassenzahnärztlichen Vereinigungen. Die Formen sind:

- Erhaltungsweiterbildung: Sie zielt dabei auf den Ausgleich von Kennt-nis- und Fertigkeitsverlusten ab, welche durch fehlende Berufsaus-übung oder von Teilen des Berufs entstanden sind. Die Auffrischung der Kenntnisse einer Arzthelferin, welche aufgrund einer Elternzeit mehrere Jahre nicht berufstätig war, ist ein Beispiel hierfür.

- Erweiterungsweiterbildung: Sie dient dem Erwerb von zusätzlichen Berufsfähigkeiten, wie etwa die Erlangung der Röntgenerlaubnis oder die Weiterbildung und Spezialisierung zur Zahnmedizinischen Verwal-tungshelferin (ZMV).

- Anpassungsweiterbildung: Sie dient der Anpassung an veränderte Anforderungen am Arbeitsplatz im Gesundheitswesen. Wird ein Krankenhausinformationssystem (KIS) eingeführt, so müssen alle betroffenen Mitarbeiter in Anwendung und Bedienung der installierten Programme, der Bildschirme, Tastaturen und Drucker geschult werden.

Die ärztliche Weiterbildung umfasst zum einen die Anerkennung als Facharzt, die sich nach den Kammer- bzw. Heilberufsgesetzen der einzelnen Bundesländer und den Weiterbildungsordnungen der jeweiligen Landesärztekammern richtet, in denen Dauer und Inhalt der Weiterbildung für die einzelnen Fachgebiete vorgeschrieben sind. Für die allgemeine ärztliche Weiterbildung sind ebenfalls die *Landesärztekammern* zuständig.

Darüber hinaus gibt es von der *Bundesärztekammer* methodische Empfehlungen, Lehr- und Lerninhalte sowie Lernziele für Kurse im Rahmen der Zusatz-Weiterbildung.

Die berufliche **Fortbildung** erstreckt sich beispielsweise nach Angaben der *Bayerischen Landesärztekammer* (2012) insbesondere auf Themen wie Allgemeinmedizin, Allgemeinmedizin Pädiatrie, Allgemeinmedizin Psychosomatische Grundversorgung, Erwerb der Qualifikation Leitender Notarzt, Notfallmedizin, Schutzimpfen, Suchtmedizinische Grundversorgung, Transfusionsmedizinisches Seminare oder Verkehrsmedizinische Qualifikationen.

5.4 Personalbetreuung

5.4.1 Verantwortung für Personaldaten und deren Schutz

Der Umgang mit den Mitarbeiterdaten ist eine verantwortungsvolle Aufgabe und verlangt besondere Sorgfalt, denn Fehler in diesem Bereich können schwerwiegende Auswirkungen haben. Insbesondere gilt besonderes Augenmerk der zu führenden **Personalakte** und dem Schutz der darin befindlichen personenbezogenen Daten. Weder die Form noch der exakte Inhalt von Personalakten sind gesetzlich geregelt, zumal sich aufgrund fortschreitender Digitalisierung immer seltener umfangreiche Papierunterlagen darin befinden.

Die Betriebsführung und die Führungskräfte haben das Persönlichkeitsrecht der Mitarbeiter zu wahren und für den Datenschutz ihrer personenbezogenen Daten zu sorgen. Sie sind verpflichtet, die Personalakte sorgfältig zu verwahren und ihren Inhalt vertraulich zu behandeln. Die Mitarbeiterdaten sind mit geeigneten Mitteln gegen unbefugte Einsichtnahme zu sichern und nur den unmittelbar mit der Bearbeitung dieser Unterlagen beauftragten Personen ist der Zugang zu ermöglichen. Die Personalakte enthält Unterlagen über wahre Tatsachen, nachweisbar falsche oder ehrverletzende Fakten sind zu entfernen. Die Entfernung von Abmahnungen nach einer bestimmten Zeitspanne untadeligen Verhaltens, richtet sich nach der Situation im Einzelfall, so dass es für die Wohlverhaltensphase keine Regelfrist gibt. Den Mitarbeitern ist die uneingeschränkte Einsicht in ihre Akten zu gewähren.

Auch im Fall der Patientendaten sind die Regelungen des *Bundesdatenschutzgesetzes (BDSG)* zu berücksichtigen, das unter Datenschutz alle Maßnahmen zum Schutz vor dem Missbrauch personenbezogener Daten versteht. Ziele dabei sind, die Sicherung der Privatsphäre der Mitarbeiter, der Vertraulichkeit ihrer persönlichen Daten sowie das Verhüten des Missbrauchs dieser Daten. Werden personenbezogene Daten im Gesundheitsbetrieb maschinell verarbeitet und in Dateien gespeichert, so sind nach dem BDSG verschiedene Kontrollmaßnahmen erforderlich:

- Zugangskontrolle: Unbefugte dürfen keinen Zugang zu Datenverarbeitungsanlagen einer Gesundheitseinrichtung haben, auf denen personenbezogene Daten verarbeitet werden.

- Entfernungskontrolle: Eine unbefugte Entfernung von personenbezogenen Daten der Mitarbeiter muss ausgeschlossen sein.

- Veränderungskontrolle: Verhinderung der unbefugten Eingabe, Speicherung und Löschung personenbezogener Daten der Mitarbeiter.

- Benutzerkontrolle: Verhinderung des unbefugten Zugriffs auf Personaldaten und installierte Verarbeitungssysteme.

■ Eingabekontrolle: Es muss jederzeit nachvollziehbar sein, wer in der Gesundheitseinrichtung welche personenbezogenen Daten wann eingegeben oder verändert hat.

5.4.2 Durchführung personaladministrativer Maßnahmen

Viele Aufgaben im Rahmen der Personaladministration werden im Gesundheitswesen von Personalabteilungen durchgeführt. Doch auch die Führungskräfte bzw. die Betriebsführung sind beispielsweise verantwortlich für Themen wie Urlaubsinanspruchnahme, Überstundenhäufung oder Fehlzeitenentwicklung. Bei ausländischen Arbeitskräften ist auf die Arbeitserlaubnis zu achten, den Mitarbeitern sind unter Umständen Gehaltsvorschüsse zu gewähren oder Mithilfe bei der Wohnungssuche anzubieten. Zahlreiche Termine, wie Geburtstage, Zugehörigkeitsjubiläen, Probezeitabläufe sind zu beachten und es sind bei Beendigung eines Arbeitsverhältnisses Zeugnisse auszustellen und die Personalpapiere auszuhändigen.

Von besonderer Bedeutung sind in diesem Zusammenhang die Themen **Gehalt** und **Sozialversicherung**, denn sie sind mit durch die Betriebsführung zu erfüllenden Pflichten verbunden.

Einen Einblick in das Thema Gehaltsabrechnung gibt beispielsweise nach *Voigt* (2008) eine *Erhebung der Abwicklungsmodalitäten der Lohn und Gehaltsabrechnung in sozialen Einrichtungen durch den Lehrstuhl für Industriebetriebslehre der Friedrich-Alexander-Universität Erlangen-Nürnberg*, nach der 42% der Einrichtungen (Alten-/Pflegeheime, Rettungsdienste, Krankenhäuser, ambulanter Pflegedienste u. a.) die Lohn- und Gehaltsabrechnung an Steuerberater, Partnerorganisationen, kommunale oder kirchliche Rechenzentren oder sonstige Rechenzentren ausgelagert hatten. Bei der Durchführung der Lohn und Gehaltsabrechnung in Eigenverantwortung kamen insgesamt mehr als 15 verschiedene Kontenrahmen (individuelle Kontenrahmen, KHBV, PflegeBuchV, Datev, AWO, ASB, BRK, DRK, Diakonie etc.) zum Einsatz.

Das Gehalt setzt sich in der Regel aus dem arbeitsvertraglich festgelegten Gehalt, das sich in der Regel an den jeweils gültigen Tarifverträgen orientiert, und ebenfalls vertraglich festgelegten oder frei gewährten Zulagen und Zuschlägen zusammen. Die Mitarbeiter sind, mit Ausnahme der kurzfristig Beschäftigten, sozialversicherungspflichtig. Mini-Jobber sind pauschal sozialversicherungspflichtig und ausländische Arbeitnehmer unterliegen grundsätzlich der Sozialversicherungspflicht, sofern sie nach deutschem Recht in einem Beschäftigungsverhältnis stehen. Die Beiträge zu den Sozialversicherungen werden von Arbeitgeber und Arbeitnehmer überwiegend zur Hälfte getragen. Nur die Beiträge zur gesetzlichen Unfallversicherung entrichtet ausschließlich die Gesundheitseinrichtung. Sie ist für die Abwicklung der Beitragszahlungen verantwortlich, muss die Versicherungsbeiträge bereits vor der Gehaltsauszahlung abziehen und dann ihren und den Arbeitnehmeranteil zusammen an die Versicherungsträger zahlen.

Vom errechneten Bruttogehalt sind folgende Abzüge vorzunehmen:

- Lohnsteuer,

- Kirchensteuer,

- Rentenversicherungsbeitrag,

- Krankenversicherungsbeitrag,

- Arbeitslosenversicherungsbeitrag und

- Pflegeversicherungsbeitrag.

Für jeden Mitarbeiter muss eine Gehaltsabrechnung erstellt werden. In ihr sind alle Abrechnungsdaten des Brutto-, Nettogehalts sowie der Zahlungsbeträge auszuweisen. Für die Gesundheitseinrichtung und die Lohnsteuerprüfung ist ein Lohn- bzw. Gehaltsnachweis zu erstellen. In ihm sind das Bruttogehalt, Lohn- und Kirchensteuerdaten, Sozialversicherungsdaten, Abzüge und Zulagen, Nettogehalt sowie der Zahlungsbetrag festzuhalten. Dieser Nachweis kann auch zum Jahresende erstellt werden.

Für die Einbehaltung der Lohn- und Kirchensteuer zur Abführung an das Finanzamt ist ebenfalls die Gesundheitseinrichtung zuständig. Die Mitarbeiter sind zwar grundsätzlich Schuldner der Lohnsteuer, die Gesundheitseinrichtung haftet aber für die richtige Einbehaltung und Abführung.

5.4.3   Beobachtung der Personalfluktuation

Die Arbeitsmobilität ist einzel- und gesamtwirtschaftlich gesehen ein durchaus förderungswürdiges Verhalten. Auf diese Weise können sich auch Einrichtungen im Gesundheitswesen an sich wandelnde Anforderungen und Veränderungen anpassen. Die Arbeitnehmerinnen und Arbeitnehmer sind ihrerseits in der Lage einen Arbeitsplatz zu suchen, der ihren Vorstellungen und Fähigkeiten entspricht.

Aus der Sicht einer personal*aufnehmenden* Gesundheitseinrichtung, ist ein Personalwechsel durchaus positiv zu beurteilen, da es zu einer Mischung zwischen von außen kommenden Mitarbeitern und solchen aus den eigenen Reihen herangebildeten kommt, was vielfach zu neuen Ideen und Ansichten in eingefahrene Betriebsabläufe führt. Die personal*abgebende* Einrichtung kann dem Personalverlust dann keine positiven Aspekte abgewinnen, wenn die abgewanderten Mitarbeiter ersetzt werden müssen, was immer mit erheblichen Kosten und einem Abfluss von Erfahrung verbunden ist. Unter diesem Gesichtspunkt wünscht sich der Gesundheitsbetrieb immer eine möglichst geringe Personalfluktuation. Allerdings setzen gezielte Maßnahmen zum Abbau der Fluktuation im Gesundheitswesen voraus, dass die Ursachen und Motive bekannt sind.

A. Joost (2007) vom *Institut für Wirtschaft, Arbeit und Kultur IWAK* an der *Goethe-Universität*, Frankfurt am Main, stellte in einer *Machbarkeitsstudie zum Berufsverbleib von Altenpflegerinnen und Altenpflegern*, die im Auftrag des *Bundesministeriums für Familie, Senioren, Frauen und Jugend* erstellt wurde, folgende Formen der Personalfluktuation fest:

- „Innerhalb einer Einrichtung horizontal von einer Abteilungen zur nächsten oder vertikal durch Positionswechsel, Beförderung etc.,

- zwischen Einrichtungen eines Trägers,

- innerhalb des Altenpflegebereichs in eine andere Einrichtung,

- zwischen ambulanten und stationären Einrichtungen,

- aus dem Altenpflegebereich in einen anderen Beruf,

- durch Weiterqualifizierung, Weiterbildung (bspw. Studium),

- durch Unterbrechung der Erwerbstätigkeit (Familienzeit, Bundeswehr, Arbeitslosigkeit etc.),

- Rückkehr/Wiedereinstieg nach einer Erwerbspause,

- Rückkehr/Wiedereinstieg aus einem anderen Beruf zurück in die Altenpflege,

- Vorzeitige Beendigung der Erwerbstätigkeit.

Die Ursachen sind unter anderem darin zu suchen, dass Pflegekräfte in der Altenpflege deutlich höhere krankheitsbedingte Fehlzeiten und einen schlechteren Gesundheitszustand haben als die berufstätige Durchschnittsbevölkerung:

- der psychologische Gesundheitszustand ist schlechter,

- psychosomatische Beschwerden kommen häufiger vor,

- der körperliche Zustand ist schlechter.

Bei Altenpfleger/innen sind Rücken-, Nacken- und Schulterschmerzen die häufigsten Beschwerden. und treten weit überdurchschnittlich häufig auf. Physische Belastungen sind vor allem die körperlichen Belastungen durch das Heben, Tragen und Lagern der Bewohner/innen, psychische Belastungen die häufigen Arbeitsunterbrechungen durch Telefonanfragen, Kolleg/innen und Bewohner/innen. „Weitere wichtige Faktoren sind ständiger Zeitdruck und zu geringe Personalausstattung. Es lässt sich also sagen, dass die Ursachen des schlechten Gesundheitszustandes berufsbedingt sind."

Bei der Bekämpfung der Ursachen für eine hohe Fluktuationsquote im Gesundheitswesen sind Maßnahmen aus nahezu der gesamten Palette des Personalmanagements erforderlich. So sollten nicht immer die Bewerber mit den besten Zeugnissen eingestellt werden, sondern die für die jeweilige Tätigkeit am besten geeigneten, um Unter- bzw. Überqualifizierung und damit einhergehende Arbeitsunzufriedenheit möglichst zu vermeiden. Auf die Einführung neuer Mitarbeiter sollte besondere Sorgfalt gelegt werden, da ansonsten bereits schon in der Probezeit Gründe für einen frühen Wiederaustritt geschaffen werden können. In die gleiche Richtung wirken das fachliche Anlernen und die Einarbeitung neuer Mitarbeiter. Außerdem sind die Aktualität des Lohn- und Gehaltsgefüges, die Arbeitsanforderungen sowie Aufstiegs- und Weiterbildungsmöglichkeiten zu überwachen. Die Optimierung von Arbeitsbedingungen und -zeiten ist in diesem Zusammenhang ebenso wichtig, wie das Vertrauen in eigenverantwortliches und selbständiges Handeln der Mitarbeiter.

6 Führungsfeld Patienten

6.1 Patientenbedürfnisse

6.1.1 Patientenführung und Managed Care

Der Begriff der **Patientenführung** beinhaltet das Angebot von Orientierung, Hilfestellung und Zuwendung mit dem Ziel der Regeneration und Gesunderhaltung. Dazu sind gemeinsam Behandlungsziele festzulegen, notwendiges medizinisches Grundwissen für eine Behandlung zu vermitteln und auch die individuelle Vorsorge zu aktivieren. Im Vordergrund steht dabei die Funktion einer Führungskraft im Gesundheitswesen als Wegweiser in Gesundheitsfragen, auch um eine möglichst hohe Therapietreue zu erzielen und die Zufriedenheit der Patienten zu erhöhen.

> Das Problem der richtigen Patientenführung und Therapietreue beispielsweise in Zusammenhang mit *Diabetes mellitus* und *Disease-Management-Programmen (DMP)* beschreibt *K. H. Beyer* (2002) im *Deutschen Ärzteblatt:* „Ein DMP darf weder an alten Fehlern kleben, noch desillusioniert nur die Spätkomplikationen behandeln! Es soll fragen, wie man die Diätberatung und Gewichtsreduktion effektiver und akzeptabler macht, denn das Problem liegt in der Patientenführung. Bevor Komplikationen bei den diätetisch und bewegungsmäßig falsch lebenden und kaum beeinflussbaren Patienten die Therapie final zum Scheitern bringen, wäre ausgiebig nutzbare Zeit, dem Raubbau durch Fehlverhalten primär gegenzusteuern."

Patientenführung im Sinne eines Therapiemanagements bedeutet somit, die Therapie, ihre Nebenwirkungen und Begleitumstände so zu gestalten, dass ein möglichst großer Therapieerfolg möglich wird. Dazu gehören beispielsweise

- ein aktives Patientenmonitoring,

- ausreichende Kenntnisse über Ätiologie und Behandlungsmöglichkeiten der Nebenwirkungen,

A.Frodl, *Betriebsführung im Gesundheitswesen*, DOI 10.1007/978-3-8349-4300-2_6,
© Springer Fachmedien Wiesbaden 2013

■ ausreichende Dosierungen,

■ optimale Therapiedauer,

■ medizinische bzw. klinische Evaluationen vor Beginn von Behandlungen,

■ abgestimmte Therapiepläne,

■ Einbeziehung des Patienten (bspw. Blutdrucktagebücher etc.).

Vor dem Hintergrund von Patientensouveränität und gestärkter Patientenautonomie gewinnt zudem die geführte Gesundheitsversorgung an Bedeutung. Das Konzept des **Managed Care** versucht die Lenkung des Patienten im System der gesundheitlichen Versorgung zu organisieren sowie das Angebot und die Nachfrage nach medizinischen und pflegerischen Leistungen so zu gestalten, dass auch unter Beibehaltung des Solidaritätsprinzips die Finanzierung des Gesundheitswesen nachhaltig sichergestellt ist.

In einem derartigen System übernimmt die Führungskraft im Gesundheitswesen mehr denn je eine Lotsenfunktion, die nicht nur die Präferenzen und Erwartungen des Patienten an die Medizin zu berücksichtigen hat, sondern auch die vertragsrechtlichen Grundlagen seiner Behandlung und die Unterstützung des Patientenselbstmanagements zur Erreichung der individuellen Behandlungsziele. Somit geht es in der Patientenführung über das eigentliche Therapiemanagement hinaus auch insbesondere darum, sich in den Patienten hineinzuversetzen und sich in seine Persönlichkeit einzufühlen, um letztendlich eine möglichst vertrauensvolle Beziehung aufbauen zu können, die die Überzeugung von medizinisch notwendigen Maßnahmen und das Erzielen des Therapieerfolgs erleichtert.

6.1.2   Berücksichtigung patientenspezifischer Erwartungshaltung

Führungskräfte im Gesundheitswesen müssen sich darüber bewusst sein, dass Patienten Vermutungen, Vorahnungen, Hoffnungen, Wünsche, aber auch Befürchtungen hinsichtlich von Qualität und Ergebnis der ihnen erbrachten Behandlungs- und Pflegeleistungen im Vorhinein entwickeln und diese dann anhand der tatsächlichen Erfahrungen und Erlebnisse bewerten. Die Differenz zwischen der von den Patienten *erwarteten* Qualität ihrer Versorgung mit Behandlungs- und Pflegeleistungen und der von ihnen tatsächlich *wahrgenommenen* Qualität, bildet die Grundlage der Patientenzufriedenheit. Sind die Erwartungen niedriger als der Istwert aus den tatsächlichen Erfahrungen und Wahrnehmungswert in Zusammenhang mit den Behandlungs- und Pflegeleistungen, so drückt sich dies in der Regel durch Zufriedenheit aus. Bei höheren Erwartungen und niedrigerem Istwert kann es umgekehrt zu Unzufriedenheit führen.

Zu den wesentlichen Einflussfaktoren auf die Erwartungshaltung der Patienten zählen:

■ Erfahrungen: Bei schlechten Erfahrungen wird zukünftig eine Besserung der Leistungen erwartet; bei Erfahrungen mit anderen Einrichtungen wird erwartet, dass die Behandlung mindestens ebenso gut oder gar noch besser ist.

■ Empfehlungen: Mit der Einholung von Informationen, welche Gesundheitseinrichtung besser sei, wird ein gewisses Vorstellungsspektrum erzeugt, welches erst einmal erfüllt werden muss.

■ Wissen: Oft glauben medizinisch und heilkundlich orientierte Patienten zumindest beurteilen zu können, welche Ansprüche an Behandlungsmethoden oder Patientenservice zu stellen sind und fordern diese ein.

■ Bedürfnisse: Wünschenswertes (bspw. dauerhafte Schmerzfreiheit), emotionale Erfahrungen (bspw. Zuwendung), die in Zusammenhang mit der Behandlungsleistung und dem Aufenthalt in einer Gesundheitseinrichtung aus Sicht des Patienten möglich sein sollten.

Die Erwartungen des Patienten werden mit den konkreten Erfahrungen und Wahrnehmungen in Zusammenhang mit seinem Aufenthalt im Gesundheitsbetrieb abgeglichen.

Da die Wahrnehmungen und subjektiven Empfindungen häufig unabhängig vom *objektiven* Qualitätsniveau der Behandlungsleistung erfolgen, reicht es aus Sicht einer langfristigen Patientenbindung nicht aus, „nur" gute Behandlungsleistungen zu erbringen. Häufig fehlt auch das dazu notwendige Urteilsvermögen, oder die ärztliche Leistung wird unter dem Eindruck der persönlichen gesundheitlichen Situation emotional bewertet.

Für die Führungskräfte im Gesundheitswesen ist es daher besonders wichtig zu wissen, durch welche Äußerungsformen der Patient auf die Erfüllung oder Nichterfüllung seiner Erwartungen reagiert, damit wiederum der Gesundheitsbetrieb entsprechende Maßnahmen ergreifen kann (siehe **Tabelle 6.1**).

Tabelle 6.1   Beispiele für Patientenreaktionen bei Erfüllung/Nichterfüllung von Erwartungen.

Reaktion	Beschreibung
Referenz	Erfüllen oder Übertreffen der Erwartungen äußert sich in Weiterempfehlung
Treue	Kann von der Zufriedenheit des Patienten ausgegangen werden, ist eine gewisse Treue zur Gesundheitseinrichtung die Folge, zumindest so lange der Patient keine Veranlassung zu einem Wechsel sieht
Beanstandungen	Chance, rechtzeitig korrigierend eingreifen zu können, denn durch das Abstellen von Mängeln kann die Bindung aller Patienten intensiviert werden
Verlassen	Abwanderung zu einer anderen Einrichtung ist schließlich die absolute Form der Äußerung von Unzufriedenheit, wobei es wichtig ist, die Gründe für diese Entscheidung des Patienten in Erfahrung zu bringen, insbesondere dann, wenn es sich um langjährige Patienten handelt
Agitation	Ein sich negativ äußernder Patient kann die Unzufriedenheit auch in das Umfeld tragen und als Multiplikator wirken, weshalb Gerüchte und die Gefahr einer Rufschädigung aktiv angegangen werden sollten

6.1.3   Erfüllung von Patientenzufriedenheit

Der Anteil der Führungskräfte an einer konsequenten Patientenorientierung ist im Hinblick auf den betrieblichen Erfolg im Gesundheitswesen
von besonderer Bedeutung. Sie hat das Ziel der langfristigen Patientenbindung, die eine Behandlung nicht als einmalige Dienstleistung versteht,
sondern durch das Erreichen von **Patientenzufriedenheit,** als Gradmesser
seiner Bedürfnisbefriedigung in Zusammenhang mit den ihm erbrachten
Behandlungs- und Pflegeleistungen, in ihr den Anfang einer Vertrauensbe-
ziehung zwischen der Gesundheitseinrichtung und den Patienten sieht.

Diese Zufriedenheit lässt sich erzielen, in dem die Erwartungen und Vorstellungen des Patienten dauerhaft erreicht und am besten sogar noch
übertroffen werden, was aus betriebswirtschaftlicher und strategischer
Sicht eine wichtige betriebliche Investition in die Zukunft bedeutet.
Schließlich wird ein zufriedener Patient vielmehr bereit sein, auch einen
angemessenen Preis für eine gute Behandlung zu zahlen. Dazu muss die
Qualität der Behandlungs- und Pflegeleistungen so dargestellt werden,
dass sie der Patient auch bewusst wahrnimmt. Denn: Zufriedene Patienten
sind in der Regel auch loyale, treue Patienten, die im gesundheitlichen
Bedarfsfalle zu „Stammkunden" werden.

So führte beispielsweise die Anästhesieabteilung des *Kreiskrankenhauses
Herrenberg* (2012) bei über 500 Patienten und Patientinnen, die sich dort
einer Operation unterzogen hatten, eine Fragebogenaktion zum Thema
„Zufriedenheit mit der Anästhesie" durch. Es sollte ermittelt werden,
wie häufig bestimmte unangenehme Begleiterscheinungen wie Durst,
Übelkeit etc. bei den Patienten auftraten, und in welchem Maße die Patienten mit den verschiedenen Aspekten der anästhesiologischen Betreuung wie Aufklärungsgespräch, Schmerzbekämpfung etc. zufrieden waren. Einbezogen wurden alle Patienten und Patientinnen, die das 16. Le-
bensjahr vollendet hatten, sich im Erhebungszeitraum einer Operation in
Narkose oder Regionalanästhesie unterzogen und mindestens 2 Tage
postoperativ im Krankenhaus geblieben waren. Ausschlusskriterien waren ambulante Operation, Nachbeatmung auf der Intensivstation, mangelnde Verständigung oder fehlende Bereitschaft zur Auskunft. Die
meisten Patienten und Patientinnen waren mit ihrer Behandlung sehr
zufrieden oder eher zufrieden, nur wenige äußerten Unzufriedenheit.

Die Führungskräfte im Gesundheitswesen erfahren bereits zu Beginn ihrer Berufsausübung recht schnell, dass der Patient nicht nur Empfänger von Behandlungs- und Pflegeleistungen ist, sondern vielmehr direkt oder indirekt, aktiv oder passiv, physisch und psychisch an der Leistungsentstehung und damit am Erfolg der Behandlungs- und Pflegeleistungen beteiligt ist. Auch sind neben dem Eigenanteil und dem persönlichen Nutzen auch die subjektive Einschätzung und der Vergleich der individuell wahrgenommenen Behandlungs- und Pflegeleistungen ein weiterer Maßstab, um die Frage zu beantworten, woran der Patient seinen Grad der Unzufriedenheit oder Zufriedenheit im Gesundheitswesen bemisst:

- Anteil des Patienten an der Behandlung und am Aufenthalt: Was muss der Patient bei dieser Gesundheitseinrichtung im möglichen Vergleich zu anderen Einrichtungen leisten, um einen gewünschten verbesserten Gesundheitszustand zu erreichen (bspw. Vergleich von Eigenanteilen bei Kassenpatienten, Höhe der Rechnung bei Privatzahlern, Anfahrtsweg, Wartezeiten)?

- Vergleich mit anderen Patienten: Wie wird der Patient im Vergleich zu anderen behandelt (bspw. Möglichkeit, einen kurzfristigen Termin zu bekommen, die Kulanz bei Verschreibungen oder die Zeit, die sich die Mitarbeiter für den jeweiligen Patienten nehmen)?

- Nutzen, den der Patient aus dem Besuch im Gesundheitsbetrieb zieht: Warum hat er vom Besuch in dieser Gesundheitseinrichtung mehr, als wenn er eine andere aufsucht (bspw. sichere Diagnosen, rasch wirkende Behandlungsmethoden oder dauerhafte Beschwerdefreiheit)?

Für die Führungskräfte im Gesundheitswesen bedeutet dies, dass Patientenzufriedenheit dauerhaftes Bemühen um den Patienten voraussetzt. Dazu gehört eine konsequente Patientenorientierung und ein wirksames Qualitätsmanagement, welches die Grundlage für ein langfristig gesichertes Leistungsniveau und damit einen hohen Patientenbindungsgrad bietet. Zur Messung der Patientenzufriedenheit bieten sich insbesondere die Möglichkeiten der Kennzahlenanalyse, sowie der Befragung stationärer oder bereits entlassener Patienten durch Interview oder Erhebung mittels Fragebogen an.

6.2 Patientenkommunikation

6.2.1 Durchführung von Patientenbefragungen

Für eine erfolgreiche Patientenführung ist es wichtig, den Patienten und seine Bedürfnisse in das Zentrum aller Überlegungen zu stellen. Nur dann, wenn eine Betriebsführung im Gesundheitswesen ihre Patienten, Heimbewohner und sonstige Zielgruppen, deren Verhalten und Bedürfnisse wirklich kennt, ist sie in der Lage, diese durch die von ihr angebotenen Service- und Behandlungsleistungen erfolgreich zu führen. Eine möglichst zielgruppenorientierte Gestaltung der Patientenführung und des Leistungsangebots ermöglicht ferner eine gezielte Ausrichtung der betriebsinternen Abläufe, der Weiter- und Fortbildungsbildungsmaßnahmen, wodurch sich wiederum auch Möglichkeiten zur einer verstärkten betrieblichen Rationalisierung eröffnen.

Eine **Patientenbefragung** mittels Fragebogen hat den Vorteil, dass Patienten anonym auf die Fragen antworten können, sie ist ökonomischer, rascher auszuwerten und wird von den Patienten stärker als freiwillig wahrgenommen. Für Patienten, die keine Fragebögen ausfüllen können, eignet sich eine Befragung per Interview.

Das *Institut für Qualitätssicherung in Prävention und Rehabilitation GmbH (IQPR)* an der *Deutschen Sporthochschule Köln* (2012) bietet einen Fragebogen zur Messung der Patientenzufriedenheit an, der als Selbstbeurteilungsinstrument im stationären Bereich, sowohl im Krankenhaus, als auch in der Reha zur Anwendung kommt und die generelle Zufriedenheit bezogen auf Aspekte der Einrichtung und der Behandlung überprüft. Er besteht aus 8 Fragen und 4 Antwortmöglichkeiten. Diese werden mit 1 (ungünstigste Ausprägung) bis 4 (positive Ausprägung) berücksichtigt und zu einem Gesamtwert addiert. Zum praktischen Einsatz gelangt er insbesondere als kontinuierliche Patientenbefragung in der psychosomatischen, orthopädischen und cardiologischen Rehabilitation.

Allerdings sollten die Führungskräfte im Gesundheitswesen bei der Durchführung einer Patientenbefragung folgende Befragungseffekte berücksichtigen: Während *aktuelle* Patienten zu *Beginn* einer Behandlung diese in der

Regel noch nicht umfassend beurteilen können, kann das Befragungser-
gebnis am *Ende* einer längeren Behandlungsmaßnahme durch Eindrücke,
wie die Erleichterung darüber, unangenehme medizinische Maßnahmen
hinter sich gebracht zu haben, beeinträchtigt werden. Einzelne Eindrücke
können dabei zudem überbewertet oder aber abgeschwächt wiedergege-
ben werden, was insgesamt zu Verzerrungen führen kann. Die Befragung
ehemaliger Patienten beinhaltet zwar die Rückmeldemöglichkeit über die
gesamte Behandlung einschließlich des Entlassungsvorgangs, ist aber mitunter durch Erinnerungsfehler gekennzeichnet. Eine stichtagsbezogene
Mehrfacherhebung mit *aktuellen* Patienten lässt sich zudem durch eine
schriftliche Befragung *ehemaliger* Patienten ergänzen, um Beurteilungsef-
fekte und -defizite zu vermeiden.

Für eine Patientenbefragung in Arztpraxen gibt die *Kassenärztliche Bundesvereinigung KBV* (2012) folgende Empfehlungen: „Die konsequente
Ausrichtung einer Arztpraxis auf die Bedürfnisse und Wünsche der Patienten ist ein Muss für den wirtschaftlichen Erfolg. Als Wettbewerbskri-
terium scheidet die Qualität der medizinischen Versorgung aus, weil sie
überall exzellent sein sollte, und auch über den Preis können Ärzte be-
kanntlich Patienten nicht an die Praxis binden. In der Service-Qualität
können der Arzt und sein Team sich jedoch verbessern und von den
Mitbewerbern abheben. Dafür müssen sie jedoch wissen, worauf ihre
Patienten besonderen Wert legen, was ihnen an der Praxis gefällt und
woran sie sich – vielleicht immer wieder – stören." ... „Der Fragebogen
selbst sollte nicht länger als 20, maximal 25 Fragen, sein. Die meisten von
ihnen sollten ja/nein-Antworten erfordern oder eine Skala von sehr gut
(1) bis ungenügend (6) vorgeben. Ein solcher Bogen ist rasch auszufüllen, außerdem ist die Auswertung einfacher. Allerdings sollten am Ende
des Fragebogens auch ein bis drei offene Fragen stehen, bei denen der
Patient seine Kritik oder sein Lob frei eintragen kann."

6.2.2   Erreichen von Patientenadhärenz

Mit **Adhärenz** wird das Patientenverhalten bezeichnet, sich unter Berücksichtigung seiner individuellen Bedürfnisse an die im Rahmen einer Therapie vereinbarten Empfehlungen und Medikamentenverordnungen zu
halten. Ziel der Patientenführung muss es somit sein, ein möglichst großes

Adhärenzausmaß zu erreichen und mögliche Faktoren, die dies gefährden, hinreichend zu berücksichtigen. Dazu zählen beispielsweise instabile Lebensbedingungen, psychosozialer Stress, die Angst vor Nebenwirkungen, ein niedriges Bildungsniveau, die Art und Schwere des Krankheitsverlaufes, die Dauer der Behandlung, erfolglose Therapien, Vergesslichkeit, nicht verstandene Therapieanweisungen und vieles anderes mehr. Grundlage der Adhärenz ist das Verständnis, dass die Verantwortung für den Erfolg einer Therapie nicht nur ausschließlich beim Patienten zu suchen ist.

Der *Dachverband Adherence e. V.* (2012), Gütersloh, grenzt den Adhärenz-Begriff folgendermaßen ab: „Der in der Medizin gebräuchliche Begriff der Compliance spricht den Umstand an, dass für die Heilung vieler Krankheiten ein kooperatives Verhalten des Patienten vorausgesetzt wird." ... „Die Verantwortung für die Nichteinhaltung eines Planes läge demnach einseitig bei dem Patienten und der Aspekt einer gemeinsamen Entscheidungsfindung im Rahmen eines Arbeitsbündnisses kommt nur unzureichend zum Tragen. Ein solches Modell muss nicht in jedem Falle schlecht sein, v. a. im Rahmen von Notfallsituationen oder z. B. bei operativen Eingriffen stellt es häufig einen sinnvollen und zielführenden Ansatz dar. Demgegenüber steht bei dem Begriff Adherence die aktive Zusammenarbeit von Arzt und Patient im Sinne einer gemeinsamen Entscheidungsfindung und Therapiezielvereinbarung im Vordergrund, d.h. die aktiv erfragte Patientenmeinung wird bei der Behandlungsplanung mitberücksichtigt."

Im Rahmen der Patientenführung ist somit nicht nur darauf zu achten, dass Rezepte in der Apotheke eingelöst, Medikamente überhaupt und auch nicht falsch angewendet und die medizinischen Empfehlungen eingehalten werden. Sondern die Patienten benötigen auch ausführliche Informationen über ihre Behandlung, die Heilungsprognosen sowie über Risiken und Nebenwirkungen und gehen davon aus, dass ihre persönlichen Werte und Präferenzen in die Therapieentscheidung mit einbezogen werden. Andererseits müssen sich die Patienten klar darüber sein, welche Folgen ein Absetzen der Therapie und ein Abbruch der Behandlung hätte, denn sie geben die Verantwortung für ihre Gesundung nicht an medizinisches Personal ab, sondern sind für den Erfolg der Therapie mit verantwortlich.

Ziel ist somit nicht eine als überlegen und dominant empfundene Führung der Patienten, sondern von Behandler und Patient gemeinsam getroffene partnerschaftliche Entscheidungen, die zu einer aktiveren Krankheitsbewältigung und damit auch zu besseren Behandlungsergebnissen führen.

M. Seehausen (2011) beschreibt im *Deutschen Ärzteblatt* folgende wirksame Vorgehensweisen zur Verbesserung der Adärenz:

- Vermeidung von Angstmacherei: Furchtappelle können auch zum Herunterspielen des Risikos oder zu Widerstand führen und sind nur dann wirksam, wenn gleichzeitig auch die Bewältigungskompetenzen der Person unterstützt werden.

- Stärkung des Selbstvertrauens: Positive Einschätzung der eigenen Kompetenz bezogen auf ein konkretes Verhalten (Selbstwirksamkeitserwartung) zählt zu den wichtigsten Voraussetzungen dafür, dass Gesundheitsmaßnahmen konsequent umgesetzt werden.

- Planung von Handlungen: Konkrete Handlungspläne, die definieren, wann, wo und wie ein Verhalten ausgeübt werden soll und die Struktur von Wenn-dann-Beziehungen haben, helfen in schwierigen Situationen am jeweiligen Behandlungsziel festzuhalten.

- Unterscheiden von Gesundheitsstufen: Nach Stufenmodellen der Gesundheitspsychologie machen Menschen bei der Veränderung von Gesundheitsverhalten eine Entwicklung durch, so dass es aufgrund von Selbstwirksamkeitserwartung, Ergebniserwartung und Risikowahrnehmung nützlich sein kann zu differenzieren, „...ob ein Patient noch über eine bestimmte Behandlung oder Verhaltensänderung nachdenkt oder ob er es sich zwar vorgenommen hat, aber an der Umsetzung scheitert."

- Berücksichtigung von Überzeugungen: Werden subjektive Krankheitstheorien erfragt, lassen sie sich in das ärztliche Anliegen integrieren und können falsche sachliche Annahmen korrigiert und einschränkende Überzeugungen hinterfragt werden.

6.3   Patientenbetreuung

6.3.1   Maßnahmen zur Patientenbindung

Im Sinne einer nachhaltigen Betriebsführung ist im Rahmen der Patienten-führung auch die langfristige **Patientenbindung** von großer Bedeutung. Sie erfolgt durch regelmäßigen Kontakt, auch nach dem Abschluss von Behandlungsmaßnahmen, durch Beratung und Hilfestellungen, Patienten-informationen über Hauszeitschriften oder Newsletter, Einräumen beson-derer Konditionen, sowie Öffentlichkeits- und Pressearbeit und hat das Ziel, neue Patienten als Stammkunden zu gewinnen und diese langfristig an die Gesundheitseinrichtung zu binden.

Einfache Instrumente der Patientenbindung sind auch die Terminerinne-rungen, die der Patient als "Merkzettel" für seinen nächsten Behand-lungstermin bekommt, oder das *Recall-System*, bei dem die Patienten mit einer Erinnerung und Terminvereinbarung beispielsweise zu einer Vor-sorgeuntersuchung eingeladen werden.

Zur Patientenbindung tragen auch zielgruppenorientierte Serviceleistun-gen bei, die auf die jeweilige Patientenzielgruppe zugeschnitten sind (siehe Tabelle 6.2).

Tabelle 6.2   Patientenbindung durch zielgruppenorientierte Patien-tenserviceleistungen.

Zielgruppe "Junge Familie mit Kindern"	Zielgruppe "Ältere Patienten/Senioren"
– Kindergerechte Toiletten	– Hilfe beim Aus- und Ankleiden
– Möglichkeit zum Babywickeln	– Verleih von Schirmen
– Spielecke im Wartezimmer, bzw. eigenes Spielzimmer	– Parkplatzreservierung
– Anbringung von Steckdosen-Sicherungen	– Begleitung zu den Behandlungsräu-men, Wartezimmer, Fahrstuhl
– Vorhandensein von Fläschchenwärmern, Krabbeldecken,	– Vergrößerungsgläser
	– Zusendung von Rezepten
	– Besondere Ausschilderung

Zielgruppe "Junge Familie mit Kindern"	Zielgruppe "Ältere Patienten/Senioren"

Reinigungstüchern etc.
– Möglichkeit der Kinderwagenaufbe-
  wahrung
– Kindergerechte Medizintechnik
– Kleine Geschenke/Spielzeug als
  "Belohnung"
– Kindertrickfilme auf Video
– Malwettbewerbe usw.
	– Luftbefeuchter
	– Erfrischungstücher
	– Hinweise auf Seniorenveranstaltun-
	  gen, in der Nähe befindliche Cafes,
	  Gesundheitsvorträge usw.

Die Führungskräfte im Gesundheitswesen können zu einer Verbesserung der Patientenbindung beitragen, indem sie aktiv versuchen, die Zusammenarbeit mit den Patienten zu optimieren und ihre Leistungen und die ihrer Mitarbeiter regelmäßig kommunizieren. Das Serviceverhalten der Mitarbeiter spielt dabei eine wesentliche Rolle und entsprechende Schulungen in der Patientenorientierung sind langfristige Investitionen in die Zukunftsfähigkeit der jeweiligen Gesundheitseinrichtung.

J. Beleites zeigt im *Hessischen Ärzteblatt* beispielsweise Möglichkeiten auf, wie im Rahmen der überbetrieblichen Ausbildung Patientenbindung in einer Arztpraxis vermittelt werden kann: „Patientenbindung – das wissen wir aus eigener Erfahrung, aber auch aus einschlägigen Erhebungen – erfolgt zu einem sehr wesentlichen Teil im Vorfeld des Arzt-Patienten-Gesprächs. Genauer: Die Patientenbindung wird zu etwa 80 % durch die Erfahrungen des Patienten mit dem Praxisumfeld erreicht." ... „Wann können nun beim Praxisteam am erfolgreichsten die Weichen für eine professionelle, Patienten bindende Betreuung gestellt werden? Sicher am Anfang der Berufstätigkeit, also in der Ausbildungszeit zur Arzthelferin/zum Arzthelfer mit besonderem Erfolg. Patientenbetreuung ist deshalb – seit Einführung der Überbetrieblichen Ausbildung im Jahre 1977 - ein Übungsschwerpunkt der Überbetrieblichen Ausbildung in Hessen. Im ersten Lehrgang, der Grundstufe, werden von Psychologinnen und Psychologen anhand von Rollenspielen, die aufgezeichnet und gemeinsam besprochen werden, die Grundlagen von Kommunikation, Rollenverständnis und Rollenkonflikten, sowie die Haltung des Patienten als Beobachter erarbeitet. Gespräche mit Patienten werden geübt (z.B.

Schweigepflicht beachten, keine Beurteilung und Wertung von Krankheitsverläufen und Behandlungen sowie über das Patientenverhalten abgeben) und einfachere Konflikte verarbeitet. Im zweiten Lehrgang, Fachstufe 1, werden die Auswirkungen von Krankheit auf die Erlebniswelt des Patienten betrachtet, die Inhalte von „Botschaften" (sachlich-informativ/emotional) durch Rollenspiele verständlich gemacht. Angemessene Verhaltensformen in schwierigeren Situationen werden geübt (z.b. Information über den Praxisablauf geben, Beschwerden ernst nehmen, Egozentrizität - „nur ich und meine Beschwerden sind wichtig" - relativieren, Angst verringern durch angemessene Information, Verständnis und Mitarbeit fördern). Die Übungen werden anhand von Merkmalen spezieller Patientengruppen bearbeitet (z.B. Kinder, alte Menschen, Behinderte, Krebs-Patienten, Diabetiker, psychisch Labile)."

6.3.2 Management von Patientenbeschwerden

Damit die Betriebsführung eine erfolgreiche, nachhaltige Patientenbindung erreichen kann, ist ein **Patientenbeschwerdemanagement** erforderlich, welches alle Maßnahmen umfasst, die die Zufriedenheit des Patienten wiederherstellen und Stabilität in gefährdete Patientenbeziehungen bringen. Da es wichtige Hinweise auf Stärken und Schwächen im Gesundheitswesen aus Sicht des Patienten offenbart, ist es sinnvoll, nicht nur die artikulierte Unzufriedenheit dabei zu berücksichtigen, sondern auch Folgebeschwerden, Anfragen oder Verbesserungsvorschläge. Dies trägt dazu bei, das Feedback der Patienten zu erfassen und es für den Lernprozess im Gesundheitswesen nutzbar zu machen. Somit lassen sich mit dem Beschwerdemanagement

- ◼ die Patientenzufriedenheit erhöhen,

- ◼ Leistungsmängel feststellen,

- ◼ durch Fehler oder deren Folgen entstehende Kosten reduzieren,

- ◼ Fehler von Mitarbeitern aufdecken,

- ◼ unzufriedene Patienten identifizieren, die sich ansonsten abwenden würden,

- die Servicequalität in den Gesundheitseinrichtungen steigern,

- negative Auswirkungen aufgrund Patientenunzufriedenheiten begrenzen,

- die Patientenbindung aufgrund zügiger Problemlösung langfristig positiv beeinflussen,

- das betriebliche Risikomanagement verbessern.

Für das Management der Patientenbeschwerden, ist es wichtig, dass für die Patienten ihnen bekannte Anlaufstellen eingerichtet sind, bei denen ihre Beschwerde entgegengenommen und protokolliert wird. Ferner sind klare Zuständigkeiten und Prozessdefinitionen für das Prüfen und für den Umgang mit dem Patientenanliegen notwendig, so dass ihm im Ergebnis eine Problemlösung angeboten werden kann (siehe **Abbildung 6.1**).

Für die Führungskraft ist der richtige, professionelle Umgang mit den Patientenbeschwerden von Bedeutung, denn die Mitarbeiter gewinnen dabei nicht selten den Eindruck, dass dabei die Suche nach einem „Schuldigen" im Vordergrund steht. Zunächst gilt es jedoch die Emotionen des Patienten wahrzunehmen und ihm das Gefühl zu vermitteln, Ernst genommen und nicht übergangen oder gar ignoriert zu werden. Hierzu ist eine schnelle und ausreichende Reaktion auf die Patientenbeschwerde wichtig, um eine Eskalation bis hin zu einer möglichen gerichtlichen Auseinandersetzung auf jeden Fall zu vermeiden. Gleichzeitig ist gezielt nachfragend die Unzufriedenheit inhaltlich aufzuklären, was bei aufgebrachten Patienten oft eine kommunikative und emotionale Herausforderung darstellt. Als nächstes ist die schnelle, aktive Suche nach einer zeitnahen Problemlösung von Bedeutung, um das Vertrauen des Patienten in die Problemlösungskompetenz der Gesundheitseinrichtung zu rechtfertigen. Mit den Mitarbeitern ist schließlich zu besprechen, warum diese Problemsituation überhaupt entstanden ist und wie sie zukünftig vermieden werden kann.

Abbildung 6.1   Ablaufbeispiel Patientenbeschwerdemanagement.

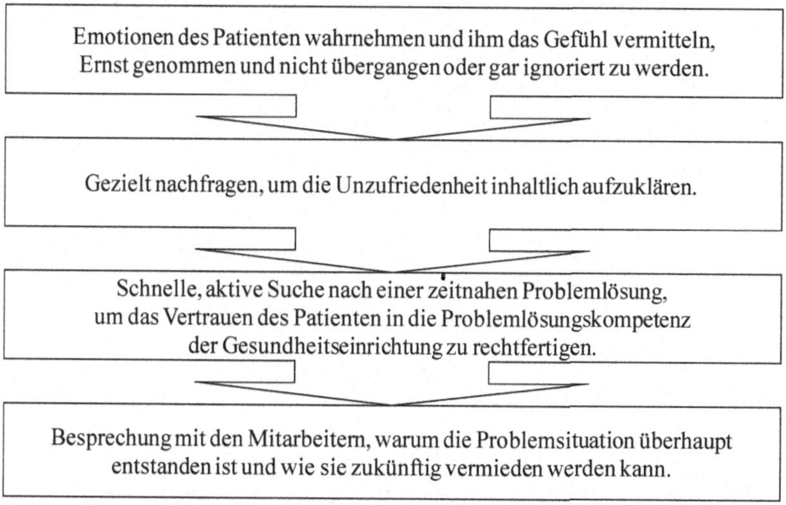

Emotionen des Patienten wahrnehmen und ihm das Gefühl vermitteln,
Ernst genommen und nicht übergangen oder gar ignoriert zu werden.

Gezielt nachfragen, um die Unzufriedenheit inhaltlich aufzuklären.

Schnelle, aktive Suche nach einer zeitnahen Problemlösung,
um das Vertrauen des Patienten in die Problemlösungskompetenz
der Gesundheitseinrichtung zu rechtfertigen.

Besprechung mit den Mitarbeitern, warum die Problemsituation überhaupt
entstanden ist und wie sie zukünftig vermieden werden kann.

Die Betriebsführung des *Katholischen Marienkrankenhauses* (2012), Hamburg, hat Patientenbeschwerden in ein „Patienten-Ideen-Management" integriert, um die Patientenkritik aufzunehmen und daraus Verbesserungen zu initiieren. Während ihres Aufenthaltes haben die Patienten zudem die Möglichkeit, ihre Rückmeldungen über "Bitte-Stören-Karten" abzugeben und in entsprechend gekennzeichnete Briefkästen auf den Stationen einzuwerfen. Darüber hinaus besteht eine Kooperation mit *Patienten-Initiative e.V.*, wodurch für die Patienten ein zusätzlicher externer Ansprechpartner als unabhängige Interessenvertretung für Beschwerden zur Verfügung steht.

Glossar

ABC-Analyse
Verfahren zur Analyse von Objekten, um knappe finanzielle oder personelle Ressourcen des Gesundheitsbetriebs auf die Objekte zu konzentrieren, die den höchsten Erfolgsbeitrag erwarten lassen.

Ablaufdiagramm
Stellt eine Kombination zwischen tabellarischer und symbolischer Darstellungstechnik dar und eignet sich allerdings auch nur für die Abbildung linearer Abläufe.

Ablauforganisation
Strukturiert die Arbeitsprozesse im Gesundheitswesen und beantwortet somit die Frage, wer was, wann, wie und wo macht, wobei sie die komplexen Handlungen in einer Gesundheitseinrichtung zu beherrschen versucht, Zeit, Raum, Sachmittel und Mitarbeiter berücksichtigt und häufig durch Standardisierung von Abläufen Ziele, wie beispielsweise einer optimalen Kapazitätsauslastung, Qualitätssteigerung, Durchlauf- und Wartezeitenverringerung, Kostenreduzierung sowie einer Verbesserung der Arbeitsergonomie und Termintreue verfolgt.

Abschreibung
Buchtechnisches Instrument im Gesundheitswesen zur rechnerischen Verteilung des Werteverzehrs zuvor angeschaffter Güter, deren Funktion darin besteht, die leistungsabhängig oder zeitbezogen auftretende Wertminderung zu erfassen, die Anschaffungskosten und Herstellungskosten auf eine bestimmte Zeitdauer zu verteilen oder nicht planmäßig eintretenden Wertminderungen Rechnung zu tragen.

Abteilung
Umfasst in der Regel mehrere Gruppen, die aufgrund einer aufgabenorientierten, personenorientierten oder sachmittelorientierten Zuordnung zu einer Organisationseinheit auf einer höheren Hierarchieebene zusammengefasst werden, wobei sich die Leitungsspanne in der Regel auf 40 Mitarbeiter und mehr erstreckt.

Adhärenz
Bezeichnet das Patientenverhalten, sich unter Berücksichtigung

seiner individuellen Bedürfnisse
an die im Rahmen einer Therapie vereinbarten Empfehlungen
und Medikamentenverordnungen zu halten.

Amortisationsrechnung

Beantwortet die zentrale Frage,
wie lange beispielsweise die
Wiedergewinnung der Investitionssumme aus den Einnahmeüberschüssen einer Investition
dauert.

Arbeitsanalyse

Bildet die Grundlage für die
Gewinnung von Informationen
über die fachlichen und persönlichen Leistungsanforderungen
eines Aufgabenbereichs und
umfasst die systematische Untersuchung der Arbeitsplätze
und Arbeitsvorgänge im
Gesundheitswesen, sowie jener
persönlichen Eigenschaften, die
der jeweilige Mitarbeiter als
Stelleninhaber zur Erfüllung der
an ihn gerichteten Leistungserwartungen besitzen sollte.

Arbeitsbereicherung
(job enrichement)

Tätigkeiten des Mitarbeiters
werden um anspruchsvollere
Aufgaben auf einem höheren
Anforderungsniveau erweitert,
wozu ihm in diesem Zusam-
menhang in der Regel mehr

Verantwortung und größere
Entscheidungsbefugnisse übertragen werden.

Arbeitsergonomie

Befasst sich mit der Schaffung
geeigneter Arbeitsbedingungen
und menschgerechter Gestaltung
der Arbeitsplätze, um möglichst
eine effiziente und fehlerfreie
Arbeitsausführung sicherzustellen und die Mitarbeiter im
Gesundheitswesen vor gesundheitlichen Schäden auch bei
langfristiger Ausübung ihrer
Tätigkeit zu schützen.

Arbeitsklima

Bezeichnet die spezielle Situation am jeweiligen Arbeitsplatz
und wirkt unmittelbar auf den
einzelnen Mitarbeiter.

Arbeitsplatzwechsel
(job rotation)

Systematischer Austausch von
Aufgaben und Tätigkeiten im
Gesundheitswesen zwischen
mehreren Arbeitnehmern, wobei
regelmäßige und organisierte
Stellenwechsel stattfinden, um
die Fachkenntnisse und Erfahrungen zu erweitern, auszutauschen und zu vertiefen.

Arbeitsvertrag

Als schuldrechtlicher Vertrag ein
besonderer Fall des Dienstver-

trages nach dem *Bürgerlichen Gesetzbuch (BGB)*, durch den sich der Mitarbeiter verpflichtet, im Dienste einer Gesundheitseinrichtung nach deren Weisungen Arbeit zu leisten, wofür sie ein Entgelt zu zahlen hat.

Arbeitszeit
Umfasst nach *REFA* die Zeitspanne vom Beginn bis zum Ende eines Vorganges ohne Liege- und Transportzeiten.

Arbeitszeitmodelle
In ihnen werden die Dauer der täglichen Arbeitszeit und die gleichmäßige oder ungleichmäßige Verteilung auf die Wochentage festgelegt.

Aufbauorganisation
Ihre Aufgabe ist es, durch sinnvolle arbeitsteilige Gliederung und Ordnung der Prozesse im Gesundheitsbetrieb festzulegen, welche Aufgaben von welchen Mitarbeitern und mit welchen Sachmitteln bewältigt werden, wobei sie die Verteilung der Aufgaben in der Regel mit Hilfe eines hierarchischen Gefüges erreicht.

Aufgabenanalyse
Schrittweise Zerlegung oder Aufspaltung der Gesamtaufgabe des Gesundheitsbetriebs in ihre einzelnen Bestandteile, anhand von alternativen Gliederungsmerkmalen wie Verrichtung, Objekt, Rang, Phase, Zweckbeziehung.

Aufgabendelegation
(Management by delegation)
Schlüsseltätigkeit jeder Führungskraft im Gesundheitswesen und eine Möglichkeit, knappe Arbeitszeit einzusparen, wobei Entscheidungsfreiheit und Verantwortung konsequent auf die Mitarbeiter übertragen werden, unter Berücksichtigung klarer Abgrenzung von Kompetenz und Verantwortung der übertragenen Aufgabenbereiche, um mögliche Konflikte zu vermeiden.

Aufgabenerweiterung
(job enlargement)
Veränderung der Arbeitsorganisation auf dem gleichen Anforderungsniveau dergestalt, dass zusätzliche Tätigkeiten durch den Mitarbeiter übernommen werden, die dem bisherigen Anforderungsniveau entsprechen.

Ausnahmeprinzip
(Management by exception)
Ist dadurch geprägt, dass die Führungskraft nur bei unvorhergesehenen Ausnahmesituati-

onen und in ungewöhnlichen Fällen eingreift, so dass sich im Normalfall die Verantwortung alleine bei dem mit der Aufgabe betrauten Mitarbeiter befindet.

Ausschreibung
Wird bei größeren Beschaffungsvolumina zur Angebotseinholung durchgeführt, mit der eine Vergabe von Aufträgen im Wettbewerb erreicht und potenzielle Lieferanten zur Angebotsabgabe aufgefordert werden sollen.

Balanced Scorecard
Steuerungsinstrument einer Gesundheitseinrichtung, welches dazu dient, die Erreichung von strategischen Zielen messbar und über die Ableitung von Maßnahmen umsetzbar zu machen, wobei sie anhand von Patienten-, Finanz-, Entwicklungs- und Prozessperspektiven im Gegensatz zu klassischen Kennzahlensystemen den Blick auch auf nicht-finanzielle Indikatoren lenkt.

Bedarfsermittlung
Auslöser für den Beschaffungsprozess, bei dem die zukünftig benötigten Materialmengen anhand unterschiedlicher Verfahren geplant werden.

Behandlungsorganisation
Hat einen möglichst ökonomischen Umgang mit der Behandlungszeit und der Straffung der Behandlung durch gezielte Vorbereitungsmaßnahmen zum Ziel.

Behandlungspfade
Werden von allen Disziplinen bei der Versorgung eines Patienten mit einer bestimmten Diagnose oder Behandlung durchgeführt, basieren in der Regel auf klinischen Leitlinien und Algorithmen und stellen ein Instrument dar, die Koordination aller Fachgebiete, die mit der Behandlung des Patienten betraut sind, möglichst optimal zu gestalten.

Benchmarking
Besondere Form des Betriebsvergleichs, bei dem sich der Gesundheitsbetrieb an den besten Konkurrenten oder an den besten innerbetrieblichen Prozessen orientiert und versucht, deren Leistungsniveau in einen oder mehreren Teilbereichen des Gesundheitsbetriebs zu erreichen, um Defizite zum *benchmark* als Vergleichsmaßstab aufzudecken und Anregungen für Verbesserungen der betrieblichen Situation zu gewinnen.

Beschaffung
Verfügbarmachung aller für die Erstellung der Behandlungs- und Pflegeleistungen benötigten Objekte und Dienstleistungen.

Beschaffungsmarktforschung
Stellt als Teilgebiet der allgemeinen Marktforschung die Sammlung und Aufbereitung von Informationen aktueller und potenzieller Beschaffungsmärkte für Behandlungs- und Pflegebedarf dar, um deren Transparenz zu erhöhen und beschaffungsrelevante Entwicklungen zu erkennen.

Bestandsüberwachung
Kontrollierte Führung der Bestände an Verbrauchsmaterialien für Behandlung und Pflege, um die benötigten Materialien bereitzuhalten, mit den Zielen einer sicheren Lieferbereitschaft und -fähigkeit für alle geplanten und ungeplanten Behandlungs- und Pflegeleistungen, sowie der Vermeidung von Fehlmengenkosten.

Bestellpunktverfahren
Zeitpunkt der Bestellung wird so gelegt, dass der verfügbare Bestand an Verbrauchsmaterialien für Behandlung und Pflege ausreicht, um den Bedarf in der erforderlichen Wiederbeschaffungszeit zu decken.

Bestellrhythmusverfahren
Geht von einer regelmäßigen Überprüfung der Bestellnotwendigkeit von Verbrauchsmaterialien für die Behandlung und Pflege in festgelegten Zeitabständen (Kontrollzyklus) aus.

Betriebsführung
Besteht im Gesundheitswesen hauptsächlich aus der Steuerung und Lenkung von Gesundheitsbetrieben unterschiedlicher Größenordnung oder von Teilen davon, wobei es um die Gestaltung des Gesundheitsbetriebs, seiner Organisation und seiner Abläufe, aber auch um die Realisierung seiner Ziele unter Nutzung der ihm zur Verfügung stehenden Ressourcen geht.

Betriebsklima
Die von den Mitarbeitern individuell empfundene Qualität der Zusammenarbeit, die für deren Motivation von wesentlicher Bedeutung ist und nach der sie bewusst oder unbewusst ihr Arbeits- und Sozialverhalten ausrichten, sich anpassen oder sich widersetzen.

Betriebskultur
Spiegelt den Umgang, das Auftreten und Benehmen der Mitarbeiter und Führungskräfte eines Gesundheitsbetriebs unterei-

nander sowie gegenüber den Patienten wider und wirkt stark auf das Betriebsklima, wobei dieses positive Gesamtbild auch nach außen auf den Patientenkreis ausstrahlt.

Betriebsvereinbarungen
(Im öffentlichen Bereich: Dienstvereinbarungen) beinhalten verbindliche betriebliche Regelungen und wirken unmittelbar auf alle Arbeitnehmer der Gesundheitseinrichtung.

Betriebswirtschaftliche Auswertungen (BWA)
Basieren in der Regel auf dem Zahlenmaterial der Finanzbuchführung des Gesundheitsbetriebs, verdichten die in der Finanzbuchführung verarbeiteten Werte nach betriebswirtschaftlichen Aspekten und geben ferner in kurzer und prägnanter Form einen Überblick über die wichtigsten Größen des Gesundheitsbetriebs, wobei die Ergebnisse des Vorjahresvergleiches untersucht, die wichtigsten Werte herausgestellt und textlich kommentiert werden.

Beurteilungsgespräch
Dient einer Einschätzung und qualifizierten Rückmeldung der Leistungen und wird mit dem Mitarbeiter geführt, um eine konkreten Rückmeldung über die Einschätzung seiner Arbeitsqualität zu geben.

Beurteilungskriterien
Dienen als Kriterien der Mitarbeiterbeurteilung zur Erfassung aller betrieblich relevanten Persönlichkeitselemente eines Mitarbeiters.

Bilanz
Gegenüberstellung von Mittelverwendung und Mittelherkunft oder Vermögen (Aktiva) und Eigenkapital bzw. Schulden (Passiva), die durch Saldierung der Bestandskonten (Vermögens- und Kapitalkonten) der Buchhaltung am Ende des Buchungszeitraumes, unter Aufnahme des Saldos in die Bilanz und Zusammenfassung der Inventarpositionen erstellt wird.

Blockschaltbild
Matrix in der Tätigkeiten, Stellen und Aufgaben miteinander verknüpft werden, wobei im jeweiligen Schnittpunkt von Zeilen und Spalten beispielsweise Aufgaben, Eingabedaten, Ergebnisdaten oder Datenträger genannt werden können.

Break-even-Analyse
Verfahren zur Bestimmung der Gewinnschwelle: Der *Break-even-*

Point ist der Schnittpunkt von Gesamterlös- und Gesamtkostenkurve, das heißt, fixe und variable Kosten werden bei einem Gewinn von null gerade durch die Erlöse (Umsatz) gedeckt. Unterhalb des *Break-even-Points* befindet man sich in der Verlust-, oberhalb in der Gewinnzone.

Buchführung

Zeichnet anhand von Belegen (Patientenzahlungen und -überweisungen, Laborrechnungen, Kassenbons, Kontoauszügen, Buchungsbelegen etc.) und des daraus hervorgehenden Zahlenmaterials alle Geschäftsvorgänge geordnet und lückenlos auf und lässt sich in die Finanzbuchhaltung unterteilen, die das Zahlenmaterial für den Jahresabschluss, die Bilanz sowie die Gewinn- und Verlustrechnung liefert, und die Betriebsbuchhaltung, welche die innerbetriebliche Kostenrechnung mit Zahlenmaterial unterstützt.

Business Process Reengineering

Bedeutet eine grundlegende, radikale Neugestaltung und Flexibilisierung aller in einer Gesundheitseinrichtung ablaufenden Prozesse, durch grundlegendes Überdenken des Gesundheitsbetriebs und seiner gesamten Prozessorganisation, um seine Kostensituation und Handlungsgeschwindigkeit zu verbessern.

Change Management

Institutionalisierung der organisatorischen Weiterentwicklung einer Gesundheitseinrichtung und damit alle Aufgaben, Maßnahmen und Tätigkeiten, die eine umfassende, bereichsübergreifende und inhaltlich weit reichende Veränderung zur Umsetzung von neuen Strukturen, Strategien, Systemen, Prozessen oder Verhaltensweisen in einer gesundheitsbetrieblichen Organisation bewirken sollen.

Charisma

Auf überzeugenden, motivationssteigernden Persönlichkeitseigenschaften basierendes Führungsverhalten.

Compliance

Die Einhaltung gesetzlicher und freiwilliger Regulatorien, Richtlinien und Standards im Gesundheitswesen und deren Überwachung, wobei es beispielsweise um eine korruptionsfreie Zusammenarbeit geht und die Fragen, was bei wichtigen Themen wie Medizinprodukte, Honorarvereinbarungen, Beraterverträge, Weiterbildungen oder Arbeitsessen erlaubt ist.

Controlling
Lässt sich allgemein als umfassendes Steuerungs- und Koordinationskonzept zur Führung von Gesundheitseinrichtungen verstehen, das mit Hilfe der Beschaffung, Aufbereitung und Analyse von Informationen und Daten die zielgerichtete Planung, Steuerung und Koordination der betrieblichen Abläufe unterstützt und zur Entscheidungsfindung beiträgt.

Coporate Governance
Grundsätze der Betriebsführung im Gesundheitswesen, die alle Vorschriften und Werte umfassen, nach denen Gesundheitsbetriebe verantwortungsbewusst geführt und überwacht werden sollen.

Corporate Social Responsibility (CSR)
Beschreibt die Gesellschaftsverantwortung im Gesundheitswesen in Form freiwilliger Beiträge zu einer nachhaltigen Entwicklung, die umfassender sind, als die gesetzlichen Mindestanforderungen und stellt im umfassenden Sinne soziale Verantwortlichkeit dar, als ein Beispiel für die Einhaltung moralischer Kriterien, die durch soziale Einzelengagements, Nachhaltigkeitsberichte, Umweltschutzbeiträge etc. über die eigentliche medizinische oder pflegerische Versorgung hinaus eine verantwortungsethische Sichtweise wiedergibt.

Critical Incident Reporting-System (CIRS)
Anonymisiertes Fehlerberichtssystem, welches durch die Meldung kritischer Ereignisse dazu beiträgt, die eigenen Prozesse zu überprüfen, um die gemeldeten Fehler zu vermeiden, wobei die Lernvorgänge und die damit verbundene Initiierung von Kontrollen im eigenen Bereich im Vordergrund stehen.

Deckungsbeitragsrechnung
Kurzfristige Erfolgsrechnung im Gesundheitswesen, die Kosten und Leistungen für einen festgelegten Zeitraum gegenüberstellt, wodurch der wirtschaftliche Erfolg und seine Zusammensetzung nach Behandlungsfallgruppen, Ertragsquellen etc. ermittelt werden kann.

Durchlaufzeit
Nach *REFA* die Differenz zwischen End- und Starttermin eines Vorganges und somit die Summe aus Arbeitszeit, Liege- und Transportzeit je Vorgang.

eHealth
Fasst häufig eine Vielzahl von Anwendungen, Entwicklungen, Vernetzungen sowie den Daten- und Informationsaustausch hauptsächlich auf der Basis des Internet in der Gesundheitsversorgung zusammen, die zum Teil auch durch Begriffe wie Telemedizin, Cybermedizin, E-Gesundheit oder Online-Medizin in der Vergangenheit gekennzeichnet worden sind.

Einsatzfaktoren
Tragen unmittel- oder mittelbar zum Erstellungsprozess von Gesundheitsleistungen bei, wie beispielsweise
- die menschliche Arbeitsleistung am Patienten,
- der Einsatz von medizintechnischen und sonstigen Betriebsmitteln,
- die Verwendung von medikamentösen, medizinischen, pharmazeutischen Heilmitteln und sonstigen Stoffen,

und werden durch führungsspezifische dispositive Faktoren (Leitung, Planung, Organisation Kontrolle usw.) oder weitere Faktoren, die beispielsweise als
- Leistungen von Dritten,
- immateriellen Leistungen (Rechte, Informationen usw.),
- Zusatzleistungen

in den medizinischen oder pflegerischen Leistungserstellungsprozess eingehen, ergänzt.

Entscheidung
Stellt nicht zwangsläufig immer eine bewusste Wahl zwischen zwei oder mehreren Alternativen anhand bestimmter Entscheidungskriterien oder Präferenzen dar, da oftmals auch nicht die Wahl einer bestimmten Alternative, sondern die Unterlassung einer Handlung als Entscheidungsergebnis anzusehen ist.

Entscheidungsregeln
(Management by decision rules)
Vorgabe von Entscheidungsanweisungen und Verhaltensregeln, innerhalb derer die vorgegebenen Ziele erfüllt werden sollen, was zu bürokratischen Entwicklungen, Dokumentationszwängen und der Reduzierung von Freiräumen führen kann.

E-Procurement
Elektronischer Materialeinkauf über das Internet, der in der Regel über Lieferantensysteme abgewickelt wird, bei denen sich

die Gesundheitseinrichtung hinsichtlich Bestellmodalitäten und Zahlungsabwicklung am vorgegebenen System des jeweiligen Lieferanten orientiert.

Erfolgsrechnung
Basiert auf der Kostenrechnung, gibt Aufschluss darüber, ob die Gesundheitseinrichtung positiv erfolgreich einen Gewinn erwirtschaftet oder, als Misserfolg, einen Verlust als Jahresergebnis erzielt hat und liefert Antworten auf Fragestellungen, wie etwa nach dem Mindestumsatz, damit die Kosten überhaupt gedeckt werden, nach Behandlungsarten, die nicht kostendeckend sind oder nach gewinnbringenden Behandlungsarten.

Ergebnisorientierung
(Management by results)
Stellt die stärker autoritäre Ausrichtung der Führung durch Zielvereinbarung dar, indem die Führungskraft die Ziele vorgibt und die Ergebnisse der Aufgabenwahrnehmung durch den Mitarbeiter kontrolliert.

Erhebungsinstrumente
Methoden zur Ermittlung des aktuellen Zustandes (Ist-Zustand) der Aufbau- und Ablauforganisation einer Gesundheitseinrichtung, die insbeson-

dere zur Informationsbeschaffung für die Problemlösung dienen.

Europäisches Praxisassessment (EPA)
Wurde vor dem Hintergrund in mehreren Ländern erfolgreich eingesetzter Programme zur Qualitätsförderung und Professionalisierung in der Allgemeinmedizin, insbesondere australischer, kanadischer und holländischer Visitationskonzepte, im Jahr 2000 von einer Gruppe von Qualitätsexperten aus dem hausärztlichen Arbeitsbereich gemeinsam mit der *Bertelsmann Stiftung* gegründet.

European Foundation for Quality Management (EFQM)
Wurde 1988 als gemeinnützige Organisation auf Mitgliederbasis von 14 führenden Unternehmen mit dem Ziel gegründet, treibende Kraft für nachhaltiges Qualitätsmanagement in Europa zu sein.

Finanzbuchhaltung
Erfasst den außerbetriebliche Wertetransfer aus den Geschäftsbeziehungen mit Patienten, Lieferanten, Gläubigern und die dadurch bedingten Veränderungen der Vermögens- und Kapitalverhältnisse.

Finanzierung
Befasst sich mit der Mittelbe-
schaffung im Gesundheitswesen
im Sinne von Einnahmen und
beinhaltet die Beschaffung und
Rückzahlung der finanziellen
Mittel, die für betriebliche Investitionen notwendig sind.

Flussdiagramm
Ist an die Symbolik eines Datenflussplanes nach *DIN 66001*
angelehnt und bietet den Vorteil,
auch Alternativen, Schleifen und
Parallelbearbeitungen gut darstellen zu können.

Führungsebenen
Sind wesentliche Strukturelemente von Aufbauorganisationen im Gesundheitswesen, bilden jeweils eine Stufe der Organisationsstruktur eines Gesundheitsbetriebs ab und sind mit
unterschiedlichen Aufgaben,
Befugnissen und Verantwortlichkeiten ausgestattet.

Führungserfahrung
Darunter wird in der Regel zunächst der Zeitraum verstanden,
den eine Führungskraft in Führungsfunktionen verbracht hat.

Führungsfunktion
Ergibt sich erst, wenn die gezielte Beeinflussung auf die Geführten mit dem Zweck einer Zieler-

reichung erfolgt und wenn diese
auch durch beabsichtigte Verhaltensänderungen die Führungsrolle anerkennen und akzeptieren.

Führungskompetenz
Beschreibt persönlichen Eigenschaften, die Fähigkeit zu Trans-
fer- und Adaptionsleistungen,
um Führungsqualifikationen
richtig anzuwenden.

Führungskontinuum
Von *R. Tannenbaum* und *W. H.
Schmidt* 1958 entwickeltes Modell, das anhand des Merkmals
der Entscheidungsbeteiligung
den autoritären und den kooperativen, demokratischen Führungsstil gegenüberstellt und
dazwischen Abstufungen einführt, die als Führungsstile in
Abhängigkeit von der Füh-
rungskraft, den Mitarbeitern und
der jeweiligen Führungssituation
ausgewählt werden.

Führungsqualifikationen
Zählen zu den wichtigsten
Grundlagen, die eine erfolgreiche Führungsarbeit im Gesundheitswesen ausmachen und
stellen die Gesamtheit von Fähigkeiten, Fertigkeiten, Kenntnissen und Eigenschaften dar,
die eine Führungskraft aufweisen sollte, um positive Ergebnis-

se im Rahmen ihrer Führungsaufgabe zu erzielen.

Führungsstil
Stellt die Art und Weise des
Umgangs mit den Mitarbeitern
dar und bringt durch wieder-
kehrende Verhaltensmuster in
gewisser Weise auch die innerer
Haltung und Einstellung der
Führungskraft, ihren Charakter,
ihre Denkweise, aber auch ihren
Anstand und ihr Benehmen zum
Ausdruck.

Führungstechniken
Verschiedene Verfahrensweisen,
Maßnahmen und Instrumente,
die im Gesundheitswesen zur
Bewältigung der Führungsaufgaben und zur Verwirklichung
der vorgegebenen Ziele eingesetzt und häufig auch als Füh-
rungs- oder Managementprinzipien bezeichnet werden.

Funktionendiagramm
Verknüpft die Aufgaben und
Befugnisse des Gesundheitsbetriebs mit seinen Stellen in Form
eines matrizenmäßigen Auswei-
ses von Aufgaben und Befugnissen von Stellen, bei dem üblicherweise in den Spalten die
Stellen und in den Zeilen die
Aufgaben und im Schnittpunkt
zwischen Spalten und Zeilen
wird mit Hilfe eines Symbols die

Art der Aufgaben und/oder
Befugnisse dargestellt werden.

Gap-Analyse
Versucht die Lücke zwischen
den durch die Marketingstrategien im Gesundheitswesen zu
erreichenden Sollvorgaben und
der voraussichtlichen Entwicklung unter Verzicht auf die Verfolgung der Marketingstrategien
zu untersuchen.

Gemeinschaftspraxis
Normalfall der Zusammenarbeit
zwischen niedergelassenen Ärzten
in Form einer GbR, sofern sie nicht
als   Partnerschaftsgesellschaft
deklariert ist: Patienten werden
gemeinsam behandelt, Geräte und
Personal werden gemeinsam
eingesetzt, Kosten und Überschüs-
se werden entsprechend dem
Gewinnschlüssel verteilt.

Gesamtkostenrechnung
Verfahren zur Ermittlung des
Betriebsergebnisses im Rahmen
einer kurzfristigen Erfolgsrechnung.

Geschäftsführer
Seine wichtigste Aufgabe besteht
darin, die Gesundheitseinrichtung im medizinischen, kaufmännischen, medizin-technisch-
en und sozialen Bereich so aufzustellen, dass ein effizienter

und erfolgreicher Betriebsablauf gewährleistet ist. Darüber hinaus hat er allein oder mit weiteren Geschäftsführern den Gesundheitsbetrieb gerichtlich und außergerichtlich im Außenverhältnis zu vertreten, wobei er üblicherweise über unbeschränkte Vertretungsmacht verfügt, grundsätzlich und gerade im Innenverhältnis aber an die Weisungen der Eigentümer gebunden ist.

Geschäftsordnung

Regelt beispielsweise die Arbeit des Vorstands und enthält unter anderem Ablaufanweisungen für die Vorstandssitzungen, wann sie stattfinden, wie Vorlagen behandelt werden oder die Art und Weise der Protokollführung.

Gesundheitsbetrieb

Lässt sich als in sich geschlossene Leistungseinheit zur Erstellung von Behandlungs- oder Pflegeleistungen an Patienten oder Pflegebedürftigen ansehen, die dazu eine Kombination von Behandlungseinrichtungen, medizinischen Produkten und Arbeitskräften einsetzt, wobei auch Betriebsmittel, Stoffe und sonstige Ressourcen, die nur mittelbar zur Erstellung der Behandlungs- oder Pflegeleis-

tungen beitragen, zum Einsatz gelangen können.

Gewinn- und Verlustrechnung (GuV)

Ist als eine periodische Erfolgsrechnung Bestandteil des Jahresabschlusses, wird nach handelsrechtlichen Bestimmungen erstellt und stellt die Erträge und Aufwendungen eines Geschäftsjahres gegenüber.

Gruppe

Besteht aus einer Anzahl von Mitarbeitern (in der Regel 4-7), die im Gesundheitswesen eine gemeinsame Aufgabe funktions- und arbeitsteilig durchführen, und ist häufig durch ein erhöhtes Maß an Koordination und Selbstbestimmung gekennzeichnet.

Handlungsvollmacht

Ist im Gegensatz zur Prokura auf gewöhnliche, übliche Geschäfte im Gesundheitswesen beschränkt und wird auch nicht im Handelsregister eingetragen.

Interne Revision

Innerbetriebliche Kontrolleinrichtung einer Gesundheitseinrichtung, die beispielsweise die Ordnungsmäßigkeit und Zuverlässigkeit des Finanz- und Rechnungswesens überprüft.

Inventar
Zusammenfassung aller Schulden, Forderungen und sonstigen Vermögensgegenstände nach Wert, Art und Menge in einem genauen Bestandsverzeichnis.

Investition
Verwendung oder Bindung von Zahlungsmitteln zur Beschaffung von Wirtschaftsgütern im Gesundheitswesen oder zur Bildung von Betriebsvermögen.

Investitionsrechnung
Überwiegend finanzmathematische Verfahren zur Beurteilung verschiedener Investitionsalternativen im Gesundheitswesen, die zum Ziel haben, jene Investitionsalternative rechnerisch zu ermitteln, die je nach Fragestellung etwa die geringsten Kosten verursacht, den größten Beitrag zum Gewinn leistet oder die höchste Rentabilität erzielt.

ISO 9000ff
Normenfamilie der *International Organization for Standardization (ISO)*, Genf, die auch mit der gleichen Bezeichnung auf europäischer Ebene und als *DIN*-Norm beim *Deutschen Institut für Normung (DIN) e.V.*, Berlin, verwendet wird und im Gegensatz zu den überwiegend technischen Normen eine Gruppe von Managementsystemnormen darstellt, die sich auch auf das Gesundheitswesen übertragen lassen.

Jahresabschluss
Er besteht aus der Bilanz, der GuV, sowie bei Gesundheitseinrichtungen in Form von Kapitalgesellschaften aus einem Anhang und einem Lagebericht, wobei je nach angewendetem Rechnungslegungsstandard weitere Angaben, wie beispielsweise Kapitalfluss-, Gesamtleistungs- und Eigenkapitalveränderungsrechnung oder Segmentsberichterstattung hinzukommen können.

Kernprozesse
Liefern einen wesentlichen Beitrag zum Erfolg einer Gesundheitseinrichtung, entfalten eine starke Außenwirkung und bieten das größte Potenzial für eine Prozessoptimierung, sowohl durch Verbesserung der Leistungserstellung und damit des Patientenservices, der Produktivität und durch Senkung der Kosten.

Kooperation für Transparenz und Qualität im Gesundheitswesen (KTQ)
Ein im Krankenhausbereich weit verbreitetes Zertifizierungsver-

fahren zur Darlegung und Begutachtung von Qualitätsmanagementsystemen im Gesundheitswesen.

Kosten- und Leistungsrechnung (KLR)
Dient zur Informationsbereitstellung für die kurzfristige Planung der Kosten, deren Kontrolle anhand von Ist-Daten, sowie auch zur Erfassung und Planung der Erlössituation.

Kostenvergleichsrechnung
Vergleich der in einer Periode anfallenden Kosten von Investitionsobjekten im Gesundheitswesen.

Leadership
Steht für eine auf Charisma und Visionen beruhende, mitreißende Führerschaft, die Sinnerfüllung und Nutzenstiftung vermittelt.

Lean Management
Führung im Gesundheitswesen nach einem schlanken Organisationskonzept, das auf den Abbau unnötiger Kostenbereiche ausgerichtet und durch flache Hierarchien, die Vermeidung von Verschwendung und der Konzentration auf die wertschöpfenden Tätigkeiten gekennzeichnet ist.

Lebenszykluskonzept
Dient als mögliche Grundlage zur Entwicklung von Strategien im Gesundheitswesen, geht ursprünglich auf die Marketingliteratur zurück und lässt die allgemeine Entwicklung einer Gesundheitseinrichtung als eine Art „Lebensweg" betrachten.

Leitbild
Ausformulierung der gelebten oder zumindest angestrebten betrieblichen Kultur, an deren Normen und Werten sich die Mitarbeiter und Patienten in einer Gesundheitseinrichtung orientieren können, die im Sinne einer abgestimmten, einheitlichen Identität der Einrichtung und einheitlicher Verhaltensweisen integrativ wirken und gleichzeitig Entscheidungshilfen und -spielräume aufzeigen soll.

Leitungsfunktion
Ergibt sich aus der hierarchischen Position der Führungskraft in der Aufbauorganisation und damit aus dem Vorgesetztenverhältnis, dessen Rechte und Pflichten mit dieser aufbauorganisatorischen Stelle verknüpft sind.

Managed Care
Versucht die Lenkung des Patienten im System der gesundheitlichen Versorgung zu organisieren sowie das Angebot und die

Nachfrage nach medizinischen und pflegerischen Leistungen so zu gestalten, dass auch unter Beibehaltung des Solidaritätsprinzips die Finanzierung des Gesundheitswesens nachhaltig sichergestellt ist.

Marke

Eigenständige und unverwechselbare Eigenschaften und Zeichen, anhand derer der Patient seine Gesundheitseinrichtung beispielsweise bei Marketingaktionen wieder erkennt und damit möglichst positive Eigenschaften assoziiert, so dass er sich bei Bedarf gezielt für die Inanspruchnahme deren Behandlungs- oder Pflegeleistungen entscheiden kann.

Marketing

Ausdruck eines marktorientierten unternehmerischen Denkstils und eine eigene wirtschaftswissenschaftliche Disziplin, in der Teile der Betriebswirtschaftslehre, der Volkswirtschaftslehre, Soziologie, Psychologie und der Verhaltenswissenschaft zusammengefasst werden und die sich mit einer konsequenten Ausrichtung aller Aktivitäten im Gesundheitswesen an den Erfordernissen und Bedürfnissen der Patienten umschreiben lässt.

Marketingstrategien

Mittel- bis langfristige Grundsatzentscheidungen, wie, mit welcher Vorgehensweise und unter Einsatz welcher Marketinginstrumente die vorher festgelegten Marketingziele im Gesundheitswesen erreicht werden sollen.

Marketingziele

Stellen aufbauend auf den allgemeinen Zielen angestrebte, zukünftige Zustände dar, die eine Gesundheitseinrichtung auf der Basis der in der Marktanalyse ermittelten internen und externen Rahmenbedingungen für sein Marketing definiert.

Marktportfolioanalyse

Basiert auf der bekannten *BCG-Matrix* bzw. dem *Boston-I-Portfolio* der *Boston Consulting Group (BCG)* und wurde für das strategische Management von Unternehmen entwickelt, um den Zusammenhang zwischen dem Produktlebenszyklus und der Kostenerfahrungskurve zu verdeutlichen.

Medizinisches Versorgungszentrum (MVZ)

Zusammenschluss von zur kassenärztlichen Versorgung zugelassenen Ärzten und anderen Leistungserbringern im Gesundheitswesen in einer gemeinsamen Einrichtung.

Mentorensystem
Hierbei übernimmt eine Führungskraft als Mentor für den neuen Mitarbeiter eine Beratungs- und Unterstützungsrolle, eine Vorbildfunktion und steht als neutraler Ansprechpartner bei Problemen mit Vorgesetzten vermittelnd zur Verfügung.

Mitarbeiterbeurteilung
Dient als innerbetriebliches Mittel zur Qualitätssicherung und -verbesserung und befasst sich dazu mit der Wahrnehmung und Bewertung der Mitarbeiter.

Mitarbeiterführung
Prozess der steuernden Einflussnahme auf das Verhalten der Mitarbeiter zum Zweck der Erreichung bestimmter Ziele, wozu alle Aktivitäten, die im Umgang mit ihnen verwirklicht werden, um sie im Sinne der Aufgabenerfüllung zu beeinflussen.

Moderation
Wird häufig auch in Zusammenhang mit Führungskompetenzen als Fähigkeit genannt, womit die steuernde, lenkende Gesprächsführung in Besprechungen gemeint ist, aber auch

das Eingreifen und Mäßigen beispielsweise in Konfliktgesprächen.

Motivation
Oberbegriff für jene Vorgänge, die in der Umgangssprache mit Streben, Wollen, Begehren, Drang usw. umschrieben und somit auch als Ursache für das Verhalten der Mitarbeiter im Gesundheitswesen angesehen werden können.

Multimomentverfahren
Stichprobenverfahren, bei dem aus einer Vielzahl von Augenblickbeobachtungen statistisch gesicherte Mengen- oder Zeitangaben abgeleitet werden können.

Multiprojektorganisation
Übergreifende Priorisierung, Koordinierung und Steuerung aller Projekte, die in erster Linie eine bessere Nutzung knapper Ressourcen für die Projektarbeit im Gesundheitswesen, die Konzentration der verfügbaren Mittel, einheitliche Projektmethoden, -verfahren und -abläufe sowie ein besseres Erkennen der Grenzen des Machbaren zum Ziel haben.

Netzplantechnik
Umfasst unter Berücksichtigung von Aufgaben, Zeiten, Kosten,

Ressourcen etc. grafische oder tabellarische Verfahren zur Analyse von Abläufen und deren Abhängigkeiten auf der Grundlage der Graphentheorie, wobei mit Hilfe von Netzplänen sich die logischen Beziehungen zwischen den Vorgängen und ihre zeitliche Lage darstellen lassen, wodurch Dauer, zeitliche Risiken, kritische Aktivitäten und Maßnahmenauswirkungen von Abläufen in einer Gesundheitseinrichtung ermittelt werden können.

Nutzwertanalyse
Instrument zur quantitativen Bewertung von Entscheidungsalternativen im Gesundheitswesen.

Patientenbeschwerdemanagement
Umfasst alle Maßnahmen, die die Zufriedenheit des Patienten wiederherstellen und Stabilität in die gefährdete Patientenbeziehung bringen.

Patientenbetreuung
Konsequente Ausrichtung im Gesundheitswesen auf die Patienten sowie die systematische Gestaltung der Abläufe im Patientenbeziehungsmanagement.

Patientenbindung
Beinhaltet die Stärkung der Beziehung zwischen der Gesundheitseinrichtung und den Patienten, die von einem ganz besonders sensiblen Vertrauensverhältnis geprägt ist.

Patientenführung
Beinhaltet das Angebot von Orientierung, Hilfestellung und Zuwendung mit dem Ziel der Regeneration und Gesunderhaltung, wobei es in erster Linie darum geht, sich in den Patienten hineinzuversetzen und sich in seine Persönlichkeit einzufühlen, um letztendlich eine möglichst vertrauensvolle Beziehung aufbauen zu können, die die Überzeugung von medizinisch notwendigen Maßnahmen erleichtert.

Patientenkommunikation
Umfasst die planmäßige Gestaltung und Übermittlung der auf den Patientenmarkt gerichteten Informationen, mit dem Zweck, die Meinungen, Einstellungen und Verhaltensweisen der Patientenzielgruppe im Sinne der Zielsetzung der Gesundheitseinrichtung zu beeinflussen.

Patientenorientierung
Ausrichtung im Rahmen des Marketingansatzes mit dem Ziel,

unter Berücksichtigung des ökonomisch Vertretbaren die Patientenbedürfnisse weitestgehend zu erfüllen, durch die Berücksichtigung künftiger Entwicklungen im Bereich der Behandlungsmethoden und Medizintechnik den individuellen Patientennutzen zu steigern und den Patienten durch die damit verbundene Erzielung von Zufriedenheit langfristig an sich zu binden.

Patientenrückgewinnung
Das gezielte Ansprechen ehemaliger Patienten und die Hinterfragung ihrer Wechselgründe, mit dem Ziel, eine langfristige, stabile Patientenbindung aufzubauen.

Personalauswahl
Ihre Aufgabe ist es, geeignete Mitarbeiter den freien Stellen im Gesundheitswesen mit Hilfe von eignungsdiagnostisch fundierten Auswahltechniken zuzuweisen.

Personaleinführung
Einarbeitung neuer Mitarbeiter in die Tätigkeit und ihren neuen Arbeitsplatz und damit auch die soziale Eingliederung in das Arbeitsumfeld, ihre direkte Arbeitsgruppe und das Sozialsystem der gesamten Gesundheitseinrichtung.

Personaleinsatz
Zeitliche, räumliche, qualitative und quantitative Zuordnung der Mitarbeiter im Gesundheitswesen zu den einzelnen Stellen und den damit verbundenen Arbeitsaufgaben.

PIMS-Analyse
Ursprünglich von *General Electric* und der *Harvard Business School* entwickeltes Konzept, das vorsieht, regelmäßig bestimmte Kennzahlen zu erheben, anhand deren Entwicklung sich der wirtschaftliche Erfolg der verfolgten Marketingstrategien abzeichnet.

Planung
Bildet den logischen Ausgangspunkt der betrieblichen Führung und bedeutet, zukünftiges Handeln unter Beachtung des Rationalprinzips gedanklich vorweg zu nehmen.

Potenzialentwicklungsgespräch
Orientiert sich an der zukünftigen Entwicklung im Gesundheitswesen, an den derzeitigen und zukünftigen Aufgaben des Mitarbeiters, seinen persönlichen Vorstellungen und Erwartungen über die berufliche Weiterentwicklung, um letztendlich ein möglichst genaues Bildes von seinen genutzten bzw. ungenutzten Qualifikationen und

sozialen Kompetenzen zu erhalten und ihn seinen Fähigkeiten entsprechend, mit dem Ziele einer höheren Arbeitszufriedenheit und verbesserter Arbeitsziele einzusetzen.

Praxisgemeinschaft
Zusammenschluss niedergelassener Ärzte zur gemeinsamen Nutzung von Praxiseinrichtung und Personal bei der Behandlung von Patienten.

Projekt
Organisationsform zur Lösung einer einmaligen und fest definierten Aufgabe im Gesundheitswesen, die ein fachübergreifendes Zusammenwirken erfordert, erhebliche Auswirkungen auf Situation und Abläufe des Gesundheitsbetriebes hat, durch einen festgelegten Anfang gekennzeichnet ist und nach einer Realisierungsphase durch die Zielerreichung beendet wird.

Projektleiter
Konzipiert üblicherweise das Projekt und trägt die Verantwortung für die erfolgreiche Durchführung hinsichtlich Terminen, Kosten und Qualitätsanforderungen. Er stellt die Projektgruppe zusammen, gegenüber der er im Rahmen der Projektaufgaben weisungsberechtigt ist,

informiert über den Projektfortschritt durch Statusberichte, führt Berichterstattung gegenüber dem Lenkungsausschuss zu den Meilensteinen durch und informiert außerplanmäßig und unverzüglich, sobald erkennbar ist, dass genehmigte Ressourcen nicht eingehalten werden können oder sich wesentliche inhaltliche oder terminliche Abweichungen vom geplanten Projektverlauf abzeichnen.

Prokura
Muss im Handelsregister eingetragen sein, erlischt mit ihrem Widerruf und stellt eine umfassende Vollmacht dar, die zu nahezu allen Arten von Geschäften und Rechtshandlungen im Gesundheitsbetrieb ermächtigt.

Prozesskostenrechnung
Bildet in erster Linie die Kosten der indirekten Leistungsbereiche (z. B. Wäscherei, Krankenhausküche, Privat- und Kassenliquidation, Patientenverwaltung etc.) ab und führt eine verursachungsgerechtere Verteilung dieser Gemeinkosten durch.

Prozessmodellierung
Grafische Darstellung der Abläufe, mit den Zielen, die Prozesse zu dokumentieren und Kenntnisse über sie zu erlangen,

gleichzeitig aber auch, um neue Organisationsstrukturen einzuführen, Abläufe umzugestalten oder zu straffen und organisatorische Veränderungen zu begleiten.

Public Relations (PR)

Öffentlichkeitsarbeit im Gesundheitswesen die zur Aufgabe hat, möglichst dauerhaft ein positives Image und eine gute Reputation für die Gesundheitseinrichtung zu erzielen, ihren Bekanntheitsgrad zu steigern und Sympathie, Verständnis sowie ein konsistentes Bild in der Öffentlichkeit zu erzeugen.

Qualität und Entwicklung in Praxen (QEP)

Wurde von den *Kassenärztlichen Vereinigungen* und der *Kassenärztlichen Bundesvereinigung (KBV)* in Zusammenarbeit mit niedergelassenen Ärzten und Psychotherapeuten sowie mit Qualitätsmanagementexperten unter Einbeziehung von Berufsverbänden und Arzthelferinnen speziell für Arztpraxen entwickelt, um die gesetzlichen Anforderungen optimierend in der einzelnen Praxis umzusetzen.

Rahmenvertrag

Regelt grundsätzliche Aspekte der Zusammenarbeit mit dem Lieferanten und beinhaltet jedoch Flexibilität für konkrete Beschaffungsfälle, so dass Material, Preis und Qualität fest vereinbart werden können, die Liefermenge und der Lieferzeitpunkt jedoch zunächst offen bleiben (beispielsweise Abruf- oder Sukzessivlieferungsvertrag).

Rechnungswesen

In ihm bilden sich die Geld- und Leistungsströme zahlenmäßig, lückenlos, vergangenheits- bzw. zukunftsorientiert ab und liefern sowohl intern nutzbare, quantitative Informationen für die Steuerung durch die Betriebsführung, als insbesondere auch Informationen, um gegenüber Außenstehenden, wie den Kostenträgern im Gesundheitswesen, Eigentümern, Banken, Finanzbehörden etc. Rechenschaft ablegen zu können.

Satzung

Ist beispielsweise durch Gemeindeordnungen und Eigenbetriebsgesetze für öffentliche Betriebe im Gesundheitswesen vorgeschrieben, konkretisiert in der Regel auch die Vorstandsarbeit und regelt unter anderem die Rechtsverhältnisse des betreffenden Gesundheitsbetriebs, sein Stammkapital, seine Vertretung oder die Kompetenzen und Aufgaben der Betriebsleitung.

Selbstaufschreibung
Stellt die Erstellung von Berichten durch die Mitarbeiter über ihre ausgeführten Arbeiten dar.

Stablinienorganisation
Wird in erster Linie eingesetzt, um den Nachteil der Überlastung der Führungskräfte zu mindern, wobei ihre Vorteile der einheitliche Instanzenweg, die Entlastung der Linieninstanzen durch die Stabsstelle und die klare Zuständigkeitsabgrenzung sind.

Stelle
Kleinste organisatorische Einheit zur Erfüllung von Aufgaben im Gesundheitswesen, besitzt Eigenschaften (Aufgabe, Aufgabenträger, Dauer, Abgrenzung), beinhaltet den Aufgabenbereich einer Person, bezieht sich auf die Normalkapazität eines Mitarbeiters mit der erforderlichen Eignung und Übung und bezieht sich auf eine gedachte, abstrakte Person, nicht auf einen bestimmten Mitarbeiter.

Stellenbeschreibung
Formularisierte Fixierung aller wesentlichen Merkmale einer Stelle, die der aufbauorganisato-

rischen Dokumentation, der Vorgabe von Leistungserfordernissen und Zielen an den Stelleninhaber sowie der Objektivierung der Lohn- und Gehaltsstruktur durch Angabe von Arbeitsplatz- / Stellenbezeichnung, Rang, Unter- und Überstellungsverhältnis, Ziel des Arbeitsplatzes / der Stelle, Stellvertretungsregelung, Einzelaufgaben, sonstige Aufgaben, besondere Befugnisse, besondere Arbeitsplatz- / Stellenanforderungen etc. dient.

Stellenbesetzungsplan
Ausweis der personalen Besetzung der eingerichteten Stellen, aus dem die Stellenbezeichnungen sowie die Namen der Stelleninhaber hervorgehen.

Teamgeist
Bedeutet, dass sich alle Mitarbeiter des Gesundheitsbetriebs einer Gruppe (auf Dauer als Pflege-, Praxis-, Behandlungsteam oder auf Zeit als OP-Team oder Projektgruppe) angehörig fühlen, in der sie eine bestimmte Rolle wahrnehmen, die von allen anderen Gruppenmitgliedern akzeptiert wird.

Telechirurgie
Effizienzsteigerung chirurgischer Eingriffe durch die intrao-

perativ verfügbare relevante Bildinformation und die Möglichkeit zur fachübergreifenden konsiliarischen Beratung.

Teledermatologie
Digitalisierte Übertragung von hochqualitativen Stand- bzw. Bewegt - Bildern von Befunden verschiedener diagnostischer Verfahren, wie der Auflichtmikroskopie, der Sonografie und der Histopathologie.

Telediagnostik
Begutachtung medizinischer Bilder von mehreren, voneinander entfernten Teilnehmern zur Ermittlung einer Diagnose.

Teledokumentation
Elektronische Aufzeichnung, Speicherung und Übertragung von Patienten-, Gesundheits-, Medikations- oder Notfalldaten.

Teleexpertise
Umfasst beispielsweise den Einsatz von intelligenten Suchmaschinen für den Gesundheitsbetrieb zur Entscheidungsunterstützung im Bereich Behandlung und Pflege.

Telekonsultation
Live erfolgende oder auch zeitlich versetzt Diskussion von schwierigen, seltenen und ungewöhnliche Fällen auch über eine große Distanz mit Kollegen oder Spezialisten, um eine zweite Meinung einzuholen und zur Bestätigung, Verfeinerung oder auch Korrektur der Arbeitsdiagnose.

Telemedizin
Ausgehend von der in den 70er Jahren begründeten Telematik hat sie die Überwindung räumlicher und zeitlicher Unterschiede mit Hilfe der Telekommunikation und Informatik zu Diagnose- und Therapiezwecken zum Ziel.

Telemonitoring
Fernuntersuchung, -diagnose und -überwachung von Patienten und deren Ausstattung mit speziell ausgerüsteten Mobiltelefonen, Personal Digital Assistant (PDA) oder Geräten zur Messung von Vitaldaten.

Teleneurologie
Ferndiagnostik von Schlaganfallpatienten mittels Video- und Tonübertragung.

Telepathologie
Übertragung und Interpretation von digitalisierbaren Mikroskop- und Laborbefunden per Internet.

Telepsychiatrie
Medizinische Beratungen im Fachbereich Psychiatrie und Psychosomatik per Datenübertragung oder Videokonferenz.

Teleradiologie
Bildgebende Untersuchung des Patienten, ohne dass sich der verantwortliche, fachkundige Radiologe vor Ort befindet.

Televisite
Ambulante, postoperative telemedizinische Nachsorge, die Patient und Arzt mit Hilfe von Computer, Mikrofon und Digitalkamera nach der Entlassung aus dem Krankenhaus durchführen.

Total Quality Management
Eine auf der Mitwirkung aller Mitarbeiter beruhenden Führungsmethode, die Qualität in den Mittelpunkt stellt und durch Zufriedenstellung der Patienten auf den langfristigen betrieblichen Erfolg zielt.

Ursache-Wirkungs-Analyse
Untersucht Kausalitätsbeziehungen, indem Problemursachen und ihre Auswirkungen in einem Diagramm grafisch dargestellt werden, wobei mit Pfeilen in der Regel die Abhängigkeiten zwischen in einer Gesundheitseinrichtung auftretenden Problemen und den identifizierten Ursachen aufgezeigt werden.

Verhaltensgitter
Von *R. Blake* und *J. Mouton* 1964 entwickelter mehrdimensionaler

Führungsansatz, welcher nach *G. Schreyögg* (2009) anhand der Merkmale Aufgabenorientierung bzw. Sachrationalität einerseits und Mitarbeiterorientierung bzw. Sozioemotionalität andererseits in einer Art neunstufigen Matrix darstellen lässt, aus der sich verschiedene Muster des Führungsverhaltens ableiten lassen.

Verhaltenskodex
Im Gegensatz zu Regelungen ist ein Verhaltenskodex als freiwillige Selbstverpflichtung anzusehen, bestimmte Handlungen zu unterlassen oder gewünschten Verhaltensweisen zu folgen, um Veruntreuung, Betrug oder andere strafbare Handlungen im Gesundheitswesen zu vermeiden.

Visitoren
Ärzte, Psychotherapeuten oder andere Personen mit beruflicher Erfahrung aus dem ambulanten Gesundheitswesen, die nach der Teilnahme an einem Visitorentraining und Qualifizierungsvisitationen von der *KBV* akkreditiert und berechtigt sind, nach dem *QEP*-Verfahren Praxisvisitationen durchzuführen.

Vorbildfunktion
Führungskräfte geben Vorbilder ab und müssen damit rechnen,

dass ihr Verhalten bewusst oder unbewusst nachgeahmt wird und sich andere damit oder sogar mit ihrer Person identifizieren.

Vorgang
Im Sinne der Definition des *REFA Verband für Arbeitsstudien und Betriebsorganisation e. V.* der auf die Erfüllung einer Arbeitsaufgabe ausgerichtete Arbeitsablauf im Gesundheitswesen, bei dem eine Mengeneinheit eines Leistungsauftrages erzeugt wird.

Vorstand
Geschäftsführungsorgan einer Aktiengesellschaft (AG), von Anstalten und Körperschaften des öffentlichen Rechts, eines Vereins oder einer eingetragenen Genossenschaft (eG), das in der Regel über umfassende Leitungs- und Vertretungsmacht verfügt, die sich auf sämtliche gerichtlichen und außergerichtlichen Handlungen bezieht.

Zertifizierung
Bestätigung eines unabhängigen, sachverständigen Dritten, dass in der Gesundheitseinrichtung ein Qualitätsmanagementsystem dokumentiert ist, eingeführt ist und aufrechterhalten wird.

Ziele
Sind allgemein erwünschte Zustände, Zustandsfolgen oder auch Leitwerte für zu koordinierende Aktivitäten im Gesundheitswesen, von denen ungewiss ist, ob sie erreicht werden.

Zielvereinbarung
(Management by objectives)
Führungskräfte und Mitarbeiter legen gemeinsam bestimmte Ziele fest, die der Mitarbeiter in seinem Arbeitsbereich realisieren soll, wobei der Mitarbeiter im Rahmen seines Aufgabenbereichs selbst entscheiden kann, auf welchem Weg die vorgegebenen Ziele erreicht werden, und die Führungskraft sich auf die Kontrolle der Zielerreichung beschränkt.

Zielvereinbarungsgespräch
Dient der aktiven Beteiligung und Übertragung von Verantwortung an Mitarbeiter, mit der gemeinsamen Festlegung von Arbeitszielen und Ergebnissen zwischen Führungskraft und Mitarbeiter: Dazu müssen die Ziele eindeutig und konkret formuliert sein, dürfen keine Unter- oder Überforderung für den Mitarbeiter darstellen, müssen dokumentiert und vereinbart und nach Ablauf einer gewissen Zeit in einem Gespräch hinsichtlich ihrer Erreichung überprüft werden.

Abbildungsverzeichnis

Abbildung 1.1   Einflussfaktoren der Betriebsführung..............................30

Abbildung 1.2   Führungssituation im Gesundheitswesen....................54

Abbildung 1.3   Intrinsische und extrinsische Führungstheorien
im Gesundheitswesen...66

Abbildung 1.4   Beispiele für Motivationstheorien...............................72

Abbildung 1.5   Allgemeine Merkmale von
Arbeitsplatzanforderungen nach *Scholz* (2012)............84

Abbildung 1.6   Kommunikationsmodell zwischen
Führungskraft und Mitarbeiter......................................89

Abbildung 1.7   CSR-Modell nach *Caroll/Schwartz.*......................99

Abbildung 2.1   Führungsstrukturen am Beispiel
einer Zahnarztpraxis...113

Abbildung 2.2   Abteilungsebene des *MVZ Leverkusen*......................117

Abbildung 2.3   Abteilungs- und Stationsebene der
Klinik für Neurologie am *Klinikum Nürnberg Süd*.........118

Abbildung 2.4   Klinikebene des *Gemeinschaftsklinikums Kemperhof
Koblenz - St. Elisabeth Mayen gGmbH, Betriebsstandort
Klinikum Kemperhof Koblenz.*....................................121

Abbildung 2.5   Beispiele für die höchste Führungsebene im
Gesundheitswesen...123

Abbildung 2.6   Oberste Führungsebene der *Charité -
Universitätsmedizin Berlin*..124

Abbildung 2.7   Führungskontinuum und Verhaltensgitter
als Beispiele mehrdimensionaler Führungsstile.........153

Abbildung 2.8   Situativer Führungsstil...155

Abbildung 2.9   Aufgabendelegation nach dem *Eisenhower*-Prinzip. ..161

Abbildung 2.10   Management by Exception. 163

Abbildung 2.11   Trends bei der Weiterentwicklung
medizintechnischer Schlüsseltechnologien. 175

Abbildung 2.12   Voraussetzungen für eine erfolgreiche
entwicklungsorientierte Führung im
Gesundheitswesen. 185

Abbildung 3.1   Ursache-Wirkungs-Analyse von
Hygieneproblemen. 193

Abbildung 3.2   Relevanzbaum-Analysetechnik
(Beispiel: Qualitätsverbesserung
einer Gesundheitseinrichtung)........................206

Abbildung 3.3   Autoritäre und partizipative Durchführung
von Veränderungen. 217

Abbildung 3.4   Strategiemodelle im Veränderungsmanagement.......219

Abbildung 3.5   Steuerung durch Kennzahlenvergleich. 230

Abbildung 3.6   Kontrolleinrichtungen im Gesundheitswesen. 236

Abbildung 4.1   Darstellungsarten von Organisationsplänen. 244

Abbildung 4.2   Beispiele für Vergleichskriterien bei einer
Make-or-buy-Analyse........................259

Abbildung 4.3   Finanzierungsarten im Gesundheitswesen. 287

Abbildung 4.4   Gliederung des Rechnungswesens. 292

Abbildung 4.5   Kostenrechnungsstufen im Gesundheitswesen..........293

Abbildung 4.6   Anwendungsgebiete des *eHealth* 299

Abbildung 5.1   Personalrekrutierung im Gesundheitswesen.............305

Abbildung 5.2   Rollen von Mitarbeiter und Führungskraft
in der Personalentwicklung..320

Abbildung 6.1   Ablaufbeispiel Patientenbeschwerdemanagement....351

Tabellenverzeichnis

Tabelle 1.1	Ärztestruktur 2010 24

Tabelle 1.2   Betriebsführungsbegriff im Gesundheitswesen 29

Tabelle 1.3   Typologie von Gesundheitsbetrieben 35

Tabelle 1.4   Anzahl ausgewählter Gesundheitsbetriebe in
Deutschland im Jahre 2007 36

Tabelle 1.5   Wirtschaftsrechtliche Grundlagen
der Betriebsführung i.e.S. 43

Tabelle 1.6   Inhalte des *Betriebsverfassungsgesetzes (BetrVG)* 47

Tabelle 1.7   Vereinfachtes Schema der Rollenphasen
in Anlehnung an *Peplau* 52

Tabelle 1.8   Organisatorische Abgrenzung der Führungsrolle
durch Stellenelemente 57

Tabelle 1.9   Einflussfaktoren der Führungssituation 67

Tabelle 1.10   Situatives Führungsverhalten nach
Hersey/Blanchard (1982) 68

Tabelle 1.11   Kybernetisches Führungssystem nach *Rahn* 69

Tabelle 1.12   Motivationsquellen nach *Barbuto/Scholl* (1998) 73

Tabelle 1.13   Beispiele für Determinanten von Führungserfahrung 78

Tabelle 1.14   Führungsqualifikationen Heimleitung 82

Tabelle 1.15   Merkmale der Corporate Social Responsibility. 98

Tabelle 1.16   Verhaltenskodex für medizinische Einrichtungen.....106

Tabelle 1.17   Inhalte des *Diakonischen Governance Kodex (DGK)*......110

Tabelle 2.1   Beispiele für Führungsbefugnisse............................111

Tabelle 2.2   Rollenbeispiele in Gruppen. 115

Tabelle 2.3   Berufsbeispiele der Führungsebene
                      Abteilung/Station der *Bundesagentur für Arbeit*. 119

Tabelle 2.4   Beispiele für Geschäftsführeraufgaben
                      im Gesundheitswesen nach dem
                      GmbH-Gesetz (GmbHG). 128

Tabelle 2.5   Beispiele für Vorstandsaufgaben im
                      Gesundheitswesen nach dem *Aktiengesetz (AktG)*......132

Tabelle 2.6   Beispielstruktur einer Übersicht über
                      Vorstandszuständigkeiten in einem GVP. 135

Tabelle 2.7   Beispiele arbeitsrechtlicher Grundlagen für
                      die Aufgaben und Tätigkeiten von
                      Führungskräften im Gesundheitswesen......................142

Tabelle 2.8   LNA-Qualifikationsinhalte. 145

Tabelle 2.9   Eindimensionale Führungsstile....................................147

Tabelle 2.10   Vor- und Nachteile einiger Grundtypen von
                      Führungsstilen. 150

Tabelle 2.11   Gruppenbezogener Führungsstil nach *Rahn*..............155

Tabelle 2.12   Führen durch Veränderung
                      der Arbeitsstrukturierung.......................................158

Tabelle 2.13   Zieldefinition im Management by objectives..............165

Tabelle 2.14   Management-by-Konzepte. 167

Tabelle 2.15   Rechtliche Grundlagen zur arbeitsplatzbezogenen
                      Unterweisung in Gesundheitsbetrieben. 171

Tabelle 2.16   Ursachenbeispiele für Konflikte
                      im Gesundheitswesen..178

Tabelle 2.17   Verlaufsformen von Konflikten. 181

Tabelle 2.18   Maßnahmen zur Konflikthandhabung. 182

Tabelle 2.19   Abgrenzung der entwicklungsorientierten
Führung in Anlehnung an *Lauterburg* (1980). 183

Tabelle 2.20   Phasen des Entwicklungsprozesses in
Anlehnung an *Becker* (2002). 186

Tabelle 3.1   Strategische Analysetechniken. 199

Tabelle 3.2   Spezifische Trends als Grundlage von
Strategien im Gesundheitswesen. 200

Tabelle 3.3   Morphologische Analyse zur Findung
von Problemlösungsalternativen
(Beispiel: Dental-Behandlungseinheit). 205

Tabelle 3.4   Bewertung von Lösungsalternativen mit
Hilfe einer Nutzwertanalyse
(Beispiel: Medizinprodukte). 207

Tabelle 3.5   Controllingbereiche im Gesundheitswesen. 227

Tabelle 3.6   Kennzahlenbeispiele zur Steuerung im
Gesundheitswesen. 232

Tabelle 3.7   Betriebswirtschaftliche Auswertungen für
Gesundheitsbetriebe nach DATEV. 235

Tabelle 4.1   Abgrenzung von Organisationsformen im
Gesundheitswesen. 245

Tabelle 4.2   Prozessgestaltung am Beispiel der Beschaffung
von medizinischem Verbrauchsmaterial. 247

Tabelle 4.3   Beispiel für die Kapazitätsbelastung einer
MTRA an einem Behandlungsplatz. 252

Tabelle 4.4   Beispiele zu Rechtsgrundlagen für
Verantwortlichkeiten in der Hygieneorganisation. ...255

Tabelle 4.5   Systematisierung der Betriebsmittel
                     im Gesundheitswesen..263

Tabelle 4.6   Beispiele für Qualitätsmanagementsysteme
                     im Gesundheitswesen..270

Tabelle 4.7   Beispiele für Marketingziele
                     im Gesundheitswesen..273

Tabelle 4.8   Leistungsangebot und Gesundheitsmarkt als
                     Ausrichtungsgrundlagen für Marketingstrategien....274

Tabelle 4.9   Honorargestaltungsstrategien für
                     Nicht-Versicherungsleistungen.....................................281

Tabelle 4.10   *Working Capital Management (WCM)*
                     im Gesundheitswesen..285

Tabelle 4.11   Kriterien für Finanzierungsentscheidungen................286

Tabelle 4.12   Investitionsrechnungsarten für
                     das Gesundheitswesen...289

Tabelle 4.13   GuV-Gliederung einer Arztpraxis nach
                     dem Gesamtkostenverfahren..296

Tabelle 5.1   Vereinfachter Ansatz zur quantitativen
                     Personalbedarfsermittlung,
                     Beispiel: Zahnarztpraxis..302

Tabelle 5.2   Auswahlverfahren für Gesundheitspersonal..............306

Tabelle 5.3   Beispiele gesundheitsbetrieblicher
                     Arbeitszeitmodelle...309

Tabelle 5.4   Beispiel arbeitswissenschaftlich günstiger
                     Arbeitszeitgestaltung eines kontinuierlichen 3-
                     Schichtsystems für eine Altenpflegeeinrichtung........312

Tabelle 5.5   Beispiele für telemedizinische Anwendungen...........315

Tabelle 5.6   Beispiele für Beurteilungsfehler.................................322

Tabelle 5.7   Beurteilungsstufen am Beispiel
                   der Arbeitsqualität. 323

Tabelle 6.1   Beispiele für Patientenreaktionen bei
                   Erfüllung/Nichterfüllung von Erwartungen...............340

Tabelle 6.2   Patientenbindung durch zielgruppenorientierte
                   Patientenserviceleistungen. 347

Literaturhinweise

Afentakis, A. u. a. (2009): Beschäftigte im Gesundheitswesen, Robert Koch-Institut (Hrsg.) in Zusammenarbeit mit dem Statistischen Bundesamt, Heft 46 aus der Reihe "Gesundheitsberichterstattung des Bundes", Berlin, Anlage 2, S. 40

afp (2011): KKH-Allianz prangert Korruption im Gesundheitswesen an, in: Deutsches Ärzteblatt, aerzteblatt.de, Nachrichten vom 18.02.2010, http://www.aerzteblatt.de/v4/news/news.asp?id=40124&src=&swid=, Abfrage: 29.11.2011

Akademie für Ethik in der Medizin AEM e. V. (2012): Herzlich Willkommen auf der Homepage der Akademie für Ethik in der Medizin e.V., http://www.aem-online.de/, Abfrage: 13.03.2012

Akademie für Führungskräfte der Wirtschaft GmbH (2011): Systemische Führung, http://www.die-akademie.de/fuehrungswissen/systemische-fuehrung, Abfrage: 10.11.2011

Aktiengesetz (AktG) vom 6. September 1965 (BGBl. I S. 1089), zuletzt durch Artikel 6 des Gesetzes vom 9. Dezember 2010 (BGBl. I S. 1900) geändert

Alten- und Pflegeheim Wiblingen (2011): Betriebssatzung vom 16. Juli 1997, in der Fassung vom 18. Juli 2001, beschlossen vom Gemeinderat der Stadt Ulm am 16. Juli 1998, http://www.ulm.de/sixcms/media. php/29/I-US-4-11.pdf, Abfrage: 09.12.2011

Ammerland Klinik GmbH (2012): Projektmanagement, http://www.ammerland-klinik.de/MB_Qual1_Pat_Projektmanagement.htm; Abfrage: 14.03.2012

Approbationsordnung für Ärzte (ÄApprO) vom 27. Juni 2002 (BGBl. I S. 2405), zuletzt durch Artikel 7 des Gesetzes vom 30. Juli 2009 (BGBl. I S. 2495) geändert

Approbationsordnung für Zahnärzte (ZÄPrO) in der im Bundesgesetzblatt Teil III, Gliederungsnummer 2123-2, veröffentlichten bereinigten Fassung, zuletzt durch Artikel 10 des Gesetzes vom 2. Dezember 2007 (BGBl. I S. 2686) geändert

AQUA – Institut für angewandte Qualitätsförderung und Forschung im Gesundheitswesen GmbH (2012): Was ist EPA?, http://www. europaeisches-praxisassessment.de/epa/front_content.php?idcat=5; Abfrage: 20.01.2012

Arbeitsgemeinschaft Kardiologie und medizinischer Sachbedarf '(AGKAMED) GmbH (2012): http://www.agkamed.de/index.php?id=30, Abfrage: 14.03.2012

Arbeitsgruppe Innovation Management in Health Care (2012): Überblick - Innovation Management in Health Care – Innovationsmanagement im Gesundheitswesen, Institut für Technologie- und Innovationsmanagement der Technischen Universität Berlin, http://www.im-hc.de/, Abfrage: 14.03.2012

Arbeitsschutzgesetz (ArbSchG) vom 7. August 1996 (BGBl. I S. 1246), zuletzt durch Artikel 15 Absatz 89 des Gesetzes vom 5. Februar 2009 (BGBl. I S. 160) geändert

Arbeitsstättenverordnung (ArbStättV) vom 12. August 2004 (BGBl. I S. 2179), zuletzt durch Artikel 9 der Verordnung vom 18. Dezember 2008 (BGBl. I S. 2768) geändert

Arbeitszeitrechtsgesetz (ArbZRG) vom 6. Juni 1994 (BGBl. I S. 1170)

Arzneimittelgesetz (AMG) in der Fassung der Bekanntmachung vom 12. Dezember 2005 (BGBl. I S. 3394), zuletzt durch Artikel 1 des Gesetzes vom 17. Juli 2009 (BGBl. I S. 1990) geändert

Arztpraxis Breisach (2012): Qualitätssicherung, http://www.arztpraxis-breisach.de/qualitaetssicherung.php; Abfrage: 20.01.2012

Bandura, A. u. a. (1963): Social Learning and personality development, New York

Barbuto, J. u.a. (1998): Motivation sources inventory: development and validation of new scales to measure an integrative taxonomy of motivation, in: Psychological Reports, Vol. 82, Jahrg. 1998, Ammons Scientific-Verlag, Missoula (USA), S. 1011-1022

Bayerische Landesärztekammer (2012): Seminare der Bayerischen Landesärztekammer, http://www.blaek.de/; Abfrage: 02.02.2012

Becker, H. u. a. (2002): Produktivität und Menschlichkeit, 5. Aufl., Lucius & Lucius-Verlag, Berlin

Beleites, J. (2002): Überbetriebliche Ausbildung – Weichen für die Patientenbindung stellen, in: Hessisches Ärzteblatt, Landesärztekammer Hessen (Hrsg.), 63. Jahrg., Heft 10/2002, Frankfurt a.M., S. 598

Berthel, J. u. a. (2012): Personal-Management, 9. Auflg., Schäffer-Poeschel-Verlag, Stuttgart

Berufsgenossenschaft für Gesundheitsdienst und Wohlfahrtspflege BGW (2011): Herzlich Willkommen beim Online-Gefahrstoffmanagement für Arzt- und Zahnarztpraxen - Gefahrstoffmanagement - einfach und schnell!, http://www.bgw-online.de/internet/generator/Navi-bgw-online/NavigationLinks/Virtuelle_20Praxis/navi.html; Abfrage: 22.12.2011

Beschorner, D. u. a. (2006): Allgemeine Betriebswirtschaftslehre, NWB-Verlag, Herne u. a., S. 360

Betäubungsmittelgesetz (BtMG) in der Fassung der Bekanntmachung vom 1. März 1994 (BGBl. I S. 358), zuletzt durch Artikel 2 des Gesetzes vom 29. Juli 2009 (BGBl. I S. 2288) geändert

Betäubungsmittel-Verschreibungsverordnung (BtMVV) vom 20. Januar 1998 (BGBl. I S. 74, 80), zuletzt durch Artikel 3 des Gesetzes vom 15. Juli 2009 (BGBl. I S. 1801) geändert

Betriebsverfassungsgesetz (BetrVG) in der Fassung der Bekanntmachung vom 25. September 2001 (BGBl. I S. 2518), zuletzt durch Artikel 9 des Gesetzes vom 29. Juli 2009 (BGBl. I S. 2424) geändert

Beyer, K.-H. (2002): Diabetes mellitus - Das Problem liegt in der Patientenführung, in: Deutsches Ärzteblatt, 99. Jahrg., Heft 28–29, 15. Juli 2002, Köln, S. 1958

Bildschirmarbeitsverordnung (BildscharbV) vom 4. Dezember 1996 (BGBl. I S. 1843), zuletzt durch Artikel 7 der Verordnung vom 18. Dezember 2008 (BGBl. I S. 2768) geändert

Braun von Reinersdorff, A. (2007): Strategische Krankenhausführung - Vom Lean Management zum Balanced Hospital Management, 2. Auflg., Verlag Huber, Bern

Bürgerliches Gesetzbuch (BGB) in der Fassung der Bekanntmachung vom 2. Januar 2002 (BGBl. I S. 42, 2909; 2003 I S. 738), zuletzt durch Artikel 4 Absatz 10 des Gesetzes vom 11. August 2009 (BGBl. I S. 2713) geändert

Bundesärztekammer (2012): Empfehlungen der Bundesärztekammer zur Qualifikation Leitender Notarzt Stand: 01.04.2011, http://www.bundesaerztekammer.de/downloads/Empfehlungen_Qualif ikation_LNA_01042011.pdf, Abfrage: 14.03.2012, Anlage 1, S. 3

Bundesärztekammer (2011a): Spitzengespräch von Bundesärztekammer, Deutscher Krankenhausgesellschaft und Kassenärztlicher Bundesvereinigung zur Zusammenarbeit zwischen niedergelassenen Ärzten und Krankenhäusern, Gemeinsame Pressemitteilung vom 04.09.2009, Berlin, http://www.baek.de/page.asp?his=3.71.6895.7693.7711&all=true, Abgefragt: 29.11.2011

Bundesärztekammer (2011b): Struktur der Ärzteschaft 2010, http://www.baek.de/specialdownloads/Stat10Abb01.pdf, Abfrage: 5.10.2011

Bundesärztekammer (2009): Gesundheitspolitischen Leitsätze der Ärzteschaft (Ulmer Papier, Beschluss des 111. Deutschen Ärztetages 2008) http://www.baek.de/downloads/UlmerPapierDAET111.pdf, Abfrage: 18.06.2009

Bundesärztekammer (Hrsg., 2007): Curriculum Ärztliche Führung, Texte und Materialien der Bundesärztekammer zur Fortbildung und Weiterbildung, Band 26, Berlin, S. 9ff sowie S. 21

Bundesärzteordnung (BÄO) in der Fassung der Bekanntmachung vom 16. April 1987 (BGBl. I S. 1218), zuletzt durch Artikel 6 des Gesetzes vom 30. Juli 2009 (BGBl. I S. 2495) geändert

Bundesagentur für Arbeit (2011): BERUFENET, http://berufenet.arbeitsagentur.de/berufe/simpleSearch.do, Abfrage: 02.12.2011

Bundesanstalt für Arbeitsschutz und Arbeitssicherheit BAuA (2012a): Beispiele arbeitswissenschaftlich günstiger Arbeitszeitgestaltung mit Hilfe von BASS 3.0, http://www.baua.de/de/Informationen-fuer-die-Praxis/Handlungshilfen-und-Praxisbeispiele/Arbeitszeitgestaltung/Arbeitszeitgestaltung.html; Abfrage: 30.01.2012

Bundesanstalt für Arbeitsschutz und Arbeitssicherheit BAuA (2012b): Praktische Beispiele aus dem Pflegebereich in der DASA, http://www.baua.de/cln_137/de/Informationen-fuer-die-Praxis/Handlungshilfen-und-Praxisbeispiele/Pflege.html; Abfrage: 30.01.2012

Bundesanstalt für Finanzdienstleistungsaufsicht BaFin (2009): Rundschreiben 15/2009 (BA) - Mindestanforderungen an das Risikomanagement – MaRisk, AT 4.3.2 Risikosteuerungs- und –controllingprozesse, Geschäftszeichen: BA 54-FR 2210-2008/0001, Bonn/Frankfurt a. M., 14.08.2009

Bundesarbeitsgericht BAG (2001): Eingruppierung eines Teamverantwortlichen bei der TKK, Urteil vom 7. 11. 2001 - 4 AZR 697/00, Ziff. I 6 bb

Bundesdatenschutzgesetz (BDSG) in der Fassung der Bekanntmachung vom 14. Januar 2003 (BGBl. I S. 66), zuletzt durch Artikel 1 des Gesetzes vom 14. August 2009 (BGBl. I S. 2814) geändert

Bundesgerichtshofs BGH (2007): Zur Darlegungs- und Beweislast des Arztes nach den Grundsätzen voll beherrschbarer Risiken bei einem Spritzenabszess des Patienten infolge einer Infektion durch eine als Keimträger feststehende Arzthelferin, 20.3.2007, AZ: VI ZR 158/06)

Bundesministerium für Bildung und Forschung (2011): Studie zur Situation der Medizintechnik in Deutschland im internationalen Vergleich – Zusammenfassung, http://gesundheitsforschung-bmbf.de/_media/Medizintechnik-Studie.pdf; Abfrage: 23.12.2011

Bundesministerium für Bildung und Forschung (2008): Berufsbildungsbericht 2008, http://www.bmbf.de/pub/bbb_2008.pdf; Abfrage: 02.02.2012

Bundesministerium für Gesundheit (2010): Daten des Gesundheitswesens 2010, Broschüre, Berlin, Tabellen 6.1, 6.19, 6.21

Bundespflegesatzverordnung (BPflV) vom 26. September 1994 (BGBl. I S. 2750), zuletzt durch Artikel 4 des Gesetzes vom 17. März 2009 (BGBl. I S. 534) geändert

Bundessozialhilfegesetz (BSHG) in der Fassung der Bekanntmachung vom 23. März 1994 (BGBl. I S. 646, 2975), zuletzt durch Art. 4 des Gesetzes zur Familienförderung vom 22. Dezember 1999 (BGBl. I S. 2552) geändert

Bundeswehrkrankenhaus Ulm (2012): Kostencontrolling, http://www.bundeswehrkrankenhaus-ulm.de/portal/a/ulm/!ut/p/c4/DcUxDoAgDADAt_iBdnfzF-pCCiHYUFuDIAmvl9xweOKk9HGiyqYkuOMRePUdxkvqfM-uyQ2RtXC4atMEI2otJBBsbiKsCZ-8LT-eAhjl/; Abfrage: 11.01.2012

Bund/Länder-Arbeitsgemeinschaft Abfall, LAGA (2012): Vollzugshilfe zur Entsorgung von Abfällen aus Einrichtungen des Gesundheitsdienstes, Mitteilung der Bund/Länder-Arbeitsgemeinschaft Abfall (LAGA) 18, Stand: September 2009, http://www.rki.de/cln_151/nn_201414/DE/Content/Infekt/Krankenhaush ygiene/Kommission/Downloads/LAGA-Rili,templateId=raw,property=publicationFile.pdf/LAGA-Rili.pdf, Abfrage: 28.02.2012, S. 5

Caritas (2011): CSR Kompetenzzentrum – Unser Angebot für Einrichtungen der Caritas, http://www.caritas.de/spendeundengagement/engagieren/unternehmen /unserangebotfuereinrichtungendercaritas, Abfrage: 28.11.2011

Carlin, M. u. a. (2011): Krankenhauseinweisungen - Ärzte und Kliniken räumen Korruption ein, in: Financial Times Deutschland, ftd.de, vom 03.09.2009, http://www.ftd.de/politik/deutschland/:krankenhauseinweisungen-aerzte-und-kliniken-raeumen-korruption-ein/50005294.html, Abfrage: 29.11.2011

Cartes, M. (2012): Einführung von Critical Incident Reporting System an der Medizinischen Hochschule Hannover – „Das 3Be-System – Berichts-, Bearbeitungs-, Behebungssystem für Beinahe-Zwischenfälle"; http://www.aok-gesundheitspart-ner.de/imperia/md/content/gesundheitspartner/niedersachsen/krankenh aus/qualitätssicherung/symposien/mhh_bew.pdf; Abfrage: 16.01.2012

Centrum für Krankenhausmanagement an der Westfälischen Universität Münster (2011): Veranstaltungsankündigung Medizin, Ökonomie und Recht - Risiko-Management in Krankenhaus und Arztpraxis, S. 2, http://www1.wiwi.uni-muenster.de/fakultaet/termine/2008/04/21/flyer_juwimed2008.pdf; Abfrage: 22.12.2011

Charité - Universitätsmedizin Berlin (2011): Organigramm, http://www.charite.de/charite/organisation/download/#c90553, Abfrage: 05.12.2011

Chemikaliengesetz (ChemG) in der Fassung der Bekanntmachung vom 2. Juli 2008 (BGBl. I S. 1146)

Cofone, M. (2012): Herausforderung Demenz - Innovative Unterstützung für das Heim-Management, http://www.stmas.bayern.de/pflege/stationaer/pro-demenz.pdf; Abfrage: 12.01.2012

Corporate Social Responsibility (CSR) - „Unternehmen aktiv in der Pflege", http://www.diakonie.de/unternehmen-aktiv-in-der-pflege-8406-unternehmen-aktiv-in-der-pflege-8425.htm, Abfrage: 28.11.2011

Dachverband Adherence e.V. (2012): Compliance vs. Adherence, http://www.dv-adherence.de/index.php/compliance-vs-adherence.html; Abfrage: 10.02.2012

DATEV e. G. (2012): Lösungen für soziale Einrichtungen, http://www.datev.de/portal/ShowContent.do?pid=dpi&rid=306653; Abfrage: 16.01.2012

Deutsche Gesellschaft für Telemedizin DGTelemed (2012): Telemedizin, http://www.dgtelemed.de/de/telemedizin/; Abfrage: 31.01.2012

Deutsche Sporthochschule Köln, Institut für Qualitätssicherung in Prävention und Rehabilitation GmbH IQPR (2012): ZUF-8, Fragebogen zur Messung der Patientenzufriedenheit, http://www.assessment-info.de/assessment/seiten/datenbank/vollanzeige/vollanzeige-de.asp?vid=426#Analysedesign; Abfrage: 09.02.2012

Deutsches Ärzteblatt (2011): Ausbeutung junger Ärztinnen und Ärzte, Online-Forum, http://www.aerzteblatt.de/v4/foren/beitrag.asp?tid=57413&page=1-23, Abfrage: 10.10.2011

Deutsches Krankenhaus Institut DKI (2012): Interne Revision im Krankenhaus, http://www.dki.de/index.php?TM=0&BM=4&LM=1&semnr=4178&RZeit=&SB=; Abfrage: 16.01.2012

Deutsches Krankenhaus Institut DKI (2011): Compliance und Corporate Governance im Gesundheitswesen, http://www.dki.de/index.php?TM=0&BM=4&LM=1&semnr=4395&RZeit=&SB=, Abfrage: 15.12.2011

Deutsches Rotes Kreuz (DRK), Landesverband Hessen e.V. (2012): Weiterbildung Stations-, Gruppen- und Wohnbereichsleitung Unterrichtsschwerpunkte, http://www.rotkreuzcampus.de/171.html, Abfrage: 16.02.2012

Diakonisches Werk der Evangelischen Kirche in Deutschland (Diakonie) e. V. (2011):

Diakonisches Werk der Evangelischen Kirche in Deutschland (Diakonie) e. V. (Hrsg., 2005): Diakonischer Corporate Governance Kodex (DGK) - mit Erläuterungen -, Stand: Oktober 2005, Stuttgart, S. 2ff

Doran, G. (1981): There's a S.M.A.R.T. way to write management's goals and objectives, in: Management Review, Volume 70, Issue 11, New York, S. 35f

v. Eiff, W. u. a. (2008): Patientenorientierte Krankenhausführung - Beiträge des Personalmanagements zur Markenbildung und Kundenorientierung; in: v. Eiff, W. u. a. (Hrsg.): Schriftenreihe Gesundheitswirtschaft, Bd. 6, kma-Reader/WIKOM-Verlag (Thieme), Stuttgart

Fachhochschule Bielefeld (2011): Vorbildfunktion anerkennen und umsetzen, http://www.fh-bielefeld.de/ueber-uns/hochschulverwaltung/leitlinien-zur-personalfuehrung/vorbildfunktion-anerkennen-und-umsetzen, Abfrage: 21.11.2011

Feuchte, B. (2009): Positionspapier der Hans-Böckler-Stiftung (HBS) zu Corporate Social Responsibility (CSR), Hans-Böckler-Stiftung (HBS), Düsseldorf, S. 1

Franz, N. (2011): Die Erkundung organisationaler Umwelten - Eine qualitative Studie der Kommunikationswahrnehmungen von Leitungspersonen im Gesundheitssystem, Carl Auer Verlag, Heidelberg

French, J. u. a. (1960): The bases of social power, in: Cartwright, D. u. a. (Hrsg.): Group dynamics, Verlag Harper and Row, New York 1960, S. 607ff

Frodl, A. (2011): Personalmanagement im Gesundheitsbetrieb, Gabler GWV Fachverlage, Wiesbaden 2011

Frodl, A. (2010): Gesundheitsbetriebslehre, Gabler GWV Fachverlage, Wiesbaden 2010

Frodl, A. (2008): BWL für Mediziner, Walter DeGruyter Verlag, Berlin u. a. 2008

Frodl, A. (2007): Management-Lexikon für Mediziner, Schattauer-Verlag, Stuttgart 2007

Frodl, A. (2004): Management von Arztpraxen: Kosten senken, Effizienz steigern – Betriebswirtschaftliches Know-how für die Heilberufe, Gabler GWV Fachverlage, Wiesbaden 2004

Gärtner, H. (2011): Korruption im Krankenhaus - Klinikum um hohe Summen geschädigt / Zwei Täter geständig, in: Neue Westfälische, nw-news.de, vom 26.06.2009, http://www.nw-news.de/owl/3001961_Korruption_im_Krankenhaus.html, Abfrage: 29.11.2011

Gebührenordnung für Ärzte in der Fassung der Bekanntmachung vom 9. Februar 1996 (BGBl. I S. 210), zuletzt durch Artikel 17 des Gesetzes vom 4. Dezember 2001 (BGBl. I S. 3320) geändert

Gebührenordnung für Zahnärzte vom 22. Oktober 1987 (BGBl. I S. 2316), zuletzt durch Artikel 18 des Gesetzes vom 4. Dezember 2001 (BGBl. I S. 3320) geändert

Gefahrstoffverordnung (GefStoffV) vom 23. Dezember 2004 (BGBl. I S. 3758, 3759), zuletzt durch Artikel 2 der Verordnung vom 18. Dezember 2008 (BGBl. I S. 2768) geändert

Gemeinnützige Gesellschaft für soziale Dienste ggsd mbH (2011): Modulnetzplan der Weiterbildung zur Heimleitung, http://www.ggsd.de/pdf/ModulnetzplanHeimleitung.pdf, Abfrage: 17.11.2011

Gemeinschaftsklinikum Kemperhof Koblenz - St. Elisabeth Mayen gGmbH (2010): Betriebsort Klinikum Kemperhof Koblenz, http://www.gemeinschaftsklinikum.de/bilder/gemeinschaftsklinikum/organigramm_kemperhof_010309.pdf; Abfrage: 13.07.2010

Gemünden, H. G. u. a. (Hrsg., 2005): Management von Teams - Theoretische Konzepte und empirische Befunde, 3. Aufl., Gabler-Verlag, Wiesbaden

Gesetz betreffend die Gesellschaften mit beschränkter Haftung (GmbHG) in der im Bundesgesetzblatt Teil III, Gliederungsnummer 4123-1, veröffentlichen bereinigten Fassung, zuletzt geändert durch Artikel 5 des Gesetzes vom 31. Juli 2009 (BGBl. I S. 2509)

Gesetz gegen Wettbewerbsbeschränkungen (GWB) in der Fassung der Bekanntmachung vom 15. Juli 2005 (BGBl. I S. 2114), zuletzt durch Artikel 13 Absatz 21 des Gesetzes vom 25. Mai 2009 (BGBl. I S. 1102) geändert

Gesetz über die Ausübung der Zahnheilkunde (ZHG) in der Fassung der Bekanntmachung vom 16. April 1987 (BGBl. I S. 1225), zuletzt durch Artikel 9 des Gesetzes vom 2. Dezember 2007 (BGBl. I S. 2686) geändert

Gesetz über Teilzeitarbeit und befristete Arbeitsverträge (Teilzeit- und Befristungsgesetz -TzBfG) vom 21. Dezember 2000 (BGBl. I S. 1966), zuletzt durch Artikel 23 des Gesetzes vom 20. Dezember 2011 (BGBl. I S. 2854) geändert

Gesetz zur Modernisierung der gesetzlichen Krankenversicherung (GKV-Modernisierungsgesetz - GMG) vom 14.11.2003 (BGBl. I 2190), zuletzt durch Artikel 1 des Gesetzes. vom 15.12.2004 (BGBl. I 3445) geändert

Gesetz zur Sicherung der Eingliederung Schwerbehinderter in Arbeit, Beruf und Gesellschaft (Schwerbehindertengesetz - SchwbG) in der Fassung der Bekanntmachung vom 26. August 1986 (BGBl I S. 1421, 1550), zuletzt geändert durch Art. 9 des Gesetzes vom 19. Dezember 1997 BGBl I S. 3158); ist per 1.10. 2001 in das Sozialgesetzbuch – Neuntes Buch – (SGB IX) Rehabilitation und Teilhabe behinderter Menschen eingestellt worden (Bundesgesetzblatt I vom 19. Juni 2001, S. 1046)

Gesetz zur Stärkung des Wettbewerbs in der gesetzlichen Krankenversicherung (GKV-Wettbewerbsstärkungsgesetz - GKV-WSG) vom 26.03.2007 (BGBl. I S. 378), zuletzt durch Artikel 4 des Gesetzes vom 15.12.2008 (BGBl. I S. 2426) geändert

Gesundheitsstrukturgesetz vom 21. Dezember 1992 (BGBl. I S. 2266), zuletzt durch Artikel 205 der Verordnung vom 25. November 2003 (BGBl. I S. 2304) geändert

Gewerbeordnung (GewO) in der Fassung der Bekanntmachung vom 22. Februar 1999 (BGBl. I S. 202), zuletzt durch Artikel 4 Absatz 14 des Gesetzes vom 29. Juli 2009 (BGBl. I S. 2258) geändert

GLG Gesellschaft für Leben und Gesundheit mbH (Hrsg., 2009): Verhaltenskodex, Faltblatt, Eberswalde

Gothe, H. u. a. (2007): Arbeits- und Berufszufriedenheit von Ärzten, in: Deutsches Ärzteblatt, Jahrg. 104, Heft 20, Köln, S. A 1395

Haas, P. (2006): eHealth verändert das Gesundheitswesen – Grundlagen, Anwendungen, Konsequenzen, in: Haas, P. u. a. (Hrsg.): eHealth, HMD – Praxis der Wirtschaftsinformatik, 42. Jahrg., Heft 251, 10/2006, d-punkt-Verlag, Heidelberg, S. 6-19

Handelsgesetzbuch (HGB) in der im Bundesgesetzblatt Teil III, Gliederungsnummer 4100-1, veröffentlichten bereinigten Fassung, zuletzt durch Artikel 6a des Gesetzes vom 31. Juli 2009 (BGBl. I S. 2512) geändert

Hanneken, A. u. a. (2009): Working Capital Management –schlummerndes Kapital wecken, in: das Krankenhaus, 101. Jahrg., Heft 6/2009, Kohlhammer-Verlag, Stuttgart, S. 540ff

Hebammengesetz (HebG) vom 4. Juni 1985 (BGBl. I S. 902), zuletzt durch Artikel 2 des Gesetzes vom 30. September 2008 (BGBl. I S. 1910) geändert

Heilmittelwerbegesetz (HWG) in der Fassung der Bekanntmachung vom 19. Oktober 1994 (BGBl. I S. 3068), zuletzt durch Artikel 2 des Gesetzes vom 26. April 2006 (BGBl. I S. 984) geändert

Heilpraktikergesetz (HPG) in der im Bundesgesetzblatt Teil III, Gliederungsnummer 2122-2, veröffentlichten bereinigten Fassung, zuletzt durch Artikel 15 des Gesetzes vom 23. Oktober 2001 (BGBl. I S. 2702) geändert

Heimgesetz (HeimG) in der Fassung der Bekanntmachung vom 5. November 2001 (BGBl. I S. 2970), zuletzt durch Artikel 3 Satz 2 des Gesetzes vom 29. Juli 2009 (BGBl. I S. 2319) geändert

Hersey, P. u. a. (1982): Management of Organizational Behavior, 4. Aufl., Prentice-Hall-Verlag, New York, S. 11ff

Hochschule Osnabrück (2012): Projekt: Aufbau eines Risikocontrollings in Einrichtungen der Stationären Altenhilfe unter besonderer Berücksichtigung von Basel II, Lehrgebiet Allgemeine Betriebswirtschaftslehre mit dem Schwerpunkt Rechnungswesen, insbesondere Controlling im Gesundheitswesen, http://www.wiso.hs-osnabrueck.de/25584.html, Abfrage: 13.01.2012

Hoffmann, S. u. a. (Hrsg., 2010): Gesundheitsmarketing: Gesundheitspsychologie und Prävention, Verlag Hans Huber, Bern

Hollmann, J. (2010): Führungskompetenz für Leitende Ärzte - Motivation, Teamführung, Konfliktmanagement im Krankenhaus, Springer-Verlag, Berlin

Infektionsschutzgesetz (IfSG) vom 20. Juli 2000 (BGBl. I S. 1045), zuletzt durch Artikel 2a des Gesetzes vom 17. Juli 2009 (BGBl. I S. 2091) geändert

Initiative Neue Qualität der Arbeit INQA (2011): Auszeichnung für Deutschlands beste Kliniken und Pflegeeinrichtungen, http://www.inqa.de/Inqa/Navigation/Gute-Praxis/kampagnen-wettbewerbe,did=256784.html, Abfrage: 27.10.2011

Institut für berufliche Aus- und Fortbildung IBAF gGmbH (2009): IQ-Qualifizierungszentren für Führung und Management - Führungsquali-fikationen im Sozial- und Gesundheitswesen, Programm 2010, Rendsburg, S. 2

Joost, A. (2007): Literaturauswertung im Rahmen einer Machbarkeitsstudie zum Berufsverbleib von Altenpflegerinnen und Altenpflegern, Institut für Wirtschaft, Arbeit und Kultur (IWAK) an der Goethe-Universität, Frankfurt am Main, S. 12ff

Jugendarbeitsschutzgesetz (JArbSchG) vom 12. April 1976 (BGBl. I S. 965), zuletzt durch Artikel 3 Absatz 2 des Gesetzes vom 31. Oktober 2008 (BGBl. I S. 2149) geändert

Kassenärztliche Bundesvereinigung KBV (2012): Marketing - Wissen, wie die Praxis ankommt: Mit einer Patientenbefragung Stärken und Schwä-chen ermitteln, http://www.kbv.de/service/6502.html; Abfrage: 10.02.2012

Kassenärztliche Vereinigung Mecklenburg-Vorpommern (2012): Patienten-beschwerden, http://www.kvmv.info/patienten/15/20/index.html; Ab-frage: 24.01.2012

Katholisches Marienkrankenhaus Hamburg (2012): Patienten-Ideen-Management, http://www.marienkrankenhaus.org/beratung-und-service/patientenbeschwerden.html; Abfrage: 14.02.2012

Klinik für Neurologie am Klinikum Nürnberg Süd (2011): Organigramm, http://www.klinikum-nuerberg.de/DE/ueber_uns/Fachabteilungen_KN/kliniken/neurologie/Dokumente_Bilder/Organigramm_KhIV_09_06_.pdf, Abfrage: 01.12.2011

Klinikum der Ludwig-Maximilians-Universität München (2012): Das Kli-nikum http://www.klinikum.uni-muenchen.de/de/Das_Klinikum/index.html, Abfrage: 15.03.2012

Klinikum Nürnberg (2011): Organigramm, http://www.klinikum-nuernberg.de/DE/ueber_uns/leitung_organisation/Organigramm_KN.pdf, Abfrage: 01.12.2011

Krankenhaus-Buchführungsverordnung (KHBV) in der Fassung der Bekanntmachung vom 24. März 1987 (BGBl. I S. 1046), zuletzt durch Artikel 13 Absatz 1 des Gesetzes vom 25. Mai 2009 (BGBl. I S. 1102) geändert

Krankenhausentgeltgesetz (KHEntgG) vom 23. April 2002 (BGBl. I S. 1412, 1422), zuletzt durch Artikel 18 des Gesetzes vom 17. Juli 2009 (BGBl. I S. 1990) geändert

Krankenhausfinanzierungsgesetz (KHG) in der Fassung der Bekanntmachung vom 10. April 1991 (BGBl. I S. 886), zuletzt durch Artikel 1 des Gesetzes vom 17. März 2009 (BGBl. I S. 534) geändert

Krankenhaus Porz am Rhein, Köln (2012): Qualitätskontrolle, http://www.khporz.de/modules.php?op=modload&name=News&file=article&sid=143; Abfrage: 16.01.2012

Krankenpflegegesetz (KrPflG) vom 16. Juli 2003 (BGBl. I S. 1442), zuletzt durch Artikel 12a des Gesetzes vom 17. Juli 2009 (BGBl. I S. 1990) geändert

Kreiskrankenhaus Herrenberg -Klinikverbund Südwest (2012): Patientenbefragung: Zufrieden mit der Anästhesie?, http://www.klinikverbund-suedwest.de/1207.0.html; Abfrage: 09.02.2012

Kündigungsschutzgesetz (KSchG) in der Fassung der Bekanntmachung vom 25. August 1969 (BGBl. I S. 1317), zuletzt durch Artikel 3 des Gesetzes vom 26. März 2008 (BGBl. I S. 444) geändert

Landschaftsverband Rheinland (Hrsg., 2011): LVR-Klinik Langenfeld – Qualitätsmanagement, http://www.rk-langenfeld.lvr.de/qualitaetsmanagement/, Abfrage: 30.11.2011

Lausch, A. (2012): Betriebsführung und Organisation im Gesundheitswesen - Ein Lehrbuch für Pflege- und Gesundheitsberufe, 6. Auflg., Verlag facultas.wuv, Wien

Lauterburg, C. (1980): Organisationsentwicklung – Strategie der Evolution, in: io Management-Zeitschrift 1/1980, 49. Jahrgang, Verlagsgruppe Handelszeitung, Zürich

Leuzinger, A. u. a. (2000): Mitarbeiterführung im Krankenhaus - Spital, Klinik und Heim, 3. Auflg., Verlag Huber, Bern

Ley, U. u. a. (2009): Führungshandbuch für Ärztinnen - Gesunde Führung in der Medizin, Springer-Verlag, Berlin

Loffing, C. u. a. (2012): Strategisch denken - erfolgreich führen - Moderne Unternehmensführung in ambulanten Pflegediensten, Schlütersche Verlagsgesellschaft, Hannover

Loffing, D. u. a. (2010): Mitarbeiterbindung ist lernbar - Praxiswissen für Führungskräfte in Gesundheitsfachberufen, Springer-Verlag, Berlin

Lukaszyk, K. (1960): Zur Theorie der Führer-Rolle, in: Psychologische Rundschau, Heft 2/1960, 11. Jahrg., Hogrefe-Verlag, Göttingen, S. 179-188

Lummer, C. (2011): 100 Tipps für Führungsverantwortliche in Pflege und Begleitung, 2. Auflg., Schlütersche Verlagsgesellschaft, Hannover

Medizinprodukte-Betreiberverordnung (MPBetreibV) in der Fassung der Bekanntmachung vom 21. August 2002 (BGBl. I S. 3396), zuletzt durch Artikel 4 des Gesetzes vom 29. Juli 2009 (BGBl. I S. 2326) geändert

Medizinproduktegesetz (MPG) in der Fassung der Bekanntmachung vom 7. August 2002 (BGBl. I S. 3146), zuletzt durch Artikel 6 des Gesetzes vom 29. Juli 2009 (BGBl. I S. 2326) geändert

Medizinprodukte-Sicherheitsplanverordnung (MPSV) vom 24. Juni 2002 (BGBl. I S. 2131), zuletzt durch Artikel 3 des Gesetzes vom 29. Juli 2009 (BGBl. I S. 2326) geändert

Merton, R. (1968): Social theory and social structure, Revised and enlarged edition, New York, S. 357

Mitbestimmungsgesetz (MitbestG) vom 4. Mai 1976 (BGBl. I S. 1153), zuletzt durch Artikel 9 des Gesetzes vom 30. Juli 2009 (BGBl. I S. 2479) geändert

Mittelrhein-Klinik Bad Salzig (2012): Qualitätsmanagement nach EFQM, http://www.mittelrhein-klinik.de/Qualitaetsmanagement.256.0.html; Abfrage: 20.01.2012

Mück, H. (2011): Vorbildfunktion, http://www.dr-mueck.de/HM_Therapeutisches/HM_Vorbildfunktion.htm, Abfrage: 21.11.2011

Müller, M. u. a. (2009): Corporate Social Responsibility - Trend oder Modeerscheinung, Ökom-Verlag, München, S. 58

Mutterschutzgesetz (MuSchG) in der Fassung der Bekanntmachung vom 20. Juni 2002 (BGBl. I S. 2318), zuletzt durch Artikel 14 des Gesetzes vom 17. März 2009 (BGBl. I S. 550) geändert

MVZ Leverkusen (2010): http://labmed-berlin.com/index.php?id=52; Abfrage: 13.07.2010

Neumann, F. (2005): Prozessmanagement in der Computertomographie unter Anwendung der Netzplantechnik, Dissertation, Klinik für Strahlenheilkunde der Medizinischen Fakultät der Charité – Universitätsmedizin Berlin, S. 66

Orthopädische Universitätsklinik Friedrichsheim gGmbH, Frankfurt am Main (2012): Klinikleitbild, http://www.orthopaedische-uniklinik.de/191.html; Abfrage: 10.01.2012

Paritätische NRW - GSP - Gemeinnützige Gesellschaft für soziale Projekte mbH (2012): Ethische Entscheidungen im Krankenhaus - Ärzte und Pflegemitarbeiter müssen ethisch schwierige Entscheidungen fällen, http://www.blickwechseldemenz.de/content/e967/e1533/; Abfrage: 11.01.2012

Patientenbeteiligungsverordnung (PatBeteiligungsV) vom 19. Dezember 2003 (BGBl. I S. 2753), zuletzt durch Artikel 457 der Verordnung vom 31. Oktober 2006 (BGBl. I S. 2407) geändert

Pflege-Buchführungsverordnung (PflegeBuchV, PBV) vom 22. November 1995 (BGBl. I S. 1528), zuletzt durch Artikel 13 Absatz 17 des Gesetzes vom 25. Mai 2009 (BGBl. I S. 1102) geändert

Pflegestatistik-Verordnung vom (PflegeStatV) 24. November 1999 (BGBl. I S. 2282)

proCum Cert (2012): Unternehmen, http://www.procumcert.de/Unternehmen.177.0.html, Abfrage: 14.03.2012

Psychotherapeutengesetz (PsychThG) vom 16. Juni 1998 (BGBl. I S. 1311), zuletzt durch Artikel 6 des Gesetzes vom 2. Dezember 2007 (BGBl. I S. 2686) geändert

Publizitätsgesetz (PublG) vom 15. August 1969 (BGBl. I S. 1189), zuletzt durch Artikel 4 des Gesetzes vom 25. Mai 2009 (BGBl. I S. 1102) geändert

QP Qualitätspraxen GmbH (2012): Wir über uns, http://www.qualitaetspraxen.de/sites/wir.html; Abfrage: 20.01.2012

Rahn, H.-J. (2010): Erfolgreiche Teamführung, 6. Aufl., Windmühle-Verlag, Hamburg, S. 61ff

Rahn, H.-J. (2008): Personalführung kompakt - Ein systemorientierter Ansatz, Oldenbourg-Verlag, München u. a., S. 23ff

Regierungskommission Deutscher Corporate Governance Kodex (2011): Deutscher Corporate Governance Kodex, Stand: 26.05.2010, http://www.corporate-governance-code.de/ger/kodex/1.html, Abfrage: 15.12.2011

Reichsversicherungsordnung (RVO) in der im Bundesgesetzblatt Teil III, Gliederungsnummer 820-1, veröffentlichten bereinigten Fassung, zuletzt durch Artikel 15a des Gesetzes vom 17. März 2009 (BGBl. I S. 550) geändert

Reinspach, R. (2011): Strategisches Management von Gesundheitsbetrieben - Grundlagen und Instrumente einer entwicklungsorientierten Unternehmensführung, Verlag Lucius & Lucius, Stuttgart

Reuschenbach, B. (2004): Personalgewinnung und Personalauswahl in der Pflege - Fakten und Trends, Vortrags-Handout der Forschungsgruppe Personalauswahl im Gesundheitswesen an der Ruprecht-Karls-Universität, Heidelberg, S. 28ff

Röntgenverordnung (RöV) in der Fassung der Bekanntmachung vom 30. April 2003 (BGBl. I S. 604)

Rüegg-Stürm, J. u. a. (2008): Prozessmanagement im Krankenhaus: Spielarten und deren Wirkungsweisen, in: Schweizerische Ärztezeitung I Bulletin des médecins suisses I Bollettino dei medici svizzeri, 39/2008, 89. Jahrgang, Schwabe-Verlag, Muttenz (CH), S. 1674f

Sächsisches Staatsministerium für Soziales: Verwaltungsvorschrift (VwV) zur Verordnung über personelle Anforderungen für Heime (Heim-PersV) vom 16. April 2003, als geltend bekannt gemacht zuletzt durch VwV vom 9. Dezember 2009 (SächsABl. SDr. S. S 2553)

Schanz, G. (2000): Personalwirtschaftslehre, 3. Aufl., Vahlen-Verlag, München, S. 661ff

Schneider, H. u. a. (2010): Führungsaufgaben im Alten- und Pflegeheim - Management durch Einsicht in Komplexitäten, 8. Auflg., Asanger Verlag, Kröning 2010

Scholz, C. (2012): Personalmanagement – informationsorientierte und verhaltenstheoretische Grundlagen, 6. Auflg., Vahlen-Verlag, München

Schreyögg, G. u. a. (2009): Grundlagen des Managements, Basiswissen für Studium und Praxis, Gabler-Verlag, Wiesbaden, S. 270

Seehausen, M. u. a. (2011): Adhärenz im Praxisalltag effektiv fördern, in: Deutsches Ärzteblatt, Jahrg. 108, Heft 43, Köln, S. A 2276ff

Seelos, H.-J. (2008): Patientensouveränität und Patientenführung, Gabler GWV Fachverlage, Wiesbaden

Seelos, H.-J. (2007): Personalführung in Medizinbetrieben, Gabler GWV Fachverlage, Wiesbaden

Sills, G. u. a. (1995): Hildegard Peplaus interpersonale Pflegekonzepte, in: Mischo-Kelling, M. u. a. (Hrsg.): Pflegebildung und Pflegetheorien, Verlag Urban & Schwarzenberg, München, S. 37ff

Sozialgesetzbuch (SGB)- Fünftes Buch Gesetzliche Krankenversicherung - Artikel 1 des Gesetzes vom 20. Dezember 1988, BGBl. I S. 2477, zuletzt durch Artikel 1 des Gesetzes vom 30. Juli 2009 (BGBl. I S. 2495) geändert

Städtisches Klinikum Karlsruhe (2012): Stabsstelle Organisationsentwicklung, http://www.klinikum-karlsruhe.com/ueber-uns/geschaeftsbereiche/organisationsentwicklung.html, Abfrage: 09.01.2012

Statistisches Bundesamt (2011): Gesundheitsausgaben in Deutschland, http://www.gbe-bund.de/oowa921-install/servlet/oowa/aw92/dboowasys921.xwdevkit/xwd_init?gbe.isgbet ol/xs_start_neu/&p_aid=i&p_aid=33842827&nummer=322&p_sprache=D &p_indsp=-&p_aid=48331578, Abfrage: 18.10.2011

Statistisches Bundesamt (2009): Kennzahlen zum Thema Gesundheit, http://www.statistischesbundesamt.de/, Abfrage: 24.04.2009

Stern, T. u. a. (2010): Erfolgreiches Innovationsmanagement, 4. Aufl., Gabler GWV Fachverlage, Wiesbaden

Steyrer, J. (1996): Theorien der Führung, in: Kasper, H. u. a. (Hrsg.): Personalmanagement - Führung und Organisation, 2. Aufl., Ueberreuter-Verlag, Wien, S. 203ff

St. Marien-Krankenhaus Siegen gem. GmbH (2011): Umwelt, http://www.marienkrankenhaus.com/front_content.php?idcat=372, Abfrage: 23.11.2011

Süddeutsche Zeitung vom 27.08.2010: Infusion durch kaputte Flasche verseucht, http://www.sueddeutsche.de/panorama/bakterienskandal-in-mainz-baby-infusion-durch-kaputte-flasche-verseucht-1.992972, Abfrage: 19.01.2012

Swisslog Holding AG (2012): Krankenhaus-Prozesse, http://www.swisslog.com/de/index/hcs-index/hcs-services/hcs-departments.htm; Abfrage: 17.01.2012

Tannenbaum, R. u. a. (1958): How to choose a leadership pattern, in: Harvard Business Review, 36/1958, S. 95ff

Tausch, A. u. a. (1998): Erziehungspsychologie - Psychologische Vorgänge in Erziehung und Unterricht, 11. Auflg., Hogrefe-Verlag, Göttingen

Tewes, R. (2011): Führungskompetenz ist lernbar - Praxiswissen für Führungskräfte in Gesundheitsfachberufen, 2. Aufl., Springer-Verlag, Heidelberg

Trummer, G. (2012): Schlanke Prozesse im Krankenhaus, http://www.dekvev.de/Termine/Patientenmanagement%20Berlin%202008.pdf; Abfrage: 12.01.2012

Universitätsklinikum Aachen (2009): Arbeitsschutz im Krankenhaus - Informationen für Mitarbeiterinnen und Mitarbeiter im Universitätsklinikum Aachen, Broschüre, Stand: 12. Januar 2009, Aachen, S. 4ff

Universitätsklinikum Essen (2001): Geschäftsordnung des Vorstands vom 09. Juli 2001, in: Universität Essen - Bereinigte Sammlung der Satzungen und Ordnungen, Ziffer 3.70, Verkündungsblatt Dezember 2001, S. 93

Universitätsklinikum Freiburg i. Breisgau (2012): Qualitätsmanagement, http://www.uniklinik-freiburg.de/kliniqm/live/ktq-zertifizierung.html; Abfrage: 20.01.2012

Universitätsklinikum Heidelberg (2012): Institut für Medizinische Psychologie – Bisherige Schwerpunkte – Künftige Perspektiven, http://www.klinikum.uni-heidelberg.de/Wir-ueber-uns.2634.0.html; Abfrage: 11.01.2012

Vergabeverordnung (VgV) in der Fassung der Bekanntmachung vom 11. Februar 2003 (BGBl. I S. 169), die zuletzt durch Artikel 2 des Gesetzes vom 20. April 2009 (BGBl. I S. 790) geändert

Verordnung über die Berufsausbildung zum Medizinischen Fachangestellten/zur Medizinischen Fachangestellten vom 26. April 2006 (BGBl I S. 1097)

Verordnung über die Wirtschaftsführung der kommunalen Krankenhäuser ((WkKV) vom 11. März 1999 (GVBl S. 132), zuletzt geändert durch §4 VO zur Änd. kommunalwirtschaftl. Vorschriften vom 5.10. 2007 (GVBl S. 707)

Verordnung über die Wirtschaftsführung der kommunalen Pflegeeinrichtungen (WkPV) vom 3. März 1998 (GVBl S. 132), zuletzt geändert durch §5 VO zur Änd. kommunalwirtschaftl. Vorschriften vom 5.10. 2007 (GVBl S. 707)

Voigt, K. (2008): Erhebung der Abwicklungsmodalitäten der Lohn und Gehaltsabrechnung in sozialen Einrichtungen, Lehrstuhl für Industriebetriebslehre der Friedrich-Alexander-Universität Erlangen-Nürnberg, Vortragsunterlagen, S. 7ff

Wegge, J. (2004): Führung von Arbeitsgruppen, Hogrefe-Verlag, Göttingen u. a.

Wirtz, B. u. a. (2009): Strukturen, Akteure und Rahmenbedingungen des E-Health, in: Der Betriebswirt, 50. Jahrg., Heft 2/2009, Deutscher Betriebswirte Verlag, Gernsbach, S. 10-16

Stichwortverzeichnis

ABC-Analyse 192
Ablaufdiagramme 250
Ablauforganisation 247
Abschreibungen 288
Abteilung 116
Adhärenz 344
Akzeptanzproblem 266
Amortisationsrechnung 209
Analyseverfahren 192
Arbeitgeberpflichten 139
Arbeitsanalyse 302
Arbeitsbereicherung 159
Arbeitsergonomie 312
Arbeitsklima 61
Arbeitsplatzwechsel 158
Arbeitsrecht 46
Arbeitsschutzrecht 139
Arbeitsstrukturierung 157
Arbeitsvertrag 307
Arbeitszeit 248
Arbeitszeitmodelle 309
Arbeitszeitrecht 139
Aufbauorganisation 241
Aufgabenanalyse 241
Aufgabendelegation 160
Aufgabenerweiterung 159
Aufgabensynthese 241
Aufsichtskontrolle 238
Ausbildung 327
Ausnahmeprinzip 162
Ausschreibung 260

Balanced Scorecard 235
Bedarfsermittlung 258
Behandlungsleistungs-
  gestaltung 279
Behandlungspfade 251
Behandlungsterminierung 254
Benchmarking 231
Berufsausbildungsvertrag 307
Beschaffung 257
Beschaffungsmarkt-
  forschung 257
Bestandsüberwachung 259
Bestandsverzeichnis 265
Bestellpunktverfahren 259
Bestellrhythmusverfahren 259
Betriebsführung 28
Betriebsklima 60
Betriebskultur 61
Betriebsvereinbarungen 49
Betriebswirtschaftliche
  Auswertungen (BWA) 235
Beurteilungsgespräch 324
Beurteilungsstufen 323
Bewertungsverfahren 207
Bilanz 297
Blockschaltbild 250
Brainstorming 204
Break-Even-Analyse 294
Buchführung 291
Bürgerliches Recht 43
Business Process
  Reengineering 221

Change Management 220
Charisma 64
Compliance 104
Controlling 224
Coporate Behaviour 198
Coporate Governance 108
Coporate Identity 197
Corporate Social
    Responsibility 97
Critical Incident Reporting-
    System 239

Datenschutzbeauftragte 300
Deckungsbeitragsrechnung 294
Dezentralisation 242
Dienstvereinbarungen 49
Dokumentenanalyse 190
Durchlaufzeit 248

eHealth 298
Einarbeitungsplan 308
Einführungsphase 266
Einlinienorganisation 243
Einsatzfaktoren 33
Eisenhower-Prinzip 161
eLearning 327
Entscheidung 212
Entscheidungsträger 212
E-Procurement 260
Erfolgsrechnung 293
Ergebnisorientierung 166
Erhebungsinstrumente 189
Ethik 91

Finanzbuchhaltung 295
Finanzierung 287
Flussdiagramm 250
Fortbildung 329
Fragebogenerhebung 190
Führung 27
Führungsebenen 111
Führungserfahrung 77
Führungsfunktion 50
Führungskommunikation 87
Führungskompetenz 81
Führungskontinuum 152
Führungsqualifikationen 81
Führungsstil 146
Führungstechniken 157
Full Time Equivalents 301
Funktionendiagramm 245
Fürsorgepflicht 139

Gap-Analyse 277
Gehalt 331
Gemeinschaftspraxen 37
Gesamtkostenrechnung 294
Geschäftsführer 127
Geschäftsordnung 136
Geschäftsverteilungsplan 134
Gesellschaftsrecht 43
Gesundheitsbetrieb 34
Gesundheitssystem 40
Gewinn- und
    Verlustrechnung 295
Gruppe 112

Handelsrecht 43
Handlungsvollmacht 122

Heimaufsicht 238
Honorargestaltung 280
Hygieneorganisation 254
Hygieneplan 256

Innovationsmanagement 174
Innovationsschwerpunkte 174
Insolvenz 282
Interne Revision 237
Internet 278
Interviewtechnik 189
Inventar 292
Investition 287
Investitionsplanung 288
Investitionsrechnung 288

Jahresabschluss 297
Jugendarbeitsschutzrecht 139

Kapazitätsabgleich 253
Kapazitätsplanung 252
Kennzahlensystem 231
Kernprozesse 250
Kommunikationsmodell 88
Konflikte 177
Kosten- und
    Leistungsrechnung 293
Kostenvergleichsrechnung 209
Krankenhaus-Ethikkomitee 93
Kündigungsschutz 140

Leadership 32
Lean Management 222
Lebenszykluskonzept 202

Leistungsdiversifikation 176
Leistungsfelder 176
Leistungstiefe 176
Leitbild 97, 197
Leitende Angestellte 143
Leitung 27
Leitungsfunktion 50
Leitungsspanne 242
Linienorganisation 243
Liquiditätskennzahlen 282
Liquiditätskontrolle 283
Liquiditätsmanagement 282
Liquiditätsregeln 284
Liquiditätsverbesserung 284
Listen 250
Lower Management 113

Macht 75
Make-or-buy-Analyse 258
Managed Care 338
Marke 277
Markenzeichen 277
Marketing 272
Marketinginstrumente 277
Marketingstrategien 273
Marketingziele 272
Marktportfolioanalyse 275
Materialeingangskontrolle 261
Matrixorganisation 243
Medizinische Dienst der
    Krankenversicherung 238
Medizinische
    Qualitätskontrolle 237
Medizinproduktebuch 264
Medizintechnik 41
Mehrlinienorganisation 243

Mentorensystem 308
Middle-Management 119
Mitarbeiterbeurteilung 322
Mitarbeiterdatenschutz 141
Mitarbeiterführung 31
Mitbestimmungsrecht 46
Moderation 86
Morphologische
    Analysetechnik 204
Motivation 70
Motivationstheorien 71
Multimomentverfahren 191
Multiprojektorganisation 245
Mutterschutzrecht 139

Netzplantechnik 193
Nutzwertanalyse 207

Organisationsplan 243
OSSAD-Methode 190

Patenfunktion 308
Patientenbefragung 343
Patientenbeschwerde-
    management 280, 349
Patientenbetreuung 279
Patientenbindung 279, 347
Patientenführung 32, 337
Patientengewinnung 279
Patientenkommunikation 277
Patientenrückgewinnung 280
Patientenzufriedenheit 341
Personalakte 329
Personalauswahl 304
Personaleinführung 308

Personaleinsatz 308
Personalentwicklung 319
Personentage 301
PIMS-Analyse 276
Planung 223
Potenzialentwicklungs-
    gespräche 326
Praxisgemeinschaften 37
Preisstrategie 280
Projekt 245
Projektleiter 114
Projektorganisation 245
Prokura 122
Prozesskostenrechnung 294
Prozessmodellierung 249
Prozessoptimierung 251
Prüfungen 237
Public Relations 278

Qualitätsmanagement 268
Qualitätsmanagement-
    system 268
Qualitätssicherung 268
Qualitätszirkel 269

Rahmenvertrag 261
Rechnungswesen 291
Relevanzbaum-
    Analysetechnik 205
Risikoentscheidung 215

Satzung 136
Schichtsysteme 311
Schlüsseltechnologien 173

Schwerbehindertenschutz-
recht 140
Selbstaufschreibung 191
Sicherheitsentscheidung 214
Sozialversicherung 331
Stablinienorganisation 243
Stabsstelle 112
Stelle 241
Stellenbeschreibung 244
Stellenbesetzungsplan 244
Stellenbildung 241
Stellenelemente 57, 242
Steuerrecht 43

Team 112
Teamgeist 61
Telearbeit 314
Telemedizin 314
Top-Management 121, 123
Total Quality Management 269

Ungewissheitsentscheidung 214
Unsicherheitsentscheidungen 214
Ursache-Wirkungs-Analyse 192

Vergaberecht 260
Verhaltensgitter 153
Verhaltenskodex 101
Vollzeitkapazitäten 301
Vorbildfunktion 94
Vorgänge 247
Vorstand 131

Weiterbildung 328
Werbung 278
Wettbewerbsrecht 43
Wirtschaftsprivatrecht 43
Wirtschaftsrecht 42
Wirtschaftsverfassungsrecht 42
Wirtschaftsverwaltungsrecht 43
Working Capital
Management 284

Zeitaufnahme 191
Zentralisation 242
Zielart 196
Zielbeziehungen 196
Ziele 196
Zielinhalte 197
Zielsystem 195
Zielvereinbarung 164
Zielvereinbarungsgespräche 326